Während der beiden ersten Dekaden des 19. Jahrhunderts entbrennt ein Streit um die Neuordnung Europas, wie er mit dieser Intensität noch nicht geführt worden war, und in dessen Verlauf die noch heute anstehenden Fragen der Vereinigung des Kontinents aufgeworfen werden. Napoleon sieht sich als Rechtsnachfolger Karls des Großen und will mit militärischer Macht Europa unter französischer Führung zur Einheit zwingen. Gegen die Verwandlung Europas in einen bonapartistischen Polizeistaat wehrt sich eine republikanisch gesonnene Fronde, die von Arndt und Görres über Mme. de Staël bis Coleridge und Wordsworth reicht. Nicht ihre, sondern die Europa-Vorstellungen der konservativen Royalisten wie Chateaubriand und Gentz setzen sich 1815 nach der Besiegung Napoleons durch. Vom republikanischen Standpunkt aus kritisieren Hazlitt und Saint-Simon bereits während des Wiener Kongresses die sich abzeichnende Restauration. Saint-Simon liefert 1814 einen Entwurf zum Wiederaufbau der europäischen Staaten, dessen utopische Kraft noch heute fasziniert. Er fordert die schrittweise Vereinigung Europas (beginnend mit den Ländern republikanischer Tradition) sowie eine einheitliche Wirtschaft und Politik des Kontinents.

Es sind aber nicht nur die politischen, sondern auch die kulturkritischen Akzente, die an der Europa-Diskussion der Romantiker interessieren, und welche sie als Kosmopoliten ausweisen. Die Einheit der Kultur müsse (nach Friedrich Schlegel und Novalis) erst gewonnen werden ; sie sei aber nicht aus sich selbst heraus, sondern nur in der produktiven Auseinandersetzung mit anderen Kulturkreisen (vor allem Asiens) zu erreichen. Schließlich führt der Streit über die Zukunft des Kontinents auch zu einer Beseitigung negativer Klischees, die in den einzelnen Staaten über andere Nationen vorherrschen. Hier haben sich besonders Mme. de Staël, Jean Paul, Görres, Shelley und Mazzini Verdienste erworben.

Der vorliegende Band dokumentiert die politischen, kulturkritischen und nationalcharakteristischen Aspekte der Europa-Diskussion während der Napoleonischen Epoche sowie zur Zeit der Restauration und stellt sie in der Einleitung des Herausgebers im Überblick dar.

insel taschenbuch 638

Europa

EUROPA

Analysen und Visionen
der Romantiker
Herausgegeben und eingeleitet
von Paul Michael Lützler
Mit zeitgenössischen
Porträts

Insel Verlag

Dem Kosmopoliten Egon Schwarz
zum 60. Geburtstag.
Diese Neuauflage mit den besten Wünschen
zum 70. Geburtstag

insel taschenbuch 638
Erste Auflage 1982
Insel Verlag Frankfurt am Main und Leipzig

Textnachweise am Schluß des Bandes
Vertrieb durch den Suhrkamp Taschenbuch Verlag
Umschlag nach Entwürfen von Willy Fleckhaus
Satz: Fotosatz Otto Gutfreund, Darmstadt
Druck: Ebner Ulm
Printed in Germany

2 3 4 5 6 7 – 98 97 96 95 94 93

INHALT

EINLEITUNG

Das übernationale Gemeinschaftsgefühl der Europäer ist reine Erfindung der Dichter – nur von ihnen erhalten und aufbewahrt während der feindlichsten Zeiten.

Heinrich Mann, 1927

1. Europa als politisches Programm

IN keinem anderen Jahrzehnt der neueren europäischen Geschichte gehen die revolutionären Bestrebungen der bürgerlich-aufklärerischen Emanzipationsbemühungen des 18. Jahrhunderts mit den auf Stagnation abzielenden Vorstellungen der adligen Führungsschicht des Ancien régime eine so verwirrende und auf die Dauer nicht haltbare Verbindung ein wie in der ersten Dekade des 19. Jahrhunderts, welche man mit Fug die Napoleonische nennt.[1] Das Bürgertum der Rheinbund-Staaten erwartet die Erfüllung der Hoffnungen von 1789 und akzeptiert Bonapartes Revolution von oben. Die menschheitlichen Ziele der Aufklärung (rechtliche Gleichheit, religiöse Toleranz) und die pragmatische einheitliche Verwaltung hat Napoleon zu seinem Dreieinigkeits-Dogma erhoben, einem Dogma, das zum mehr oder minder offen bekannten Credo des mitteleuropäischen Bürgertums gehört. Freilich wird es mit Waffengewalt verbreitet von einem aggressiven Politiker, der eine abgewandelte Losung des Robespierre auszugeben scheint, nämlich daß die Aufklärung

1 Vgl. dazu die von Heinz-Otto Sieburg herausgegebene Essay-Sammlung *Napoleon und Europa* (Köln, Berlin: Kiepenheuer & Witsch, 1971). Siehe ferner: Denis de Rougemont, *Europa. Vom Mythos zur Wirklichkeit* (München: Prestel, 1962), S. 157–220.

durch den Despotismus zu herrschen habe. Das Janusköpfige des neuen französischen Europa-Programms hatte sich bereits während des voraufgehenden Jahrzehnts abgezeichnet. Schon die Außenpolitik der Jakobiner war widersprüchlich gewesen, hatte einerseits den Geist der Verbrüderung zwischen den Völkern beschworen und Kriege nur als Defensivmaßnahmen bzw. als Befreiungsaktionen zulassen wollen, andererseits aber auch im Sinne des alten Richelieuschen Eroberungskonzepts Ziele militärischer Expansion verfolgt.[2] Napoleons eigene Laufbahn dokumentiert den Übergang der revolutionären Kriege zur Verteidigung der Landesgrenzen in militärische Unternehmungen, die auf die Besiegung der europäischen Staaten hinauslaufen. Spätestens 1801 nach dem Frieden von Lunéville, als das linksrheinische Gebiet an Frankreich abgetreten wurde und das Ziel der Landessicherung durch »natürliche Grenzen« erreicht war, mußte sich zeigen, ob die revolutionär-aufklärerische und nationale oder die aufklärerisch-despotische und imperialistische Komponente der französischen Politik in der Herrschaft Napoleons die Oberhand gewinnen würde. Was die fortschrittlichen Schichten in Europa erwarteten, und was die europäische Reaktion befürchtete, war die Schaffung von Nationalstaaten und die Beseitigung des Ancien régime. Der Weg, den der Erste Konsul in Paris verfolgt, kann weder die bürgerlichen Patrioten zufriedenstellen noch die Vertreter des alten legitimistischen Systems beruhigen. Er besiegt, demütigt und verändert willkürlich die bisher etablierten Monarchien, ohne sie zu beseitigen, und er schafft keine republikanisch strukturierten Nationalstaaten, die das Fundament einer neuen europäischen Ordnung abgeben könnten. Statt dessen jagt er dem

2 Vgl. Luigi Salvatorelli, »Napoleon und Europa«, in: H.-O. Sieburg (Hrsg.), *Napoleon und Europa*, a.a.O., S. 171–200.

Phantom einer Universalmonarchie nach und sieht sich als eine Kombination von Karl dem Großen, Cäsar und Alexander. Benjamin Constant gegenüber gibt er zu Beginn der Hundert Tage offen zu: »Ich habe die Herrschaft über die Welt gewollt, und um sie mir zu sichern, brauchte ich unbegrenzte Macht.«[3] Despotismus statt Republikanismus, Universalmonarchie statt Errichtung von Nationalstaaten innerhalb eines auf Gleichgewicht bedachten Staaten-Konzerts: dieses maßlose Konzept mit seinem polizeistaatlichen Unterdrückungssystem nach innen und einer aggressiven Gewaltherrschaft nach außen bringt sowohl die getäuschten bürgerlichen Schichten als auch die unterjochten Monarchien in Europa gegen Napoleon auf. Was er provoziert, sind die bürgerlichen und aristokratischen Gegenkräfte, die sich dann – wiederum in widersprüchlicher und nicht durchhaltbarer Partnerschaft – zum Kampf gegen den bonapartistischen Universalstaat finden. Propagandistisch wird den europäischen Völkern die Despotie des Korsen durch das Zurückgreifen auf solche historischen Vorbilder schmackhaft zu machen versucht, als deren Testamentsvollstrecker Bonaparte sich gerieren zu können glaubt. Für Italien und die klassisch enthusiasmierten Bildungsschichten Europas kleidet er sich römisch-cäsaristisch (vgl. die Napoleongemälde von Jacques Louis David), und Frankreich sowie den deutschen Ländern präsentiert er das ideologische Feuerwerk eines Karlsmythos: phönixgleich steigt aus der tausendjährigen Asche des großfränkischen Reiches Napoleon als Rechtsnachfolger Karls des Großen (»Notre prédécesseur«) auf. Cuoco, Gioja und Foscolo in Italien, Goethe, Jean Paul und Wieland in Deutschland – um nur einige Namen zu nennen – lassen sich lange über die

3 Ibid, S. 177.

Ziele und Beweggründe der bonapartistischen Politik hinwegtäuschen. Wie hätte es auch anders sein können bei der komplizierten Verquickung von menschheitlichen, gesellschaftlichen und mythischen Erwartungen, die man gegenüber dem angeblichen Neuerer Europas hegte, Hoffnungen, auf die der Despot geschickt zu reagieren wußte. Allerdings gab es sowohl im Lager der bürgerlich-patriotischen Anhänger des Nationalstaatsgedankens als auch bei den Ideologen des Ancien régimes Köpfe, die das Napoleonische Gaukelspiel früh durchschauten. Zu ihnen zählt der Patriot Ernst Moritz Arndt auf der einen Seite und der spätere Chefideologe der Restauration Friedrich von Gentz andererseits. Sie seien hier stellvertretend genannt, weil in ihren Arbeiten die konträren Konzepte des damals fortschrittlichen Nationalstaatsprogramms respektive des konservativen Gleichgewichtsdenkens absolutistischer Großmachtstaaten am reinsten zutage treten.

In seiner 1803 erschienenen und während eines Aufenthalts in Schweden verfaßten Schrift *Germanien und Europa*[4] bemüht Arndt sich um eine vergleichende Charakterisierung der europäischen Nationen. Diese Völkerpsychologie ist von jeder voreingenommenen nationalen Wertung frei, denn Arndt sieht den deutschen Nationalcharakter auf der gleichen Ebene wie die Charaktere der übrigen Völker. Klimatische und linguistische Unterschiede grenzen seiner Meinung nach die Nationen im Sinne eines »Naturgebots« voneinander ab. Mit diesen Theorien steht er in der Tradition völkerpsychologischen Denkens von Montesquieu bis Herder.[5] Origineller und brisanter sind die kritischen Kapitel über das Regime

4 Zu den hier abgedruckten Essays vgl. den »Textnachweis« im Anhang.

5 Vgl. Karl Heinz Schäfer, *Ernst Moritz Arndt als politischer Publizist* (Röhrscheid: Bonn, 1974), S. 182–186.

Napoleons. Ihre Hellsichtigkeit wird offenbar, wenn man sich vergegenwärtigt, daß sie vor dem Reichsdeputationshauptschluß, vor der Kaiserkrönung, lange vor Rheinbund, Tilsit und Kontinentalsperre verfaßt und publiziert wurden. Ähnlich weitsichtig war auch Joseph Görres gewesen, der bereits 1799 sah, daß in Napoleon der Welt eine Tyrannei erwachse, wie man sie seit der Römerzeit nicht mehr gekannt habe.[6] Während Görres aber resignierte und sich bis zur bereits absehbaren Niederlage Napoleons zu Anfang 1814 (Gründung des *Rheinischen Merkur*) aus der politischen Journalistik zurückzog, hält Arndt während der ganzen Napoleonischen Dekade seinen publizistischen Davidskampf durch. Arndt ist kein blinder Eiferer gegen den Korsen; die Angriffe sind fundiert, und sie klingen um so überzeugender, als den Herrscherfähigkeiten des Ersten Konsuls durchaus Reverenz erwiesen wird. »Ich gestehe«, schreibt er, »es liegt etwas in ihm, was große Menschen immer karakterisiert hat: eine kühne und klassisch gehaltene Weise, zu handeln und zu sprechen, eine gewaltige Naturkraft, welche die Herzen bezwingt, und selbst die Widerstrebenden zum Gehorsam zügelt; kurz, das Talent, zu herrschen, in einem hohen und energischen Karakter.« (404) Was Arndt bei Napoleon vermißt, sind die übergreifenden, zukunftsträchtigen politischen Konzepte. »Buonaparte«, so lesen wir, »ist nicht verständiger als die mittelmäßigen Regenten vor ihm; und jene Affektation von Philosophie, von Nachdenken über alles, ist auch nichts

6 Joseph von Görres, »Resultate meiner Sendung nach Paris im Brumaire des achten Jahres« (Koblenz 1800), in: J.v.G., *Politische Schriften*, Bd. I (München: Literarisch-artistische Anstalt, 1854), S. 25–112, besonders S. 42f. und 86f. Vgl. dazu: Leo Just, »Joseph Görres und die Friedensidee des 18. Jahrhunderts«, in: Karl Hoebes (Hrsg.), *Görres-Festschrift* (Köln: Bachem, 1926), S. 25–45.

als elende Äfferei, den Dummen nur Sand in die Augen streuend.« (405) Karrieresucht, Verrat an den Idealen der Aufklärung, Despotismus und Rassismus sind die Vorwürfe, die Bonapartes Innenpolitik treffen. In den außenpolitischen Plänen erkennt Arndt die Züge des militaristisch-imperialistischen Expansionsstrebens. Für jene, die Napoleons »glänzende carrière« (403) bewundern, hat er nur Spott übrig angesichts der Kosten, die zu Lasten dieser Laufbahn gehen. »So etwas von allgemeinen Menschen- und Staatsrechten, wie man im ersten Enthusiasmus der Revolution geträumt hatte, konnte man unter dieser Regierung nicht gebrauchen«, stellt Arndt fest (382). Die »Bewunderung aller Schwachköpfe« (381) gehöre einer »Despotie, so eigenmächtig, als wenige in Europa sind«. (373) Arndt hatte bereits drei Jahre zuvor eine Schrift mit dem Titel »Über die Freiheit der alten Republiken« veröffentlicht, und seine Anklagen und Fragen in *Germanien und Europa* weisen ihn als engagierten Republikaner aus, der die Tyrannei Napoleons bereits durchschaut, als dieser sich noch als römischer Consul maskiert: »Jedes freie Wort ist ein Verbrechen, die Preßfreiheit ist auf das engste eingeschränkt, und es giebt für die Kühnen Kerker genug, – nur unter andern Namen, als die alten. [...] Alles wickelt sich in die Dunkelheit politischer Geheimnisse.« (373–375) Und gegen das von Fouché begründete neue Polizeiwesen gewandt fährt er fort: »Was ist diese geheime Polizei? was sind die Cromwellschen Sicherheitsanstalten, die Menge von Trabanten und Wächtern, als das Verderben des Geistes der Nation?« (409) Napoleon, der »frische Begründer des Despotismus« (406) und »große Sünder an seiner Zeit« (371) verschulde, daß auch auf dem Gebiete des Rechts »so vieles wieder den Krebsgang geht«. (401) Er bezichtigt ihn des Rassismus und prangert die Maßnahmen gegen die Farbigen an: »Welche Grundsätze hat diese Regierung wieder aufzustellen gewagt über die Negern und farbigen Menschen! Davor erschrickt man doch wie vor scheußlichen Gespenstern im Anfange des 19ten Jahrhunderts. Wie war dies selbst in dem elenden Jahr 1799 noch schön in Frankreich! Man dachte an keinen Aristokratismus der Farbe mehr, und unsre schwarzen und olivenfarbigen Brüder waren auf gleichem Fuß allenthalben unter den Weißen, im Spiel, wie im Ernst. Ein Dekret hat diesen Sommer alle Negern und Mulatten aus Frankreich getrieben.« (402–403) Jenen »gedungenen und ungedungenen Stimmen« außerhalb Frankreichs, die Napoleon als den »Beglücker und Wiederhersteller Europens« (369) feiern, hält er entgegen, daß »selbst die Erklärungen und Proklamationen der Regierung in den letzten beiden Jahren nicht mehr von Bürgerlichkeit und Freiheit, als den *ersten* Gütern des Volks sprechen, sondern von Ruhm, von der Ehre, von der Furchtbarkeit des französischen Namens; elenden Idolen, wodurch Eroberer die Völker unglücklich gemacht haben«. (391–392) Als das »größte Übel« bezeichnet Arndt »die 600000 Mann, die der erste Consul hält. [...] Buonaparte belastet durch dieses ungeheure Heer nicht allein sein eignes Land; auch wir übrigen Europäer werden über ihn seufzen müssen«. (396,399) Hinter dem Aufbau des riesigen Heeres erkennt Arndt die »despotischen Absichten« (396) eines politischen Willens, der nichts kenne »als herrschen durch bloße Gewalt«. (401) Das ist die Analyse eines klarsichtigen Republikaners, der den Überblick über die politischen Entwicklungen in Europa besitzt, und vor dessen Kritik die Napoleon-Verehrung eines Goethe, Jean Paul, Wieland oder Heine den Charakter wirklichkeitsfremder Ideologien annehmen. Aber tat Arndt dem Korsen nicht Unrecht, werden jene fragen, die noch heute in jedem Despoten den Weltgeist daherreiten sehen, vorausgesetzt er sitze nur fest genug im Sattel einer Großmacht und vermöge seine Eroberungspläne als Kreuzzüge für diese oder jene »Befreiung« bzw. »Revolution« zu deklarieren. Besaß Napoleon nicht ein Europa-Konzept, das, wäre es verwirklicht worden, den Frieden dieses Kontinents und damit der damaligen Welt garantiert hätte? Unterwerfen und Unmündighalten sind aber die schlechtesten Friedensvoraussetzungen. In der Tat hat Napoleon an eine umfassende Neuorganisation Europas gedacht, aber er sah sie unter dem Aspekt eines feudal gegliederten Reiches seiner Familie.[7] Das Ende der Napoleonischen Politik zeigte einmal mehr, daß jeder Plan, der darauf abzielt, Europa mit den Mitteln der Annexion und Hegemonie zu organisieren, zum Scheitern verurteilt ist. In den folgenden Jahren fand Arndt seine Prognosen bestätigt, und es ist verständlich, daß er den publizistischen Kampf gegen Napoleon mit aller Energie weiterbetrieb. Er selbst entging dabei allerdings nicht der Dialektik des Krieges gegen den Krieg, des Kampfes gegen den Kampf, des Hasses gegen den Haß, der Agitation gegen die Agitation. Hatte er 1803 in *Germanien und Europa* noch den französischen Nationalismus als fatal für Europa angeprangert, so zeigte er sich im zweiten Teil des 1809 erschienenen Bandes *Geist der Zeit* – also auf dem Höhepunkt seines propagandistischen Feldzugs gegen Napoleon – selbst als Vertreter einer nationalistischen Ideologie. Wie in Fichtes gleichzeitig entstandenen *Reden an die deutsche Nation* kompensiert sich im *Geist der Zeit* ein nationales Unterlegenheitsgefühl. Beide Schriften sind Zeugnis eines hypertrophierten Nationalismus, auf welchen wenig mehr als ein Jahrhundert später eine Napoleon-Imitation in Deutschland zurückgreifen konnte.[8] Die nationalen Grundpositionen behielt Arndt auch

7 Vgl. L. Salvatorelli, »Napoleon und Europa«, a.a.O., S. 197.

8 Vgl. Theodor Schieder, »Das Jahr 1813 und das heutige Europa«, in: H.-O. Sieburg (Hrsg.), *Napoleon und Europa*, a.a.O., S. 358.

nach 1815 bei[9], doch nahm er nun von dem um 1809 gepredigten Völkerhaß Abstand. Das Wegweisende in der Staatskonzeption des Arndt von 1803 liegt darin, daß er die Rechte der europäischen Völker auf nationale Identität, eigene Regierungen – freilich noch nicht demokratischer Art – und Souveränität betont. Obwohl Arndt in *Germanien und Europa* keine Strategie für die Aufrechterhaltung eines Friedens zwischen den Nationalstaaten entwirft, wird deutlich, daß er alle Hegemonialbestrebungen einer einzelnen europäischen Macht auf das entschiedenste ablehnt. Seine Europavision ist das Wunschbild friedlich existierender Nationalstaaten, die aufgrund ihrer Saturiertheit (Beachtung linguistischer und natürlicher Grenzen) von Aggressionsakten absehen. Arndt vermochte keinen überzeugenden Friedensplan für Europa vorzulegen, aber dies ging auch über sein Nahziel – das für ihn Fernziel blieb – der Schaffung europäischer Nationalstaaten, vor allem einer deutschen Nation, hinaus.

Nicht minder hellsichtig als Arndts Napoleon-Kritik ist die etwa gleichzeitig geschriebene Studie von Samuel Taylor Coleridge über das Frankreich zur Zeit des Ersten Konsuls, die im Herbst 1802 in mehreren Folgen in der englischen Zeitschrift *The Morning Post* erschien. Coleridge überprüft den Anspruch Bonapartes, aus Paris ein zweites Rom, das Zentrum eines im Entstehen begriffenen neuen Weltreichs gemacht zu haben. Die Nachahmung römisch-republikanischer Formen decouvriert er als Maskerade, hinter der ein politischer Wille sich verberge, der viel mit Cäsarenwahn und nichts mit republikanischer Tugend zu tun habe. Coleridge erweist sich als Prophet, wenn er mit einem Krieg zwischen Frankreich und England rechnet, wenn er seiner Überzeugung Ausdruck gibt, daß Britannien sich bei diesem Konflikt

9 Vgl. K.H. Schäfer, *E.M. Arndt*, a.a.O., S. 186.

behaupten werde, und wenn er den Untergang des Napoleonischen Systems voraussagt.

Anders schaute das Europa-Konzept von Arndts und Coleridges Zeitgenossen Friedrich von Gentz aus, der sich vom Kant-Schüler mit jakobinischen Neigungen zum deutschen Burke und Kämpfer für ein Restaurations-Europa entwickelt hatte. Wie viele junge Romantiker in den Übergangsjahren der Spätaufklärung zur Frühromantik, wie Fichte, Friedrich Schlegel, Novalis und Görres, hatte auch Gentz sich mit Kants »Zum ewigen Frieden« (1795) auseinandergesetzt und durch ihn in den Kategorien eines europäischen Völkerbundes als Friedensgarant denken gelernt. Kants Traktat hinwiederum ist nicht vorstellbar ohne die früheren aufgeklärten Völkerbundstudien von Saint-Pierre und Rousseau. Die Idee dieses Bundes war eines der überdauernden Ergebnisse aufgeklärter Völkerrechtslehre und besagte, daß sich die Länder Europas den Statuten einer gemeinsamen Korporation zur Sicherung des Friedens unterordnen sollten. Die Basis der Vereinigung bildete die allgemeine Anerkennung der Menschenrechte, und die Gesellschaftsverfassung der Mitgliedstaaten war als anti-aristokratische (gegen den Erbadel gerichtete), republikanische gedacht, wobei weder bei Kant noch bei Fichte und Novalis (»Glauben und Liebe«) Republikanismus und Monarchismus sich ausschlossen. Der Utopie eines einheitlichen und von allen Staaten anerkannten Völkerbundstatuts stand der Pragmatismus aufgeklärt-absolutistischer Politik im Wege, eines Pragmatismus, der sich auf das ganz anders geartete politische Konzept vom Gleichgewicht der Mächte gründete.[10] Gentz hatte sich in den Jahren nach 1800 –

---

10 Vgl. das Kapitel »Das europäische Gleichgewicht«, in: Heinz Gollwitzer, *Europabild und Europagedanke. Beiträge zur deutschen Geistesgeschichte des 18. und 19. Jahrhunderts* (München: Beck, 1964, 2. Auflage), S. 71–77.

nicht zuletzt durch sein Burke-Studium – vom Völkerbundidealisten zum Gleichgewichtspragmatisten gewandelt. Beides, Völkerbund- und Gleichgewichtsdenken, waren Produkte aufgeklärter Politikwissenschaft. Im ersten kommen die menschheitlich-emanzipativen, im zweiten die mechanistisch-rationalen Züge der Epoche zum Ausdruck. Die europäische Pentarchie des 18. Jahrhunderts (Rußland, Preußen, Österreich, Frankreich und England) akzeptierte und praktizierte die equilibristische Politik. Entsprechend fand sich in der Diplomaten-Schule der Aufklärung keine beliebtere außenpolitische Konstruktion als die der »balance of power«. Napoleons universaldespotische Aktionen störten jenes Mächte-Gleichgewicht erheblich, und England gebrauchte das alte Prinzip der Harmonie der Kräfte als Hauptargument gegen die Hegemonialansprüche Frankreichs. Es konnte sich dabei auf eine gelehrte Tradition politischen Denkens von Bacon, Harrington über Bolingbroke, Hume und Robertson bis Burke berufen. Obgleich die romantischen Ideologen des Organischen – wie etwa Adam Müller – sich vom mechanistischen Denken distanzierten, stützten sie trotzdem das englische Konzept der »balance of power«, ja es kommt bei Müller *(Elemente der Staatskunst)*, bei August Wilhelm Schlegel und Gentz zu einer Glorifizierung[11] Englands ganz allgemein, was nur auf dem Hintergrund ihres gemeinsamen Kampfes gegen Napoleon zu verstehen ist. Anders als die Völkerbundstrategen am Ende des 18. Jahrhunderts hatten die Gleichgewichtsapologeten zu Anfang des 19. mit ihrer Gegnerschaft zu den kommenden demokratisch-nationalstaatlichen Strömungen freilich nicht die Zukunft für sich. Gentz war viel eher ein

11 Vgl. Friedrich Gentz, *Das Continentalsystem und dessen Wirkung auf die Handelsverbindung mit England* (1814, o.O.) und A[ugust] W[ilhelm] S[chlegel], *Über das Continentalsystem und den Einfluß desselben auf Schweden* (1813, o.O.).

reaktionärer Europäer als ein nationaler Patriot. Das Zurück zur Legitimität Alteuropas, zur aurea aetas des Ancien régime war seine Losung, und es ist kein Wunder, daß er zum Berater und Sekretär des »comte de balance« Metternich avancierte.[12] Unter dem Panier der Gleichgewichtspolitik versammelten sich jene, die sowohl den gesellschaftlichen Umsturz durch die nationalen Demokraten und liberalen Konstitutionalisten als auch die Entmachtung der Monarchien von seiten der Universaldespotie Napoleons befürchteten. Während Arndt und Fichte den seinerzeit historisch notwendigen Weg des Nationalismus zur Erreichung der menschheitlich-revolutionären Ziele in einem erneuerten Europa beschreiten, schlägt sich Gentz auf die Seite der Restaurationspolitiker. Das propagandistische Verwirrspiel seines Gegners, nämlich mit revolutionären Argumenten die Sache der Reaktion zu betreiben, beherrschte Gentz so geschickt wie die Wortführer des Bonapartismus. In seiner 1805 verfaßten, in St. Petersburg – dem konservativen Zentrum der anti-napoleonischen Fronde – erschienenen Schrift *Fragmente aus der neusten Geschichte des Politischen Gleichgewichts in Europa* attackiert er im Namen »des Vaterlands, des Europäischen Gemeinwesens, der Freiheit und Würde der Nationen, der Herrschaft des Rechtes und der Ordnung« (XLV) die »Lobredner der vollkommensten Sclaverei, die jemals die Völker gebeugt hatte« (XXXIV). Viel ist die Rede vom »schmählichen Verfall von Europa« (XXXVII) und seiner vollständigen »Unterjochung« (XXX). Dagegen werden die »Starken, Reinen und Guten« aufgerufen, deren »heiliger Bund« die »einzige unüberwundne Coalition« sei, »die heute noch der Waffengewalt trotzen, die Völker befreien, und die Welt beruhigen kann«. (XL) An die Adresse der

12 Vgl. H. Gollwitzer, *Europabild*, a.a.O., S. 137.

deutschen Patrioten gerichtet heißt es: »Das eigentliche Werk der Befreiung muß auf *Deutschem* Boden gedeihen. Von hier muß die Wiederherstellung ausgehen, so wie hier die Zerrüttung entschieden, das Verderben zur Vollendung gebracht ward. Europa ist durch *Deutschland* gefallen; durch *Deutschland* muß es wieder emporsteigen.« (XLVI) Trotz allen Befreiungs- und Patriotismusvokabulars konnte es freilich dem aufmerksamen zeitgenössischen Leser nicht entgehen, daß es Gentz letztlich um die Wiederherstellung des »ehemaligen Föderativ-Systems von Europa« (III) zu tun war, deren Regenten anzuklagen er als »das Werk der Ungerechtigkeit« (XXXIX) diffamierte. Was vorherrschte, waren emotionale Appelle an die republikanischen Tugenden der europäischen und deutschen Patrioten, die sich dann auf den für die Monarchen geführten »Befreiungskrieg« einließen. Weder der gauklerische Bonapartismus noch die mißverstandene Befreiungsbewegung konnten jene nationalgesellschaftlichen und europäisch-bündnismäßigen Folgen zeitigen, die sich die Kinder und Enkel der Französischen Revolution erhofft hatten.

In seinem europa-orientierten und anti-napoleonischen Engagement eher dem frühen Arndt als Gentz verwandt, griff 1809 Coleridges Freund William Wordsworth in die politische Diskussion ein, und zwar mit einem Pamphlet zum Vertrag von Sintra. Am 31. August 1808 hatte der englische General Dalrymple im Namen der britisch-portugiesischen Streitkräfte mit Napoleons General Junot in Sintra bei Lissabon einen Vertrag geschlossen, der es den geschlagenen Franzosen erlaubte, unbehelligt (samt Waffen, Ausrüstung und früher gemachter Beute) aus Portugal abzuziehen. London war über diesen Vertrag aufgebracht; es empfand ihn als Verrat am sich gerade auf der Iberischen Halbinsel entwickelnden Widerstandsgeist gegen den Despotismus und die Fremdherrschaft der Franzosen. Dalrymples Entlassung folgte auf dem Fuße. 1809 wurde Wellington, der als untergeordneter Offizier bereits am Sieg gegen Junot beteiligt gewesen war, von der britischen Regierung beauftragt, die englischen Truppen in Portugal und Spanien zur Befreiung der beiden Länder zu führen, was ihm in den fünf Jahren bis 1814 gelang. Wordsworth dokumentiert in seinem umfangreichen Pamphlet sowohl den Widerstandswillen der Portugiesen und Spanier als auch die Unterdrückungspolitik der französischen Besatzungsmacht. Schließlich argumentiert er mit menschen- und völkerrechtlichen Bedenken gegen diesen Vertrag, den abzuschließen der englischen Generalität nicht erlaubt gewesen sei. Wordsworth' Abhandlung ist das beredteste Zeugnis vom Kampf der angelsächsischen Romantiker gegen die Napoleonische Politik. Was Coleridge und Arndt Jahre zuvor prophezeit hatten, nämlich die Unterwerfung der meisten europäischen Völker unter das Diktat des Korsen, war inzwischen Wirklichkeit geworden. Gleichzeitig bedeuten die Jahre 1808/1809 aber auch eine Wende, denn nun wächst, stärker als je zuvor, der Widerstand in Portugal, Spanien (Sturz Godoys), Tirol (Andreas Hofer) und Preußen (Schillsche Aktion). Zur gleichen Zeit wie der Engländer William Wordsworth ruft der Preuße Heinrich von Kleist zur Résistance auf, und zwar mit seinem »Katechismus der Deutschen«, dessen Untertitel bezeichnenderweise »abgefaßt nach dem Spanischen« lautet. Der Kleist der politischen Pamphlete von 1809 war kein verbohrter Nationalist, sondern ein »idealistischer Kosmopolit«.[13] Nicht von ungefähr ist das Recht auf politischen

13 Richard Samuel, *Heinrich von Kleist's Participation in the Political Movements of the Years 1805–1809*, Dissertation (masch.), 1938, zitiert nach: Rudolf Berg, »Intention und Rezeption von Kleists politischen Schriften des Jahres 1809«, in: *Text und Kontext. Quellen und Aufsätze zur Rezeptionsgeschichte der Werke Heinrich*

Widerstand ein zentrales Problem in Kleists zwischen 1808 und 1810 entstandener Novelle *Michael Kohlhaas*. Kleists politischer Universalismus spricht z. B. aus seinem Pamphlet »Was gilt es in diesem Kriege?«. Hier imaginiert er die Utopie einer verbrüderten Welt vereinter Nationen. Was er anstrebe sei:

»Eine Gemeinschaft, die unbekannt mit dem Geist der Herrschsucht und der Eroberung, des Daseins und der Duldung so würdig ist, wie irgend eine; die ihren Ruhm nicht einmal denken kann, sie müßte denn den Ruhm zugleich und das Heil aller übrigen denken, die den Erdkreis bewohnen; deren ausgelassenster und ungeheuerster Gedanke noch, von Dichtern und Weisen, auf Flügeln der Einbildung erschwungen, Unterwerfung unter eine Weltregierung ist, die, in freier Wahl, von der Gesamtheit aller Brüdernationen, gesetzt wäre«.[14]

Englandfreundlich und vom Grundsatz des Gleichgewichts der Mächte ausgehend wie Gentzens Buch ist auch die von August Wilhelm Schlegel 1813 in seiner Eigenschaft als Sekretär des schwedischen Kronprinzen verfaßte Schrift gegen Napoleons Kontinentalsperre.[15] Die Akzente sind freilich anders gesetzt. Weniger glänzend in der Rhetorik, benennt er doch präziser die Folgen des bonapartistischen Regimes. Politisch habe Napoleon nicht die Erfüllung, sondern das

---

von Kleists, hrsg. v. Klaus Kanzog (Berlin: Erich Schmidt, 1979), S. 219. Vgl. Kleists politische Schriften im Band 5 der dtv-Kleist-Ausgabe, hrsg. v. Helmut Sembdner (München 1964), S. 82–113. Zum *Michael Kohlhaas* siehe: Paul Michael Lützeler, »Heinrich von Kleist: *Michael Kohlhaas* (1810)«, in: *Romane und Erzählungen der deutschen Romantik. Neue Interpretationen*, hrsg. v. Paul Michael Lützeler (Stuttgart: Reclam, 1981), S. 213–239.

14 Kleist-Ausgabe Bd. 5 (siehe Anmerkung 13), S. 108-109.

15 Vgl. Anmerkung 11.

Ende des Republikanismus bedeutet, und wirtschaftlich führe die Kontinentalsperre zur Verelendung der Ökonomie im nördlichen Deutschland (11,81). Erweist sich Gentzens Schrift als unterschwellig reaktionär, so ist die Schlegels der Tendenz nach zukunftsorientiert. Das macht nicht zuletzt der Hinweis auf das als vorbildlich gepriesene republikanische Amerika[16] deutlich, welches als »neues Europa« apostrophiert wird und dessen »kräftige Jugend« dabei sei, die alte Welt zu beschämen (76). Wie A. W. Schlegel richtet auch Victor Hugo im »Fragment d'Histoire« seinen Blick auf Amerika als dem neuen Europa. Von Amerika, dem Erdteil, in welchem die Emanzipation des Individuums am weitesten fortgeschritten sei, erhofft er sich »Wärme, Leben und Jugend« (304) für das Mutterland Europa. Hugo ist überzeugt, daß die Kultur sich im Laufe der Menschheitsgeschichte von Kontinent zu Kontinent verlagerte: In Asien habe sie ihren Ausgang genommen, dann löste Afrika Asien ab. Europa (Rom) habe Afrika den Rang abgelaufen, und in Amerika schließlich komme die Kultur gegenwärtig zu neuer Blüte.

Wo aber sind die republikanischen Europa-Strategen 1814 nach dem Sturz Napoleons? In Deutschland und Italien, jenen Ländern, die von einer nationalen Einheit noch weit entfernt waren, sind sie schwach vertreten. Immerhin belegt

16 Das Amerikathema spielt in den Schriften der Romantiker eine unverhältnismäßig geringere Rolle als die Europaidee. Vgl. dazu die Studien von: Harold von Hofe, »Novalis and the New World«, Anselm Maler, »Die Entdeckung Amerikas als romantisches Thema. Zu Eichendorffs ›Meerfahrt‹ und ihren Quellen«, in: Alexander Ritter (Hrsg.), *Deutschlands literarisches Amerikabild* (Hildesheim, New York: Georg Olms, 1977), S. 218–225 und 226 bis 253. François René Chateaubriands Erzählungen *René* und *Atala* von 1802, die in Amerika spielen bzw. in denen Amerika in den Blickwinkel gerät, sind eher atypisch für ihre Zeit.

die 1813 von Fichte gelesene *Staatslehre*, daß ihn die Völkererhebung zum europäischen Gemeinschaftsdenken anregte. Fichte ging – wie früher bereits Kleist – so weit, sich den Völkerbund nicht auf Europa beschränkt vorzustellen.[17] Ein Europa-Konzept besitzen vor allem die Vertreter der Pentarchie, die sich unter Metternichs Leitung zum Wiener Kongreß treffen. Es ist das des alten vorrevolutionären Equilibriums der Großmächte. In Frankreich macht Chateaubriand sich zum Vertreter der Legitimation, erschlägt nachträglich den toten Löwen Napoleon und gibt die Losung »Es lebe der König!« als »Signal des Friedens und des Glückes«[18] aus. Aber in Frankreich knüpfen andererseits auch zwei Philosophen an die Tradition aufgeklärter Politikwissenschaft von Saint-Pierre, Rousseau sowie Kant an und entwerfen einen Plan *Von dem Wiederaufbau der europäischen Staaten-Gesellschaft*. Saint-Simon und Thierry ließen in diesem programmatischen Entwurf alles hinter sich, was bisher über die zukünftige Einheit Europas geschrieben worden war.[19] Die in den folgenden Jahrzehnten verfaßten Europa-Schriften von Leroux, Eichenthal, Considérant, Mazzini und Pecqueur gehen sämtlich auf jenes Werk zurück. In ihren Grundzügen – einheitliche europäische Wirtschaft und Regierung sowie parlamenta-

---

17 Vgl. H. Gollwitzer, *Europabild*, a.a.O., S. 171; ferner: Jacques Droz, *Le Romantisme allemand et l'État. Résistance et collaboration dans l'Allemagne napoléonienne* (Paris: Payot, 1966).

18 F. A. de Chateaubriand, *Buonaparte und die Bourbons. Oder über die Nothwendigkeit, daß sich Frankreich, zu seinem eignen und ganz Europa's Glück, mit seinen rechtmäßigen Fürsten wieder vereinige*, übersetzt von Salomon Ponge (Berlin: Gottfried Hayn, 1814), S. 95.

19 Vgl. F. H. Hinsley, *Power and the Pursuit of Peace. Theory and Practice in the History of Relations between States* (Cambridge: Cambridge University Press, 1963), S. 102; ferner: Carsten Holbraad, *The Concert of Europe. A Study in German and British International Theory* (London: Longman, 1970).

rische Verfassung – ist die Arbeit auch heute noch nicht überholt. Saint-Simons Kritik an den Friedensbemühungen des Wiener Kongresses ist so scharf wie zutreffend: »Von allen Seiten wird das Privat-Interesse als Maßstab des allgemeinen Interesse angegeben. [...] Alles, was ihr thun werdet, wird blos dazu dienen, den Krieg herbeyzuführen, den Garaus werdet ihr ihm nicht machen.« (30,31) Als Voraussetzung für einen dauerhaften Frieden betrachtet Saint-Simon eine Beseitigung des Ancien régime und die Einführung parlamentarischer Systeme in den europäischen Einzelstaaten. Die nationalen Parlamente sollen dann zu einem europäischen Gesamtparlament zusammentreten, das »über das gemeinschaftliche Interesse der europäischen Gesellschaft entscheide« (49). Das Europa-Parlament müsse mit der Macht ausgestattet werden, die Streitigkeiten der Einzelländer zu schlichten (50). Voraussetzung für die Tragfähigkeit eines europäischen Parlaments sei die Entwicklung eines »europäischen Patriotism« (51). Beim Entwurf des Modells für eine europäische Regierung orientieren sich die Verfasser am englischen Modell mit Könighaus, Oberhaus und Unterhaus. In das Unterhaus will Saint-Simon durch Korporationen Kaufleute, Gelehrte, Staatsbeamte und obrigkeitliche Personen entsenden lassen (je einer pro Million Einwohner). Während die Mitglieder des Unterhauses für zehn Jahre gewählt werden, soll die Würde der Pairs im Oberhaus und die des europäischen Königs erblich sein. Wie bei seinen Vorgängern Rousseau und Kant schließen sich auch bei Saint-Simon und Thierry Republikanismus und – hier freilich konstitutioneller – Monarchismus nicht aus. Wichtige Aufgabe des Europaparlaments werde es sein, ein für alle europäischen Staaten gültiges Rechtssystem zu schaffen: »Ein Gesetzbuch, welches sowol die allgemeine als nationale und individuelle Sittenlehre enthält, wird unter der Aufsicht des großen Parlements abgefaßt werden, damit es ganz Europa zur Lehre diene. [...] Das große Parlement wird gänzliche Gewissensfreyheit und freye Ausübung aller Religionen zulassen.« (56) Saint-Simon und Thierry sind sich bewußt, daß sie einen utopischen, noch nicht realisierbaren Entwurf verfassen. Auch sie betrachten es als Vorbedingung, zunächst die Nationalstaaten und Nationalparlamente zu schaffen: »Die Zeit aber«, so halten die Autoren abschließend fest, »wo alle europäischen Völker durch National-Parlemente regiert seyn werden, ist unstreitig der Zeitpunkt, wo das allgemeine Parlement, ohne Hindernisse zu finden, wird eingeführt werden können. [...] Aber dieser Zeitpunkt ist noch fern von uns, und schreckliche Kriege, vielfältige Revolutionen müssen Europa noch geißeln während dem Zwischenraum, der uns davon trennt.« (57) Den Aufbau der Vereinigten Staaten von Europa dachten sich Saint-Simon und Thierry in Schritten. Die erste Etappe sollte die Union England-Frankreich bilden, da jene Länder bereits Parlamentsregierungen besaßen. Die zweite Etappe könnte deren Assoziation mit Deutschland bringen. Eine nach Wilhelminismus und Hitlerismus kaum noch verständliche Hochachtung besitzen Saint-Simon und Thierry vor dem deutschen Volkscharakter. Eine Stelle wie die in der Folge zitierte bezeugt zum einen den kosmopolitischen Geist jener Epoche, und zum anderen dokumentiert sie – ähnlich wie das Deutschlandbuch der Madame de Staël – eine im frühen 19. Jahrhundert verbreitete deutschlandfreundliche Haltung in den übrigen Staaten des Kontinents. Es heißt dort:

»Die deutsche Nation ist, vermöge ihrer Bevölkerung, die beynahe die Hälfte von Europa ausmacht, durch ihre Lage im Mittelpunkte Europens, und noch mehr durch ihren edeln und großmüthigen Charakter bestimmt, die erste Rolle in Europa zu spielen, sobald sie unter einer freyen Regierung in einen einzigen Körper vereint seyn wird. Wenn die Zeit gekommen seyn wird, wo die englisch-französische Gesellschaft durch den Zutritt Deutschlands sich vergrößert, wo man ein allen drey Nationen gemeinschaftliches Parlement errichtet, dann wird der Wiederaufbau der übrigen europäischen Staaten schneller und leichter von Statten gehen, denn diejenigen Deutschen, welche man berufen wird, an der gemeinschaftlichen Regierung Theil zu nehmen, werden in ihre Meinungen jene Reinheit der Moral, jenen Seelenadel übertragen, der sie auszeichnet, und durch die Macht des Beyspiels werden sie die Engländer und die Franzosen zu sich erheben, die ihres Handels-Verkehrs wegen mehr an ihre eigne Person denken, und sich nicht so leicht von ihrem Privat-Interesse losmachen können, dann werden die Prinzipe des Parlements freysinniger, ihre Arbeiten uneigennütziger, ihre Politik den übrigen Nationen günstiger seyn.« (84/85)

Obgleich Saint-Simon und Thierry sich des utopischen Charakters ihres Entwurfs bewußt bleiben, sind sie doch überzeugt, daß sie einen Weg weisen, den die europäische Geschichte der kommenden Jahrhunderte beschreiten wird. Diese Zuversicht läßt sie abschließend vermächtnisartig feststellen:

»Es kommt zweifelsohne eine Zeit, wo alle Völker Europens fühlen werden, daß die Punkte des allgemeinen Interesses geordnet werden müssen, bevor man zu dem besondern Interesse jeder Nation übergeht, dann wird das Elend anfangen, sich zu vermindern, die Unruhen werden sich besänftigen, die Kriege erlöschen; das ist das Ziel, wonach wir unaufhörlich streben, dahin treibt uns die Richtung des menschlichen Geistes! [...] Das goldne Zeitalter ist nicht hinter uns, es ist vor uns, in der Vollkommenheit der gesellschaftlichen Ordnung; unsre Väter haben es nicht gesehen, unsre Nachkommen werden einst dazu gelangen; uns kommt es zu, ihnen den Weg dahin zu bahnen.« (87)

Wie Saint-Simon ist auch William Hazlitt, der Freund von Coleridge und Wordsworth, 1814 voller Skepsis gegenüber den Europa-Plänen, welche vom Wiener Kongreß unter Metternichs Leitung diskutiert werden. Die großen Fragen der Zeit (Polen, Norwegen, der Sklavenhandel, Sachsen, Italien, die Vorherrschaft Englands auf den Meeren) würden, so schreibt er in seinem Bericht über den Kongreß, nicht offen genug angegangen, und doch könne nur ihre Lösung zu einer Befriedung des Kontinents führen. Die Gunst der Stunde, die sich nach Brechung der französischen Vorherrschaft in Europa ergeben habe, bliebe von den Siegermächten ungenutzt. Was eintreten werde, sei ein Rückfall in die monarchistische Politik der vor-napoleonischen Ära. Hazlitt ist – wenngleich von Vorurteilen gegenüber Frankreich nicht frei – ein äußerst nüchterner und klarsichtiger Kritiker, aber seiner Analyse fehlt, was die Schrift von Saint-Simon und Thierry auszeichnet: das alternative, zukunftsgerichtete und umfassende Konzept, es fehlt die Utopie des Vereinigten Europas.

2. *Europa als geschichtsphilosophische Idee*

Auf den ersten Blick scheint Saint-Simons zukunftsorientierte konkret-politische Utopie der Vereinigten Staaten von Europa wenig gemein zu haben mit Novalis' vergangenheitsverklärender geschichtstheologischer Europa-Rede. Das tertium comparationis ist aber die geschichtsphilosophische Projektion eines durch Europa begründeten »ewigen Friedens« in einem »Goldenen Zeitalter«.[20] Das 1799 zu Beginn

20 Vgl. Hans-Joachim Mähl, *Die Idee des goldenen Zeitalters im Werk des Novalis* (Heidelberg: Carl Winter, 1965), S. 373f. Vgl. ferner: Richard Samuel, *Die poetische Staats- und Geschichtsauffassung Friedrich von Hardenbergs (Novalis). Studien zur romantischen Geschichtsphilosophie* (Hildesheim: Gerstenberg, 1975, Nach-

der napoleonischen Herrschaft beschworene, unhistorisch gesehene, mythisierte, um Jahrhunderte zurückliegende Mittelalter des Novalis und das nach dem Zusammenbruch des Bonapartismus geschaute, utopische, Jahrhunderte vorausliegende Zeitalter eines befriedeten Kontinents markieren jene Extrempole einer Skala, in deren Bereich sich die visionären Europa-Vorstellungen der europäischen Romantiker bewegen. Während die politischen Programme von Gentz, Fichte, A. W. Schlegel, Wordsworth, Hazlitt und Coleridge sich dem durch Saint-Simon bezeichneten Pol zuordnen lassen, gehören die Traktate Friedrich Schlegels, Chateaubriands, Bonalds, de Maistres, Adam Müllers und von Baaders in den durch Novalis vertretenen Bereich der theologisch akzentuierten Geschichtsphilosophie. Im Zentrum beider Konzepte, des politischen wie des geschichtstheologischen, steht ein selbst nicht mehr hinterfragtes Unitätsdenken. Das Ziel der Einheit bei den politisch Denkenden soll durch die Schaffung von Verträgen, Statuten oder Institutionen erreicht werden, wohingegen die Geschichtstheologen eine religiöse Einheit als Voraussetzung einer Unifikation auf allen Lebensgebieten – auch den politisch-gesellschaftlichen – betrachten. Die Auffassungen von »Religion« gehen dabei wiederum bei den Vertretern der geschichtstheologischen Richtung weit auseinander. »Katholizität« scheint zunächst der gemeinsame Nenner der romantischen Religionstheoretiker zu sein, denn er wird sowohl bei Novalis als auch Bonald oder de Maistre in den Mittelpunkt des Einheitsdenkens gestellt. Nichts wäre aber falscher, als das Religions-, Christentums- und Katholizitäts-

---

druck der Ausgabe von 1925); ferner: Hans Wolfgang Kuhn, *Der Apokalyptiker und die Politik. Studien zur Staatsphilosophie des Novalis* (Freiburg i. Br.: Rombach, 1961); Rolf-Peter Janz: *Autonomie und soziale Funktion der Kunst. Studien zur Ästhetik von Schiller und Novalis.* (Stuttgart: Metzler), 1973 S. 126ff.

verständnis des Novalis gleichzusetzen mit dem römisch-päpstlichen Katholizismus der beiden französischen Philosophen. Bei Novalis nämlich fehlt alles Dogmatische und Moralische.[21] Bonald und de Maistre geht es um eine Fortsetzung antireformatorischer Bestrebungen, Novalis dagegen inauguriert »eine zweite Reformation« (517)[22], die jenen Prozeß der religiösen Zersplitterung, wie er mit der Reformation Luthers begann, beendet. Inhaltlich wird der Begriff der neuen Reformation nicht gefüllt; die neue Religion wird nur formal als neues »Band« (509) beschrieben, das die auseinanderstrebenden Teile der europäischen Kultur universalistisch wieder zur Einheit zusammenfaßt. Die neue Religion soll – vergleichbar dem katholischen Christentum des idealtypisch gesehenen Mittelalters – den gemeinsamen Nenner des europäischen Lebens abgeben und damit alle Sphären des Daseins zu einer Synthese bringen.[23] Nicht im rationalen Gleichgewichtsdenken der Politiker des aufgeklärten Absolutismus, sondern in der Anerkennung einer gemeinsamen religiösen Grundüberzeugung sieht Novalis den Garanten des Friedens in Europa, wenn er schreibt: »Kommt ihm der Staatsumwälzer nicht wie Sisyphus vor? Jetzt hat er die Spitze des Gleichgewichts erreicht und schon rollt die mächtige Last auf der andern Seite wieder herunter. Sie wird nie oben bleiben, wenn nicht eine Anziehung gegen den Himmel sie auf der Höhe schwebend erhält.« (517) Novalis besitzt durchaus einen Blick für die historischen Entwicklungen seiner Zeit

---

21 Vgl. Alfred v. Marin, »Das Wesen der romantischen Religiosität«, in: *Deutsche Vierteljahrsschrift für Literaturwissenschaft und Geistesgeschichte*, 2. Jg. (1924), S. 378.

22 Vgl. H. Gollwitzer, *Europabild*, a.a.O., S. 147.

23 Vgl. Wilhelm Emrich, *Der Universalismus der deutschen Romantik* (Mainz, Wiesbaden: Steiner, 1964), S. 9.

sowie für die Mängel der politischen Lösungen, die zur Steuerung der unheilvollen Entwicklungen geboten werden: »Alte und neue Welt«, so heißt es da, »sind in Kampf begriffen, die Mangelhaftigkeit und Bedürftigkeit der bisherigen Staatseinrichtungen sind in furchtbaren Phänomenen offenbar geworden. [...] Unter den streitenden Mächten kann kein Friede geschlossen werden, aller Friede ist nur Illusion, nur Waffenstillstand; auf dem Standpunkt der Kabinetter, des gemeinen Bewußtseyns ist keine Vereinigung denkbar.« (522) Zur Kurierung des kranken Europa verordnet er die Religion: »Nur die Religion kann Europa wieder aufwecken und die Völker sichern.« (523) Die Konturen der neuen Religion zeichnen sich nach Novalis bereits ab. Als pragmatische Sofortlösung politischer Probleme will Novalis sein vage bleibendes, eher als poetisch[24] denn theologisch zu deutendes Religionskonzept freilich nicht verstanden wissen. So endet seine Rede mit dem Hinweis auf ein Irgendwann des Beginns der neuen Religion: »Wann und wann eher? darnach ist nicht zu fragen. Nur Geduld, sie wird, sie muß kommen die heilige Zeit des ewigen Friedens, wo das neue Jerusalem die Hauptstadt der Welt seyn wird.« (524)

Die gleiche eschatologisch-erwartungsvolle Hochstimmung, die Novalis beseelte, erfüllte den jungen Friedrich Schlegel. Auch er ist gefangengenommen von einem universalistisch-synthetischen Ganzheitsdenken, das alle Phänomene von einem Zentrum aus, das Religion genannt wird, verstehen will.[25] Wie Novalis beklagt er, daß ihm die Philosophie

---

24 Vgl. Wilfried Malsch, *»Europa«. Poetische Rede des Novalis: Deutung der Französischen Revolution und Reflexion auf die Poesie in der Geschichte* (Stuttgart: Metzler, 1965).

25 Vgl. Hans Joachim Heiner, *Das Ganzheitsdenken Friedrich Schlegels. Wissenssoziologische Deutung einer Denkform* (Stuttgart: Metzler, 1971), S. 67 u. 84.

der Aufklärung dazu das Instrumentarium nicht liefern kann. Ausgangspunkt der Reflexionen bzw. Betrachtungen sind bei Novalis und Schlegel die zerspaltene, mit sich im Widerstreit liegende Kultur und Geschichte Europas. Indien und Asien sind im Kulturverständnis des Novalis und Friedrich Schlegels – und der Frühromantik ganz allgemein[26] – Metaphern für religiöse Einheit, für Synthese und Universalismus. Den Europa-Asien-Gegensatz definiert Schlegel antithetisch: »Asien, das Land der Naturfülle, des Segens und der Erfindung und Begeisterung, nach allen Traditionen die Geburtsstätte des besseren Menschen und die Wiege aller höheren Kultur, der Sprache, Religion, Künste und Wissenschaften. [...] Europa aber, das Land des Bedürfnisses [...], das Land der Mannigfaltigkeit und Veränderlichkeit, der Bildsamkeit und Künstlichkeit.«[27] Die Keime eines Indien bzw. Asien sehen Schlegel und Novalis auch in Europa angelegt, und diesem zukünftigen Europa, das die Geburtsstätte einer neuen Religion werden soll, stehe die Entwicklung hin zum asiatischen Frieden mit seiner höheren Kultur noch bevor. Jenes Europa-Asien-Denkschema muß man sich vergegenwärtigen, will man Schlegels Gründung der Zeitschrift *Euro-*

26 Vgl. z. B. Karoline von Günderode, »Geschichte eines Braminen«, in: K. v. G., *Gesammelte Werke*, 2. Bd. (Bern: Herbert Lang, 1970), S. 82. In Hölderlins *Hyperion* wandert Hyperions Lehrer Adamas bezeichnenderweise nach Asien aus. Asien und Indien sind noch in Victor Hugos »Fragment d'Histoire« identisch mit dem Ursprung von Kultur überhaupt.

27 Friedrich Schlegel, »Allgemeine Bemerkungen über Europa«, in: *Kritische Friedrich-Schlegel-Ausgabe*, 11. Bd., 2. Abteilung: *Wissenschaft der Europäischen Literatur*, hrsg. v. Ernst Behler (Paderborn, München, Wien: Schöningh, 1958), S. 17. Zur Entstehung der Zeitschrift *Europa* vgl. auch Hans Eichners Kommentar in der gleichen Ausgabe, 3. Bd. 1. Abteilung: *Charakteristiken und Kritiken II (1802–1829)*, 1975, S. XIVff. Zum Europa-Begriff bei Schlegel vgl. Ernst Behlers Kommentar im 11. Band der Ausgabe, S. 277f.

pa 1803 in Paris und seine gleichzeitig dort betriebenen Studien in den Anfangsgründen der »Sprache und Weisheit der Indier«[28] verstehen: Schlegel plant ein Organ, dessen Beiträge die religiöse Neugeburt Europas in statu nascendi dokumentiert und befördert, eines Europa, das auf dem Wege sei, ein zweites Indien im Sinne seiner universalistischen Philosophie zu werden. »Europa ist also letztlich als ein Eschaton zu verstehen, als eine geschichtsphilosophische Idee, mit der ein erstrebter Kulminationspunkt der Menschheit bezeichnet werden soll.«[29] »Mit der Religion«, schreibt der junge Schlegel, »ist es uns keineswegs Scherz, sondern der bitterste Ernst, daß es an der Zeit ist, eine zu stiften. Das ist der Zweck aller Zwecke und der Mittelpunkt.«[30] Auch die Wahl des Ortes Paris[31], von dem aus Schlegel sein Journal redigiert, ist bewußt gewählt, wie er 1803 in seinem Essay »Reise nach Frankreich«, der in der *Europa* erschien, deutlich macht: »So liegt auch Paris«, schreibt Schlegel dort, »– welches man hier bisweilen la capitale de l'Univers nennt – recht eigentlich in der Mitte, wenigstens von Europa. [...] Ein solcher Mittelpunkt ist gerade der Ort, der zu den allgemeinsten Reflexionen einlädt, und eben dadurch einen Theil seines Interesses erhält.« (30) Wie bereits in den Athenäums-Frag-

---

28 Titel einer 1808 erschienenen Schrift Friedrich Schlegels.

29 Ernst Behler, »Nachwort« in: *Europa. Eine Zeitschrift, herausgegeben von Friedrich Schlegel.* Mit einem Nachwort zur Neuausgabe von Ernst Behler (Darmstadt: Wissenschaftliche Buchgesellschaft, 1963), S. 24. Behler weist hier mit Recht darauf hin, daß die Gründung der Zeitschrift *Europa* »den europäischen Wendepunkt der romantischen Bewegung« darstelle (S. 7).

30 Vgl. Friedrich Heer, *Europa. Mutter der Revolutionen* (Stuttgart: Kohlhammer, 1964), S. 110.

31 Vgl. Ernst Robert Curtius, »Friedrich Schlegel und Frankreich«, in: E. R. C., *Kritische Essays zur europäischen Literatur* (Francke: Bern, 1950), S. 78 bis 94.

menten gebraucht Schlegel auch in der *Europa* den Begriff der »Revolution« im umfassenden, universalistischen Sinne.[32] Gemeint ist jener alle Lebensbereiche umgreifende Umsturz, jene totale Erneuerung des kulturellen Zentrums, das Novalis und Schlegel mit »Religion« bezeichnen. Schlegel bezweifelt, daß Europa aus eigener Kraft eine Religionsrevolution zuwege bringen könne. Er schreibt dazu: »Die Trennung hat nun ihr Äußerstes erreicht; der Charakter Europa's ist ganz zum Vorschein gekommen und vollendet, und eben das ist es, was das Wesen unsers Zeitalters ausmacht. Daher die gänzliche Unfähigkeit zur Religion.« (35) Und er fährt fort: »Sollte es wirklich Ernst seyn mit einer Revolution, so müßte sie uns wohl vielmehr aus Asien kommen. [...] Eine wahre Revolution kann nur aus dem Mittelpunkte der vereinigten Kraft hervorgehen, sonach ist das Organ für dieselbe in Europa bei der Menge gar nicht vorhanden.« (36) Das Gebot der Stunde lautet für Schlegel, bei den Asiaten bzw. Indern in die Schule zu gehen. Dieses Studium soll sensibilisieren für jene Strö-

32 Zum Revolutionsbegriff bei F. Schlegel vgl. Ernst Behler, »Die Auffassung der Revolution in der deutschen Frühromantik«, in: Peter Uwe Hohendahl, Herbert Lindenberger, Egon Schwarz (Hrsg.), *Essays on European Literature in Honor of Liselotte Dieckmann* (St. Louis: Washington University Press, 1972), S. 191–215; Richard Brinkmann, »Deutsche Frühromantik und Französische Revolution«, in: R. Brinkmann u. a., *Deutsche Literatur und Französische Revolution* (Göttingen: Vandenhoeck & Ruprecht, 1974); zum Religionsbegriff bzw. zum Universalismusdenken vgl. auch: Klaus Peter, *Idealismus als Kritik. Friedrich Schlegels Philosophie der Unvollendeten Welt* (Stuttgart: Kohlhammer, 1973) und die Aufsätze in: Richard Brinkmann (Hrsg.), *Romantik in Deutschland* (Stuttgart: Metzler, 1978), S. 331–520; zu den politischen Theorien: Jakob Baxa, *Einführung in die romantische Staatswissenschaft* (Jena: G. Fischer, 1923); Hans Reiss, *Politisches Denken in der deutschen Romantik* (Bern, München: Francke, 1966) sowie: Werner Weiland, »Politische Romantikinterpretation«, in: Dieter Bänsch (Hrsg.), *Zur Modernität der Romantik* (Stuttgart: Metzler, LiSo 8, 1977), S. 1–59.

mungen, die auf eine universale Revolution hindeuten: »Das eigentliche Europa muß erst noch entstehen. Was wir bisher davon kennen, jenes Phänomen der Trennung, ist nur die erste Äußerung in der die noch zu schwache Anlage zur Verbindung des Entgegengesetzten eben darum erscheint. Wir sollen der Entwicklung auch nicht bloß unthätig zusehen, sondern selbst den thätigsten Antheil daran nehmen, wir selbst sollen mitwirken, die tellurischen Kräfte in Einheit und Harmonie zu bringen.« (39) Wie des Novalis bleibt auch Schlegels Wunsch eines religiös erneuerten Europas Zukunftsvision. Gegen Ende der »Reise nach Frankreich« heißt es ähnlich wie am Schluß von »Die Christenheit oder Europa«: »Die weitere Ausführung dieser Idee bleibt einer andern Zeit vorbehalten. Hier will ich nur noch erinnern, daß wir die Fortschritte und Annäherungen zu diesem Ziele nicht nach Jahrhunderten, sondern nach Jahrtausenden zu zählen haben.« (40)

Schon kurze Zeit später ist Schlegel nicht mehr bereit, sich die Erfüllung seiner Einheits- und Universalismuswünsche nur in kommenden Jahrmillennien zu imaginieren. 1808 konvertiert er in Köln zum Katholizismus und stellt sich von Stund an in den Dienst der konservativ-katholischen Kräfte. In seiner Philosophie vollzieht sich, was man die Dialektik des romantischen Denkens zu nennen versucht ist: Die Preisgabe aufklärerisch-kritischer Rationalität und die Faszination durch Universalitätssysteme – das eine bedingt das andere – führt die meisten Romantiker in den Bannkreis jener Mächte, die ihre Kosmologie seit langem gegen die Angriffe der Aufklärung verteidigten, die ein Organismus- und Einheitsdenken konserviert hatten, das auf Entwicklungsstufen des europäischen Denkens angesiedelt ist, über die die Aufklärung bereits hinweggegangen war. Friedrich Schlegel – wie stets Avantgardist der romantischen Bewegung – ist einer der ersten seiner Generation, der diesen Konkretisierungsschritt der Ganzheitsgläubigen von der Utopie in die institutionalisierte katholische Religion unternimmt. Daß dies ein zwar naheliegender, aber keineswegs notwendiger Schritt innerhalb der Entwicklungsmöglichkeiten der europäischen Romantik war, zeigt das Beispiel Saint-Simons, der auch unter den deutschen Romantikern – vor allem in Rahel Varnhagens Berliner Salon –[33] eine Reihe von Anhängern fand. Saint-Simon war Universalist wie die Frühromantiker, aber statt hinter die Aufklärung zurückzufallen, ging er über sie hinaus mit seiner der Intention nach alle Lebensbereiche von der Religion bis zur Technokratie berücksichtigenden Philosophie. Ähnlich wie Schlegel aber verhält sich ein ganzes Heer europäischer Romantiker, von denen Brentano, Adam Müller, Chateaubriand, Hugo, de Maistre und Lamartine nur die bekanntesten sind. Die Bewegungsrichtung der deutschen und französischen katholisierenden Romantiker ist freilich eine entgegengesetzte. Während erstere sich von ihren aufklärerischen Anfängen lösen und in den Dienst konservativ-restaurativer Kräfte begeben, vollzieht sich die Geschichte der französischen Romantik so, daß die meisten ihrer führenden Köpfe sich von dem ursprünglich verfochtenen katholischen Royalismus fort zu einem Liberalismus hin entwickeln, der die Prinzipien der französischen Revolution in gemäßigter Weise wieder aufnimmt.[34] Friedrich Schlegels Weg vom

33 Vgl. Werner Vordtriede, »Der Berliner Saint-Simonismus«, in: *Heine-Jahrbuch*, 14 (1975), S. 93–110. Zum Thema Aufklärung und Romantik vgl. Helmut Schanze, *Romantik und Aufklärung. Untersuchungen zu Friedrich Schlegel und Novalis* (Nürnberg: Hans Carl, 1966).

34 Vgl. Fritz Strich, »Die Romantik als europäische Bewegung« (1924), in: Helmut Prang (Hrsg.), *Begriffsbestimmung der Romantik* (Darmstadt: Wissenschaftliche Buchgesellschaft, 1972), S. 122.

romantischen Europäismus zur katholischen Restauration vollzieht sich in logisch aufeinanderfolgenden Schritten. Am Anfang steht nach 1804 die Wendung von der Indien-Mythologie zur geoffenbarten positiven Religion des Katholizismus. Nach der 1808 in Köln erfolgten Konversion schließen sich die Wiener Vorlesungen *Über die neuere Geschichte* von 1810 an, in denen die entschwundene Herrlichkeit des Papsttums als politischer Institution beklagt wird. Schlegel stilisiert – ähnlich wie Novalis – im Zuge seiner Mittelalterverklärung den Papst zum schiedsrichterlichen Friedensfürsten der mediävalen Christenheit. Anfang der zwanziger Jahre ediert er die Zeitschrift *Konkordia*, die der christlich-abendländischen Erneuerung Europas im Sinne Roms dienen sollte. Auch Adam Müller fand in der Propaganda für die kurial-katholische Restauration seine Aufgabe. Ihm schwebte ein religiöses Verhältnis unter den Staaten, eine Art realisierter civitas dei als Ziel der Europapolitik seiner Zeit vor Augen. Adam Müller greift Gedanken des Novalis auf, nicht ohne sie zu vereinfachen. Fast mit den gleichen Worten wie jener wendet er sich gegen die rein rationalistisch begründete Friedenskonstruktion, die auf dem Gleichgewicht der fünf europäischen Mächte basiere. In den *Elementen der Staatskunst* heißt es:

»Treibt nur immer, ihr Staatsverbesserer, euer abgesondertes, hoffnungsloses Geschäft so fort; stützt euch bald auf den Begriff absoluter Freiheit, bald auf den Begriff absoluter Unterwerfung: ihr werdet nichts bauen, als was ihr morgen wieder einreißen müßt. Novalis vergleicht diese unnützen Geschäftigen mit dem Sisyphus, dessen Stein, kaum hinaufgewälzt, von der andern Seite des Berges wieder hinabstürzte.«

Und wie Novalis verlangt er, daß die Religion die Basis und der Garant der europäischen Einheit werden müsse. Während Novalis aber keine inhaltlichen Aussagen über die Religion der Zukunft macht, meint Adam Müller die überlieferte christ-katholische Konfession des Mittelalters, wenn er schreibt: »Wohlan! so bleibt nichts mehr, so drängt alles zurück in die lange versäumte Mitte, in den Mittelpunkt der Familie, des Staates, der Menschheit, der Weltgeschichte, demnach zu Christus.« Christus, »dieser eine im Mittelpunkte der Weltgeschichte stehende Mittler«, ist ihm »der einzige wahre Universalmonarch«.[35] Die Gegenposition sowohl zu Novalis wie zu Adam Müller bezieht Heine später in den *Englischen Fragmenten.* Von einer Glorifizierung von Papst und Kirche im Mittelalter will Heine nichts wissen, vielmehr ist dort die Rede vom »Großpfaffen von Rom«, der »die Geister gekerkert« habe (189). Nicht das Mittelalter fungiert als Modell einer besseren Zukunft, sondern die Französische Revolution – bei Adam Müller der Grund allen Übels – wird als Beginn der neuen Ära Europas, ja der ganzen »Weltepoche« (191) gefeiert. Wie Novalis und Adam Müller betrachtet auch Heine die »neue Religion« als Basis der neuen Zeit. Aber während Novalis diese Religion inhaltlich noch nicht zu bestimmen vermag, und während Adam Müller auf ein regeneriertes Christentum seine Hoffnungen setzt, definiert Heine diese »Religion« als »Freiheit«:

»Die Freyheit ist eine neue Religion, die Religion unserer Zeit. Wenn Christus auch nicht der Gott dieser Religion ist, so ist er doch ein hoher Priester derselben, und sein Name strahlt beseligend in die Herzen der Jünger. Die Franzosen sind aber das auserlesene Volk der neuen Religion, in ihrer Sprache sind die ersten Evangelien und Dogmen verzeichnet, Paris ist das neue Jerusalem, und der Rhein ist der Jordan, der

---

35 Adam Müller, *Die Elemente der Staatskunst* (Berlin 1968), 12. Vorlesung, S. 144; 34. Vorlesung, S. 410; 33. Vorlesung, S. 398.

das geweihte Land der Freyheit trennt von dem Lande der Philister.« (194)

Der Einfluß der klerikal-orientierten französischen Philosophen, Schriftsteller und Theologen auf die deutsche Romantik der Restaurationsepoche kann gar nicht überschätzt werden. Im nachnapoleonischen Frankreich fand das Papsttum seine begabtesten Apologeten. Chauteaubriand suchte im *Geist des Christentums* die Leser von der »Wahrheit« zu überzeugen, »daß Europa dem heiligen Stuhle seine Civilisation, einen Theil seiner besten Gesetze, und fast alle seine Künste und Wissenschaften schuldig« (349) sei. De Maistre ist in seinem 1819 erschienenen Buch *Du Pape* der wortgewaltigste Verfechter der europäischen Einigung unter der Führung des päpstlichen Roms: »Jede europäische Nation«, so heißt es da, »die dem Einfluß des Heiligen Stuhles entzogen ist, wird unaufhaltbar zur Knechtschaft oder zur Revolte getrieben.«[36] Auch Victor Hugo glaubt, daß der Katholizismus die einzige Kraft sei, die Europa regenerieren könne und wünscht die Vereinigten Staaten von Europa unter der Leitung des Papstes herbei. Aber anders als Bonald ist Hugo kein Klerikalist.[37] Bonald, der führende Vertreter des französischen Klerikalismus, sieht das Heil Europas und besonders Frankreichs in der Allianz der alten Mächte von Thron und Altar. Der Kontinent, regiert von einigen hundert großen Familien der »guten Gesellschaft« ist das Europa, das Bonald als Wunschbild der restaurierten heilen Welt vor Augen schwebt.[38]

Mit dem päpstlich-französischen Konzept zur Erneuerung

---

36 Zitiert nach F. Heer, *Europa*, a.a.O., S. 28.

37 Zum Thema des romantisch-französischen Katholizismus vgl. *Romantisme et politique 1815–1851. Colloque de l'Ecole Normale Supérieure de Saint-Cloud, 1966* (Paris: Colin, 1969).

38 Vgl. F. Heer, *Europa*, a.a.O., S. 279 u. 611.

Europas konkurrierten germanisch-preußische und russisch-slawische geschichtsphilosophische Heilsbotschaften. In Hegels europazentrischem Weltbild »geht die Weltgeschichte von Osten nach Westen; denn Europa ist schlechthin das Ende der Weltgeschichte, Asien der Anfang«.[39] Nicht im römischen Katholizismus, sondern im germanischen Protestantismus erfüllt sich ihm die Entwicklung der Menschheitsgeschichte. Im »germanischen Reich« versöhnen sich Staat und Kirche, Individuum und Gemeinschaft, Glauben und Wissen sowie Himmel und Erde.[40] Von de Maistre wird Rußland als großes Hindernis einer abendländischen Regeneration angeprangert. Sein Argument lautet, daß Rußland erst seit Peter dem Großen oberflächlich europäisiert sei, daß ihm das der germanisch-romanischen Welt gemeinsame abendländische Fundament fehle.[41] Franz von Baader dagegen erscheinen die geistigen Kräfte des russisch-orthodoxen Christentums als Quell der Erneuerung des Westens, dessen christliche Kultur durch die Französische Revolution unterhöhlt worden sei.[42] Daß in Rußland bzw. den Zaren Alexander I. messianische Erwartungen gesetzt wurden, kann nur auf dem Hintergrund der Zeitgeschichte erklärt werden. Die Befreiungskriege, in denen Rußland die entscheidende Rolle gespielt hatte, bedeuteten die endgültige Integration des Landes in das europäische Mächtekonzert. Ganz allgemein läßt sich

39 G.W.F.Hegel, »Einleitung« zur *Philosophie der Geschichte*, 11. Bd. der Glockner-Ausgabe, Stuttgart 1949, S. 150.

40 Vgl. F. Heer, *Europa*, a.a.O., S. 207.

41 Vgl. H. Gollwitzer, *Europabild*, a.a.O., wo auf den Seiten 27–48 auf den Unterschied zwischen »Abendland« und »Europa« in diesem Sinne eingegangen wird.

42 Vgl. Ernst Benz, *Franz von Baader und Kotzebue. Das Rußlandbild der Restaurationszeit* (Mainz, Wiesbaden: Verlag der Akademie der Wissenschaften und der Literatur in Mainz, 1957), S. 62.

sagen, daß seitdem eine Reihe von Konservativen Rußland als Retter Europas betrachteten.[43] Im Zentrum der Baaderschen Gedankenwelt stand eine irenisch-unionistische Konfessionspolitik, der Plan, die drei großen christlichen Bekenntnisse wieder zu verbrüdern. Durch diese Vorstellungen geriet er zwar mit der Kurie in Konflikt, doch lieh Alexander I. ihm vorübergehend sein Ohr. Durch seinen Kultusminister Fürst Galizin ließ er Baader wissen, daß er ihn zum »Literarischen Korrespondenten« des Zarenreiches ernennen wolle. Romantisches Universalismusdenken beherrscht auch Baader. Beflügelt durch die Resonanz aus Rußland, unterbreitet er das Projekt einer in St. Petersburg zu errichtenden Akademie, deren Ziel er darin sieht, für die Beseitigung der durch die Aufklärung verursachten »Trennung und Opposition der Wissenschaft und Religion« (87) zu arbeiten, wie es in seinem Reisebericht heißt. Die »Reunion der Religion und Wissenschaft« müsse betrieben werden, um »die bereits tief eingedrungene Infection jener falschen Aufklärung« zu bekämpfen (94). Alexander I. verlor aber bald das Interesse an diesen Ideen, und weder erfolgte Baaders Ernennung zum »Literarischen Korrespondenten«, noch fand er in St. Petersburg Gehör für seine Akademiepläne.

Eine »Allgemeine Zeitung von Europa« wünscht Heine sich in den *Französischen Zuständen*[44] als Forum seiner Angriffe gegen die »Heilige Allianz«. Seine Vorrede zu dieser Schrift

---

43 Vgl. Dmitrij Tschizewskij/Dieter Groh (Hrsg.), *Europa und Rußland. Texte zum Problem des westeuropäischen und russischen Selbstverständnisses* (Darmstadt: Wissenschaftliche Buchgesellschaft, 1959), S. 12 (Einleitung).

44 Heinrich Heine, »Vorrede zu den Französischen Zuständen«, in: Heinrich Heine, *Über Frankreich 1831–1837. Berichte über Kunst und Politik*, Band 7 der Säkularausgabe, bearbeitet von Fritz Mende (Berlin: Akademie-Verlag; Paris: Editions du CNRS, 1970), S. 69.

ist quasi das Gegenstück zu Baaders Beitrag. Die Restauration in Österreich, vor allem aber in Preußen ist die Zielscheibe dieser Kritik, die zu den schärfsten ihrer Zeit zählt.

3. Nationalcharakteristiken europäischer Länder

Einen ideologisch weniger verstellten Blick für die Möglichkeiten der verschiedenen europäischen Länder als Baader besaß Joseph von Görres, wie sein Buch *Europa und die Revolution* zeigt. Görres beschreibt den vorhandenen europäisch-asiatischen kulturellen Dualismus in Rußland. Den Prozeß der Europäisierung dieses Landes hält er für unaufhaltbar, und er vergleicht es mit »einem großen, thauenden Eisfeld in der Strömung« (269) der europäischen Geschichte. Görres' Buch ist keine geringe Bedeutung beizumessen, weil es mit seinen Nationalcharakteristiken der verschiedenen slawischen, romanischen und germanischen Länder Europas zum Abbau der Ressentiments und negativen Klischees, die in Deutschland über die anderen Völker in Umlauf waren, beitragen konnte. »Treue, stolzes Selbstgefühl und Vaterlandsliebe« (249) zeichnen nach Görres die Spanier aus. Dieses Selbstgefühl sei der Grund dafür, daß sich auf der iberischen Halbinsel »die junge Democratie in die alte, kindisch gewordene Monarchie« dränge und »nach Befestigung« strebe (259). Italien charakterisiert er als »vulkanisches Land voll schlafenden Brennstoffs« (204), dessen öffentliches Leben durch einen regen Freiheitssinn bestimmt werde. »Diesen Freyheitssinn«, heißt es, »haben die Italiäner durch ihre ganze Geschichte wohl bewährt, und er ist, nachdem sie Jahrhunderte lang unter willkührlichen Regierungsformen gelebt, noch bis auf diesen Tag untilgbar in ihrer Brust geblieben.« (200) »Religiöser Instinkt«, »feinsinniges Empfindungsvermögen«, eine »brennende Imagination« sowie

»ein zartes Naturgefühl für Schönheit und Ebenmaß« machen für Görres das »Vorherrschende des Volkscharakters« Italiens aus. Die »germanischen Völker«, die »in Anlage und Ausbildung beynahe in Allem das Gegentheil« Italiens vorstellten, habe die Geschichte diesem Lande »zu stetem Antagonism« bestimmt (196–198), einem Gegensatz, der sich als starker Motor der europäischen Geschichte erwiesen habe.

Den germanisch-romanischen Gegensatz beschreibt der Italiener Mazzini in seinem Traktat »D'una letteratura Europea« ähnlich wie Görres. In der Fusion und wechselseitigen Durchdringung der beiden Kulturen erkennt Mazzini das spezifisch Europäische überhaupt. Er versucht die Unterschiede nicht mit der Klimatheorie – auf die Arndt noch zurückgriff –, sondern soziologisch zu erklären. Die politischen Bedingungen und gesellschaftlichen Strukturen seien von größerer Bedeutung für die Entfaltung einer Kultur und Literatur als geographisch-meteorologische Gegebenheiten, was man am Beispiel Spartas und Athens studieren könne: Während unter der Diktatur Spartas die Künste sich nicht hätten entwickeln können, seien sie im demokratischen Athen zu höchster Blüte gelangt. Mazzini, der sich in der Folge zum Sprecher des »Jungen Italien« und »Jungen Europa« entwikkelte[45], appelliert zum Schluß seiner Studie an die europäischen Schriftsteller, Wahrheit und Freiheit zum Maßstab

45 Vgl. *Giuseppe Mazzini's Schriften*, aus dem Italienischen mit einem Vorwort von Ludmilla Assing, 1. Bd. (Hamburg: Hoffmann und Campe, 1868). Mazzini gründete 1831 die »Giovine Italia« (Junges Italien), die er drei Jahre später in der Schweizer Emigration mit dem »Jungen Polen« und dem »Jungen Deutschland« zum – freilich kurzlebigen – »Jungen Europa« vereinte. Ziel dieses Geheimbundes war die Förderung der republikanischen Befreiungsbewegungen in den europäischen Ländern. Das zukünftige Europa stellte Mazzini sich vor als einen Bund nationalstaatlicher Republiken.

ihrer Dichtung zu machen, Tugenden, die das gemeinsame Charakteristikum der europäischen Literatur der Zukunft werden müßten. Ein Vierteljahrhundert vor Mazzini hatte bereits Friedrich Schlegel die Einheit der europäischen Literatur herausgestellt. In der Einleitung zu seiner »Geschichte der europäischen Literatur« liest man:

»Die europäische Literatur bildet ein zusammenhängendes Ganzes, wo alle Zweige innigst verwebt sind, eines auf das andere sich gründet, durch dieses erklärt und ergänzt wird. Dies geht durch alle Zeiten und Nationen herab bis auf unsere Zeiten. [...] Sich nur auf die Literatur einer gewissen Zeit oder einer Nation einschränken wollen, geht gar nicht an, weil eine immer auf die andere zurückführt und alle Literatur nicht allein vor- und nacheinander, sondern auch nebeneinander innig zusammenhängend ein großes Ganzes bildet.«[46]

Eine scharfe Attacke gegen Chauvinismus und nationalistische Vorurteile reitet auch der junge Shelley in seiner Schrift »An Address to the Irish People«. Shelley versichert, daß er als Engländer sich einsetze für die Emanzipation der katholischen Iren von der Vorherrschaft der protestantischen Briten, und dies nicht, weil er Anti-Engländer oder Pro-Ire sei, sondern weil er sich für die Befreiung des irischen Volkes wie für die jeder anderen Nation einsetze. Im Zentrum seiner Rede steht die Forderung nach religiöser und nationaler Toleranz, welche Voraussetzung für die Lösung der irischen Frage sei. Die Iren ruft er zum friedlichen Widerstand gegen ihre Unterdrücker auf. Er spricht sich gegen Gewaltmaßnah-

46 Friedrich Schlegel, »Einleitung« zu »Geschichte der europäischen Literatur (1803/04)«, in: Fr. Schlegel, *Wissenschaft der europäischen Literatur*, hrsg. v. Ernst Behler, Bd. XI der Kritischen Friedrich-Schlegel-Ausgabe (München: Paderborn, Wien: Schöningh, 1958), S. 5, S. 11.

men aus, weil er sich der terroristischen Eigendynamik von Revolutionen bewußt ist.

Wie für die mitteleuropäischen und angelsächsischen Romantiker, so schließen sich auch für die – zumeist eine Generation jüngeren – romantischen Dichterkollegen aus Süd-, Ost- und Nordeuropa nationales Engagement und europäischer Patriotismus keineswegs aus. Der Spanier Ángel de Saavedra, Herzog von Rivas, wurde als Liberaler verfolgt und verbrachte die Jahre 1823 bis 1834 im französischen und englischen Exil. Dort lernte er sowohl die zeitgenössischen Literaturen dieser Länder als auch deren fortgeschrittene Staats-Verfassungen kennen und schätzen. Als Schriftsteller und Staatsmann hat er nach der Rückkehr in sein Heimatland diese Eindrücke für die Dichtung und Politik Spaniens fruchtbar gemacht. Das belegen einerseits seine *Romances históricos* (1841) wie andererseits seine Tätigkeiten als Minister, Botschafter und Akademiemitglied. Der Pole Adam Mickiewicz wurde nicht nur für ein ganzes Jahrhundert die Symbolfigur des nationalen polnischen Zusammengehörigkeitsgefühls, er entwickelte sich im Pariser Exil auch zu einem der führenden Europäer seiner Zeit. Mickiewicz schuf mit seinem *Pan Tadeuz* (1834) eines der bedeutendsten Werke der polnischen Nationalliteratur, aber er begründete 1849 auch die republikanische Zeitschrift *La Tribune des Peuples*, welche er als »europäisches Volksorgan« verstand. Ähnlich wie Mazzini betrachtete er seine publizistische Tätigkeit als Arbeit an der Zukunft Europas. So schreibt er anläßlich der Gründung seiner Zeitschrift: »Das Werk, das wir beginnen, ist von dem Gedanken beeinflußt, der einem neuen Europa voranleuchtet.«[47] Mit seinen verdienstvollen Pariser Vorlesungen *Cours*

47 Mickiewicz, *Ein Lesebuch für unsere Zeit* (Weimar: Volksverlag, 1955), S. 155.

de la littérature slave (1840–44) machte Mickiewicz den Westen mit der osteuropäischen Literatur vertraut. Ein Mittler zwischen west- und osteuropäischer Kultur war auch Mickiewicz' Freund Alexander Puschkin. Während sich die meisten zeitgenössischen russischen Dichter in die beiden Lager der Slawophilen und der Westlinge (Zapadniki) teilten, war Puschkin bestrebt, die Tendenzen der ausländischen Romantik mit den national-slawischen Zielen zu verbinden. So verarbeitet er in *Eugen Onegin* (1825) und *Boris Godunow* (1825) Themen aus der nationalen russischen Geschichte, doch wird gleichzeitig der Einfluß Byrons sowie der romantischen Shakespeare-Begeisterung deutlich. Kosmopolitismus und vaterländisches Bewußtsein zeichnen schließlich auch das Werk des schwedischen Romantikers Esaias Tegnér aus; man denke an seine bekannte *Frithiofs Saga* (1820–1824).

Ein Schicksal teilen die meisten europäischen Romantiker: das von Verbannung, Flucht oder Emigration. Chateaubriand, Arndt, Shelley, Gentz, Mazzini, Görres, Hugo, Rivas, Heine, Mickiewicz – sie alle fliehen in eines der jeweils liberaleren europäischen Länder. Die interessanteste Emigrantin der romantischen Generation ist Germaine de Staël, und kaum jemand ihrer Leidensgefährten hat sich wie sie eingelassen auf die zeitgenössische Kultur ihres Gastlandes. Was den Abbau von Vorurteilen zwischen Franzosen und Deutschen betrifft, so hat kein anderes Buch in gleichem Maße bahnbrechend gewirkt wie das der Madame de Staël über Deutschland. Robert Minder schreibt dazu:

»Ihr Buch [...] ist die früheste, brillanteste, von warmer Herzlichkeit erfüllte und kongenialste Kulturgeschichte der Goethezeit. Sie hat das Deutschlandbild von Frankreich, England, ja von Amerika, Rußland, Polen entscheidend umgestaltet, indem sie den Vorhang wegzog und den erstaunten Völkern zeigte, welches Dichtungs- und Gedankengebäude Deutschland seit 1750 errichtet hatte. Das Buch war mehr als nur die Leistung einer hohen kritischen Intelligenz: es war eine moralische Tat, die Absage des Geistes an die Gewalt, die spontane Konstituierung einer klassisch-romantischen, europäischen Front gegen die Militärdiktatur Napoleons.«[48]

»Diese Frau ist keine Französin!« wetterte Napoleon, als im Oktober 1810 dieses Werk der Résistance gegen den Bonapartismus in seine Hände gelangte.[49] Unzensiert konnte die Studie in Frankreich nicht erscheinen. Stellen wie diese mit ihrem Affront gegen das polizeistaatliche Frankreich wurden gestrichen: »Denn dahin, will ich hoffen, ist es bei uns nicht gekommen, daß man um das literarische Frankreich die große Mauer von China ziehen wolle, um allen Ideen von außen den Eingang zu verwehren.« (I, 5) Daß eine Französin die Sterilität der epigonalen Gegenwartsliteratur Frankreichs beklagte, eines Landes, das dabei war, die politische Führungsrolle in der Welt zu übernehmen; daß sie gegen die sich an den französischen Klassikern orientierende Dichtung eine so dunkle wie unverständliche Literatur des unterworfenen Nachbarlandes ausspielte, ja gar als Vorbild pries, galt bei Napoleon und seinen Anhängern als höchst unpatriotische Tat. Den Ehrentitel einer »von Natur literarischen und philosophischen Nation« (15) verleiht Madame de Staël den

---

48 Robert Minder, »Madame de Staël entdeckt Deutschland«, in: R. M., *Kultur und Literatur in Deutschland und Frankreich. Fünf Essays* (Frankfurt/Main: Insel, 1962), S. 94. Vgl. ferner: Denis de Rougemont, »Madame de Staël et ›l'esprit européen‹«, in: *CADMOS*, Nr. 10 (1980), S. 5–11.

49 Zitiert nach F. Heer, *Europa*, a.a.O., S. 216. Madame de Staël schreibt auf Seite 5 in einer Fußnote: »Ich war erbötig, mich ihrem [der Pariser Censoren] Richterstuhl auf eine negative Art zu unterwerfen; d.h. alles auszustreichen, ohne etwas an die Stelle zu setzen; aber die Gendarmerie, die mir der Polizeiminister über den Hals schickte, censirte mein Werk auf eine etwas handgreiflichere Art: sie zerstörte es.«

Deutschen; und ihre Philosophen und Schriftsteller bezeichnet sie als »die gelehrtesten Männer, die denkendsten Köpfe Europa's«, deren Werken »einige Aufmerksamkeit« (I,5–6) zu schenken durchaus verlohne. »Die Deutschen«, so fährt sie fort, der Nachbarnation ihren Respekt zu zollen, »bilden gleichsam den Vortrab der Armee des menschlichen Geistes, sie schlagen neue Wege ein, versuchen ungekannte Mittel; wie sollte man nicht begierig seyn zu erfahren, was sie bei ihrer Rückkehr von den Reisen in das Unendliche zu erzählen haben?« (II,9) Nichts liegt Madame de Staël aber ferner, als negative Klischees lediglich in positive zu verwandeln. Bei den Vergleichen, die sie zwischen der französischen und der deutschen Kultur zieht, bemüht sie sich, objektive Gründe für die unterschiedlichen Entwicklungen in den beiden Ländern aufzufinden. Während die französische Kunst jener Tradition angehöre, deren Ziel es stets war, die Literatur der »Alten«, der griechisch-römischen Antike mit ihrer Betonung des Diesseits nachzuahmen, verdanke die deutsch-romantische Kultur ihre Entstehung dem »Geist des Mittelalters«, welcher der »einer wesentlich-spiritualistischen Religion« (I,3) sei. Entsprechend gälten »Klarheit in Frankreich für eins der hauptsächlichsten schriftstellerischen Verdienste«, wohingegen das »Mysterium« es sei, welches das Faszinosum der deutschen Literatur ausmache. Hier setzt freilich auch die Kritik der de Staël an gewissen modischen Tendenzen ein: »Die Deutschen«, schreibt sie, »gefallen sich in Dunkelheiten: oft hüllen sie, was klar am Tage lag, in Nacht, bloß um den geraden Weg zu meiden. [...] Die deutschen Schriftsteller geniren sich nicht mit ihren Lesern; da ihre Werke wie Orakelsprüche aufgenommen und ausgelegt werden, so können sie sie in so viel Wolken hüllen, als ihnen gefällt.« (II,4) An den deutschen Philosophen bemängelt sie das zu geringe gesellschaftliche Engagement: »Die aufgeklärten Köpfe in

Deutschland streiten lebhaft mit einander«, so beobachtet sie, »um die Herrschaft im Gebiet der Speculation; hier leiden sie keinen Widerspruch; überlassen übrigens gern den Mächtigen der Erden alles Reelle im Leben. [...] Der Geist der Deutschen scheint mit ihrem Charakter in keiner Verbindung zu stehen; jener leidet keine Schranken, dieser unterwirft sich jedem Joche; jener ist unternehmend, dieser blöde; die Aufklärung des ersten giebt selten dem zweiten Kraft.« Die »größte Kühnheit im Denken« verbinde sich »mit dem folgsamsten Character«. (I,25–26) Was in Deutschland ihrer Meinung nach not täte, wäre »Mittelpunct und Gränzen jener hervorstechenden Denkkraft anzuweisen, die sich in den leeren Raum versteigt und verliert, in die Tiefe eindringt und verschwindet, vor gar zu großer Unparteilichkeit zu Nichts, vor gar zu feiner Analyse zum Chaos« werde (I,15). Was Frankreich und Deutschland voneinander lernen könnten, faßt sie so zusammen: »Wenn die vorzüglichen Menschen beider Länder den höchsten Grad der Vollkommenheit erreichen sollten, müßten die Franzosen religiös, die Deutschen ein wenig weltlich werden.« (II,6) Wie sehr Madame de Staël mit ihren Bemerkungen damals ins Schwarze traf, zeigt sich nicht zuletzt an der Selbstkritik auf deutscher Seite, etwa der Jean Pauls. In seiner Aphorismensammlung »Germanismen und Gallizismen« bezeichnet Jean Paul die deutschen Denker als »Schnellsegler« sowie »Luft- und Aether-Springer« (73,70).

Auch August Wilhelm Schlegel räumt in seinem für das englische Publikum geschriebenen »Abriß von den Europäischen Verhältnissen der Deutschen Litteratur« ein, daß der deutsche Gelehrte es nicht verstehe, seinen Gegenstand »zu einer edeln und zierlichen Form [zu] verarbeiten«. Bei dem »unverkennbaren Tiefsinn des Gedankens« vermisse »man nicht selten anschauliche Klarheit der Darstellung«. (5) Dem von ihm als »beredten und geistvollen Werke« (13) bezeichneten Buch der Madame de Staël beipflichtend stellt er fest, daß »der Geist der Deutschen mehr eine speculative als praktische Richtung genommen« (6) habe. An die Adresse der Engländer gewandt fährt er fort: »Vielleicht könnte daher die Bekanntschaft mit unsrer Litteratur für eine Nation, bei welcher gerade das Gegentheil Statt findet, als ein heilsames Gegengewicht betrachtet werden.« (6) August Wilhelm Schlegel gehört zu jenen Romantikern, welche es als das typisch Europäische an der geistigen Arbeit ihrer Zeit ansahen, daß die nationale und europäische Historie im Gesamtzusammenhang der Menschheitsgeschichte untersucht werde. Als Aufgabe des Gelehrten betrachtet er es – und darin ist er Goethe verwandt – »die gegenwärtigen Zustände des Menschengeschlechts in allen Welttheilen aus der Vergangenheit, und zwar so viel möglich aus der entferntesten Vergangenheit zu erklären«. (9) In diesem Sinne ist sein Bekenntnis zu verstehen: »Es war immer mein Bestreben, mich zu einem Europäischen Gesichtspunkte für alle Erscheinungen des Jahrhunderts zu erheben.« (5) Von der Intention und Wirkung her gesehen, kann man August Wilhelm Schlegel als den europäischen Romantiker schlechthin bezeichnen.[50] Er inspirierte Madame de Staël, deren Freund und Reisebegleiter er war, zu ihrem Deutschlandbuch; in Frankreich setzte sich nach seiner Phädra-Schrift[51] die freie, entbundene Dichtungsform zu-

50 Das Zerrbild, das Heine von August Wilhelm Schlegel zeichnete, verstellt leider noch immer den Blick für die Größe dieses Gelehrten und Schriftstellers. Vgl. Heinrich Heine, *Die romantische Schule*, Historisch-kritische Gesamtausgabe, hrsg. v. Manfred Windfuhr, Band 8 (Düsseldorf: Hoffmann & Campe, 1979), S. 168ff.

51 August Wilhelm Schlegel, »Comparaison entre la Phèdre de Racine et celle d'Euripide« (Paris 1807). Vgl. auch Karl S. Guthke, »Benares am Rhein –

mindest vorübergehend gegen die strengen Regeln des Klassizismus durch, in England propagierte Coleridge seine Ideen, und in Italien verbreitete Manzoni seine Lehren.[52] Umgekehrt gab es kaum einen lerneifrigeren, weltbürgerlicheren Schüler und Vermittler anderer Kulturen als August Wilhelm Schlegel. »Wir fragen«, so stellt er heraus, »gar wenig darnach, in welchem Lande zuerst eine neue Wahrheit ans Licht gefördert worden ist; wir werden durch keine Parteilichkeit oder Beschränktheit gehindert, jeden irgendwo gemachten Fortschritt in der Wissenschaft sofort anzuerkennen und zu benutzen.« (4) Der Ehrentitel, mit dem er die Angehörigen seiner zeitgenössischen Bildungsschicht in Deutschland charakterisierte, trifft ebenfalls auf ihn zu: Auch er zählte zu den »Kosmopoliten der Europäischen Cultur« (4).

Die Romantiker dachten bei ihren Europa-Entwürfen und -Visionen an uns, die damals zukünftigen Generationen. Nicht sie waren »romantisch« (im Sinne von Vergangenheitshörigkeit), sondern wir sind, was das Denken in europäischen und globalen Dimensionen betrifft, noch allzu häufig überholten Vorstellungen verhaftet. War die Romantiker-Generation auf der Höhe der Zeit, als sie z. B. das Gleichgewicht der europäischen Staaten ins Zentrum ihrer Reflexion rückte, so hinken wir hinter der Epochenentwicklung her, tun wir dasselbe heute. Nicht die innereuropäische Staatenbalance,

---

Rom am Ganges: Orient und Okzident im Denken A. W. Schlegels«, in: K. S. G., *Das Abenteuer der Literatur* (Bern und München: Francke, 1981), S. 242–258.

52 Vgl. Fritz Strich, »Die Romantik«, a.a.O., S. 116.

53 Vgl. dazu Peter Bender, *Das Ende des ideologischen Zeitalters. Die Europäisierung Europas* (Berlin: Severin & Siedler, 1981), S. 116ff. und S. 268ff. Vgl. ferner die neue Einleitung in das Buch von Pierre Bertaux, *Mutation der Menschheit* (Frankfurt/Main: Suhrkamp, 1979) sowie die Europa-Aufsätze in der der Zeitschrift *CADMOS* seit 1978.

sondern das politische Gleichgewicht der Kontinente muß ins Zentrum der Bemühungen rücken, womit sich die Notwendigkeit einer zügigen europäischen Integration von selbst ergibt.[53] Unmittelbar inhaltlich können wir von den Europa-Essays der Romantiker (sieht man vom Nutzen historischer Kenntnisse ab) nur mehr wenig lernen. Aber die Synthese von Vergangenheitsvertrautheit und Zukunftsorientierung, von Rückblick und Utopie, von Analyse und Vision, wie sie in diesen Studien aufscheint, eine Synthese, die das bare Verfallensein ans Gestern oder ein perspektiveloses Dahinleben im Heute so wenig kennt wie die bloße Hoffnung aufs Morgen, hat ein Niveau der Reflexion über das europäische Problem bestimmt, hinter das zurückzufallen fatal wäre.

NOVALIS

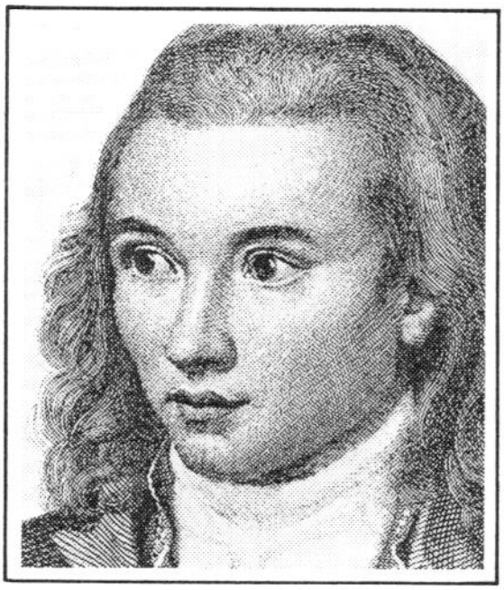

DIE CHRISTENHEIT ODER EUROPA

(1799)

ES waren schöne glänzende Zeiten, wo Europa ein christliches Land war, wo *Eine* Christenheit diesen menschlich gestalteten Welttheil bewohnte; *Ein* großes gemeinschaftliches Interesse verband die entlegensten Provinzen dieses weiten geistlichen Reichs. – Ohne große weltliche Besitzthümer lenkte und vereinigte *Ein* Oberhaupt, die großen politischen Kräfte. – Eine zahlreiche Zunft zu der jedermann den Zutritt hatte, stand unmittelbar unter demselben und vollführte seine Winke und strebte mit Eifer seine wohlthätige Macht zu befestigen. Jedes Glied dieser Gesellschaft wurde allenthalben geehrt, und wenn die gemeinen Leute Trost oder Hülfe, Schutz oder Rath bei ihm suchten, und gerne dafür seine mannigfaltigen Bedürfnisse reichlich versorgten, so fand es auch bei den Mächtigeren Schutz, Ansehn und Gehör, und alle pflegten diese auserwählten, mit wunderbaren Kräften ausgerüsteten Männer, wie Kinder des Himmels, deren Gegenwart und Zuneigung mannigfachen Segen verbreitete. Kindliches Zutrauen knüpfte die Menschen an ihre Verkündigungen. – Wie heiter konnte jedermann sein irdisches Tagewerk vollbringen, da ihm durch diese heilige Menschen eine sichere Zukunft bereitet, und jeder Fehltritt durch sie vergeben, jede mißfarbige Stelle des Lebens durch sie ausgelöscht, und geklärt wurde. Sie waren die erfahrnen Steuerleute auf dem großen unbekannten Meere, in deren Obhut man alle Stürme geringschätzen, und zuversichtlich auf eine sichre

Gelangung und Landung an der Küste der eigentlichen vaterländischen Welt rechnen durfte. Die wildesten, gefräßigsten Neigungen mußten der Ehrfurcht und dem Gehorsam gegen ihre Worte weichen. Friede ging von ihnen aus. – Sie predigten nichts als Liebe zu der heiligen, wunderschönen Frau der Christenheit, die mit göttlichen Kräften versehen, jeden Gläubigen aus den schrecklichsten Gefahren zu retten bereit war. Sie erzählten von längst verstorbenen himmlischen Menschen, die durch Anhänglichkeit und Treue an jene selige Mutter und ihr himmlisches, freundliches Kind, die Versuchung der irdischen Welt bestanden, zu göttlichen Ehren gelangt und nun schützende, wohlthätige Mächte ihrer lebenden Brüder, willige Helfer in der Noth, Vertreter menschlicher Gebrechen und wirksame Freunde der Menschheit am himmlischen Throne geworden waren. Mit welcher Heiterkeit verließ man die schönen Versammlungen in den geheimnißvollen Kirchen, die mit ermunternden Bildern geschmückt, mit süßen Düften erfüllt, und von heiliger erhebender Musik belebt waren. In ihnen wurden die geweihten Reste ehemaliger gottesfürchtiger Menschen dankbar, in köstlichen Behältnissen aufbewahrt. – Und an ihnen offenbahrte sich die göttliche Güte und Allmacht, die mächtige Wohlthätigkeit dieser glücklichen Frommen, durch herrliche Wunder und Zeichen. So bewahren liebende Seelen, Locken oder Schriftzüge ihrer verstorbenen Geliebten, und nähren die süße Glut damit, bis an den wiedervereinigenden Tod. Man sammelte mit inniger Sorgfalt überall was diesen geliebten Seelen angehört hatte, und jeder pries sich glücklich der eine so tröstliche Reliquie erhalten oder nur berühren konnte. Hin und wieder schien sich die himmlische Gnade vorzüglich auf ein seltsames Bild, oder einen Grabhügel niedergelassen zu haben. – Dorthin strömten aus allen Gegenden Menschen mit schönen Gaben und brachten himmlische Gegengeschenke: Frieden der Seele und Gesundheit des Leibes, zurück. Aemsig suchte, diese mächtige friedenstiftende Gesellschaft, alle Menschen dieses schönen Glaubens theilhaftig zu machen und sandte ihre Genossen, in alle Welttheile, um überall das Evangelium des Lebens zu verkündigen, und das Himmelreich zum einzigen Reiche auf dieser Welt zu machen. Mit Recht widersetzte sich das weise Oberhaupt der Kirche, frechen Ausbildungen menschlicher Anlagen auf Kosten des heiligen Sinns, und unzeitigen gefährlichen Entdeckungen, im Gebiete des Wissens. So wehrte er den kühnen Denkern öffentlich zu behaupten, daß die Erde ein unbedeutender Wandelstern sey, denn er wußte wohl, daß die Menschen mit der Achtung für ihren Wohnsitz und ihr irdisches Vaterland, auch die Achtung vor der himmlischen Heimath und ihrem Geschlecht verlieren, und das eingeschränkte Wissen dem unendlichen Glauben vorziehn und sich gewöhnen würden alles Große und Wunderwürdige zu verachten, und als todte Gesetzwirkung zu betrachten. An seinem Hofe versammelten sich alle klugen und ehrwürdigen Menschen aus Europa. Alle Schätze flossen dahin, das zerstörte Jerusalem hatte sich gerächt, und Rom selbst war Jerusalem, die heilige Residenz der göttlichen Regierung auf Erden geworden. Fürsten legten ihre Streitigkeiten dem Vater der Christenheit vor, willig ihm ihre Kronen und ihre Herrlichkeit zu Füßen, ja sie achteten es sich zum Ruhm, als Mitglieder dieser hohen Zunft, den Abend ihres Lebens in göttlichen Betrachtungen zwischen einsamen Klostermauern zu beschließen. Wie wohlthätig, wie angemessen, der innern Natur der Menschen, diese Regierung, diese Einrichtung war, zeigte das gewaltige Emporstreben, aller andern menschlichen Kräfte, die harmonische Entwicklung aller Anlagen; die ungeheure Höhe, die einzelne Menschen in allen Fächern der Wissenschaften des Lebens und der Künste erreichten und der überall blühende Handelsverkehr mit geistigen und irdischen Waaren, in dem Umkreis von Europa und bis in das fernste Indien hinaus. –

Das waren die schönen wesentlichen Züge der ächtkatholischen oder ächt christlichen Zeiten. Noch war die Menschheit für dieses herrliche Reich nicht reif, nicht gebildet genug. Es war eine erste Liebe, die im Drucke des Geschäftslebens entschlummerte, deren Andenken durch eigennützige Sorgen verdrängt, und deren Band nachher als Trug und Wahn ausgeschrien und nach spätern Erfahrungen beurtheilt, – auf immer von einem großen Theil der Europäer zerrissen wurde. Diese innere große Spaltung, die zerstörende Kriege begleiteten, war ein merkwürdiges Zeichen der Schädlichkeit der Kultur, für den Sinn des Unsichtbaren, wenigstens einer temporellen Schädlichkeit der Kultur einer gewissen Stufe. Vernichtet kann jener unsterbliche Sinn nicht werden, aber getrübt, gelähmt, von andern Sinnen verdrängt. – Eine längere Gemeinschaft der Menschen vermindert die Neigungen, den Glauben an ihr Geschlecht, und gewöhnt sie ihr ganzes Dichten und Trachten, den Mitteln des Wohlbefindens allein zuzuwenden, die Bedürfnisse und die Künste ihrer Befriedigung werden verwickelter, der habsüchtige Mensch hat, so viel Zeit nöthig sich mit ihnen bekannt zu machen und Fertigkeiten in ihnen sich zu erwerben, daß keine Zeit zum stillen Sammeln des Gemüths, zur aufmerksamen Betrachtung der innern Welt übrig bleibt. – In Collisions-Fällen scheint ihm das gegenwärtige Interesse näher zu liegen, und so fällt die schöne Blüte seiner Jugend, Glauben und Liebe ab, und macht den derbern Früchten, Wissen und Haben Platz. Man gedenkt des Frühlings im Spätherbst, wie eines kindischen Traums und hofft mit kindischer Einfalt, die vollen Speicher sollen auf immer aushalten. Eine gewisse Einsamkeit, scheint dem Gedeihen der höhern Sinne nothwendig zu seyn, und daher muß ein zu ausgebreiteter Umgang der

Menschen mit einander, manchen heiligen Keim ersticken und die Götter, die den unruhigen Tumult zerstreuender Gesellschaften, und die Verhandlungen kleinlicher Angelegenheiten fliehen, verscheuchen. Ueberdem haben wir ja mit Zeiten und Perioden zu thun, und ist diesen eine Oszillation, ein Wechsel entgegengesetzter Bewegungen nicht wesentlich? und ist diesen eine beschränkte Dauer nicht eigenthümlich, ein Wachsthum und ein Abnehmen nicht ihre Natur? aber auch eine Auferstehung, eine Verjüngung, in neuer, tüchtiger Gestalt, nicht auch von ihnen mit Gewißheit zu erwarten? fortschreitende, immer mehr sich vergrößernde Evolutionen sind der Stoff der Geschichte. – Was jetzt nicht die Vollendung erreicht, wird sie bei einem künftigen Versuch erreichen, oder bei einem abermaligen; vergänglich ist nichts was die Geschichte ergriff, aus unzähligen Verwandlungen geht es in immer reicheren Gestalten erneuet wieder hervor. Einmal war doch das Christenthum mit voller Macht und Herrlichkeit erschienen, bis zu einer neuen Welt-Inspiration herrschte seine Ruine, sein Buchstabe mit immer zunehmender Ohnmacht und Verspottung. Unendliche Trägheit lag schwer auf der sicher gewordenen Zunft der Geistlichkeit. Sie war stehn geblieben im Gefühl ihres Ansehns und ihrer Bequemlichkeit, während die Layen ihr unter den Händen Erfahrung und Gelehrsamkeit entwandt und mächtige Schritte auf dem Wege der Bildung vorausgethan hatten. In der Vergessenheit ihres eigentlichen Amts, die Ersten unter den Menschen an Geist, Einsicht und Bildung zu seyn, waren ihnen die niedrigen Begierden zu Kopf gewachsen, und die Gemeinheit und Niedrigkeit ihrer Denkungsart wurde durch ihre Kleidung und ihren Beruf noch widerlicher. So fielen Achtung und Zutrauen, die Stützen dieses und jedes Reichs, allmählig weg, und damit war jene Zunft vernichtet, und die eigentliche Herrschaft Roms hatte lange vor der gewaltsamen

Insurrection stillschweigend aufgehört. Nur kluge, also auch nur zeitliche, Maaßregeln hielten den Leichnam der Verfassung noch zusammen, und bewahrten ihn vor zu schleuniger Auflösung, wohin denn z.B. die Abschaffung der Priester-Ehe vorzüglich gehörte. – Eine Maaßregel die analog angewandt auch dem ähnlichen Soldatenstand eine fürchterliche Consistenz verleihen und sein Leben noch lange fristen könnte. Was war natürlicher, als daß endlich ein feuerfangender Kopf öffentlichen Aufstand gegen den despotischen Buchstaben der ehemahligen Verfassung predigte, und mit um so größerm Glück, da er selbst Zunft-Genosse war.–

Mit Recht nannten sich die Insurgenten Protestanten, denn sie protestirten feyerlich gegen jede Anmaßung einer unbequemen und unrechtmäßig scheinenden Gewalt über das Gewissen. Sie nahmen ihr stillschweigend abgegebenes Recht auf Religions-Untersuchung, Bestimmung und Wahl, als vakant wieder einstweilig an sich zurück. Sie stellten auch eine Menge richtiger Grundsätze auf, führten eine Menge löblicher Dinge ein, und schafften eine Menge verderblicher Satzungen ab; aber sie vergaßen das nothwendige Resultat ihres Prozesses; trennten das Untrennbare, theilten die untheilbare Kirche und rissen sich frevelnd aus dem allgemeinen christlichen Verein, durch welchen und in welchem allein die ächte, dauernde Wiedergeburt möglich war. Der Zustand religiöser Anarchie darf nur vorübergehend seyn, denn der nothwendige Grund, eine Zahl Menschen lediglich diesem hohen Berufe zu widmen, und diese Zahl Menschen unabhängig von der irdischen Gewalt in Rücksicht dieser Angelegenheiten zu machen, bleibt in fortdauernder Wirksamkeit und Gültigkeit. – Die Errichtung der Consistorien und die Beibehaltung einer Art Geistlichkeit half diesem Bedürfnisse nicht ab, und war kein zureichender Ersatz. Unglücklicher Weise hatten sich die Fürsten in diese Spaltung gemischt, und viele benutzten diese Streitigkeiten zur Befestigung und Erweiterung ihrer landesherrlichen Gewalt und Einkünfte. Sie waren froh jenes hohen Einflusses überhoben zu seyn und nahmen die neuen Consistorien nun unter ihre landesväterliche Beschützung und Leitung. Sie waren eifrigst besorgt die gänzliche Vereinigung der protestantischen Kirchen zu hindern, und so wurde die Religion irreligiöser Weise in Staats-Gränzen eingeschlossen, und damit der Grund zur allmähligen Untergrabung des religiösen cosmopolitische[n] Interesse[s] gelegt. So verlor die Religion ihren großen politischen friedestiftenden Einfluß, ihre eigenthümliche Rolle des vereinigenden, individualisirenden Prinzips, der Christenheit. Der Religionsfriede ward nach ganz fehlerhaften und religionswidrigen Grundsätzen abgeschlossen, und durch die Fortsetzung des sogenannten Protestantismus etwas durchaus Widersprechendes – eine Revolutions-Regierung permanent erklärt.

Indeß liegt dem Protestantismus bei weitem nicht bloß jener reine Begriff zum Grunde, sondern Luther behandelte das Christenthum überhaupt willkührlich, verkannte seinen Geist, und führte einen andern Buchstaben und eine andere Religion ein, nemlich die heilige Allgemeingültigkeit der Bibel, und damit wurde leider eine andere höchst fremde irdische Wissenschaft in die Religionsangelegenheit gemischt – die Philologie – deren auszehrender Einfluß von da an unverkennbar wird. Er wurde selbst aus dunkelm Gefühl dieses Fehlgriffs bei einem großen Theil der Protestanten zum Rang eines Evangelisten erhoben und seine Uebersetzung canonisirt.

Dem religiösen Sinn war diese Wahl höchst verderblich, da nichts seine Irritabilität so vernichtet, wie der Buchstabe. Im ehemahligen Zustande hatte dieser bei dem großen Umfange der Geschmeidigkeit und dem reichhaltigen Stoff des katholischen Glaubens, so wie der Esoterisirung der Bibel und der heiligen Gewalt der Concilien und des geistlichen Oberhaupts, nie so schädlich werden können; jetzt aber wurden diese Gegenmittel vernichtet, die absolute Popularität der Bibel behauptet, und nun drückte der dürftige Inhalt, der rohe abstracte Entwurf der Religion in diesen Büchern desto merklicher, und erschwerte dem heiligen Geiste die freie Belebung, Eindringung und Offenbarung unendlich.

Daher zeigt uns auch die Geschichte des Protestantismus keine herrlichen großen Erscheinungen des Ueberirdischen mehr, nur sein Anfang glänzt durch ein vorübergehendes Feuer des Himmels, bald nachher ist schon die Vertrocknung des heiligen Sinns bemerklich; das Weltliche hat die Oberhand gewonnen, der Kunstsinn leidet sympathetisch mit, nur selten, daß hie und da ein gediegener, ewiger Lebensfunke hervorspringt, und eine kleine Gemeinde sich assimilirt. Er verlischt und die Gemeinde fließt wieder auseinander und schwimmt mit dem Strome fort. So Zinzendorf, Jacob Böhme und mehrere. Die Moderatisten behalten die Oberhand, und die Zeit nähert sich einer gänzlichen Atonie der höhern Organe, der Periode des praktischen Unglaubens. Mit der Reformation wars um die Christenheit gethan. Von nun an war keine mehr vorhanden. Katholiken und Protestanten oder Reformirte standen in sektirischer Abgeschnittenheit weiter von einander, als von Mahomedanern und Heiden. Die übriggebliebenen katholischen Staaten vegetirten fort, nicht ohne den schädlichen Einfluß der benachbarten protestantischen Staaten unmerklich zu fühlen. Die neuere Politik entstand erst in diesem Zeitpunkt, und einzelne mächtige Staaten suchten den vakanten Universalstuhl, in einen Thron verwandelt, in Besitz zu nehmen.

Den meisten Fürsten schien es eine Erniedrigung sich nach

einem ohnmächtigen Geistlichen zu geniren. – Sie fühlten zum erstenmal das Gewicht ihrer körperlichen Kraft auf Erden, sahen die himmlischen Mächte unthätig bei Verletzung ihrer Repräsentanten, und suchten nun allgemach ohne Aufsehn vor den noch eifrig päbstlich gesinnten Unterthanen das lästige römische Joch abzuwerfen und sich unabhängig auf Erden zu machen. – Ihr unruhiges Gewissen beruhigten kluge Seelsorger, die nichts dabei verloren, daß ihre geistlichen Kinder die Disposition über das Kirchenvermögen sich anmaßten.

Zum Glück für die alte Verfassung that sich jetzt ein neu entstandener Orden hervor, auf welchen der sterbende Geist der Hierarchie seine letzten Gaben ausgegossen zu haben schien, der mit neuer Kraft das Alte zurüstete und mit wunderbarer Einsicht und Beharrlichkeit, klüger, als je vorher geschehen, sich des päbstlichen Reichs und seiner mächtigern Regeneration annahm. Noch war keine solche Gesellschaft in der Weltgeschichte anzutreffen gewesen. Mit größerer Sicherheit des Erfolgs hatte selbst der alte römische Senat nicht Pläne zur Welteroberung entworfen. Mit größerem Verstand war an die Ausführung einer größeren Idee noch nicht gedacht worden. Ewig wird diese Gesellschaft ein Muster aller Gesellschaften seyn, die eine organische Sehnsucht nach unendlicher Verbreitung und ewiger Dauer fühlen, – aber auch ewig ein Beweis, daß die unbewachte Zeit allein die klügsten Unternehmungen vereitelt, und der natürliche Wachsthum des ganzen Geschlechts unaufhaltsam den künstlichen Wachsthum eines Theils unterdrückt. Alles Einzelne für sich hat ein eigenes Maaß von Fähigkeit, nur die Capacität des Geschlechts ist unermeßlich. Alle Pläne müssen fehlschlagen, die nicht auf alle Anlagen des Geschlechts vollständig angelegte Pläne sind. Noch merkwürdiger wird diese Gesellschaft, als Mutter der sogenannten geheimen

Gesellschaften, eines jetzt noch unreifen, aber gewiß wichtigen geschichtlichen Keims. Einen gefährlichern Nebenbuhler konnte der neue Lutheranismus, nicht Protestantismus, gewiß nicht erhalten. Alle Zauber des katholischen Glaubens wurden unter seiner Hand noch kräftiger, die Schätze der Wissenschaften flossen in seine Zelle zurück. Was in Europa verloren war, suchten sie in den andern Welttheilen, in dem fernsten Abend und Morgen, vielfach wieder zu gewinnen, und die apostolische Würde und Beruf sich zuzueignen und geltend zu machen. Auch sie blieben in den Bemühungen nach Popularität nicht zurück, und wußten wohl wieviel Luther seinen demagogischen Künsten, seinem Studium des gemeinen Volks zu verdanken gehabt hatte. Ueberall legten sie Schulen an, drangen in die Beichtstühle, bestiegen die Katheder und beschäftigten die Pressen, wurden Dichter und Weltweise, Minister und Märtyrer, und blieben in der ungeheuren Ausdehnung von Amerika über Europa nach China in dem wunderbarsten Einverständniß der That und der Lehre. Aus ihren Schulen rekrutirten sie mit weiser Auswahl ihren Orden. Gegen die Lutheraner predigten sie mit zerstörendem Eifer und suchten die grausamste Vertilgung dieser Ketzer, als eigentlicher Genossen des Teufels, zur dringendsten Pflicht der katholischen Christenheit zu machen. Ihnen allein hatten die katholischen Staaten und insonderheit der päbstliche Stuhl ihr langes Ueberleben der Reformation zu danken gehabt, und wer weiß, wie alt die Welt noch aussehn würde, wenn nicht schwache Obere, Eifersucht der Fürsten und andern geistlichen Orden, Hofintriguen und andere sonderbare Umstände ihren kühnen Lauf unterbrochen und mit ihnen diese letzte Schutzwehr der katholischen Verfassung beinah vernichtet hätten. Jetzt schläft er, dieser furchtbare Orden, in armseliger Gestalt an den Grenzen von Europa, vielleicht daß er von daher sich, wie das Volk das ihn beschützt, mit neuer Gewalt einst über seine alte Heimath, vielleicht unter anderm Namen, verbreitet.

Die Reformation war ein Zeichen der Zeit gewesen. Sie war für ganz Europa bedeutend, wenn sie gleich nur im wahrhaft freien Deutschland öffentlich ausgebrochen war. Die guten Köpfe aller Nationen waren heimlich mündig geworden, und lehnten sich im täuschenden Gefühl ihres Berufs um desto dreister gegen verjährten Zwang auf. Aus Instinkt ist der Gelehrte Feind der Geistlichkeit nach alter Verfassung; der gelehrte und der geistliche Stand müssen Vertilgungskriege führen, wenn sie getrennt sind; denn sie streiten um Eine Stelle. Diese Trennung that sich immer mehr hervor, und die Gelehrten gewannen desto mehr Feld, je mehr sich die Geistlichkeit der europäischen Menschheit dem Zeitraum der triumphirenden Gelehrsamkeit näherte, und Wissen und Glauben in eine entschiedenere Opposition traten. Im Glauben suchte man den Grund der allgemeinen Stockung, und durch das durchdringende Wissen hoffte man sie zu heben. Ueberall litt der heilige Sinn unter den mannichfachen Verfolgungen seiner bisherigen Art, seiner zeitigen Personalität. Das Resultat der modernen Denkungsart nannte man Philosophie und rechnete alles dazu was dem Alten entgegen war, vorzüglich also jeden Einfall gegen die Religion. Der anfängliche Personalhaß gegen den katholischen Glauben ging allmählig in Haß gegen die Bibel, gegen den christlichen Glauben und endlich gar gegen die Religion über. Noch mehr – der Religions-Haß, dehnte sich sehr natürlich und folgerecht auf alle Gegenstände des Enthusiasmus aus, verketzerte Fantasie und Gefühl, Sittlichkeit und Kunstliebe, Zukunft und Vorzeit, setzte den Menschen in der Reihe der Naturwesen mit Noth oben an, und machte die unendliche schöpferische Musik des Weltalls zum einförmigen Klappern einer ungeheuren Mühle, die vom Strom des Zufalls getrieben und auf ihm schwimmend, eine Mühle an sich, ohne Baumeister und Müller und eigentlich ein ächtes Perpetuum mobile, eine sich selbst mahlende Mühle sey.

Ein Enthusiasmus ward großmüthig dem armen Menschengeschlechte übrig gelassen und als Prüfstein der höchsten Bildung jedem Actionair derselben unentbehrlich gemacht. – Der Enthusiasmus für diese herrliche, großartige Philosophie und insbesondere für ihre Priester und ihre Mystagogen. Frankreich war so glücklich der Schooß und der Sitz dieses neuen Glaubens zu werden, der aus lauter Wissen zusammen geklebt war. So verschrien die Poesie in dieser neuen Kirche war, so gab es doch einige Poeten darunter, die des Effekts wegen, noch des alten Schmucks und der alten Lichter sich bedienten, aber dabei in Gefahr kamen, das neue Weltsystem mit altem Feuer zu entzünden. Klügere Mitglieder wußten jedoch die schon warmgewordenen Zuhörer sogleich wieder mit kaltem Wasser zu begießen. Die Mitglieder waren rastlos beschäftigt, die Natur, den Erdboden, die menschlichen Seelen und die Wissenschaften von der Poesie zu säubern, – jede Spur des Heiligen zu vertilgen, das Andenken an alle erhebende Vorfälle und Menschen durch Sarkasmen zu verleiden, und die Welt alles bunten Schmucks zu entkleiden. Das Licht war wegen seines mathematischen Gehorsams und seiner Frechheit ihr Liebling geworden. Sie freuten sich, daß es sich eher zerbrechen ließ, als daß es mit Farben gespielt hätte, und so benannten sie nach ihm ihr großes Geschäft, Aufklärung. In Deutschland betrieb man dieses Geschäft gründlicher, man reformirte das Erziehungswesen, man suchte der alten Religion einen neuern vernünftigen, gemeinern Sinn zu geben, indem man alles Wunderbare und Geheimnißvolle sorgfältig von ihr abwusch; alle Gelehrsamkeit ward aufgeboten um die Zuflucht zur Geschichte abzuschneiden, indem man die Geschichte zu einem häuslichen und bürgerlichen Sitten- und Familien-Gemählde zu veredeln sich bemühte. – Gott wurde zum müßigen Zuschauer des großen rührenden Schauspiels, das die Gelehrten aufführten, gemacht, welcher am Ende die Dichter und Spieler feierlich bewirthen und bewundern sollte. Das gemeine Volk wurde recht mit Vorliebe aufgeklärt, und zu jenem gebildeten Enthusiasmus erzogen, und so entstand eine neue europäische Zunft: die Philantropen und Aufklärer. Schade daß die Natur so wunderbar und unbegreiflich, so poetisch und unendlich blieb, allen Bemühungen sie zu modernisiren zum Trotz. Duckte sich ja irgendwo ein alter Aberglaube an eine höhere Welt und sonst auf, so wurde gleich von allen Seiten Lärm geblasen, und wo möglich der gefährliche Funke durch Philosophie und Witz in der Asche erstickt; dennoch war Toleranz das Losungswort der Gebildeten, und besonders in Frankreich gleichbedeutend mit Philosophie. Höchst merkwürdig ist diese Geschichte des modernen Unglaubens, und der Schlüssel zu allen ungeheuren Phänomenen der neuern Zeit. Erst in diesem Jahrhundert und besonders in seiner letzten Hälfte beginnt sie und wächst in kurzer Zeit zu einer unübersehlichen Größe und Mannigfaltigkeit; eine zweite Reformation, eine umfassendere und eigenthümlichere war unvermeidlich, und mußte das Land zuerst treffen, das am meisten modernisirt war, und am längsten aus Mangel an Freiheit in asthenischem Zustande gelegen hatte. Längst hätte sich das überirdische Feuer Luft gemacht, und die klugen Aufklärungs-Pläne vereitelt, wenn nicht weltlicher Druck und Einfluß denselben zu Statten gekommen wären. In dem Augenblick aber, wo ein Zwiespalt unter den Gelehrten und Regierungen, unter den Feinden der Religion und ihrer ganzen Genossenschaft entstand, mußte sie wieder als drittes tonangebendes vermittelndes Glied hervortreten, und diesen Hervortritt muß nun jeder Freund derselben anerkennen und verkündigen, wenn er noch nicht merklich genug seyn sollte. Daß die Zeit der Auferstehung gekommen ist, und grade die Begebenheiten, die gegen ihre Belebung gerichtet zu seyn schienen und ihren Untergang zu vollenden drohten, die günstigsten Zeichen ihrer Regeneration geworden sind, dieses kann einem historischen Gemüthe gar nicht zweifelhaft bleiben. Wahrhafte Anarchie ist das Zeugungselement der Religion. Aus der Vernichtung alles Positiven hebt sie ihr glorreiches Haupt als neue Weltstifterin empor. Wie von selbst steigt der Mensch gen Himmel auf, wenn ihn nichts mehr bindet, die höhern Organe treten von selbst aus der allgemeinen gleichförmigen Mischung und vollständigen Auflösung aller menschlichen Anlagen und Kräfte, als der Urkern der irdischen Gestaltung zuerst heraus. Der Geist Gottes schwebt über den Wassern und ein himmlisches Eiland wird als Wohnstätte der neuen Menschen, als Stromgebiet des ewigen Lebens zuerst sichtbar über den zurückströmenden Wogen.

Ruhig und unbefangen betrachte der ächte Beobachter die neuen staatsumwälzenden Zeiten. Kommt ihm der Staatsumwälzer nicht wie Sisyphus vor? Jetzt hat er die Spitze des Gleichgewichts erreicht und schon rollt die mächtige Last auf der andern Seite wieder herunter. Sie wird nie oben bleiben, wenn nicht eine Anziehung gegen den Himmel sie auf der Höhe schwebend erhält. Alle eure Stützen sind zu schwach, wenn euer Staat die Tendenz nach der Erde behält, aber knüpft ihn durch eine höhere Sehnsucht an die Höhen des Himmels, gebt ihm eine Beziehung auf das Weltall, dann habt ihr eine nie ermüdende Feder in ihm, und werdet eure Bemühungen reichlich gelohnt sehn. An die Geschichte verweise ich euch, forscht in ihrem belehrenden Zusammenhang, nach ähnlichen Zeitpunkten, und lernt den Zauberstab der Analogie gebrauchen.

Frankreich verficht einen weltlichen Protestantismus. Sollten auch weltliche Jesuiten nun entstehn, und die Geschichte der letzten Jahrhunderte erneuert werden? Soll die Revolution die französische bleiben, wie die Reformation die Lutherische war? Soll der Protestantismus abermals widernatürlicherweise, als revolutionaire Regierung fixirt werden? Sollen Buchstaben Buchstaben Platz machen? Sucht ihr den Keim des Verderbens auch in der alten Einrichtung, dem alten Geiste? und glaubt euch auf eine bessere Einrichtung, einen bessern Geist zu verstehn? O! daß der Geist der Geister euch erfüllte, und ihr abließet von diesem thörichten Bestreben die Geschichte und die Menschheit zu modeln, und eure Richtung ihr zu geben. Ist sie nicht selbständig, nicht eigenmächtig, so gut wie unendlich liebenswerth und weissagend? Sie zu studiren, ihr nachzugehn, von ihr zu lernen, mit ihr gleichen Schritt zu halten, gläubig ihren Verheißungen und Winken zu folgen – daran denkt keiner.

In Frankreich hat man viel für die Religion gethan, indem man ihr das Bürgerrecht genommen, und ihr bloß das Recht der Hausgenossenschaft gelassen hat, und zwar nicht in einer Person, sondern in allen ihren unzähligen individuellen Gestalten. Als eine fremde unscheinbare Waise muß sie erst die Herzen wiedergewinnen, und schon überall geliebt seyn, ehe sie wieder öffentlich angebetet und in weltliche Dinge zur freundschaftlichen Berathung und Stimmung der Gemüther gemischt wird. Historisch merkwürdig bleibt der Versuch jener großen eisernen Maske, die unter dem Namen Robespierre in der Religion den Mittelpunkt und die Kraft der Republik suchte; auch der Kaltsinn, womit die Theophilantropie[,] dieser Mystizismus der neuern Aufklärung, aufgenommen worden ist; auch die neuen Eroberungen der Jesuiten; auch die Näherung ans Morgenland durch die neuern politischen Verhältnisse.

Von den übrigen europäischen Ländern, außer Deutschland, läßt sich nur prophezeihen, daß mit dem *Frieden* ein neues höheres religiöses Leben in ihnen zu pulsiren [beginnen] und bald Alles andere weltliche Interesse verschlingen wird. In Deutschland hingegen kann man schon mit voller Gewißheit die Spuren einer neuen Welt aufzeigen. Deutschland geht einen langsamen aber sichern Gang vor den übrigen europäischen Ländern voraus. Während diese durch Krieg, Spekulation und Parthey-Geist beschäftigt sind, bildet sich der Deutsche mit allem Fleiß zum Genossen einer höhern Epoche der Cultur, und dieser Vorschritt muß ihm ein großes Uebergewicht über die Andere[n] im Lauf der Zeit geben. In Wissenschaften und Künsten wird man eine gewaltige Gährung gewahr. Unendlich viel Geist wird entwickelt. Aus neuen, frischen Fundgruben wird gefördert. – Nie waren die Wissenschaften in besseren Händen, und erregten wenigstens größere Erwartungen; die verschiedensten Seiten der Gegenstände werden ausgespürt, nichts wird ungerüttelt, unbeurtheilt, undurchsucht gelassen. Alles wird bearbeitet; die Schriftsteller werden eigenthümlicher und gewaltiger, jedes alte Denkmal der Geschichte, jede Kunst, jede Wissenschaft findet Freunde, und wird mit neuer Liebe umarmt und fruchtbar gemacht. Eine Vielseitigkeit ohne Gleichen, eine wunderbare Tiefe, eine glänzende Politur, vielumfassende Kenntnisse und eine reiche kräftige Fantasie findet man hie und da, und oft kühn gepaart. Eine gewaltige Ahndung der schöpferischen Willkühr, der Grenzenlosigkeit, der unendlichen Mannigfaltigkeit, der heiligen Eigenthümlichkeit und der Allfähigkeit der innern Menschheit scheint überall rege zu werden. Aus dem Morgentraum der unbehülflichen Kindheit erwacht, übt ein Theil des Geschlechts seine ersten Kräfte an Schlangen, die seine Wiege umschlingen und den Gebrauch seiner Gliedmaßen ihm benehmen wollen. Noch sind alles nur Andeutungen, unzusammenhängend und roh, aber sie verrathen dem historischen Auge eine universelle Individualität, eine neue Geschichte, eine neue Menschheit, die süßeste Umarmung einer jungen überraschten Kirche und eines liebenden Gottes, und das innige Empfängniß eines neuen Messias in ihren tausend Gliedern zugleich. Wer fühlt sich nicht mit süßer Schaam guter Hoffnung? Das Neugeborne wird das Abbild seines Vaters, eine neue goldne Zeit mit dunkeln unendlichen Augen, eine profetische wunderthätige und wundenheilende, tröstende und ewiges Leben entzündende Zeit sein – eine große Versöhnungszeit, ein Heiland, der wie ein ächter Genius unter den Menschen einheimisch, nur geglaubt nicht gesehen werden [kann], und unter zahllosen Gestalten den Gläubigen sichtbar, als Brod und Wein, verzehrt, als Geliebte umarmt, als Luft geathmet, als Wort und Gesang vernommen, und mit himmlischer Wollust, als Tod, unter den höchsten Schmerzen der Liebe, in das Innre des verbrausenden Leibes aufgenommen wird.

Jetzt stehn wir hoch genug um auch jenen oberwähnten, vorhergegangenen Zeiten freundlich zuzulächeln und auch in jenen wunderlichen Thorheiten merkwürdige Kristallisationen des historischen Stoffs zu erkennen. Dankbar wollen wir jenen Gelehrten und Philosophen die Hände drücken; denn dieser Wahn mußte zum Besten der Nachkommen erschöpft, und die wissenschaftliche Ansicht der Dinge geltend gemacht werden. Reizender und farbiger steht die Poesie, wie ein geschmücktes Indien dem kalten, todten Spitzbergen jenes Stubenverstandes gegenüber. Damit Indien in der Mitte des Erdballs so warm und herrlich sey, muß ein kaltes starres Meer, todte Klippen, Nebel statt des gestirnvollen Himmels und eine lange Nacht, die beiden Enden unwirthbar machen. Die tiefe Bedeutung der Mechanik lag schwer auf diesen Anachoreten in den Wüsten des Verstandes; das Reizende der ersten Einsicht überwältigte sie, das Alte rächte sich an ihnen, sie opferten dem ersten Selbstbewußtseyn das Heiligste und Schönste der Welt mit wunderbarer Verläugnung, und waren die Ersten die wieder die Heiligkeit der Natur, die Unendlichkeit der Kunst, die Nothwendigkeit des Wissens, die Achtung des Weltlichen, und die Allgegenwart des wahrhaft Geschichtlichen durch die That anerkannten, und verkündigten, und einer höhern, allgemeinern und furchtbarern Gespensterherrschaft, als sie selbst glaubten, ein Ende machten.

Erst durch genauere Kenntniß der Religion wird man jene fürchterlichen Erzeugnisse eines Religionsschlafs, jene Träume und Deliria des heiligen Organs besser beurtheilen und dann erst die Wichtigkeit jenes Geschenks recht einsehn lernen. Wo keine Götter sind, walten Gespenster, und die eigentliche Entstehungszeit der europäischen Gespenster, die auch ihre Gestalt ziemlich vollständig erklärt, ist die Periode des Uebergangs der griechischen Götterlehre in das Christenthum. Also kommt auch, ihr Philanthropen und Encyklopädisten, in die friedenstiftende Loge und empfangt den Bruderkuß, streift das graue Netz ab, und schaut mit junger Liebe die Wunderherrlichkeit der Natur, der Geschichte und der Menschheit an. Zu einem Bruder will ich euch führen, der soll mit euch reden, daß euch die Herzen aufgehn, und ihr eure abgestorbene geliebte Ahndung mit neuem Leibe bekleidet, wieder umfaßt und erkennt, was euch vorschwebte, und was der schwerfällige irdische Verstand freilich euch nicht haschen konnte.

Dieser Bruder ist der Herzschlag der neuen Zeit, wer ihn gefühlt hat zweifelt nicht mehr an ihrem Kommen, und tritt mit süßem Stolz auf seine Zeitgenossenschaft auch aus dem Haufen hervor zu der neuen Schaar der Jünger. Er hat einen neuen Schleier für die Heilige gemacht, der ihren himmlischen Gliederbau anschmiegend verräth, und doch sie züchtiger, als ein Andrer verhüllt. – Der Schleier ist für die Jungfrau, was der Geist für den Leib ist, ihr unentbehrliches Organ dessen Falten die Buchstaben ihrer süßen Verkündigung sind; das unendliche Faltenspiel ist eine Chiffern-Musik, denn die Sprache ist der Jungfrau zu hölzern und zu frech, nur zum Gesang öffnen sich ihre Lippen. Mir ist er nichts als der feierliche Ruf zu einer neuen Urversammlung, der gewaltige Flügelschlag eines vorüberziehenden englischen Herolds. Es sind die ersten Wehen, setze sich jeder in Bereitschaft zur Geburt!

Das Höchste in der Physik ist jetzt vorhanden und wir können nun leichter die wissenschaftliche Zunft übersehn. Die Hülfsbedürftigkeit der äußern Wissenschaften, ward in der letzten Zeit immer sichtbarer, je bekannter wir mit ihnen wurden. Die Natur fing an immer dürftiger auszusehn, und wir sahen deutlicher gewöhnt an den Glanz unserer Entdekkungen, daß es nur ein geborgtes Licht war, und daß wir mit den bekannten Werkzeugen und den bekannten Methoden nicht das Wesentliche, das Gesuchte finden und construiren würden. Jeder Forscher mußte sich gestehn, daß Eine Wissenschaft nichts ohne die Andere sey, und so entstanden Mystifikationsversuche der Wissenschaften, und das wunderliche Wesen der Philosophie flog jetzt als rein dargestelltes wissenschaftliches Element zu einer symmetrischen Grundfigur der Wissenschaften an. Andere brachten die concreten Wissenschaften in neue Verhältnisse, beförderten einen lebhaften Verkehr derselben untereinander, und suchten ihre naturhistorische Classification aufs Reine zu bringen. So währt es fort und es ist leicht zu ermessen, wie günstig dieser Umgang mit der äußern und innern Welt, der höhern Bildung des Verstandes, der Kenntniß der erstern und der Erregung und Cultur der letztern seyn muß, und wie unter diesen Umständen die Witterung sich klären und der alte Himmel und mit ihm die

Sehnsucht nach ihm, die lebendige Astronomie, wieder zum Vorschein kommen muß.

Nun wollen wir uns zu dem politischen Schauspiel unsrer Zeit wenden. Alte und neue Welt sind in Kampf begriffen, die Mangelhaftigkeit und Bedürftigkeit der bisherigen Staatseinrichtungen sind in furchtbaren Phänomenen offenbar geworden. Wie wenn auch hier wie in den Wissenschaften eine nähere und mannigfaltigere Connexion und Berührung der europäischen Staaten zunächst der historische Zweck des Krieges wäre, wenn eine neue Regung des bisher schlummernden Europa ins Spiel käme, wenn Europa wieder erwachen wollte, wenn ein Staat der Staaten, eine politische Wissenschaftslehre, uns bevorstände! Sollte etwa die Hierarchie diese symmetrische Grundfigur der Staaten, das Prinzip des Staatenvereins als intellektuale Anschauung des politischen Ichs seyn? Es ist unmöglich daß weltliche Kräfte sich selbst ins Gleichgewicht setzen, ein drittes Element, das weltlich und überirdisch zugleich ist, kann allein diese Aufgabe lösen. Unter den streitenden Mächten kann kein Friede geschlossen werden, aller Friede ist nur Illusion, nur Waffenstillstand; auf dem Standpunkt der Kabinetter, des gemeinen Bewußtseyns ist keine Vereinigung denkbar. Beide Theile haben große, nothwendige Ansprüche und müssen sie machen, getrieben vom Geiste der Welt und der Menschheit. Beide sind unvertilgbare Mächte der Menschenbrust; hier die Andacht zum Alterthum, die Anhänglichkeit an die geschichtliche Verfassung, die Liebe zu den Denkmalen der Altväter und der alten glorreichen Staatsfamilie, und Freude des Gehorsams; dort das entzückende Gefühl der Freiheit, die unbedingte Erwartung mächtiger Wirkungskreise, die Lust am Neuen und Jungen, die zwanglose Berührung mit allen Staatsgenossen, der Stolz auf menschliche Allgemeingültigkeit, die Freude am persönlichen Recht und am Eigenthum des Ganzen, und das kraftvolle Bürgergefühl. Keine hoffe die Andere zu vernichten, alle Eroberungen wollen hier nichts sagen, denn die innerste Hauptstadt jedes Reichs liegt nicht hinter Erdwällen und läßt sich nicht erstürmen.

Wer weiß ob des Kriegs genug ist, aber er wird nie aufhören, wenn man nicht den Palmenzweig ergreift, den allein eine geistliche Macht darreichen kann. Es wird so lange Blut über Europa strömen bis die Nationen ihren fürchterlichen Wahnsinn gewahr werden, der sie im Kreise herumtreibt und von heiliger Musik getroffen und besänftigt zu ehemaligen Altären in bunter Vermischung treten, Werke des Friedens vornehmen, und ein großes Liebesmahl, als Friedensfest, auf den rauchenden Wahlstätten mit heißen Thränen gefeiert wird. Nur die Religion kann Europa wieder aufwecken und die Völker sichern, und die Christenheit mit neuer Herrlichkeit sichtbar auf Erden in ihr altes friedenstiftendes Amt installiren.

Haben die Nationen Alles vom Menschen – nur nicht sein Herz? – sein heiliges Organ? Werden sie nicht Freunde, wie diese, an den Särgen ihrer Lieben, vergessen sie nicht alles Feindliche, wenn das göttliche Mitleid zu ihnen spricht – und Ein Unglück, Ein Jammer, Ein Gefühl ihre Augen mit Thränen füllte? Ergreift sie nicht Aufopferung und Hingebung mit Allgewalt, und sehnen sie sich nicht Freunde und Bundesgenossen zu sein?

Wo ist jener alte, liebe, alleinseligmachende Glaube an die Regierung Gottes auf Erden, wo ist jenes himmlische Zutrauen der Menschen zu einander, jene süße Andacht bei den Ergießungen eines gottbegeisterten Gemüths, jener allesumarmende Geist der Christenheit?

Das Christenthum ist dreifacher Gestalt. Eine ist das Zeugungselement der Religion, als Freude an aller Religion. Eine das Mittlerthum überhaupt, als Glaube an die Allfähigkeit alles Irdischen, Wein und Brod des ewigen Lebens zu seyn. Eine der Glaube an Christus, seine Mutter und die Heiligen. Wählt welche ihr wollt, wählt alle drei, es ist gleichviel, ihr werdet damit Christen und Mitglieder einer einzigen, ewigen, unaussprechlich glücklichen Gemeinde.

Angewandtes, lebendig gewordenes Christentum war der alte katholische Glaube, die letzte dieser Gestalten. Seine Allgegenwart im Leben[,] seine Liebe zur Kunst, seine tiefe Humanität, die Unverbrüchlichkeit seiner Ehen, seine menschenfreundliche Mittheilsamkeit, seine Freude an der Armuth, Gehorsam und Treue machen ihn als ächte Religion unverkennbar und enthalten die Grundzüge seiner Verfassung.

Er ist gereinigt durch den Strom der Zeiten, in inniger, untheilbarer Verbindung mit den beiden andern Gestalten des Christenthums wird er ewig diesen Erdboden beglücken.

Seine zufällige Form ist so gut wie vernichtet, das alte Pabstthum liegt im Grabe, und Rom ist zum zweytenmal eine Ruine geworden. Soll der Protestantismus nicht endlich aufhören und einer neuen, dauerhafteren Kirche Platz machen? Die andern Welttheile warten auf Europas Versöhnung und Auferstehung, um sich anzuschließen und Mitbürger des Himmelreichs zu werden. Sollte es nicht in Europa bald eine Menge wahrhaft heiliger Gemüther wieder geben, sollten nicht alle wahrhafte Religionsverwandte voll Sehnsucht werden, den Himmel auf Erden zu erblicken? und gern zusammentreten und heilige Chöre anstimmen?

Die Christenheit muß wieder lebendig und wirksam werden, und sich wieder ein[e] sichtbare Kirche ohne Rücksicht auf Landesgränzen bilden, die alle nach dem Ueberirdischen durstige Seelen in ihren Schooß aufnimmt und gern Vermittlerin, der alten und neuen Welt wird.

Sie muß das alte Füllhorn des Seegens wieder über die

Völker ausgießen. Aus dem heiligen Schooße eines ehrwürdigen europäischen Consiliums wird die Christenheit aufstehn, und das Geschäft der Religionserweckung, nach einem allumfassenden, göttlichem Plane betrieben werden. Keiner wird dann mehr protestiren gegen christlichen und weltlichen Zwang, denn das Wesen der Kirche wird ächte Freiheit seyn, und alle nöthigen Reformen werden unter der Leitung derselben, als friedliche und förmliche Staatsprozesse betrieben werden.

Wann und wann eher? darnach ist nicht zu fragen. Nur Geduld, sie wird, sie muß kommen die heilige Zeit des ewigen Friedens, wo das neue Jerusalem die Hauptstadt der Welt seyn wird; und bis dahin seyd heiter und muthig in den Gefahren der Zeit, Genossen meines Glaubens, verkündigt mit Wort und That das göttliche Evangelium, und bleibt dem wahrhaften, unendlichen Glauben treu bis in den Tod.

FRANÇOIS RENÉ DE CHATEAUBRIAND

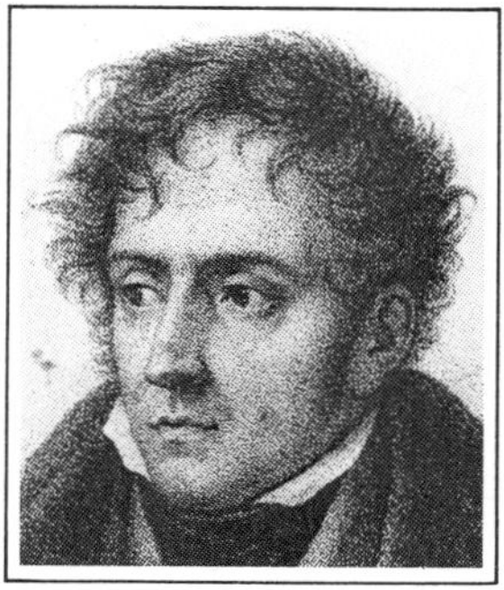

DER GEIST
DES CHRISTENTUMS

(1802)

Sechstes Capitel

Die Päbste, der Römische Hof, neuere Entdeckungen u. s. f.

EHE wir von den Diensten reden, welche die Kirche dem Ackerbaue erwiesen hat, – wollen wir uns daran erinnern, wie viel die Päbste für die schönen Künste und Wissenschaften gethan haben.

Während die Mönchs-Orden an der Erziehung der Jugend, an der Auffindung alter Manuscripte, oder an der Erklärung und Auslegung des classischen Alterthums arbeiteten, waren die obersten Priester der Christenheit, indem sie den Gelehrten Belohnungen und selbst die höchsten Würden des Priesterthums ertheilten, die erste Ursach jenes allgemeinen Strebens nach Licht und Aufklärung.

Es macht gewiß der Kirche große Ehre, daß ein Pabst seinen Namen dem Jahrhunderte gab, womit die Zeitrechnung des civilisirten Europa anhebt, – jenem Jahrhunderte, welches aus den Trümmern von Athen und Rom sich erhob, sein Licht von dem Jahrhunderte Alexanders entlehnte, und es strahlend über Ludwigs Zeitalter verbreitete.

Diejenigen, welche das Christenthum beschuldigen, es halte die Aufklärung feindselig auf und wirke ihr entgegen, widersprechen augenscheinlich allen historischen Zeugnissen und Thatsachen. Ueberall ist die Civilisation in die Fußstapfen des Evangeliums getreten. Die Religionen Muhameds,

Brama's und Confut-sees haben im Gegentheil die Fortschritte der Societät gehemmt, und den Menschen gezwungen, in seinem Kindes-Zustande zu veraltern.

Das christliche Rom war wie ein großer Hafen, welcher alle Trümmern aus den Schiffbrüchen der Künste aufnahm und in seinem Becken vereinigte. Constantinopel sank unter das Joch der Türken; – alsobald eröffnete die Kirche den berühmten Flüchtlingen von Athen und Byzanz tausend ehrwürdige Zufluchtsörter. Die in Frankreich proscribirte Buchdruckerey fand in Italien einen Zufluchtsort. – Cardinäle wandten ihr Vermögen auf, um die Ruinen Griechenlands zu durchwühlen, und alte Handschriften darunter aufzufinden. Das Zeitalter Leo's des 10ten schien dem gelehrten Abt Barthelemy so schön, daß er ihm zuerst den Vorrang vor dem Zeitalter des Pericles einräumte, welches, wie man weiß, den Stoff seines großen Werks darbot. Ja, es war erst sein Vorsatz: einen neuern Anacharsis durch das christliche Italien zu führen.

»Zu Rom«, sagt er, »sieht mein Reisender den Michael Angelo, wie er die Kuppel auf St. Peter setzt. Er sieht den Raphael, wie er die Gallerien des Vaticans mit seinen Gemählden ziert. Sadolet und Bembe, nachmahlige Cardinäle, versahen damals bey Leo dem 10ten Secretairs-Dienste. Trissin gab damals die erste Vorstellung seiner Sophronisbe – des ersten durch einen Neuern verfertigten Trauerspiels. Beroald, Bibliothekar des Vaticans, machte die Annalen des Tacitus bekannt, welche man in Westphalen entdeckt, und die Leo mit einer Summe von 500 Gold-Ducaten erkauft hatte.

Derselbe Pabst bot allen Gelehrten, von welcher Nation sie auch waren, Bedienungen an, wenn sie sich in seinen Staaten niederlassen wollten; ja er sicherte denjenigen bedeutende Belohnungen zu, welche noch unbekannte Handschriften mitbrächten ...

Ueberall wurden Universitäten, Collegien, Druckereien

für alle Arten von Sprachen und Wissenschaften angelegt; unaufhörlich wurden die Bibliotheken mit neubekannt-gemachten Werken, oder mit Handschriften bereichert, welche neuerlich aus Ländern angekommen waren, wo Dummheit und Unwissenheit noch ihren Thron behaupteten.

Die Akademien vermehrten sich so sehr, daß man allein zu Ferrara deren zehn bis zwölfe zählte; zu Bologna waren etwa vierzehn und zu Sienna sechszehn. Sie beschäftigten sich hauptsächlich mit den schönen Wissenschaften, den Sprachen, der Geschichte, den schönen Künsten und den tiefsinnigen gelehrten Studien.

In zweyen von diesen Akademien, deren eine bloß dem Plato und die andere seinem Schüler Aristoteles gewidmet war, wurden die Meinungen der alten Philosophie untersucht, und die der neuern Philosophie schon angedeutet.

Zu Bologna und Wien wachte eine dieser gelehrten Gesellschaften über die Druckereien, über die Schönheit des Papiers, die Schärfe und richtige Form der Buchstaben, die Correktheit des Drucks, und vorzüglich über alles dasjenige, welches die neuen Ausgaben classischer Werke u. s. f. zur höchsten Vollkommenheit bringen konnte...

In jedem Staate waren die Hauptstädte, und selbst Städte von geringerer Wichtigkeit, auf Unterricht und gelehrten Ruf sehr erpicht. Fast alle theilten den Astronomen Beobachtungen mit, oder boten den Anatomikern Amphitheaters, den Naturforschern medizinische Gärten, und allen Gelehrten Büchersammlungen, Münzen und alte Denkmähler an. Überhaupt aber wurden allen Arten von Kenntnissen und Wissenschaften ausgezeichnete Beweise von Werthschätzung, Dankbarkeit und Ehrfurcht gezollt...

Die Fortschritte der Künste waren dem Geschmacke an Schauspielen und prachtvollen Darstellungen günstig. Das Studium der Geschichte und der Denkmäler Griechenlands und Roms erzeugte richtige Ideen vom Anständigen, von Gesammt-Umrissen und ästhetischer Vollkommenheit, welche bisher gar noch nicht vorhanden gewesen waren.

Julian von Medicis, Leo's des zehnten Bruder, ward zum römischen Bürger ausgerufen, und diese Feierlichkeit ward mit öffentlichen Spielen begleitet. Auf einem weitläuftigen, zu dieser Feierlichkeit eigends auf dem Platze des Capitols erbaueten Theater ward zwey Tage hinter einander eine Comödie von Plautus aufgeführt, deren Musik und außerordentlicher Theater-Schmuck allgemeine Bewunderung erregten.«

Leo's des Zehnten und der Medicis Nachfolger ließen diesen edlen Eifer für Erzeugnisse des Genies nicht erkalten. Die friedlichen Bischöfe Roms sammleten in ihrer Villa die kostbaren Trümmern aller Zeitalter.

In den Pallästen Farnese und Borghese bewundert der Reisende Praxiteles und Phidias Meisterwerke. Päbste waren es, die mit schwerem Golde die Statuen des Hercules und Apollo erkauften. Päbste waren es, welche, um die zu sehr beschimpften Ruinen des Alterthums zu erhalten, sie mit dem geheiligten Mantel der Religion bedeckten. Wer wird nicht den frommen Eifer jenes Pabstes bewundern, welcher christliche Standbilder auf die schönen Trümmern des Adrianischen Pallastes stellte? Das Pantheon wäre gewiß nicht mehr vorhanden, wenn es nicht durch den Cultus der zwölf Apostel geheiligt worden wäre, – auch stände gewiß Trajans Säule nicht aufrecht, wenn sie nicht von St. Peters Statue gekrönt würde.

Dieser erhaltende, Künste und Wissenschaften pflegende Geist macht sich in allen Kasten der Klerisey bemerklich. Indem die Beute des Alterthums, welche den Vatican zierte, die Reichthümer der alten heidnischen Tempel weit überwog, beschützten arme Mönche innerhalb den Ringmauern ihres Klosters die Ruinen von Tusculum und Sobina, – und führten den Fremdling in Horazens und Cicero's Gärten umher. Ein Kartheuser zeigt euch den Lorbeerbaum, welcher auf Virgils Grabe wuchs, und ein Pabst krönte den Tasso auf dem Capitol.

Also beschützte die Kirche seit funfzehnhundert Jahren Künste und Wissenschaften. Ihr Eifer erschlaffte in keiner einzigen Epoche. Wenn im achten Jahrhunderte der Mönch Alcuin Carl den Großen in der Grammatik unterrichtete; so erfindet ein anderer fleißiger und geduldiger Mönch im achtzehnten Jahrhunderte das Mittel, die Handschriften von Herkulanum zu entrollen. – Wenn im Jahre 740 Gregorius von Tours die Alterthümer der Gallier beschreibt, so erklärt im Jahre 1754 der Canonicus Morzzochy die Gesetz-Tafeln von Heraclea.

Der größte Theil derjenigen Entdeckungen, welche das System der civilisirten Welt gänzlich veränderten, rührt von Mitgliedern der Kirche her. Die Erfindung des Schießpulvers, und vielleicht auch die Erfindung des Teleskops, verdankt man dem Mönch Roger Baco. – Der Diaconus Flavio de Givia, ein Florentiner, hat die Bussole erfunden; – der Mönch Despina die Lunetten, – und Pacificus, Archidiaconus zu Verona, oder der Pabst Silvester der 2te erfand die Räder-Uhren.

Wie viele Gelehrte, deren wir bereits in den verschiedenen Abschnitten dieses Buchs eine bedeutende Anzahl genannt haben, machten nicht die Klöster berühmt, und zogen die Aufmerksamkeit noch stärker auf die erhabenen Kanzeln und Rednerstühle der Kirche! Wie viele berühmte Schriftsteller! Wie viele ausgezeichnete Gelehrte! Wie viele berühmte Reisende! Wie viele Mathematiker, Naturforscher, Chemiker, Astronomen und Alterthumsforscher, – wie viele hochgepriesene Redner! Wie viele große Staatsmänner! ––– Wenn man von Suger, Ximenes, Alberoni, Richelieu, Mazarin und Fleury redet, – ist das nicht eben so gut, als wenn man an die ersten Staatsmänner und an die wichtigsten Ereignisse in Europa erinnert?

In dem Augenblicke selbst, wo ich dieses flüchtige Gemählde der von der Kirche ausgegangenen Wohlthaten zeichne, giebt das in Trauer versunkene Italien bey den irdischen Ueberbleibseln Pius des 6ten ein rührendes Zeugniß der Liebe. Die Hauptstadt der christlichen Welt erwartet den Sarg des unglücklichen Pabstes, welcher mit mühevollen, eines Augusts und Marc-Aurels würdigen Anstrengungen, pestilenzialische Sümpfe austrocknete, den Weg der Consulen wieder auffand und die Wasserleitungen der ersten Alleinherrscher Roms wieder ausbesserte.

Als den lezten sprechenden Zug und Beweis jener Liebe zu den Künsten, die den Oberhäuptern der Kirche so natürlich war, führe ich nur noch an, daß der Nachfolger Pius des 6ten in derselben Zeit, wo er den Gläubigen den Frieden wiedergiebt, bey seiner edlen Armuth doch noch Mittel findet, durch neue Statuen die Meisterwerke zu ersetzen, welche Rom, die Schützerin der schönen Künste, der Erbin Athens überlassen mußte.

Nach diesem allen wird es einleuchtend, daß die Fortschritte der Wissenschaften unzertrennlich von den Fortschritten der Religion waren, weil die Kirchenväter die Glaubenslehre in der Sprache Homers und Virgils erklärten. Das Blut der Märtyrer, welches die Aussaat der Christenheit war, – ließ auch den Lorbeer des Redners und Dichters emporschießen.

Das christliche Rom war für die neuere Welt gerade das, was das heidnische Rom für die alte Welt war, – nämlich ein allgemeines Band der Nationen. Diese Hauptstadt der Welt-Völker erfüllte ihre ganze Bestimmung – und scheint in der That die ewige Stadt zu seyn.

Es kann vielleicht eine Zeit kommen, wo man finden wird, jener geistliche Vater, welchem sein Thron in der Völker Mitte angewiesen ist, um die verschiedenen Theile der Christenheit zu einem Ganzen zu vereinigen, sey doch eine große und prächtige Idee. Wie groß und schön ist das Amt eines, vom apostolischen Geiste wahrhaft beseelten Pabstes! Als allgemeiner Hirte der großen Heerde, kann er sie entweder ihrer Pflicht getreu erhalten, – oder sie vor Unterdrückung schützen. Seine Staaten, die groß genug sind, um ihm Unabhängigkeit zu gewähren, aber doch zu klein, als daß man von ihren Anstrengungen oder eroberungssüchtigen Entwürfen etwas zu befürchten hätte, – lassen ihm nur die Gewalt der Meinung. O eine herrliche bewunderungswürdige Gewalt, wenn sie in ihrem Gebiete sich nur mit Werken des Friedens, der Wohlthätigkeit und christlichen Liebe beschäftigt.

Das vorübergehende Böse, welches einige schlechte Päbste gethan haben, ist auch mit ihnen zugleich verschwunden, aber wir fühlen noch täglich den wohlthätigen Einfluß der unzählbaren Güter, welche die ganze Welt dem römischen Hofe verdankt. Dieser Hof war fast immer seinem Zeitalter mehrere Schritte voraus, und zeigte sich über dem Zeit-Geist sehr erhaben. Er hatte schon Begriffe von Gesetzgebung, von öffentlichem Staats-Recht, er kannte die schönen Künste, die Wissenschaften, die Politik, – da noch alles in der dicken Finsterniß alter gothischer Verfassungen begraben lag. Er wollte das erworbene Licht nicht allein sich vorbehalten, sondern er verbreitete rund umher dessen Strahlen. Er stürzte die Scheidewände um, welche Vorurtheile zwischen den Nationen erhoben hatten. Er suchte unsere Sitten sanfter zu machen, uns aus der Unwissenheit zu ziehen, und unsere rohen, wilden Gebräuche zu verdrängen.

Unter unseren Vorfahren waren die Päbste Missionarien der Künste, die zu den Barbaren –, und Gesetzgeber, die zu den Wilden gesandt wurden. »Carls des Großen Reich allein«, sagt Voltaire, »hatte einen Glanz von Feinheit der Sitten und Politik, welcher wahrscheinlich die Frucht der Reise nach Rom war.«

Es ist demnach eine ziemlich allgemein anerkannte Wahrheit, daß Europa dem heiligen Stuhle seine Civilisation, einen Theil seiner besten Gesetze, und fast alle seine Künste und Wissenschaften schuldig ist.

Die Päbste müssen jedoch gegenwärtig neue Mittel, wodurch sie den Menschen nützlich werden können, aufsuchen. Eine neue Laufbahn eröffnet sich ihnen, und ich habe die frohe Ahnung, daß sie dieselbe ruhmvoll durchlaufen werden. Rom ist zu jener evangelischen Armuth wieder hinabgestiegen, welche alle seine Schätze in den Tagen des Alterthums ausmachte.

Vermöge einer merkwürdigen Gleichförmigkeit der Umstände, giebt es auch jetzt wieder Heiden zu bekehren, Völker zur Eintracht zu ermahnen, eingewurzelten Haß auszurotten, Thränen zu trocknen, Helden zu besänftigen und Wunden zu heilen, die allen Balsam der Religion zu ihrer Heilung erfordern.

Wenn Rom seine Stellung richtig erkennt, so muß es einsehen, daß es nie größere Hoffnungen fassen, – nie eine glänzendere Bestimmung erfüllen konnte. – Ich sage: Hoffnungen, denn ich zähle die Gährungen und Unruhen zu den wahrhaften Bedürfnissen der Kirche Jesu Christi. Die ausgeartete Welt erheischt eine zweyte Predigt des Evangeliums. Das Christenthum erneuert sich und geht siegreich aus dem furchtbarsten schrecklichsten Kampfe hervor, welchen es mit der Hölle zu bestehen hatte.

Wer weiß, ob dasjenige, was wir für den Umsturz der Kirche ansahen, nicht gerade der Hebel ist, welcher sie wieder emporbringt. Sie gieng im Reichthum und Ruhe zu

Grunde, – sie erinnerte sich des Kreuzes nicht mehr. Das Kreuz ist wieder erschienen. Nun wird die Kirche gerettet werden.

FRIEDRICH
SCHLEGEL

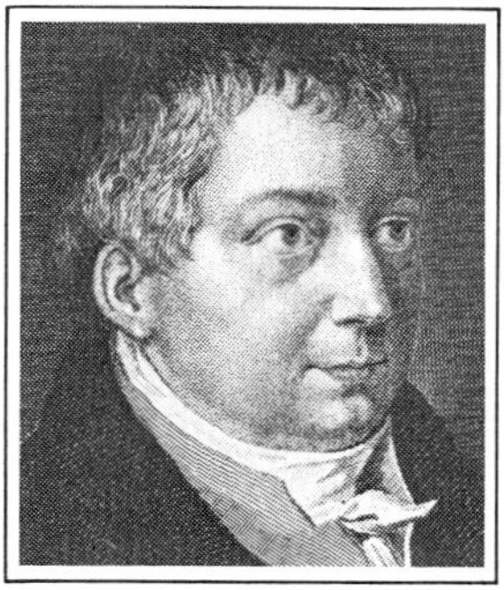

REISE NACH FRANKREICH

(1803)

3. Betrachtungen

Zu Anfange scheint es einem fast, als sey der Unterschied der beiden Nationen nicht so auffallend. Ich möchte immer denen, welche bei uns die Franzosen mehr als billig ist geringschätzen, mit der Frage entgegenkommen: Sind denn die gewöhnlichen Deutschen so viel besser? Und auf wie viele Gegenstände könnte man nicht diese Frage bei dem traurigen Zustande der menschlichen Angelegenheiten gegenwärtiger Zeit anwenden! – Ueberall finden wir jezt eine enorme Masse von Plattheit, die recht ausgebildet, und durchgebildet ist, und sich mehr oder weniger selbst in alle Künste und Wissenschaften eingeschlichen hat. So ist die Menge; das herrschende Princip der menschlichen Angelegenheiten gegenwärtig, was alles lenkt und endlich entscheidet aber, ist Gewinn und Wucher, und überall nichts als Gewinn und Wucher; eine Macht an der nicht blos die Versuche der Philosophie, sondern selbst militärische Unternehmungen, die einen höhern Geist athmen, am Ende doch scheitern. Gegen diese *Europäische Gleichheit* verschwindet in der That jeder Nationalunterschied; und diese Betrachtung stimmt mich nothwendigerweise zu der Mäßigung im Urtheilen, die Du durchaus in der Folge dieser Zeitschrift beobachtet finden wirst.

Die Sache nicht so im Großen, sondern mehr ins Detail betrachtet, so ist es wahr, daß nur beim ersten Eindruck die Verschiedenheit der beiden Nationen selbst in der äußern Lebensweise so unmerklich erscheint, bei näherer Beobachtung wird man doch gewahr, daß ein bedeutender Unterschied da ist. Und hier ist der Vortheil gewissermaßen ganz auf der Seite der Franzosen; es ist bei ihnen alles durchaus aus einem Stücke, sie sind consequenter, ihr Charakter und ihre Lebensweise sind ganz dem Genius der Zeit gemäß; dahingegen bei uns noch unglaublich viele kleine Bruchstücke aus der Lebensweise, den Sitten und der Denkart der vorigen bessern deutschen Zeit übrig sind; und daß man dies deutlich inne wird, daß die heterogenen Elemente der alten und der gegenwärtigen Zeit, die in unserm deutschen Leben so wunderlich und confus durch einander gemischt sind, sich ganz bestimmt für das Gefühl absondern und scheiden, das ist unstreitig einer der größten Vortheile, den ein Deutscher vom Reisen haben kann.

Es bestätigt sich auch hier, was ich schon oft bemerket habe: daß wir eigentlich selbst *in dem wahren Mittelalter leben*, und dieses fälschlich in die vergangne Zeit versezt haben, die man meistens so zu nennen, und unter diesem Titel ihre Geschichte zu behandeln pflegt, da doch die Epoche des deutschen Kaiserthums von Karl dem Großen bis Kaiser Friedrich den zweiten, keineswegs bloß ein Uebergang aus einem Zustand in einen andern, sondern unstreitig an sich selbst etwas sehr bestimmtes war, eben so gut als die Epoche der alten Republiken von Themistokles bis zum Brutus; da hingegen wir wohl nur die Gränze zweier sehr verschiedenen Zeitalter zu bilden, und eben darum in so mancher Rücksicht den Charakter der Nullität an uns zu tragen bestimmt scheinen können. Denn zu der kräftigen Verwirrung, die den Charakter des frühern Mittelalters vom Untergange der römischen Republik bis zur Bildung des deutschen Kaiserthums ausmacht, dürfte es bei uns aus vielen Gründen sobald noch nicht kommen.

Gewissermaßen muß das, was ich eben bemerkte, hier ganz besonders auffallen; denn wie die neue Zeit in der Mitte des fälschlich so genannten Mittelalters und eines andern uns noch verborgnen, so liegt auch Paris – welches man hier bisweilen la capitale de l'Univers nennt – recht eigentlich in der Mitte, wenigstens von Europa. Es ist weder das Südliche noch auch der Norden, vergeblich suchen wir hier das eine oder das andre, es ist eben die Mitte zwischen beiden.

Ein solcher Mittelpunkt ist gerade der Ort, der zu den allgemeinsten Reflexionen einlädt, und eben dadurch einen Theil seines Interesses erhält. Ich darf mir also schon erlauben fortzufahren, wie ich einmal angefangen habe, und Dir noch einige Ideen über unsern Welttheil und unsre Zeit mitzutheilen, an denen Du nur das nicht tadeln mußt, daß sie ganz allgemein seyn werden, denn es sollten eben nur die allgemeinsten seyn.

Darf ich nach der Geschichte, den Menschen, nach dem individuellen Charakter der Länder urtheilen, lieber Freund, so halte ich dafür, daß wir Europa vielleicht mit Unrecht so durchaus als Einheit betrachten, wenn nicht bloß von einer willkührlichen, sondern von einer natürlichen, klimatischen und organischen Einheit und Eintheilung die Rede seyn soll.

Die Theorie der Erde müßte durch unsre Werner, Ritter und Steffens schon viel weiter ausgebildet und vollendet seyn, als sie es noch ist, um überall deutliche Begriffe von der Construction des gesammten Landes voraussetzen zu dürfen, das wir vielleicht nur als noch ganz unvollendeten Entwurf und Embryo am richtigsten zu betrachten haben. Du wirst aber gewiß mit mir darin einig seyn, daß die Bildung des Landes eine organische sey, und also auch der Charakter der einzelnen Länder, wie Erfahrung aufs deutlichste lehrt, nicht nach den Graden der südlichen oder nördlichen Breite, oder nach dem Niveau mathematisch zu bestimmen, sondern vielmehr aus einem innern Organismus abzuleiten, und jegliches in seiner ganzen Individualität als organischer Körper aufzufassen und zu betrachten sey.

Das nördliche und das südliche Europa scheinen mir aus diesem Standpunkt zwei durchaus verschiedene Länder, jedes seinem innern Wesen nach ein eigenes Individuum für sich, die nur äußerlich gewaltsam verbunden sind. Ich will damit nicht gerade behaupten, sie seyen wirklich einst getrennt gewesen; wiewohl vielleicht alle die Länder, die das Mittelmeer umgeben, in mancher Beziehung als Einheit erscheinen würden. Ich will auch keinesweges gesagt haben, daß dieses Gewaltsam zugleich ein Zufällig sey; im Gegentheil eine solche auch klimatische Entgegengesetztheit, ein innrer organischer Zwiespalt scheint mir – physikalisch und historisch genommen, und beides sollte nie getrennt seyn – dem Charakter Europa's wesentlich. Was im Oriente alles in Einem mit ungetheilter Kraft aus der Quelle springt, das sollte hier sich mannichfach theilen und künstlicher entfalten. Der Geist des Menschen sollte sich hier zersetzen, seine Kraft sich ins Unendliche trennen und eben darum zu manchem fähig werden, wozu er es sonst nicht seyn würde.

So spaltete sich dasselbe was in Asien immer in ungetheilter und verbundner Kraft wirkte, in Europa schon frühe und wie durch innere Nothwendigkeit in Poesie und Philosophie, welche beide Wissenschaften und Künste trennen zu wollen, eine ganz subjektive und bloß Europäische Ansicht ist. Schon das classische Alterthum und die moderne romantische Zeit, die in mehr als einem Sinne allerdings einen vollendeten Gegensatz bilden, bieten uns eine solche Europäische Trennung dar, da vieles, was beide für die Bildung und Blüthe des menschlichen Geistes eigenthümlich vorzügliches haben, in Indien zur höchsten Schönheit vereint ist oder in kräftigster Eigenthümlichkeit ohne gegenseitige Ausschließung dicht neben einander besteht. Um ein Beispiel zu geben was dem Mittelpunkte der innern Kräfte besonders nahe liegt: die geistigste Selbstvernichtung der Christen, und der üppigste wildeste Materialismus in der Religion der Griechen, beide finden ihr höheres Urbild im gemeinschaftlichen Vaterlande, in Indien. Denkt man nach über die erhabene Sinnesart, welche dieser wahrhaft universellen Bildung zum Grunde liegt, und selber göttlich alles Göttliche ohn' Unterschied in ihrer Unendlichkeit zu umfassen weiß, so wird uns was man in Europa Religion nennt oder auch ehedem genannt hat, kaum noch diesen Namen zu verdienen scheinen, und man möchte demjenigen, der Religion sehen will, rathen, er solle, wie man nach Italien geht um die Kunst zu lernen, eben so zu seinem Zwecke nach Indien reisen, wo er gewiß seyn darf, wenigstens noch Bruchstücke von dem zu finden, wonach er sich in Europa zuverläßig vergeblich umsehen würde.

Ein dunkles Gefühl, daß jene Europäische Trennung des Classischen und des Romantischen eigentlich unnatürlich und durchaus verwerflich sey, sieht man in den Versuchen der modernen Zeit, sich den Geist des Alterthums anzueignen. Ich rede nicht von den Caricaturen der Helden des Alterthums, die sich im politischen Gebiete als die Nachbilder derselben aufgestellt haben, auch nicht von den mißglückten und ohnmächtigen Versuchen einiger Mahler und Dichter, die nicht einmal das Romantische kannten und antik seyn wollten. Ich rede vorzüglich von zwei Phänomenen. Zuerst ist es der katholischen Religion allerdings bis auf einen gewissen Grad gelungen, den künstlerischen Glanz und Reiz, die poetische Mannichfaltigkeit und Schönheit der griechischen Mythologie und Gebräuche sich zu eigen zu machen, und wieder einzuführen, so weit das bei der gänzlichen Verschiedenheit und Einseitigkeit der Principien möglich war; aber auch das wenige Gute, was dadurch erreicht ward, mußte theils nur Anlage bleiben und nicht ganz herauskommen, theils aber bald wieder verschwinden oder entarten und verderben, wegen der durchaus fehlerhaften politischen Constitution, und noch mehr durch die ursprüngliche klimatische Unfähigkeit zur Religion. Das zweite Beispiel, was sich anführen läßt, ist unsre Philosophie, die, wiewohl bis jetzt ohne absichtliche Nachbildung dennoch so ganz mit der Philosophie des griechischen Alterthums übereinstimmt, daß sie nur eine *Fortsetzung* derselben zu seyn scheint. Nicht bloß in unserm Idealismus, schon im Spinoza athmet dieser Geist, und wiewohl er selbst persönlich kein Freund der alten Philosophen war, so wird man in seinem System ungleich mehrere und nähere Beziehungspunkte mit den Lehren derselben finden, als mit irgend einem Produkt oder Princip der modernen Zeit. Es darf uns dies auch um so weniger Wunder nehmen, da die Philosophen des Alterthums in ihrer eignen Zeit durchaus nicht einheimisch waren, dem öffentlichen Leben derselben und selbst den Principien der alten Religion sehr abgeneigt und in mehr als einer Rücksicht die isolirten Vorläufer der neuern Zeit waren; wie denn alles, was gerade entgegengesetzt, nothwendigerweise auch wiederum durch irgend einige Fäden organisch verbunden seyn muß. Es ist nicht schwer dies im Allgemeinen zu wissen, wohl aber das, worauf es vorzüglich ankömmt; im Einzelnen nämlich diese Uebergangs- und Verbindungs-Punkte richtig zu finden.

Und was ist denn nun der Charakter des classischen Alterthums? Außer dem Classischen, d.h. der organischen Fülle und glücklichen Vollendung des Einzelnen, eben diese Einzelnheit, Absonderung. *Trennung* und immer weiter getriebene Trennung des Einen und Ganzen aller menschlichen Kräfte und Gedanken. Bei den Neuern hat dieses Princip eine noch schädlichere Richtung genommen; bei den Alten umfaßt jene Epoche moralischer und politischer Energie von Themistokles bis Brutus, doch auch zugleich die Ausbildung des Größten und Herrlichsten in allen Künsten und Wissenschaften. Unsre Poesie, Mahlerei, Musik, Kritik, und vollends

Philosophie und Physik hingegen sind sehr späten Ursprungs; wenn wir einen Theil der Poesie ausnehmen, sind sie insgesamt erst entstanden, nachdem Europa, moralisch und politisch genommen, schon völlig zerstört und untergegangen war. Dadurch ist denn der Masse alle höhere Lebenskraft vollends entzogen. Es ist nicht nöthig, mehr einzelne Beispiele derselben Tendenz aus dem praktischen Leben oder aus den politischen Verhältnissen herbei zu führen. Die Trennung hat nun ihr Aeußerstes erreicht; der Charakter Europa's ist ganz zum Vorschein gekommen und vollendet, und eben das ist es, was das Wesen unsers Zeitalters ausmacht. Daher die gänzliche Unfähigkeit zur Religion, wenn ich mich dieses Worts bedienen darf, die absolute Erstorbenheit der höhern Organe. *Tiefer kann der Mensch nun nicht sinken;* das ist nicht möglich. Man hat es in der Kunst der willkührlichen Trennung, oder was dasselbe ist, im Mechanismus in der That sehr weit gebracht, und so ist denn auch der Mensch selbst fast zur Maschine geworden, in der nur gerade so viel Geist noch übrig geblieben ist, daß man zur Noth daraus demonstriren könnte: Der Mensch sey dennoch wirklich in etwas verschieden vom Thier. Ja, dieses allgemein herrschende Wesen, dieser Wuchergeist, Empfindsamkeit und Gaunerei, gesittetes Betragen und Elend, diese absolute Unbekanntschaft mit der eignen Bestimmung, die unendliche Schreibseligkeit und Geschwätzigkeit, und dabei die thörichte Einbildung von sich selbst, und das absolute Nichtgefühl für alles Große, was schon wirklich auf der Erde war; alles das zusammen muß den denkenden Mann mit einer Verachtung gegen sein Zeitalter erfüllen, die wieder zur Gleichgültigkeit wird.

Daraus aber, daß es so weit gekommen ist, folgt mit nichten, daß es nun bald besser werden müsse. Ferne sey es von uns, so eilfertig zu schließen. Wir werden im Gegentheile nichts dagegen einwenden, wenn ein historischer Philosoph nach reifer Beobachtung es am wahrscheinlichsten finden sollte, daß das Geschlecht der Menschen in Europa sich keinesweges zum Bessern erheben, sondern vielmehr nach einigen fruchtlosen Versuchen dazu in immer wachsender Verschlimmerung durch die innere Verderbtheit endlich auch äußerlich in einen Zustand von Schwäche und Elend versinken werde, der nun nicht höher steigen kann, und in dem sie alsdann vielleicht Jahrhunderte unverändert beharren, oder doch erst durch eine Einwirkung von außen herausgezogen werden möchten.

Sollte es demnach mehr als ein misglückter Einfall, sollte es wirklich Ernst seyn mit einer Revolution, so müßte sie uns wohl vielmehr aus Asien kommen, als daß wir fähig wären, wie wir zu voreilig wähnen, den Geist der Menschen über den ganzen Erdkreis von hieraus lenken zu wollen. Eine wahre Revolution kann nur aus dem Mittelpunkte der vereinigten Kraft hervorgehen, sonach ist das Organ für dieselbe in Europa bei der Menge gar nicht vorhanden; im Orient aber sind wir der Meinung, daß die Möglichkeit des Enthusiasmus nie so bis auf die letzte Spur vertilgt werden könne, weil die Natur selbst eine ursprüngliche und nie ganz zu versiegende Quelle desselben dorthin gelegt hat.

Seit Alexander sind alle Versuche, sowohl die der Römer, als auch der Deutschen, zur Zeit der Kreuzzüge, Asien zu besitzen, neu zu bilden und gleichsam zu europäisiren, gänzlich mislungen. Nun sind freilich auch nur einzelne Wogen der letzten großen Revolution Asiens, die durch die Araber und Mahomet entzündet und über den Erdkreis verbreitet ward, nach Europa gekommen, und nicht gar tief darin eingedrungen. Aber wir können es doch nicht vergessen haben, woher uns bis jetzt noch jede Religion und jede Mythologie gekommen ist, d. h. die Principien des Lebens, die Wurzeln der Begriffe, wenn gleich alles hier neu gestellt und oft bis zur Unkenntlichkeit entartet ist. Bis jetzt ist also das Uebergewicht und die Wahrscheinlichkeit ganz auf der Seite Asiens.

Es ist desfalls nicht zu tadeln, daß man auch in Europa und namentlich an den Franzosen Versuche einer Revolution gemacht hat; einen glücklichen Ausgang konnte man zwar diesem Unternehmen nicht füglich weißagen, aber es ist doch nichts Positives für die Menschheit dadurch verloren gegangen, und in der gegenwärtigen Zeit muß man schon zufrieden seyn mit Bestrebungen und Tendenzen. Die jetzige Generation ladet durch ihre Unbestimmtheit selbst zu solchen Versuchen allerlei Art ein, wie die Alten sprüchwörtlich sagten – ὥςπερ εν Καρι. Das Interesse eines Experiments steigt natürlich um so höher, je unfähiger und widerstrebender der behandelte Stoff ist; ja oft ist gerade dies die Ursache, daß am Ende wider Erwarten wirklich etwas Bedeutendes daraus hervorgeht.

Aber ist denn Europa nun ein so ganz von der Natur hintangesetzter, vernachläßigter und durchaus armseliger Welttheil, wie etwa z. B. Amerika nach der Meinung einiger philosophischen Geographen seyn mag? Nein, gewiß nicht; und kein Historiker, kein Physiker würde einer solchen Meinung beistimmen wollen.

In der gänzlichen Verderbtheit Europa's selbst sind die Keime der höhern Bestimmung sichtbar. Aber freilich dürfte sich auch diese als eine sehr bedingte und bescheidne zeigen, wenn wir sie wissenschaftlich bestimmen wollen; und auf jeden Fall würden wir weise handeln, die allgemein verbreiteten thörichten Einbildungen von der Herrlichkeit und dem Vorrange unsers Landes, so wie die kindischen Vorurtheile von der unerhörten Vortreflichkeit unsers Zeitalters gänzlich von uns abzuthun.

Was ehedem Großes und Schönes war, ist so ganz zerstört,

daß ich nicht weiß, wie man in diesem Sinne auch nur behaupten könnte, daß Europa als ein Ganzes noch vorhanden sey, es sind vielmehr nur noch die zurückgebliebenen Resultate, wohin jene Tendenz der Trennung endlich nothwendig führen mußte. Sie kann als vollendet angesehen werden, da sie bis zur Selbstvernichtung gekommen ist. Es wäre also wenigstens Raum da für etwas Neues, und eben weil alles zertrümmert ist, so findet man Stoff und Mittel zu allem, und an dem Muth eine neue Welt aus der Zerstörung aufzubauen, und zu gründen, kann es uns auch nicht fehlen, wenn wir erwägen, daß zufolge der organischen Ordnung der tellurischen Kräfte gerade hier der eigentliche Sitz des Streites ist, daß hier das Gute der Erde mit dem Bösen am heftigsten ringt, und hier also die Menschheit endlich entschieden werden muß. Es ist wenigstens ein interessantes Land, wenn es gleich an Erhabenheit und Reiz den andern nachstehen mag, und wir haben wenigstens keinen Grund mit dem Schicksal zu zürnen, daß es uns grade hierher gestellt hat. Auch würden wir Unrecht haben nach dem Eindruck unsrer beschränkten Lage, das Urtheil über das Universum, und das Verhältniß des guten und des bösen Princips in demselben zu bestimmen, sonst möchte die physische Astronomie auftreten, und uns belehren, daß der Planet welchen wir bewohnen, wohl gar nicht ein so vorzüglich begünstigter seyn dürfte, als die menschliche Eitelkeit träumen will; sondern vielleicht grade einer von den weniger bedeutenden, dessen erster Grund-Charakter eine decidirte Schwäche sey, in der Schwäche aber eine allgemeine Mittelmäßigkeit, und daneben eine tief eingewurzelte und eigenthümliche Gebrechlichkeit.

Doch hier genug und vielleicht schon zu viel von einer Materie, die nur mit Vorsicht berührt werden darf! –

Laß uns den Blick auf den vorigen Gegenstand zurückwenden, und noch etwas erweitern. Wenn diejenigen Theile der

Erde, die wir sehr bedeutend den Orient und den Norden nennen, die sichtbaren Pole des guten Princips auf derselben bezeichnen, wogegen alles andere nur als leerer Raum, ungebildeter und roher Stoff, bestimmte Schwäche und Unfähigkeit, oder gar als entgegenstrebendes Hinderniß erscheint; so ist der Punkt auf den es eigentlich ankömmt, der, beide zu verbinden, und das dürfte kaum anderswo möglich seyn, als in diesem dem Anschein nach nicht sehr begünstigten Erdtheile; und in diesem Sinn könnte man wohl sagen: das eigentliche Europa muß erst noch entstehen. Was wir bisher davon kennen, jenes Phänomen der Trennung, ist nur die erste Aeußerung in der die noch zu schwache Anlage zur Verbindung des Entgegengesetzten eben darum erscheint. Wir sollen der Entwicklung auch nicht bloß unthätig zusehen, sondern selbst den thätigsten Antheil daran nehmen, wir selbst sollen mitwirken, die tellurischen Kräfte in Einheit und Harmonie zu bringen, wir sollen die Eisenkraft des Nordens, und die Lichtgluth des Orients in mächtigen Strömen überall um uns her verbreiten; moralisch oder physisch, das ist hier einerlei, wo dieser kleine Unterschied nicht mehr gilt; und so dürfen wir auch auf den unsichtbaren Beistand des Glücks hoffen, auf ein Gelingen was die Gränzen dessen, was sich strenge genommen erwarten ließ, weit überfliegen mag.

Die weitere Ausführung dieser Idee bleibt einer andern Zeit vorbehalten. Hier will ich nur noch erinnern, daß wir die Fortschritte und Annäherungen zu diesem Ziele nicht nach Jahrhunderten, sondern nach Jahrtausenden zu zählen haben, wenn wir anders verstehen wollen, was Leben und Geschichte uns deutlich besagt. Man pflegt auch in dieser Rücksicht die Natur des Menschen und der irdischen Verhältnisse ganz zu vergessen und zu verkennen, und nur der eitelsten Hoffnung und Einbildung Raum zu geben. Eine gründlichere Einsicht in das Wesen der Dinge muß auch von dieser Seite uns

Bescheidenheit lehren. Die ewige Vervollkommnung steht wohl dennoch fest; nur müßen wir uns das alles in etwas größern Dimensionen auch der Zeit denken, als nach dem Maaßstabe der gewöhnlichen Kleinheit. Es ist aber um so wichtiger dieses anzuerkennen, weil nichts uns besser die Gesinnung lehren kann, in welcher wir alle die dazu berufen sind, an der Bildung der Menschen für die jetzige und künftige Zeit zu arbeiten haben.

SAMUEL TAYLOR COLERIDGE

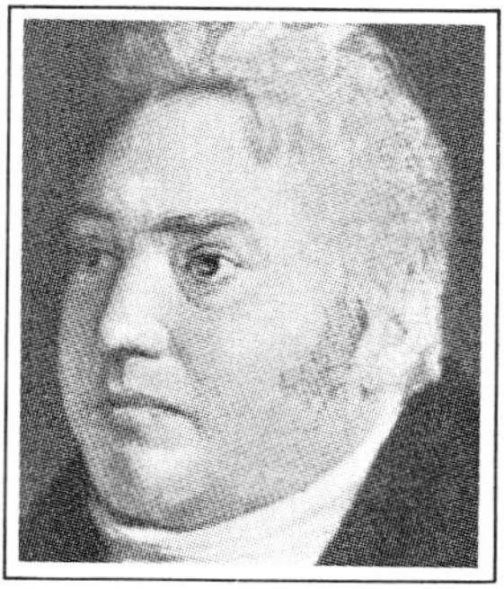

FRANKREICH UND DAS ROM DER CÄSAREN

(1802)

DA sich die menschliche Natur zu allen Zeiten gleicht, spielen sich ähnliche Ereignisse natürlich unter verwandten Begleiterscheinungen ab. Doch manchmal erzeugen auch Benennungen den Anschein einer Ähnlichkeit, die in Wirklichkeit nicht vorhanden ist. Tatsächlich ist allgemein festzustellen, daß die Fälle, in denen die Parallelität in der Terminologie am ausgeprägtesten ist, nicht diejenigen sind, die Nachprüfungen und Analysen am besten standhalten. Eine Untersuchung sollte jedoch in jedem Falle angestellt werden. Selbst wenn wir nichts anderes als eine gemeinsame Quelle der Täuschung entdecken, hat sich die Mühe gelohnt; erst recht aber dann, wenn es Gründe für den Verdacht gibt, daß die Namensgleichheit absichtlich und für politische Zwecke herbeigeführt worden ist. Auch dem zerstreutesten Beobachter des politischen Lebens kann der Eifer der französischen Regierung, ihr Land als eine neue römische Republik darzustellen, nicht entgangen sein. Frankreich besitzt Konsuln, Tribunen, Senat, Prokonsularische Provinzen, abhängige Freistaaten und Verbündete sowie Könige, die ihm Gehorsam schulden. Neuerlich versucht es, Europa seine Sprache als allgemeine Staatssprache, als Nachfolgerin und Vertreterin der Sprache der einstmaligen Menschheitsbeherrscher aufzuzwingen. In demselben Sinne teilt der Erste Konsul in seiner kürzlich erfolgten Ansprache an Mr. Fox die ganze Welt in zwei Nationen auf: die europäische und die orientalische, so wie unter Augustus die Welt als aus zwei Teilen bestehend angesehen wurde: aus dem Römischen Reich und den Barbaren. Im selben Geiste auch sind die schönsten Stätten Europas geplündert worden, um Paris in ein neues Rom, eine Metropole der zivilisierten Welt, der einen großen Europäischen Nation zu verwandeln, und die Bücherschätze, Statuen und Gemälde Italiens haben durch die französischen Eroberer das gleiche Schicksal erlitten, das Griechenland früher unter den Italienern widerfuhr. Betrachten wir die Machtgier und die ehrgeizigen Pläne beider Reiche, müssen wir gestehen, daß die Ähnlichkeit groß und treffend ist, die Analogie in allen Teilen genau.

Wenn wir fragen, welcher Periode der römischen Geschichte die derzeitige Geschichte Frankreichs gleicht, wird die Antwort für die neue römische Republik ungünstig ausfallen, doch sie ist deshalb nicht minder richtig. Wenn sie überhaupt irgendeiner Epoche gleicht, muß es diejenige sein, in der Rom aufhörte, eine Republik zu sein und die Regierung sich in eine maskierte Militärdiktatur (eine Diktatur mit einer schreckenerregenden Halbmaske auf dem Gesicht) verwandelte, in der die souveräne Macht wiederholt und ostentativ als vom Volke ausgehend bestätigt wurde, doch das Recht, sie auszuüben, für immer beseitigt wurde, in der die Volkswahlen einem angstschlotternden Senat übertragen und die Macht eines Konsuls, Tribuns und Generalissimus in einer Person vereinigt wurde. Hier sind in der Tat die Punkte offensichtlicher Übereinstimmung deutlich genug. Und gewiß kann es weder Europa noch Frankreich selbst gleichgültig sein, ob eine *echte* Ähnlichkeit besteht und, falls dies weder verneint noch abgeschwächt werden kann, ob es eine totale oder partielle Übereinstimmung ist, und ob sie die gleichen Auswirkungen zeitigen oder dieselbe Dauer besitzen wird. Nein, weder Engländern noch Franzosen kann es gleichgültig sein, ob der neue Cäsar seine Macht an einen neuen Tiberius, Caligula, Claudius, Nero, Vitellius oder Domitian weitergeben wird, bis die Vorsehung die grenzenlosen Weiten Rußlands und der asiatischen Tartarei bevölkert und diszipliniert haben wird und eine neue Sintflut aus dem Norden Sklaven und Zwerge hinwegfegen und freie Menschen und Bürger an ihre Stelle setzen wird.

Zunächst kann nicht bestritten werden, daß eine gewisse Ähnlichkeit tatsächlich existiert. Der enorme Zustrom neuen Wohlstands durch die asiatischen Eroberungen erschütterte das Gleichgewicht der Eigentumsverhältnisse Roms und damit die wahren Fundamente der römischen Verfassung. Die gleiche Umwälzung erfolgte in Frankreich durch den Geist des Handels und die daraus erwachsende wirtschaftliche Blüte, politische Bedeutung und zunehmende Größe und Bevölkerung der Städte. In beiden Reichen war die Ausbreitung der Künste, Wissenschaften, Rhetorik und des freien Denkens begleitet von Luxus kriminellster Art, Verderbnis der häuslichen Moral, Korruption, regellosem Wachstum sozialen Strebertums und allgemeiner Verachtung des religiösen Glaubens und der Institutionen der Alten. Sowohl in Frankreich wie auch in Rom wurden die Metaphysik und Ethik des Epikur die modische Philosophie der Reichen und Mächtigen, eine Philosophie, die den Menschen als eine bloße Maschine, eine Art lebenden Automaten sieht und lehrt, daß das Vergnügen das einzige Gut und die kluge Kalkulation des Genusses die einzige Tugend sei. In beiden Staaten wurde das Volk von hemmungs- und gesetzlosen Demagogen aufgewiegelt und eine Agrargesetzgebung in Gang gebracht, um es gegen die natürliche Staatsaristokratie aufzubringen und als Folge in die Arme eines Militärdiktators zu treiben. In beiden Ländern zogen Proskriptionen, Tumulte und die schamloseste Korruption den Namen der Freiheit in den Schmutz, und die Laster der führenden Männer aller Parteien gaben selbst dem tugendhaften Mann die Verzweiflung an der Republik und die Neigung ein, sich lieber dem nüchternen Despotismus eines einzelnen fügen zu wollen als der Tyrannei der vielen. Die fernen Eroberungen Galliens und der asiatischen Provinzen hatten in Rom dasselbe bewirkt, was der lange und erbitterte Krieg mit ganz Europa in Frankreich schneller herbeiführte: die Neigungen und Pflichten des Militärs wurden Schritt für Schritt dem Recht und der unabhängigen Gesetzgebung ihres Landes entzogen und auf die Generäle übertragen. Dies ist der gewöhnliche und natürliche Lauf politischer Auseinandersetzungen: sie beginnen im Grundsätzlichen und enden beim Menschlichen.

In Frankreich folgten all diese Entwicklungen schneller aufeinander als in Rom, doch die Entwicklung an sich war die gleiche. Der Zugang aller italienischen Staaten zur Bürgerschaft Roms und das Recht, auf dem Marsfeld die Stimme abzugeben, war nach seiner Natur und nach seinen Auswirkungen das gleiche wie das allgemeine Wahlrecht, welches die Brissotins als Grundrecht in die französische Verfassung eingebracht hatten. So waren alle Elemente einer Militärdiktatur vereinigt. – Das Militär entwickelte im Laufe eines so brutalen Krieges zwangsläufig ein Bewußtsein und Gefühl für die eigene Macht; ein prinzipienloser Mob tat in der Zwischenzeit sein Bestes, um die Legislative unter Druck zu setzen, zu schikanieren und verächtlich zu machen und durch alle möglichen Torheiten und Exzesse dem Militär einen Vorwand zu liefern, damit es selbst die Macht übernehme. Zum Glück für Frankreich kam Dumouriez mit seinen Plänen zu früh, und Moreau, zum Glück sowohl für Frankreich als auch für ihn selbst, scheint weder Energie noch Talent für die politische Intrige zu besitzen, und die Armeen am Rhein zusammen mit denen im Landesinnern, diejenigen in Italien und die in Ägypten werden auch nicht die Rollen der Gallischen und Asiatischen Legionen unter Pompeius und Julius Cäsar spielen, daß Frankreich sich eines neuen Pharsalos als Zugabe zu seinem neuen Cäsar rühme. Der Druck äußerer Feinde, von dem Rom immerhin frei war, hat sich mindestens in dieser Hinsicht für Frankreich als ebenso günstig erwiesen, wie er für England und Österreich ungünstig war: Frankreichs Republik wurde in ein Kaiserreich umgewandelt, ohne daß seine Generäle einen Bürgerkrieg entfesselten. Sie wurde jedoch mit den gleichen Schritten und unter den gleichen Benennungen und Schlagwörtern umgewandelt wie die römische Republik, nur, wie schon gesagt, daß sich die beiden Prozesse durch den Grad der Schnelligkeit unterschieden, mit dem sie abliefen. Die Regierung der ersten drei Cäsaren drängte sich in den ersten drei Regierungsjahren Bonapartes zusammen. Zu Beginn ahmte er die Wohlanständigkeit und den schicklichen Ehrgeiz des Augustus nach, der es dazu brachte, auf nur 10 Jahre zum Ersten Magistrat der Republik gewählt zu werden und nach dem Verstreichen dieser Zeit wiedergewählt wurde. Das Volk durfte dabei ein Schauspiel freier Wahl aufführen. Doch Bonaparte fand bald, daß das kühne und verachtungsvolle Ungestüm Julius Cäsars mehr im Einklang mit seinen natürlichen Anlagen stand und vielleicht auch seiner Eitelkeit und seinem Hochmut mehr entsprach. In exakter Nachahmung Julius Cäsars legte er sich mit der kaiserlichen Macht das ständige Amt des Konsuls mit dem Beiwort »General-« zu und ernannte zwei weitere Konsuln, die ihm untergeordnet waren. *Binos Consules substituit sibi* (Suet. Lib. I. Jul. Caesar) und tat es in fast denselben Formen. Die Soldaten stimmten für die Armee ab, und Bonaparte war voll berechtigt, seine Wahl in denselben Worten zu proklamieren wie die antiken römischen Kaiser: »Delectu Militum, et autoritate patrum« – durch das Votum der Soldaten und die

Zustimmung des Senats. Auch wäre es nicht schwer, in den Biographien Julius Cäsars schlagende Parallelen zu den hitzigen und ungezügelten Reden zu finden, mit denen sein Nachahmer jeden einschüchtert, der seinen Maßnahmen auch nur den Schatten eines Widerstandes entgegenzusetzen versucht.

Die Quintessenz ist kurz die folgende: daß die heutige französische Verfassung derjenigen des römischen Reiches unter den Cäsaren aufs Haar gleicht und daß die Umwälzung durch ähnliche Ursachen herbeigeführt worden ist. Beide Male liegt alle wirkliche Macht und das Recht der Amtseinsetzung in der Hand des Staatsgenerals, der das Privileg besitzt, seinen eigenen Nachfolger vorzuschlagen und schließlich zu ernennen. Beide Male wird das Militär nach Möglichkeit durch das Phantom einer zivilen Regierung in schicklichem Abstand gehalten, während alle Macht dieser Regierung, soweit sie nicht diejenige des *Imperator et Consul Perpetuus* ist, durch die Furcht vor dem Militär gelähmt ist.

Falls da nun kein Gegengewicht in Form von nicht-ähnlichen Umständen besteht, sind die Aussichten in der Tat düster. In Rom fiel der Beginn der allgemeinen Versklavung in die glänzendste Ära des menschlichen Genius. Jede ungewöhnlich blühende Periode der Künste und Wissenschaften eines Landes wird bis auf den heutigen Tag das Augusteische Zeitalter dieses Landes genannt. Römische Dichter, römische Geschichtsschreiber, römische Redner wetteiferten mit denen Griechenlands; in militärischer Taktik, in den mechanischen Künsten und in den Annehmlichkeiten des privaten Lebens übertrafen die Römer die Griechen bei weitem. Mit wenigen Ausnahmen waren alle Kaiser, auch die schlimmsten unter ihnen, wie Bonaparte freigebige Anreger öffentlicher Bauwerke und jeder Art öffentlicher Aktivitäten, die nicht mit dem Anspruch auf politische Freiheit verbunden waren.

O Juvenes, circumspicit et agitat vos,
Materiamque sibi Ducis indulgentia quaerit.

Genauso sieht es zur Zeit in Frankreich aus. Und sowohl in Frankreich wie auch in Rom erleben wir, daß dem übertriebensten Fanatismus für eine fast anarchische Freiheit die schimpflichste Bereitwilligkeit zur Knechtschaft auf dem Fuße folgt. *Ruere in servitium patres et populum.* Der Frieden und die Einigung aller zivilisierten Provinzen der Erde waren die großen und plausiblen Vorwände für den römischen Despotismus, die Degeneration der menschlichen Spezies in all den auf diese Weise vermischten Nationen war das traurige Ergebnis. Morgen werden wir uns daher bemühen, alle Punkte und Umstände der Ungleichheit zu entdecken, die, wenn sie auch gegenwärtig die Richtigkeit der Parallele nicht in Abrede stellen können, es doch möglich erscheinen lassen, daß die gleiche Staatsverfassung, da sie in Frankreich mit ungleich viel größerer Geschwindigkeit aufgerichtet worden ist, auch von unvergleichlich viel kürzerer Dauer sein wird. Wir hegen keine bitteren Gefühle gegenüber dem Ersten Konsul oder, falls überhaupt, nur das verzeihliche Vorurteil, welches sich natürlicherweise bei jedem Individuum einstellt, dessen freudige Hoffnung jämmerlich enttäuscht worden ist. Doch wir wollen uns nicht selbst verbieten, frei zu denken und offen zu reden. Der göttlichen Vorsehung schulden wir dankbare Herzen und erhobene Hände des Dankes, weil es noch ein europäisches Land gibt (und dieses Land das unsrige ist), in dem das Handeln von Staatsmännern unerschrocken analysiert und das Ergebnis öffentlich bekanntgemacht werden kann. Und laßt den Chef-Konsul, der bekennt, daß er in allen Dingen seinem Schicksal folgt, lernen, sich ihm zu unterwerfen, wenn er feststellt, daß es auch sein Schicksal ist, mit dem Geist englischer Freiheit und den Tugenden ringen zu müssen, die die Abkömmlinge solcher Freiheit sind! Wenn er feststellt, daß der Genius Großbritanniens, der seine ägyptische Flotte in die Luft gesprengt und seine syrischen Lorbeeren zunichte gemacht hat, ihn weiter mit ruhigem und fürchterlichem Auge verfolgt und im Frieden wie im Kriege stets über der Freiheit wacht, durch die allein der Genius unserer Insel lebt und sich regt und sein Wesen hat und ohne die, wenn sie verloren ginge, all unsere Größe als Handels- und Seemacht augenblicklich verdorren würde wie eine Blume, deren Wurzel heimlich der Wurm benagt, und ohne die, wie in jedem Land, die Volksfeste und pompösen nationalen Vergnügungen dem Blick der Vernunft nur das Spektakel einer Schar von Irren bieten, die in ihren Fesseln tanzen!

Gibt es eine echte Ähnlichkeit zwischen dem gegenwärtigen Empire und der Regierung Frankreichs unter Bonaparte und dem Reich und der Regierung Roms unter den drei ersten Cäsaren? Das ist die Frage, für die wir unsere Leser in der Dienstagsausgabe um Aufmerksamkeit baten, und wenn wir uns nicht schwer getäuscht haben, bewiesen wir ausführlich, daß sie mit Ja beantwortet werden muß. Wir rechnen damit, daß kein Engländer so naiv sein wird, uns zu fragen, ob wir denn auch an die Kantonalversammlungen, die Wahlkollegien, das Tribunat und die gesetzgebende Körperschaft Frankreichs gedacht haben. Sie rufen höchstens einigen unserer Leser den alten Trick ins Gedächtnis, mit dem man die Findigkeit trainiert und die Überraschung von kleinen Kindern hervorruft, die die ersten Rudimente des Rechnens erlernen: Nimm irgendeine Zahl! (Freiheit der Wahl.) Zähle 12 dazu! (Das ist ein Muß.) Dann verdopple das Ganze. Von dem Doppelten nimm die Hälfte, verdopple es erneut, halbiere es und ziehe dann Deine ursprüngliche Zahl ab. Es bleiben 12 übrig! In allen Zielsetzungen der heutigen französischen Verfassung steckt derselbe Trick, nur ist er dort weitaus langweiliger. Man könnte anschaulich darstellen, daß der

Erste Konsul ebensogut die gesetzgebende Körperschaft oder das Tribunat als »Erste« hätte bezeichnen können. Wir wissen nicht, wie wir uns die labyrinthischen Figuren und das Auf-der-Stelle-Treten seines ermüdenden Tanzes erklären sollen, wenn nicht folgendermaßen: Franzosen mögen oberflächlich sein, aber sie sind niemals träge –, worin sie, dem Himmel sei Dank!, das genaue Gegenteil der Engländer darstellen, die es für klüger halten, nichts zu tun anstatt Nichtigkeiten und es möglicherweise auf sich nehmen, für eine kleine Weile Sklaven zu sein, doch niemals Marionetten! Deshalb, dem ganzen Senatus Consultum vom 4. August und allen seinen zehn Titeln zum Trotz, behaupten wir weiterhin, daß die jetzige Regierung und Verfassung Frankreichs in keinem wesentlichen Punkt von denen Roms unter Julius Cäsar, Augustus und Tiberius abweichen. Die maßgeblichen Staatsämter sind in gleicher Weise in einer einzigen Person konzentriert, und deren Macht ist auf den gleichen Fundamenten aufgebaut, ihr Ehrgeiz richtet sich auf die gleichen Objekte und versucht, sich mit den gleichen Vorwänden zu rechtfertigen.

Wir gehen deshalb dazu über, die zweite Frage zu untersuchen. Wenn also die Ähnlichkeit zwischen der heutigen Regierung Frankreichs und derjenigen Roms unter den Cäsaren echt und zutreffend ist, gibt es dann auch Ähnlichkeiten der Umstände beider Reiche? (Wir meinen damit sowohl die inneren als auch die äußeren Umstände.) Und wenn die Antwort Ja lautet, gibt es dann nicht auch einige unähnliche Umstände, die als Gegengewicht zu der partiellen Ähnlichkeit dienen können und ahnen lassen, daß Frankreichs Militärdiktatur eine Dauer beschieden ist, die ebenso kurz sein wird wie ihr Aufstieg rapide war?

Daß in den Sitten, der Moral und den revolutionären Entwicklungen des römischen und des französischen Volkes einige ähnliche Umstände existieren, glauben wir zur Zufriedenheit bewiesen zu haben, während wir zugleich die völlige Ähnlichkeit beider Regierungen darlegten. Jawohl, einige ähnliche Umstände sind gewiß da, und diese sind nicht gering, nicht unbedrohlich, sondern von einer Art, die ganz Europa und vor allem Großbritannien auffordert, immer wachsam und ständig auf Posten zu sein. Wir müssen mißtrauisch sein gegenüber dem Vordringen ihrer wahrhaft kriecherischen Sprache in unserem Lande, wir müssen Enthüller und Verächter ihrer Scheinphilosophie, ihrer falschen und prahlerischen Anmaßungen in den Naturwissenschaften, der Literatur und auch der Politik sein. Im Kriege, sollte er nicht zu vermeiden sein, werden wir wie stets der Geist sein, der ihre Schritte beaufsichtigt und ihre Pläne durchkreuzt, im Frieden ihr Mahner und äußeres Gewissen. Dies gebietet uns unsere nationale Besorgnis ebenso wie unser nationaler Stolz. Wenden wir uns nach dieser Feststellung der angenehmeren Aufgabe zu, jene Umstände der Unähnlichkeit zwischen dem französischen und dem römischen Reich aufzuzeigen, welche, wenn sie auch die Alarmstufe, die zur Wachsamkeit notwendig ist, weder vermindern können noch dürfen, uns dennoch genügend Hoffnung machen, um uns vor Trübsal zu behüten.

Zunächst einmal hat die Menschheit zumindest den Vorteil, daß es einen Zustand der Dinge, der dem gegenwärtigen in Frankreich gleicht, schon einmal gegeben hat. Das Beispiel und die mahnende Erfahrung Roms sind uns von Schultagen her vertraut, und wir würden uns gern der Hoffnung hingeben, daß Zufälle nicht ohne Fügung zusammentreffen –, daß Erfahrung nicht immer wie die Laterne im Heck des Schiffes sein möge, die nur den Kurs bescheint, den wir bereits zurückgelegt haben, und daß die menschliche Spezies sich nicht immer wieder wie die armen Motten Hals über Kopf in die Flamme stürzen möge, die von den Flügeln und halbverbrannten Gliedern ihrer Vorgänger bereits erstickt und verdunkelt ist. Da wir jedoch immer mit größerer Gewißheit auf die Torheit als auf die Weisheit einer Nation zählen dürfen, betonen wir dies nicht eigens, sondern betrachten den zweiten Punkt der Unähnlichkeit als besonders wichtig: Frankreich hat weder für sein Machtstreben in bezug auf die benachbarten Nationen noch für die Tyrannei seiner Regierung nach innen eine Rechtfertigung, wie Rom sie besaß. Und da alle nationale Rechtfertigung wesentlich auf dem existierenden Zustand der Menschheit beruhen muß, kann das, was nicht zu rechtfertigen ist, nicht dauern. Rom hat die Welt wahrlich aufgeklärt und zivilisiert. Das freie Griechenland hat durch seine Kolonien etwas, wenn auch nicht gerade viel getan (wir dürfen Rom in der Tat selbst als eine griechische Kolonie ansehen); Alexander und die unterjochten Griechen ebenso wie Bonaparte und seine Sklaven prahlten viel und taten so gut wie nichts. – Doch Rom verbreitete wahrlich Zivilisation, Wissenschaft und den humanisierenden Komfort sozialen Lebens über enorme Weiten und legte den Grund für die Leichtigkeit, mit der sich jener Glaube über Europa, Afrika und Asien ausdehnte, dem wir alles verdanken, was uns an der Unschuld unserer heimischen Art beglückt, und alles, was wir für die höchste Vervollkommnung unseres Geschlechts zu hoffen wagen. Frankreich kann solches nicht beanspruchen. In den benachbarten Nationen wie Schweden, Dänemark, Holland, Deutschland, der Schweiz und Großbritannien trifft es auf einen Menschenschlag, der moralischer und aufgeklärter ist als das eigene Volk (wir sprechen von der großen Masse einer jeden Nation) und im Verhältnis zu der Bevölkerungsmenge in den verschiedenen Ländern mindestens auf eine gleiche Zahl an hervorragend erleuchteten Geistern. Nach Süden hin ist Italien Frankreich vielleicht ein wenig, doch nicht sehr unterlegen. Spanien und Portugal sind ihm in der Tat elend unterlegen, doch es ist eine wohlbekannte Tatsache, daß es die ständige Politik und Bemühung des republikanischen Frankreich war zu verhindern, daß Zivilisation und Freiheit in diesen beiden unglücklichen Königreichen an Boden gewannen. Wären sie frei und aufgeklärt, würden sie im Süden bald jenes Bollwerk gegen den Eroberungsdrang Frankreichs abgeben, das Deutschland im Norden bieten würde, wenn es nur so einig wie tapfer und aufgeklärt wäre. Im Hinblick auf die großen Ziele der Zivilisation und Wissenschaft sind Europa und das europäische Amerika bereits *ein* Volk, die hochfliegendsten Träume römischen Stolzes weit übertreffend. Doch was gewönne die Menschheit, wenn sie diese Brüderlichkeit in Wissenschaft und Lebensart in eine politische Verschmelzung verwandelte? Wir würden nationale Kriege gegen Bürgerkriege eintauschen. Wir würden aus Knechtschaft in Barbarei, aus Barbarei in Zwietracht fallen und unsere enge Verbindung als Menschen einer scheinbaren Allianz als Staatsbürger opfern. Frankreich hat auch für den Despotismus seiner Regierung nicht die gleiche Entschuldigung wie Rom. In jenen feudalen Institutionen, die seine hohlköpfigen Schein-Staatsmänner zum Gegenstand eines feindseligen Schwurs gemacht haben, besaß es ein Netz sozialer Unterordnung, ein gelungenes Gewebe von staatlichen Interessen und staatlichem Eigentum, nach dem wir in der originalen Verfassung Roms vergebens suchen würden, in der jeder wohlhabende Eigentümer als ein gesetzloser Unterdrücker angesehen wurde. Die Agrargesetze, die für Rom als Republik nötig waren, würden es als Gesellschaftssystem zerstört haben. Und obwohl vor der Machtergreifung der Cäsaren die freien Bewohner der italienischen Staaten eine Art turbulente Freiheit genossen, war doch das Reich insgesamt jämmerlich unterdrückt. Jeder blutrünstige und habgierige Prokonsul konnte nur vor ein Gericht aus seinen eigenen Komplizen gestellt werden, und es ist eine unbezweifelte Tatsache, daß die Kaiser, während sie die Stadt knechteten, die Knechtschaft der Provinzen milderten. Doch diese Zustände sind Frankreich, betrachtet als eine mächtige Nation bestehend aus Franzosen, gänzlich fremd. Sein wahres Reich ist Frankreich selbst, es ist wahrhaft einzig und unteilbar, denn es besteht aus Menschen, die dieselbe Art und dieselbe Sprache haben und ist nicht wie das römische Reich ein prächtiges Gewand aus Flicken. Die Provinzen waren für das römische Reich Haupt und Glieder, für das französische sind sie nur Geschwülste und Krankheiten. Rom konnte nicht frei bleiben, weil es aus inkongruenten Teilen bestand; die Freiheit des Volkes mußte für die Existenz des Reiches geopfert werden. Frankreich ist nicht frei, denn es hat sich absichtlich mit einer heterogenen Last beladen. Durch alle die kleinen Staaten, die es an sich gebunden hat, hat es sich selbst mit Ketten und Eisen gefesselt. Die Soldaten, die Rom unterwarfen, waren die natürlichen und notwendigen Väter des römischen Imperiums; in Frankreich wurde ihre Macht erst durch die panische Angst und das Toben Großbritanniens und seiner Verbündeten beim Beginn der französischen Republik geschaffen. Durch die wilde Machtgier Frankreichs selbst wurde sie am Leben erhalten, und zum jetzigen Zeitpunkt ist sie nur noch erforderlich wegen der widerstrebenden und sinnlosen Kolonien, wegen der zu Recht alarmierten Nachbarn und der tiefen inneren Unzufriedenheit, deren Hauptursache die Militärdiktatur selbst ist. Rom, in kurzen Worten gesagt, wurde durch Laster und Korruption in die Sklaverei gestürzt, welche dem Wesen seines Imperiums entsprach, Frankreich durch dieselben Laster und dieselbe Korruption in eine Sklaverei, welche, wie wir hernach zeigen werden, seine falsche Macht untergraben und dadurch die Möglichkeit der Freiheit mit sich bringen wird.

Bei diesen Betrachtungen müssen wir auch die moderne Entwicklung der politischen Wissenschaft in der Entdeckung der Regierung durch Volksvertretung berücksichtigen, deren große Regel und Gesetz es ist, daß das allgemeine Wahlrecht an Bedeutung verlieren wird, sobald die Eigentumsverhältnisse der Nation, die zu repräsentieren ist, nicht mehr durch die Verteilung agrarisch bestimmter Gleichheit gekennzeichnet sind. Es muß uns seltsam erscheinen, daß eine so einfache und natürliche Idee den Alten nicht von alleine in den Sinn kam, daß sie z. B. niemals von den Antoninis ins Auge gefaßt wurde, die, wie man weiß, die glühende Sehnsucht nach der Freiheit Roms in reichem Maße besaßen. Doch vielleicht ist dies weniger seltsam als die Tatsache, daß weder Griechen noch Römer die Druckkunst erfanden, deren zugrundeliegende Idee so simpel ist, daß Cicero in einer bloßen metaphorischen Veranschaulichung darüber stolperte. Die Schwierigkeit läßt sich tatsächlich in dem einen Falle leichter lösen als in dem anderen. Denn alle griechischen Republiken waren Städte und zu Beginn nicht einmal große Städte. Hier gab es keine augenfällige Notwendigkeit für eine Volksvertretung: die Griechen wären mit derselben Wahrscheinlichkeit darauf gekommen, wie die Einwohner von Westminster den Plan zur Einsetzung eines Wahlausschusses gutgeheißen hätten, anstatt ihre Abgeordneten durch eigene Stimmabgabe selbst zu wählen. Was die Städte Griechenlands immer geblieben sind, war auch Rom für lange Zeit. Es wäre für Rom ein Glück gewesen, wenn der Plan einer Volksvertretung zu der Zeit vorgeschlagen und angenommen worden wäre, als die italienischen Staaten das Stimmrecht erhielten, doch wer hätte die Bürger Roms dazu überreden können, ihren eigenen alten Brauch und das Recht, die oberste Gewalt in eigener Person auszuüben, fallenzulassen, und für die italienischen Staaten wäre es unendlich viel lächerlicher und unangemessener gewesen, Vertreter zu entsenden, während die Bürger Roms persönlich abstimmten, als die Zahl schottischer Peers in unserem Oberhaus es ist. Unter dem Imperium, als die Volksversammlungen sowieso ein Ende fanden, gab es diesen Einwand natürlich nicht mehr, doch nun waren die übrigen Provinzen des Reiches sowohl in bezug auf Rechte wie auf Ansprüche nicht mehr weit von der Gleichstellung mit den italienischen Staaten entfernt. Sie würden natürlich das Privileg gefordert haben, Abgeordnete in ihr Reichsparlament zu entsenden, und es ist anzunehmen, daß ein Parlament, frei gewählt von allen Provinzen des römischen Reiches, für dessen Würde und Sicherheit eine Ansammlung zu großer Widersprüche von Bräuchen und Interessen dargestellt hätte. Es heißt, daß dies zur Zeit in einem geringen Maße sogar im amerikanischen Kongreß zum Ausdruck kommt, wo alle Unterschiede nur durch unterschiedliches Klima und die daraus folgende Verschiedenheit von Gewohnheiten und Einstellungen bedingt sind. Keine dieser Schwierigkeiten existiert jedoch in Frankreich. Unvollkommen, wie unsere Vertretung ist, sind wir doch unter ihrem segensreichen Einfluß ein großes und blühendes Volk geworden. In Amerika, wo die Art der Besitzverteilung ein viel extensiveres Stimmrecht erlaubt und auch erfordert, als jeder vernünftige Mann für England oder Frankreich wünschen könnte, spricht das Ergebnis ebenfalls zugunsten der repräsentativen Gesetzgebung. Die Amerikaner sind als Volk weder besonders liebenswürdig noch besonders intelligent, doch welche Regierung auf Erden hat solch fortdauernde Beweise der Vernunft, Mäßigung und Friedensliebe gegeben wie die ihre? Nichts Hitzigeres kann man sich vorstellen als den Wahlkampf der Kandidaten, nichts Ruhigeres, Würdevolleres und

Unerschütterlicheres als das Betragen derselben Männer als Gesetzgeber oder Gouverneure. Frankreich kann seinen Despotismus daher nicht mit der gleichen Notwendigkeit rechtfertigen wie Rom, und wenn das wahr ist, werden die Franzosen es als Wahrheit erkennen (davon sind wir überzeugt), und ein Despotismus, der nicht gerechtfertigt werden kann, kann nicht von Dauer sein.

Eine *Spur* der Rechtfertigung für den derzeitigen Despotismus in Frankreich wird heute und künftig aus dem Elend und den Auswüchsen der Revolution abgeleitet werden. Doch der Trugschluß ist zu offensichtlich, um nicht von jedermann sogleich aufgedeckt zu werden, sobald Gefühle, Leidenschaften und individuelles Leiden der Vernunft wieder freien Lauf lassen. Das Prinzip, sowohl bei den Kandidaten wie den Wählern Eigentum nicht mehr anzuerkennen, und der blindwütige Versuch, eine Regierung auf den hypothetischen Rechten des Menschen als einem Geschöpf der Natur anstatt auf seinen realen und existierenden Vorrechten als einem Geschöpf der Gesellschaft zu errichten, waren so krasse Irrtümer, daß die Menschen das System der repräsentativen Regierung als Folge dieser französischen Experimente genausowenig in Verdacht ziehen oder preisgeben werden, wie sie die gegenwärtigen Bemühungen der Chemie als Folge der verrückten Pläne der alten Alchimisten ablehnen. Welcher vernünftige Mensch wollte außerdem aufgrund der ersten Exzesse freigelassener Sklaven die Freiheit in Mißkredit bringen? Auch ein Postkutscher wird keine Einwendungen gegen die Reparatur einer schlechten Straße machen, obwohl er nur allzu gut weiß, daß keine Straße so schlecht ist wie eine in Reparatur befindliche. Es ist das Schicksal und die Natur von Revolutionen, daß die Menschen in ihren Träumen von Recht und Freiheit Engel sind und in ihrem Gebrauch schlimmer als Menschen. Es ist ebenfalls natürlich, daß das daraus folgende

Versagen Abscheu hervorrufe und daß aus den ersten Ausschreitungen vergänglicher Hoffnungen Argumente für die Rechtfertigung des Despotismus gefolgert werden, welche in der ebenfalls vergänglichen Verzagtheit ihre besten Fundamente haben. Ein kranker Magen und ein schwerer Kopf sind ausgewogenen Gedanken ebenso abträglich wie die übermütige Ausgelassenheit des mitternächtlichen Gelages. Wir befinden uns am Morgen nach einer Ausschweifung. – So wie wir uns auf Frankreichs Versprechungen in seinem trunkenen Zustand nicht verlassen haben, sollten wir nun, da es nüchtern wird, auch nicht auf seine Passivität und Mattigkeit bauen. Wir müssen warten, bis es nüchtern ist. Dann werden wir sehen, daß der Despotismus und die Machtgier der französischen Regierung keine Notwendigkeit und keinen Nutzen zum Vorwand nehmen kann, der aus den Umständen Europas insgesamt hervorginge. Folglich kann er gerade deswegen nicht gerechtfertigt werden, und aus eben diesem Grunde kann er nicht von Dauer sein.

Denn dieselben Gründe, die die Verfassung und die ehrgeizigen Pläne Frankreichs weniger richtig und notwendig erscheinen lassen als diejenigen des kaiserlichen Rom, machen es in der Tat auch instabil. Dieselbe Zeitung, die unser Leser jetzt in der Hand hält und die er möglicherweise in ein paar Stunden für »hinterlistige Zwecke« zusammenknüllen wird, ist eine so mächtige Kraft, daß sie einen wesentlichen Unterschied in der voraussichtlichen Dauer eines despotischen Regimes unserer Tage und derer zur Zeit des kaiserlichen Rom bewirken kann. Wenn Bonaparte hörte, daß Julius Cäsar die Schmähschriften, die gegen seine Person und seine Politik gerichtet waren, von Herzen verachtete, wären wir nicht überrascht über die Antwort: »Er tat gut daran! Doch eine mit der Hand geschriebene Schmähung ist kein gedrucktes Zeitungsblatt!« Als Gott das Christentum in die Welt sandte, gab er den Menschen die Fähigkeit zur Freiheit; als er die Erfindung der Druckkunst gestattete, gab er ihnen das Mittel, sie zu erlangen und zu erhalten. Die Presse ist die einzige »Höllenmaschine«, die einen modernen Despoten wirklich schreckt. Und nur der Feind der Freiheit seines Landes fürchtet sie oder hat Grund, sie zu fürchten. Heute verbreitet sich die Aufklärung Europas und der von Europa beeinflußten Welt allenthalben. Rasche Verbreitung von Ideen und Entdeckungen, liebenswerte soziale Eitelkeit sind die Ergebnisse dieses freien intellektuellen Güterverkehrs, und die Furcht jeder Regierung vor der Meinung der Nation und jeder Nation vor den Meinungen ihrer Nachbarn ist der wirksamste Wächter und Garant für beiderseitige Freiheit: dies wird alle Despotenherrschaft zur Kurzlebigkeit verurteilen und formale Diktaturen in echte freie Länder umwandeln, wenn sie es nicht schon sind. Preußen und Dänemark sind existierende Beispiele. Nicht lange mehr wird Frankreich also noch Gegenstand von Großbritanniens Mitleid und Verachtung sein! Vielleicht ist es zur Zeit fast bis zur Blindheit durch seine Eroberungen und militärischen Erfolge geblendet, doch seine Beherrscher geben sich jetzt unendliche Mühe, sein Augenlicht wiederherzustellen. Ein Spion oder auch zwei in jedem Lokal und Kaffeehaus, Soldaten, die durch jede Straße, Gasse und jedes Gäßchen paradieren, herbeikommen und zuhören, wenn drei Freunde zusammenstehen und sich unterhalten –, und die »Erste, größte und klügste Nation Europas« ist zum Schweigen gezwungen, während die Armee und die Kreaturen ihrer Generäle im Namen und als Gesetz dieser »Ersten, größten und klügsten Nation« erklären, daß man ihren Bürgern nicht einmal zutraut, einen Gerichtsvollzieher zu wählen oder eine Zeitung zu studieren, und daß es einen Gipfelpunkt ihrer politischen Integrität und Urteilskraft darstellt, wenn sie dem großen »Autokrat« Frankreichs und all seiner sechs oder sieben »freien und unabhängigen« Republiken untertänig einen Polizisten zur Wahl vorschlagen. Dies sind Demütigungen, die hoffentlich selbst Franzosen nicht ertragen – es sei denn, durch Zwang. Denn ihnen geht es nicht so wie den alten Römern, die den Censor ebensowenig fürchteten wie das stolze Poitiers in Gallien, das damals noch halb barbarisch war, oder Asien, das immer in Sklaverei verharrte. Der Finger des aufgeklärten Europa zeigt auf ihre Ketten, und ihre alten Rivalen, die Engländer, gebrauchen die Worte »die französische Republik« wie einen Zauberspruch, wie den Namen eines magischen Elixiers, das ihnen Liebe zu ihrer eigenen Verfassung und ihrer eigenen teuren Insel einflößt, die zugleich ein majestätisches Königreich und ein freies Commonwealth ist. Früher, wenn wir von den Franzosen sprachen, benutzten wir die Worte »Knechtschaft« und »Holzpantinen«; heute sagen wir »Freiheit« und »Gleichheit« und meinen dasselbe, mengen unserer Vorstellung auch keinen Deut weniger Mitgefühl, aber unendlich viel mehr Geringschätzung bei.

Laßt uns zu alledem als eine Tatsache, die in dieser Feststellung der Unterschiede von allen am wenigsten übersehen werden sollte, hinzufügen, daß beim Tode des Augustus alle Macht und alle Machtausübung den Volksversammlungen gänzlich genommen war. Die Römer als Volk im Unterschied zu den Individuen existierten nur noch als Zuhörerschaft bei Schauspielen oder als Publikum im Amphitheater. Doch Frankreich ist nicht nur eine Stadt wie Rom. Es ist ein weites bevölkertes Territorium, und all seine großen und kleinen Städte interessieren sich gleichermaßen für die Schritte der Regierung und sind gewohnt, fast ebenso große politische Aktivität zu entwickeln wie Paris. Selbst Portalis, der Sieyès in seinem eigenen Handwerk übertroffen hat und den sich der Dei als Verfassunggeber für die Freie Republik Algerien wünschen könnte, hat nicht gewagt, die gesamte

Bevölkerung Frankreichs zu absoluter Inaktivität zu verurteilen. Die Franzosen sind weit davon entfernt, zum Nichtstun verdammt zu sein; sie sind aufgefordert, eine Menge zu tun –, doch, es muß gesagt werden: nichts Sinnvolles. Aber eine große Menschenmasse dazu aufzufordern, sich selbst lächerlich zu machen, ist ein gefährliches Unterfangen und wird alle Wachsamkeit einer treu ergebenen Armee und einen großen Import frischer Mamelucken erfordern, um die Franzosen zu überreden, so mit den Fingern vor den eigenen Augen herumzufuchteln, daß sie nicht sehen können, wenngleich sie es wissen müßten, wie ihnen die Freibriefe und Privilegien aus den Taschen gezogen werden, für die viele von ihnen geblutet und alle gelitten haben –, Privilegien, die ihnen auf dem Schlachtfeld als Testament und Hinterlassenschaft von mehr als einer Million ihrer besten Landsleute vermacht wurden. Die Kantonalversammlungen, die Wahlkollegien, das Tribunat und die gesetzgebende Körperschaft ändern nichts an der Existenz einer rein cäsarischen Diktatur in Frankreich. Dies behaupten wir und behaupten es immer wieder, doch wir wollen weder andeuten noch bestätigen, daß sie nicht die Dauer dieser Diktatur beeinflussen können. Folglich sind sie zu den wesentlichsten Elementen des Unterschieds zwischen dem römischen Reich unter den Cäsaren und dem französischen unter Bonaparte zu zählen. Andere, ebenso wichtige sind im persönlichen Wesen des Ersten Konsul und der verschiedenen Interessengruppen zu finden. Doch wir haben die Grenzen einer Zeitungsabhandlung bereits überschritten, und obwohl dieses Thema von einer mehr allgemein interessierenden Natur ist, da persönlicher als die bisher behandelten Themen, müssen wir es für die dritte und letzte Fortsetzung zurückstellen, die in der morgigen Ausgabe erscheinen wird.

Wir haben gleichermaßen mit Besorgnis und Erstaunen vernommen, daß eine herausragende Persönlichkeit des öffentlichen Lebens und bis dato ein Verfechter von Englands Freiheit, sein Mißvergnügen an der in letzter Zeit zum Ausdruck gekommenen Dreistigkeit der Londoner Zeitungen geäußert hat. Damit nicht genug, er hat seine Befürchtung angedeutet, daß es für den Frieden nötig sein werde, um den guten Willen Bonapartes zu werben, indem man der Freiheit politischer Zeitungsabhandlungen einige zusätzliche Restriktionen auferlegt. Wir erlauben uns unsere eigene Befürchtung: die Befürchtung, daß von dem Tag an, da *seine* Befürchtung Wirklichkeit wird, eine andere Voraussage die Morgendämmerung ihrer Erfüllung erblicken wird: wir meinen die Prophezeiung des Ersten Konsul im *Moniteur* vom 9. [8.] August, daß die französische Regierung die englische überleben werde. Oder es wird vielmehr müßig sein zu fragen, welche Regierung länger dauern werde, wenn sie erst beide eins geworden sind.

Ein fanatischer Bischof hat uns gelehrt, daß das Recht die Untertanen Großbritanniens nichts angehe, außer daß sie ihm gehorchen müssen. Der zuvor erwähnte Herr, so scheint es, hat die Befürchtung, daß es nötig sein werde, diese wahrhaft bischöfliche Maxime zu verfeinern und uns durch Gesetz davon in Kenntnis zu setzen, daß die Edikte des Ersten Konsul uns nichts angehen, außer daß wir ihnen zu gehorchen haben. Hat nicht der Chef-Konsul dem Parlament durch seinen Minister Talleyrand seine Verfassung Frankreichs präsentiert und als Grund für sein Tun angegeben, daß die Errichtung seiner konsularischen Macht im Interesse der Beruhigung ganz Europas läge? Er selbst informiert uns offiziell, daß Frankreichs neue Verfassung uns stark angehe und eng berühre –, sollten wir uns da nicht die Zeit nehmen, sie zu prüfen? Oder meint er, sie früher oder später dem »Département Themse« *geben* zu können und erwartet deshalb, daß wir gemäß dem gewöhnlichen Sprichwort dem geschenkten Gaul nicht ins Maul schauen? Wir für unseren Teil fürchten nur, was uns näherliegt als Bonaparte, doch sollte es uns nicht überraschen, wenn wir es auch keineswegs erwarten, daß dieser vatermörderische Sproß und Meister des Jakobinertums seiner Schrecken entkleidet werden könnte, bevor noch in einer englischen gesetzgebenden Körperschaft der Antrag gestellt werden kann, daß wir uns vor ihm niederwerfen sollen.

Wir sind der Meinung, daß dieses neue römische Reich nur von kurzer Dauer sein wird und haben dies in hohem Maße glaubhaft gemacht, indem wir ausführlich erläuterten, daß es, während seine Regierung und seine machtgierigen Ansprüche fast eine genaue Kopie des kaiserlichen Rom sind, in einer großen Mehrzahl von äußeren und inneren Umständen Rom und der römischen Welt gänzlich unähnlich ist. Diese Unterschiede wollen wir nun durch die Anführung neuer Fakten untermauern. Seine Überheblichkeit kostete Julius Cäsar das Leben, doch diese Überheblichkeit und verachtungsvolle Willkür wurde ausschließlich gegenüber dem Senat ausgeübt, den das Volk als seine ärgsten Feinde und seit der Ermordung der Gracchen und der Unterdrückung in der Frage der Licinischen Gesetze als grausame und gesetzlose Tyrannen betrachtete. Gegenüber dem römischen Volk war Julius Cäsar respektvoll, großzügig, beinahe ein Schmeichler. Im Senat wurde er ermordet, doch er war und blieb des Volkes Liebling. Die finsteren Greueltaten des Tiberius wurden im dankbaren Gedenken an Augustus und in der Hoffnung auf bessere Tage und auf einen neuen Augustus erduldet, und der diktatorische Wahn eines Caligula und Nero war fast gänzlich gegen den Senat gerichtet und vom Volk nicht ohne Wohlgefallen gesehen. Diese Rasenden sorgten selbst in ihren schlimmsten Exzessen für die realen Bedürfnisse Roms und für die prächtigsten Vergnügungen seiner Bewohner, und obwohl das Material für die Geschichte dieser Zeiten einerseits nur spärlich fließt und andererseits höchst verdächtigen Quellen entstammt, bleibt doch genug übrig, um die Wahrscheinlichkeit zu erhärten, daß die Hinrichtungen von Patriziern von den Römern häufig als Sühne für den gräßlichen Mord an den Gracchen angesehen wurden und die Konfiszierung ihres beträchtlichen und ungesetzlichen Vermögens (das von Caligula und Nero hauptsächlich auf öffentliche Schauspiele, Bauwerke und reiche Geschenke verschwendet wurde) als Ausgleich für viele irreguläre Vorschriften des alten Licinischen Gesetzes erschien. Wenn zwischen Bonaparte und dem Volk Frankreichs keine Gruppe von Männern steht und stehen kann, abgesehen von der alten Aristokratie und dem Großbauerntum, und wenn die alte Aristokratie nominell die Magistratur des Staates ist, dann besteht einige Ähnlichkeit zwischen dem jetzigen französischen Staat und dem kaiserlichen Rom, und Bonaparte, wie die Cäsaren, bliebe ein Despot und übergäbe als Beschützer des Volkes, als »Sproß und Meister des Jakobinertums« den Despotismus an die Nachwelt. Wir haben die Namen Brutus und Cassius so lange mit dem Begriff der Freiheit verbunden, daß wir vergaßen, daß sie vom römischen Pöbel als die Anführer der senatorischen Aristokratie angesehen wurden. Cäsar war der Sproß und Meister des Jakobinertums. Doch Bonaparte ist für die Jakobiner, was der Senat gegenüber der Volkspartei in Rom war, und für die Aristokratie Frankreichs, was Cäsar für den Senat war.

Wenn wir von Cäsar zu Augustus übergehen, stellen wir fest, daß die Anfänge seiner wie auch Bonapartes Macht sich soweit ähneln, als in beiden Fällen die Menschen und besonders die friedfertigen Menschen von den Greueln des Bürgerkrieges erschöpft waren und bereit, jedwede Regierung hinzunehmen, die ihm ein Ende machen würde. Doch schrecklich, wie die revolutionären Vorgänge in Frankreich auch gewesen sein mögen, sie waren banal gegenüber denen unter Marius und Sulla und später unter dem Triumvirat. Doch Augustus sah keine Veranlassung, auf diesen Terror und die Verzagtheit der Gemüter so sehr zu bauen, um sich von der Notwendigkeit äußerster Vorsicht, Langsamkeit und Wohlanständigkeit zu entbinden. Die totale Auslöschung der Freiheit des Volkes wurde nicht wie jetzt in Frankreich mit einem Schlage ausgeführt. Die Volkswahlen gingen weiter, und Augustus spielte wiederholt für sich selbst und seine Freunde die Rolle des äußerst bescheidenen und unermüdlichen Kandidaten. Weder in seiner Person noch in seinem Palast übte er Prachtentfaltung, die über die jedes anderen wohlhabenden Senators hinausgegangen wäre. Er empfing Besuche und machte selbst welche wie ein gewöhnlicher Senator. Spione wurden rigoros ferngehalten und die äußerste Freiheit des geschriebenen und gesprochenen Wortes gefahrlos praktiziert. Er wurde sowohl vom Volk wie auch vom Senat mit Verehrung angesehen, nicht als der Mann, der sie mit Hilfe des Militärs regierte, wie Bonaparte gesehen werden muß, sondern als der einzige im Staate, der sowohl die Macht wie auch den Willen hatte, das Militär innerhalb der Kontrolle durch die Gesetze zu halten. Augustus regierte siebenundfünfzig Jahre, und während der letzten siebenundvierzig war sein Wesen tatsächlich das eines Landesvaters. Während der ganzen Zeit gab es keine offenkundige Änderung in der Verfassung der Republik, alle alten Namen, alle alten Ämter wurden beibehalten, und es kann kein Zweifel sein, daß eine große Mehrheit des römischen Volkes glaubte, sein Land sei eine freie Republik und könne nur unter dem Schutz des göttlichen Cäsar frei bleiben. Mehr als eine Generation von Menschen erblickten das Licht der Welt und starben unter dem klugen und wohlverborgenen Despotismus, und beim

Amtsantritt des Tiberius lebten wahrscheinlich nur noch wenige Römer, die sich an andere Zeiten als die des Augustus entsinnen konnten.

Es ist langweilig, ständig formale Parallelen oder Gegensätze aufzuzeigen, und in unserem Fall auch völlig unnötig. Soldaten auf jeder Straße, Spione unter jedem Fenster, politische Fragen nur mit einem Blick des Erschreckens und Mißtrauens beantwortet und Totenstille in jeder Versammlung bei allen Themen von öffentlichem Interesse: das ist ein Bild Roms unter Tiberius. Ähnelt es in irgendeiner Weise dem derzeitigen Zustand von Paris? Wenn ja, ist dann jemand in menschlicher Gesinnung so unbewandert, nicht zu wissen, daß das römische kaiserliche Regime in der Wiege erstickt worden wäre, wenn es mit einem Tiberius begonnen hätte (obschon es ohne Zweifel aufgrund der absoluten Notwendigkeit der Umstände neu entstanden wäre)? In Frankreich existiert keine solche Notwendigkeit, und doch können die Franzosen schon am Beginn ihrer Diktatur erkennen, was die Römer erst nach Ablauf von siebenundvierzig augusteischen Jahren sahen. Das Andenken des Augustus warf einen Glorienschein über Tiberius, wie das an Ludwig XIV. über seinen schwachen und schlechten Nachfolger, und selbst wenn es nicht so gewesen wäre, hätten die Übel erduldet werden müssen, denn wer hatte ein Heilmittel vorzuschlagen? Es gab keine durchführbare Neuerung, auf die man hätte zusteuern können, und da beide, Augustus und Tiberius, dem Namen nach alles so beließen, wie es immer gewesen war, gab es keine große Menge alter Begriffe, die abgeschafft worden waren und zu denen das Volk in einer direkten Konterrevolution hätte zurückkehren können. Doch was Augustus während der ersten Jahre der Herrschaft des Tiberius für das ganze römische Reich war, das ist in unseren Zeiten Ludwig XVI. für einen großen Teil Frankreichs und ist die liebevoll gehegte Hoffnung auf eine Republik für die Mehrheit des restlichen Teils. – Furcht, Hoffnung und Andenken sind die drei großen Triebkräfte sowohl in der Bindung eines Volkes an seine Regierung wie auch in seiner Aufstachelung zur Revolution. Zugunsten des Tiberius wirkten alle drei zusammen, doch es scheint, als ob der Erste Konsul sich hauptsächlich auf die erste verlassen müßte. Seine Macht ist wie der Isthmus von Darien, an den die Wogen zweier Ozeane schlagen: des Royalismus, der durch einen mächtigen Aberglauben erhalten wird, und des Republikanismus, der durch die Verabscheuung dieses Aberglaubens genährt wird.

Doch solange die Armee dem Ersten Konsul treu bleibt, kann man davon ausgehen, daß alles andere von geringer Bedeutung ist. Es erwies sich erneut, daß ein Volk keine andere Reaktionsmöglichkeit als ein Amen hat, wenn eine Armee in Waffen ihre Wahl trifft. Dies ist zweifellos wahr, die derzeitige Macht Bonapartes ist der Beleg. Doch andererseits muß daran gedacht werden, daß die Sympathie des Militärs in großem Maße durch diejenige der Offiziere beeinflußt wird, aber wie will Bonaparte sie noch lange halten, wenn er durch sein Benehmen täglich mehr Zurückhaltung mit königlichen Allüren zur Schau trägt und täglich seine Bevorzugung der italienischen und ägyptischen Heere und seine echte oder eingebildete Vernachlässigung der Rheinarmee, der wahren Retterin der Republik, unter Beweis stellt? Fügen wir hinzu, daß ein ungeheures stehendes Heer, das nicht ewig mit der Beute aus den Ländern, die es überrannt hat, unterhalten werden kann, eine ungeheure Ausgabe darstellt; und finanzielle Schwierigkeiten sind in der Tat ernste Schwierigkeiten für ein Land, das sich im Frieden und nicht länger in der Revolution befindet, obwohl sie während des Krieges höchst vergeblich und boshaft von unserem buchhalterischen Minister ins Kalkül einbezogen worden waren. Doch in den militärischen Angelegenheiten liegt ein großer und bedeutender Unterschied zwischen den Umständen seines Immerwährenden Konsulats und derselben Autorität unter dem kaiserlichen Titel in Rom – ein Unterschied, den wir mit Fug und Recht in einem früheren Teil unserer Abhandlung hätten aufführen können, doch mit Absicht verlagerten wir ihn aus seinem unmittelbaren Zusammenhang zu den persönlichen Merkmalen des derzeitigen Ersten Konsuls. Rom hatte sein ganzes Reich unter der Republik erobert: die Kaiser, mit der einzigen Ausnahme Trajans, begnügten sich mit dem, was gewonnen war, und bewahrten es mit so wenig Problemen, daß ihre seltenen und weit entfernten Kriege kaum als eine Unterbrechung der Ruhe des römischen Reiches erachtet werden können. Die Diktatur und das Reich konnten gemeinsam nur im Frieden existieren. Sobald die Regionen des Nordens genügend Disziplin erworben und die Kunst der Bündnispolitik erlernt hatten, um reguläre Kriege zu führen, fiel das römische Reich in Stücke. Doch freilich, solange in Europa vier solche Mächte existieren wie Rußland, Preußen, Österreich und Großbritannien, werden selbst die plumpesten Schmeichler dem großen Friedensbringer Frankreich keinen ewigen Frieden voraussagen. Wenn ein langer und ernsthafter Krieg ausbrechen sollte, muß der Despotismus entweder die Verdienste des Militärs herunterspielen oder den militärischen Gegnern zum Opfer fallen. Heldenmut und militärischer Genius sind Eigenschaften, die in einer Militärdiktatur nur bei einem Kaiser sicher aufgehoben sind. Wenn militärische Verdienste heruntergespielt würden, wäre Mißerfolg das unausbleibliche Ergebnis, und die Geringschätzung der Soldaten zusammen mit der nationalen Erweckung, die aus eben dieser Geringschätzung ihren Mut schöpfte, würden bald sowohl die Diktatur wie auch den Diktator hinwegfegen. Wenn militärische Verdienste aber noch erhöht würden, brächen Bürgerkriege aus, Armee gegen Armee, bis das gemeinsame Fühlen der menschlichen Natur entweder bei einer Erbmonarchie oder einem schnell rotierenden System Oberster Magistratur Zuflucht suchen würde. Selbst wenn Frankreich mit all seinen Nachbarn in Frieden verbleiben würde, verringerten sich, je länger der Frieden dauerte, Einfluß und Autorität des Militärs immer mehr. Alle Männer von Begabung, Geist und Tugend würden einen Beruf fahren lassen, der keine andere Betätigung als das Ausspionieren und Exekutionieren der eigenen Mitbürger mehr böte.

Indem wir alle diese Unterschiede zusammennehmen, zögern wir nicht vorauszusagen, daß Frankreich seinen ehrgeizigen Traum universaler Herrschaft unmöglich verwirklichen kann. Seine derzeitige Macht und Regierungsform ähneln denen Roms so sehr, daß alle Mächte Europas, die noch nicht unterjocht sind, zu Mißtrauen, Wachsamkeit und raschen und festen Entschlüssen aufgerufen sind. Doch die Umstände der beiden Kaiserreiche sind so verschieden voneinander, daß daraus die größte Hoffnung für unsere Sicherheit erwächst, wenn wir besagte Eigenschaften üben. Es gibt vieles, das uns aufschrecken muß, aber nichts, das uns erschrecken kann. Ein Glück wird es sein für Europa, wenn seine Regenten endlich feststellen, daß eine Nation um so weniger erobert werden kann, je freier sie ist; daß die absurden Parolen der Volksverhetzer nur die Folgen, aber nicht die Gründe sind und wie stets eines natürlichen Todes sterben werden; doch daß sie, wenn sie gewaltsam verfolgt werden, in der Tat verderblich werden können, nicht durch Taten, sondern weil sie die Gelegenheit zum Einsatz von Armeen bieten, deren politischer Fanatismus leicht in militärischen Wahn umschlagen kann. Dann wird eine lärmende Republik vernichtet, und mit eiserner Faust erhebt sich aus den Trümmern ein Kaiserreich.

ERNST MORITZ ARNDT

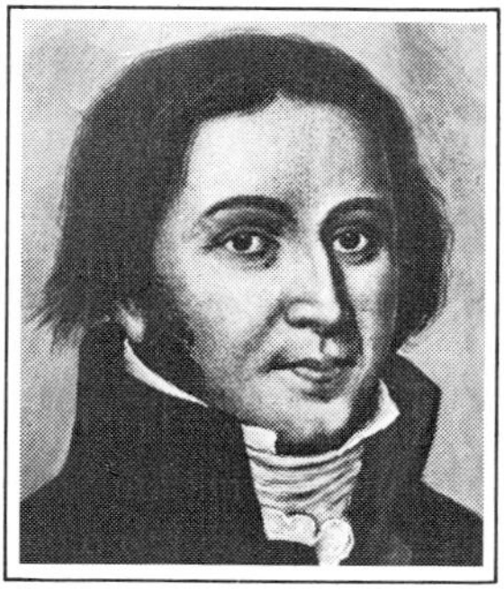

GERMANIEN UND EUROPA

(1803)

[Aus dem Schlußkapitel]

BUONAPARTE kam im Herbst 1799 und griff rasch zum Werke, warf mit Bayonetten die alte, mit Recht nicht populäre Regierung, und stimmte ein anderes Lied an, als er einst sang gegen Ende des Jahrs 1797, als Carnot, Barthelemy und Andere von dem damaligen, unstreitig schlechteren Regiment geächtet wurden, und zwar allein durch seinen soldatischen Zwischentritt. Er schrie damals Freiheit und Gleichheit als Losung, und schalt die Unterdrückten Monarchisten und Vaterlandsverräther; jetzt erklärte er mit seinen Helfershelfern bald, es sey das Unglück aller Staaten, über politische Ideen zu schwatzen und zu discutiren; das Debattiren, das Untersuchen durch die Gewalt der Rede, das Erklären der Staatsgrundsätze und Staatsideen vor allem Volke, das das Volk gleichsam zum Schiedsrichter machte über des Staates Grundgesetze, sey etwas abscheulig dummes; auf das Thun und Gehorchen komme es an beim Volke; für das andere müsse die Regierung still sorgen, und die Regierung müsse es sichern. Er stürzte nun alles um und organisirte sich einen Staat, der von ihm allein abhing. Die Repräsentation ward zu einem Schatten durch die politischen Sichtungen, durch welche sie laufen mußte; das Tribunal und der Senat hingen fast ganz an dem Konsul durch eine eben solche Sichtung und die gewaltige Willkühr, die er ihnen bald zeigte; die zwei Unterkonsuln sind bloß ein paar Nebensonnen, seinen Glanz, der einigen Augen noch zu hell seyn konnte, zu mildern. Er griff nun rasch darein, um Ordnung zu machen; und wirklich brachte er in Manchem schnell Ordnung, besänftigte die Priester durch Versprechungen, die er ihnen redlich hielt, und besänftigte durch sie einen Theil des Volks, unterdrückte durch milde und katholische Maaßregeln die Vendee, brachte Geld und Menschen zusammen, den Krieg in dem Einen Feldzuge von 1800 zu beendigen durch die treue Hülfe der Fehler, welche Oesterreich beging. Durch einen günstigen Strom der Umstände, mit dem er zu fließen verstand, wußte er Paul von Rußland zu gewinnen und den gemißhandelten Norden gegen das brutale England in die Waffen zu bringen. Pauls plötzlicher Tod rettete England nur von einem Kriege, der ihm doch sehr fatal hätte werden können. Aegypten, wovon die Menschheit so viel gehofft hatte, die einzige Eroberung Frankreichs, die von vielen humanen Wünschen begleitet war, ging unterdessen verloren; Buonaparte hatte dies Land verlassen, als keine Lorbeeren mehr zu gewinnen waren; hätte er St. Jean d'Acre schlagen und Asien revolutioniren können, – wahrlich, keine Vaterlandsliebe, kein Haß der Tyrannen, womit er nachher ausstand, hätten ihn nach Frankreich gebracht, die orientalische Heldenrolle mit der occidentalischen zu verwechseln. Ich thue nur Eine Frage: »Sollte Buonaparte sich an die Spitze eines Heeres gestellt haben, wie es Moreau in Italien that, in der Gewißheit, geschlagen zu werden?« Wer diese Frage mit Ja beantwortet, sieht in dem ersten Regenten Europens einen andern Menschen als ich. Buonaparte hat die beiden Friedensschlüsse zu Luneville und Amiens zu Stande gebracht, zu unendlichen Glanz von Frankreich und seinen Braven; man ist doch so bescheiden gewesen, nicht zu sagen: zum unendlichen Glück von Frankreich. Tausend Stimmen in Frankreich, aber wohl mehr *außer* Frankreich, gedungene und ungedungene Stimmen, haben geschrieen und schreien noch: »seht hier den Beglücker und Wiederhersteller Europens, den Erhöher und Beruhiger Frankreichs, den größten Regierer und Heerführer, den Mann, nach welchem das Jahrhundert benannt werden wird! Er hat das Land beschwichtigt und beruhigt nach allen Seiten; hat seine Gränzen furchtbar erweitert, hat den öffentlichen Kultus wieder eingesetzt, die unglücklichen Emigranten zum Theil wieder hergestellt, so sehr es sich thun ließ; hat ein Heer erschaffen, wie man es nie in Europa gesehen hat; er hat endlich durch die neueste Revolution dieses Sommers die ausübende Gewalt durch das Konsulat auf Lebenszeit und durch eine neue Regimentsform von untenauf mehr befestigt und konzentrirt: kurz, in drei Jahren hat er mehr gethan, als die größten Männer der früheren Zeit in 30. Mit Recht heißt er der Größte und der Wohlthäter Europens, da er auf der Vollendung solcher herkulischen Arbeiten so stolz gerüstet steht.« So sagt man; wir wollen den herrlichen Schein einmal an die klare Wirklichkeit halten, wollen sehen, wie der Mann aussieht, wenn wir ihn im Spiegel seiner Zeit und unserer Zeit sich zeigen lassen; denn *an seiner Zeit* muß er gerichtet werden. Wir können an ihn füglich ganz Frankreich in den letzten Jahren knüpfen: denn er dreht es um sich.

Ich habe mich oben erklärt, daß ich so wenig die Franzosen, als die übrigen Europäer, einer freien Verfassung schon fähig halte. Aber was befiehlt unsre Zeit? wohin strebt sie? Diese Zeit hat das Untersuchen und Kennen zu einer unglaublichen Höhe getrieben; sie wandelt rastlos und unaufhaltsam fort, und schon fängt sie an, dieses ihr Wissen und Kennen auch auf der Erde als Gestalt sehen zu wollen. Wenn zur Erkenntniß und Einsicht geworden ist, d.h. wenn man im Zusammenhange mit der Welt gebracht hat, was nun nur noch einzeln fliegt, dann wird ein edleres und freieres Menschenleben möglich seyn. Wer also dem Geiste dieser Zeit, wodurch einst die Welt nur gebildet werden kann, Schranken anlegt, wer selbst in solche Punkte Willkühr bringt, wo schon jetzt Freiheit leben kann, der ist entweder aus kleinen Zwecken oder aus Unverstand ein großer Sünder an seiner Zeit; eins von beiden muß Buonaparte nothwendig seyn. Unsere Zeit ist so edel, daß sie Wahrheit fordert von jedem kleinsten Menschen, wie vielmehr von dem größesten. Diese Wahrheit übt die jetzige Regierung in Frankreich, die sich eigendünkelig immer die freie und große nennt, nicht allein nicht, sondern unterdrückt sie. Ich bin überzeugt, die Regierung, d.h. die ausübende Gewalt in Frankreich, mußte mehr konzentrirt seyn; ich hadere also mit Buonaparte nicht mehr, daß er sich kühn und auch ungesetzlich vorangestellt, daß er sich zum Diktator gemacht, daß er das Konsulat auf Lebenszeit endlich erlistet und erzwungen hat; ich werde auch nicht mit ihm hadern, wenn er dieses Wahlregiment zu einem Erbregiment macht, weil ich glaube, daß zu einem Wahlregimente die Völker noch lange nicht verständig genug seyn werden. Aber ich hadre mit ihm, daß er nicht den Bau fortsetzen wollte, den Andere mit Aufopferung so vieles Menschenblutes begonnen hatten, und den eine starke Manneshand jetzt wohl hätte durchführen können. Ich bin überzeugt, die beiden Räthe konnten bestehen auch unter Buonapartes Diktatur; sie konnten unter dieser Einheit der Gewalt besser bestehen, als vorher unter dem schwankenden Regimente von Fünfen, unter welchen sie doch schon fünf Jahre bestanden waren. Wie geduldig gehorchten nicht die Meisten, wie waren sie fertig, durch Geld und Furcht alles zu thun und zu leiden, wie es nachher Buonapartes Kreaturen im Senat und Tribunat nur gethan haben! Buonaparte der Schneidende hätte sie wahrlich zu dem Meisten gebrauchen können; sie wären unter seiner Zügelung mit einer schwachen Opposition nur ein Scheingerüst gewesen; aus diesem Gerüste aber hätte sich in

Zeiten der Ruhe einst ein kräftigerer Leib der Verwaltung und Organisirung bilden können. Freilich so mit Einemmale hätte Buonaparte dann wohl nicht alles zwingen können; der Krieg hätte vielleicht ein bis zwei Jahre länger gedauert; Frankreich hätte vielleicht so siegreich Italien und Teutschland nicht auf dem Nacken stehen, nicht jenseits der Alpen Provinzen haben können. Aber wir werden sehen, ob dies sein Glück ist. –

Jetzt liegt alles Alte geworfen; was seit 1792 Gutes und Schlimmes entstanden war, liegt geworfen, und auf diesen Trümmern steht eine Despotie, so eigenmächtig, als wenige in Europa sind; denn das Schauspiel von Verfassung, was Buonaparte noch neuestens hingestellt hat, wird doch Keinen täuschen, als die Dummen. Das Volk muß sich wieder an blinden Gehorsam gewöhnen; die Unzufriedenen und Opponenten werden von allen Stellen entfernt und leben in Ungnade; jedes freie Wort ist ein Verbrechen; die Preßfreiheit ist auf das engste eingeschränkt, und es giebt für die Kühnen Kerker genug, – nur unter andern Namen, als die alten. Die Regierung selbst hat erklärt: es sey nichts schlimmer zum Verderben der Völker, als politische Untersuchungen und Sichtungen durch den Menschengeist und die Menschenzunge. Sie hütet sich auch wohl der Oeffentlichkeit gegen das Volk. Diese Oeffentlichkeit wäre sie durchaus dem Volke schuldig, um so mehr schuldig, je gewaltiger sie ist, und je weniger sie nach den langen Stürmen, die endlich revolutionsmüde gemacht haben, große Erschütterungen zu fürchten hat. Nur durch diese Oeffentlichkeit, die unsere Zeit fordert, können die Menschen jetzt im Staate Menschen bleiben und den stillen Verstand des Regierens und Gehorchens lernen. Wäre Buonaparte der Edle und Starke in der That, wofür ihn so Viele ausgeben, hätte er nur Einen Begriff von dem, was sein Zeitalter von einem Regenten verlangt, hätte er einen Verstand von seinem Volke, das doch fähiger ist, als jedes andere, von Größe und Offenheit zusammen sich regieren zu lassen, so müßte er offen und edel hintreten, allenfalls mit der Gefahr seines Lebens müßte er offen und edel hintreten und sagen, *warum* er so regiere; er müßte wenigstens einen festen Punkt zeigen, worauf sich alles in den Gesetzen und der Verwaltung beziehen ließe; und ich glaube, wenn er den Muth und das Recht hätte, so die Hauptorgane des politischen Lebens zu zeigen, das durch ihn lebt, die Nation würde den Adel des Verfahrens würdigen und die Nothwendigkeit verstehen, woraus er so regiere. Aber jetzt ist schon so eine Frage ein Verbrechen; alles wickelt sich in die Dunkelheit politischer Geheimnisse; wo alles Geheimniß wird, da ist selten der Despotismus weit. Absichtlich lenkt man auch die Augen und Herzen des Volks von solchen Fragen und Rücksichten weg, und sucht es durch Glanz und Schimmer zu bethören; *für die Größe der ersten Nation, für den Ruhm des französischen Namens, für die Tapferkeit und Unbezwinglichkeit ihrer Braven*, kurz, für solche Klänge, womit die elenden Eroberer, die unseligsten Völkerverderber, ihre Unterthanen getäuscht haben, dafür wird alles gethan, darauf alles bezogen; dies sind die einzigen Punkte, worauf die Regierung recht laut hinzuweisen wagt. Was soll man daraus glauben?

Die kleinen und schwachen Menschen, die unpolitisch empfindsamen Seelen, die immer wimmern, wo sie Unheil sehen, die aber von der langsamen Heilung des politischen Unheils keinen Verstand haben, preisen Buonaparte, weil er so schnelle Ordnung in Frankreich wiederhergestellt hat. Aber, aber! es giebt Aerzte, die eine Krankheit in zwei Wochen heilen, worauf ein Anderer zwei Monate verwandt hätte; im ersten Fall stirbt der Frühgesundgewordene in 2 Jahren vielleicht, im zweiten lebt er 20. Es ist wahr, Buonaparte vernichtete die Vendee, er schlichtete die Händel und Unruhen, welche die Priester unter sich entzweiten und wodurch sie andere aufsätzig machten; er sicherte die Straßen, brachte Ordnung in die Finanzen: sind das nicht unendliche Wohlthaten, die er Frankreich erwies? Er beschleunigte endlich die Vollendung der Gesetzgebung, womit es bisher so verwirrt gewesen war. Saurer wäre dies ihm unstreitig geworden, wenn er nicht so durch alle bestehende Formen durchgefahren wäre, wenn er nicht alles gestürmt hätte, was als Grundlage der damaligen Verfassung da stand. Frankreich hatte nun schon 8 Jahre gezuckt und geschüttert; aber diese Zuckungen waren von Jahr zu Jahr gelinder geworden, sie würden von selbst mit dem allmälig ausgehenden Stoffe, wie eine sich zur Gesundheit reinigende Krankheit, aufgehört haben, bloß mit Anwendung der gelindesten Mittel. Die Vendee hing eng mit dem Priesterthum zusammen. Was *konnte* und was *sollte Buonaparte* mit dem Priesterthum thun? Es war schrecklich, wie man seit 1793 gewüthet hatte, mit Vergessung aller menschlichen und politischen Bedürfnisse des Staats in Hinsicht auf die Religion. Wenn es gut war, daß man die Hierarchie stürzte, war es nicht abscheulich, daß man alles, was öffentliche Religionsübung und Diener der Religion hieß, schändete und verachtete als das Elendeste und Gleichgültigste auf Erden? Dies mit dem Königsmorde erschuf die Vendee und den Straßenraub. Indessen die Waffen und die Zeit hatten schon manche Köpfe abgekühlt; die Menschen hatten unter der Gewalt so Vieles entbehren und erdulden gelernt, sie hatten so lange Verachtung ertragen, daß sie wohl mit einer mäßigen Ehre und Erleichterung zufrieden gewesen wären. Buonaparte hätte sicher jetzt die Mittelstraße halten können, welche für die Zeit die beßte gewesen wäre. Er hätte erklären müssen, was man im Anfange der Revolution menschlich und verständig erklärt hatte, die Religion und die öffentliche Ausübung derselben sey dem Staate in jedem seiner Bürger ein heiliges und unverletzliches Ding, und die Priester und Diener derselben seien ihm ehrwürdige Personen. Da aber die Religion nur mittelbar der Erde angehöre, da sie im Himmel ihr ätherisches Reich habe, so müsse sie im Staate so fest gebaut nicht stehen wollen, als andere Erdendinge. Der Staat dürfe ihre Herrschaft und ihren Gehorsam nicht so messen, wie seine irdischen Bestandtheile, denen allein seine ersten organischen Gesetze angehören müssen; er dürfe dies alles, was die Religion angehe, nicht so in sich hineinziehen und hineinflechten, wie jene irdischen Bestandtheile; er dürfe keine bestimmende Gesetze, sondern nur schützende dafür geben; es dürfe auch, was nicht fest mit zum Besitz der Erde greife, auf Erden nicht herrschen wollen. Daraus folge: jedem Bürger stehe frei, anzubeten, welchen Gott er wolle, ihn anzubeten, auf welche Art er wolle, weil die Erde, als deren Bestand auch der Staat sey, den Menschen ihren Himmel nicht begränzen dürfe: jeder Bürger möge sich auch allein oder in Gemeinschaft mit mehreren Lehrern und Priestern seiner Religion halten. Dem Staat liege nur ob, polizeilich zuzusehen und die Freiheit dieser verschiedenen Religionsgesellschaften zu schützen; ihm liege nur ob, zu hindern und zu strafen, wenn diese Gesellschaften auf Erden herrschend werden, also in sein Gebiet eingreifen wollten. – Bei der festen Befolgung dieser Grundsätze, die um so vieles milder waren, als die man bisher befolgt hatte, wären vielleicht noch 10jährige Zuckungen der Hierarchie gewesen, die nicht so leicht ihr zähes Leben läßt; aber diese Zuckungen würden unbedeutend und nicht den ganzen Staat störend gewesen seyn; sie waren in der That so bedeutend nicht mehr, als Buonaparte aus Aegypten kam. Mit jener milderen politischen Behandlung starb auch die Vendee allmälig ab, wenn die Waffengewalt, die doch das Beßte thun mußte, hinzukam und der fremde Einfluß mit dem Kriege aufhörte. Buonaparte ließ sich mit der Hierarchie in

Unterhandlungen ein; die katholische Religion ward wieder in der That, wenn gleich nicht im Worte, die *herrschende;* der alte gefährliche Staat im Staate kam wieder, für dessen Vernichtung so viel gearbeitet war. Freilich, wenn Buonaparte in drei Jahren unzeitig thun wollte, was er als ein verständiger Regent vielleicht in 15, 20, 50 Jahren hätte zur That bereiten sollen, wenn er im Leben schon die Bewunderung aller Schwachköpfe erndten wollte, so mußte er es so machen; wenn er vielleicht gar seit seinem ersten Tritt ans Land bei Frejus an eine Monarchie und Despotie im alten Stil dachte, so hatte er des Pabstes und der Priester dazu wohl nöthiger, als man glauben mag. Er mußte ihnen die volle Herrschaft über das Volk geben, daß dieses in ihm den rechten Herrn sehen lernte, dem es gehorchen müsse. – Daß er die Finanzen herstellte, daß er die Heere wieder organisirte, daß er eine bessere Straßenpolizei einrichtete, dafür gebührt ihm verdientes Lob, obgleich dies bei der hochkonzentrirten Gewalt und bei den ungeheuren Hülfsmitteln Frankreichs und seiner unterjochten Bundesgenossen, welche zahlen mußten, keine Riesenarbeiten waren. Nur der verrückten Regierung, die er hinabstieß, und ihren tollen Maaßregeln hatte sich alles wie unübersteigliche Berge entgegengethürmt. Buonaparte, der Regent, konnte nur eine Zeit so groß scheinen, weil seine unmittelbaren Vorgänger so klein waren. Gegen ein Regentengenie wie Carnot muß man ihn nicht halten; der hätte sicher gekonnt, was Buonaparte, wenn er keinen Bürgergeist hätte; er konnte solches sogar in Zeiten der größten Unruhe und Gefahr, wo er *nur ein Theil* der ausübenden Gewalt war. –

Zu den großen Verbesserungen Frankreichs unter Buonaparte's rascher Regierung rechnet man auch die mit solchem Eifer getriebene Gesetzgebung. Man muß dabei nicht denken, daß die Grundlage derselben auf einem festen Boden der Einheit gegründet sei, daß man ein festes politisches Ziel sich vor Augen gesteckt, gewisse ewig geltende Grundgesetze eines jeden rechten Staates allgemein hingestellt und nach ihrem Maaße die übrigen entwickelt habe. So etwas von allgemeinen Menschen- und Staatsrechten, wie man im ersten Enthusiasmus der Revolution geträumt hatte, konnte man unter dieser Regierung nicht gebrauchen. Alles sollte, so viel möglich, in das alte Gleis geleitet werden und nach den alten Begriffen eines ordentlichen Staates, wobei der Bürger sich um nichts zu kümmern hat, sollte diese Gesetzgebung vollendet werden. Wie viel wäre nach verständigen philosophischen Ideen vom Staat gegen die Unordnung der Gesetze, gegen die Vermischung der ersten Staatsgesetze mit den zweiten und dritten zu erinnern! Wie scheint das Ganze wieder aus einer bloßen Zufälligkeit, aus einem Bedürfnisse der Zeit entsprungen! Auch Franzosen fanden gegen die Eile und den ungeheuren Einfluß, welchen die Regierung sich darauf anmaaßte, etwas zu erinnern; Männer, die nicht ganz zum bloßen Zusehen geboren schienen, äußerten ihre Meinung frei; Buonaparte stieß ein Drittel des opponirenden Tribunals natürlich unter dem Namen von Aufwieglern und Feinden des Vaterlandes aus, und einige Senatoren fielen in Ungnade; denn das Wort *»in Ungnade fallen«* fängt schon wieder an solenn zu werden.

»Aber«, sagt man, »nicht durch den Schwung und die Kraft, welche Buonaparte der Verwaltung im Innern gab, ward er allein der Wohlthäter Frankreichs: er ward es mehr noch durch die äußere politische Kraft, durch die Energie, die er in die Heere, in die Unterhandlungen brachte, durch die Friedensschlüsse, die er so gewaltig gebot und wodurch der französische Staat so groß ward.« Wir wollen jetzt am Ende des 1802ten Jahrs sehen, wie Frankreichs Gränzen und seine Lage gegen die Fremden sind, und wollen, was wir sehen, an die allgemeinen Staatsgrundsätze halten, von denen wir fanden, daß sie nach dem langen Irrthum in unserer nach und nach erleuchtet werdenden Zeit anfangen müssen geltend zu werden.

Frankreich erklärte sich in der ersten Aufwallung der Freiheitsfreude: bloß seine Gränzen behaupten und keine Eroberungen machen zu wollen; diese Erklärung vergaß man im Kriegsglücke, und fing an, von Naturgränzen zu sprechen, die man sich ewig setzen müsse; man fand diese Naturgränzen in dem Rhein, dem Jura und den Alpen. Ein Wort darüber. Ein Strom und ein Gebirg macht keine Naturgränze, wenn nicht die Haupterfordernisse da sind; denn nach solchem Naturmaaß könnte die französische Nation nach ihrer Konvenienz auch an den Karpathen und der Weichsel ihre Naturgränze setzen: – wer weiß, ob sie sie nicht einst dort setzen wird zu ihrem Unheil? – Die erste Naturgränze ist, daß jedes Land sein Meer bekomme; die zweite die *Sprache;* Gebirge und Ströme machen da häufig die Absonderungen, und es ist schön, wenn sie sie machen; denn dann hat die Nation mit ihrer festen Naturgränze zugleich ein festes natürliches Bollwerk um sich her, welches unendlich viel werth ist. Die Alpen machen, wie im Süden die Pyrenäen, glücklich mit der Naturgränze in Beziehung auf das Meer auch die Gränze der Sprache; das eroberte Savoyen fällt noch ganz gut auch mit der Sprache mit in diese Gränzen, denn Italien geschieht durch seinen Besitz kein Unrecht; es kann mit seinen Produkten durch die Rhone eben so leicht zum Meere kommen, als östlich durch den Po oder die Ebenen Piemonts. Nicht so bestimmt ist die Naturgränze des Jura, weil er nicht auch Gränze der Sprache und als Gebirg kein festes Bollwerk ist. Mit dem Rhein sieht es am weitläuftigsten aus. Das Land, was jetzt Teutschland heißt, muß den Rhein allein besitzen, und das Meer zu beiden Seiten des Rheins als seine Naturgränze. Frankreich hat, wenn man die Karte ansieht, in seinen alten

Gränzen doppelt so viel Meer, also doppelt so viel Bildungsorgan und Vertheidigung, als Teutschland; die ewigen Wälle der Alpen und Pyrenäen nicht einmal zu rechnen. Geographisch könnte schon die Somme in der Picardie seine Nordgränze machen, und Teutschland hätte seiner ganzen Lage nach nur sein gebührendes Meer. Wenn wir auch das zweite Naturgränzengesetz, die Sprache, walten lassen, die doch immer dem ersten nachstehen muß, so geht Frankreich bis an den Ausfluß der Schelde über Brüssel, Lüttich, Luxemburg, nach Landau auf den Rhein zu. Mit welchem Recht, als dem der Gewalt und Convenienz, nimt es nun alles jenseits des Rheins, und setzt den Rhein zur Gränze im Norden, bis es ihm gefällt, den Spessart und Oderwald und die Weser dazu zu machen? Aber selbst die Rheingränze scheint wenigstens noch nicht politisch verständig, wenn sie gleich unrecht ist, weil sie Teutschlands geringe Meeresgelegenheit benagt, und wenn sie gleich unnöthig ist, weil Frankreich auch in seinen alten Gränzen vor keinen Fremden zu zittern hatte; aber wie hat man es im Osten gemacht? Wie unverständig, wie ganz in dem blindzufahrenden Sinn wilder Eroberer ist man über die Gränze der Nothwendigkeit in Beziehung auf Meer und Sprache zugleich geschritten! Frankreich hat einen stattlichen Theil Italiens mit sich vereinigt, den es sich als einen ungeographischen Buckel, der einst seine rachitischen Säfte in sein beßtes Herzensblut strömen wird, angesetzt hat; dies ist das schöne Land Piemont; ja, es hat sogar in der jüngsten Zeit auch Parma und Piacenza an sich genommen: so drängt es sich in das Herz Italiens, das früher oder später seine Provinz werden soll. – Und wie geht es seinen Bundesgenossen, den sogenannten Schwesterrepubliken? Die Cisalpinische und Genuesische sind ganz abhängig: die erste beherrscht Buonaparte von Paris aus, und französische Truppen haben ihre festen Plätze besetzt; Holland scheint für eine Zeitlang freigelassen; die unglückliche Schweiz, einem aufgeregten Bienenschwarm gleich, der den Weiser verloren hat, wird wohl nur durch französische Gewalt zur Ruhe kommen, die sie aufgeregt hat. Buonaparte spricht jetzt selbst ohne die alten Verbrämungen der vorigen Jahre von Paris aus wie der Diktator mit ihnen.

Was sind die Folgen von diesem allen für die Franzosen? Sie werden zuerst, wie alle Eroberer, ein übermüthig Volk; weil sie auswärts gegen die Fremden nicht gerecht sind, werden sie auch daheim es verlernen; weil sie an andern Völkern keine Freiheit ehren, werden sie im Vaterlande ihrer nie würdig werden; der Unterdrücker hat die größte Fähigkeit, unterdrückt zu werden. Sie werden sich verderben durch die unnatürliche und ungleiche Verbindung mit fremden Sprachen; ganz leise zwar, aber sicher, wird dies Verderben in ihren Karakter übergehen, obgleich die Unterjochten mehr dadurch verdorben werden. Sie gewöhnen sich bei diesem Uebermuthe immer mehr, die Fremden zu verachten, die sie plündern und zertreten. Wer die Behandlung der Rheinländer und Italiäner weiß, der versteht mich. Sie werden die fremden Völker verachten und sich nicht neben ihnen bilden können, also einseitig und eitel bleiben, wo sie in höherer Bildung stolz und vielseitig seyn könnten. Durch diese Gränzen und Übergränzen haben sie sich allen Kampf genommen, – das Schlimmste, was einem Volke widerfahren kann, das, worum Scipio zu den Göttern betete, als Karthago gebrochen war. Sie stehen im Gleichgewichte mit Keinem auf dem festen Lande, sondern haben allenthalben das Uebergewicht; sie haben sich gesetzt in die Leichtigkeit, also auch in die Versuchung, wie *der* weiß, der die Naturdinge kennt, Eroberer und Ueberfahrer ihrer Nachbaren zu werden. Teutschland liegt entwaffnet vor ihnen, durch seine elende Verfassung schon entwaffnet genug; die Franzosen machen den ganzen Rhein zu Einer Festung; die Teutschen dürfen schmächlich jenseits auch nicht Eine haben. Eben so stehen sie dem eben so zerstückelten Italien auf dem Nacken. So sich selbst allen Widerstand, alles Gleichgewicht nehmend, so alles Natur- und Staatsgesetz einer nothwendigen Gränze nicht wissend, oder vergessend: welchen Gefahren setzen sie sich aus? Der Gefahr, ein ungeheures Heer unterhalten zu müssen, um dies widerstrebende und immer zum Aufruhr bereite Fremde, was zum Theil außerhalb den Gränzen ihrer Vertheidigung liegt, mit Gewalt behaupten zu können; der Gefahr, sich nach mäßigen Pausen darum wieder mit dem halben Europa schlagen zu müssen; der Gefahr, wenn es am glücklichsten geht, noch weiter ausgedehnte Eroberungen zu machen, und also die Staatskräfte und den Druck der Auflagen noch mehr anstrengen zu müssen; der Gefahr, im Karakter zu zerfließen, wie ihre Gränzen auseinander fließen; der Gefahr, von dem Wege der ruhigen Bildung, worauf allein zur Freiheit und schönern Kunst gegangen wird, immer weiter verschlagen zu werden. In diesen wenigen Andeutungen liegen hundert andere Gefahren.

Man wird mir sagen: dies sind leere Schrecken; die Nation wird immer größer werden, immer energischer, sie kann nicht sinken. Aber was heißt dies? Sinkt denn eine Nation nicht tief, wenn sie verlieren kann, worum es allein werth ist, ein Volk und ein Mensch zu seyn? Ich bin selbst so überzeugt, daß im Glanz und Schimmer, wodurch aber nach dem Maaßstab unsrer Zeit eine Nation nicht groß ist, kein Volk die Franzosen in den nächsten Generationen übertreffen wird, Buonaparte mag nun Ein Jahr, oder 50 leben; aber die Welt müßte sich verändern, wenn die Erfolge hier nicht dieselben würden, so sie in der ganzen Geschichte sind.

Auf diesen äußeren Schimmer wird denn auch bei der jetzigen französischen Regierung alles hingearbeitet, und deswegen muß das alte Elend und der alte Firlefanz natürlich wiederkommen, nur unter einem andern Namen. Selbst die Erklärungen und Proklamationen der Regierung in den letzten beiden Jahren sprechen nicht mehr von Bürgerlichkeit und Freiheit, als den *ersten* Gütern des Volks, sondern vom Ruhm, von der Ehre, von der Furchtbarkeit des französischen Namens; elenden Idolen, wodurch Eroberer die Völker unglücklich gemacht haben. Diese elenden Ansprüche und die ungeheuren Uebertretungen der Naturgränzen zu beschützen, unterhält Frankreich nach dem Etat dieses Sommers nicht weniger als 600000 Soldaten, und diese zu füttern und im herrlichsten Waffenprunk zu halten, stört Alles unter erdrückenden Auflagen. Am Hofe ist der alte Prunk, und der reichste Lieferant und plünderndste General ist der erste Mann; was schlicht und bürgerlich in seiner einfältigen Bravheit einhertretend ist, hat keine Ehre. Welch ein Gesindel zum Theil, was jetzt obenan steht, weil es meistens nichts kann, als blind gehorchen und Ja sagen? – Sehen wir auf den Etat der Minister, der Räthe und der unendlichen Menge besoldeter Kreaturen, wie ungeheuer sie größtentheils besoldet sind: was sollen wir uns noch von den Träumen einer freien und edlen Verfassung vorschwatzen lassen, die jetzt noch so viele uns einbilden mögten! – ist diese Menge von Angestellten, die größtentheils Lückenbüßer und höchstens Wächter der Hoheit des Einen sind, nicht eben so drückend dem Volke, als die vielen Pensionirten, die man den letzten Bourbons zu so einem Verbrechen machte? Ist die Titelsucht, das Jagen nach der Gnade des Regenten, die kleine Cabale unter den Ludwigen herrschender gewesen? Und thut die jetzige Regierung nicht so vieles für ihren eignen Leib, was gerade gegen das Volk und das Leben einer leidlich bürgerlichen Verfassung läuft? Ich berühre hier nur die Polizei, die ihre Spinnenfäden eben so verderblich um die Freiheit des

Einzelnen spinnt, als zuvor 1789. Was ist die Ehrenlegion, als eine Leibwache für den ersten Consul, eine Art neuer Lehnsleute, die aus persönlichem Interesse für sein Leben wachen müssen? Hat er dadurch nicht den Soldaten wieder über alle andern Staatsbürger erhoben, und auf ihn den großen Glanz geworfen, was doch nicht seyn sollte? Hat er nicht dabei, wie bei allen Gelegenheiten, den fatalsten Nepotismus gezeigt, der um so unleidlicher ist, jemehr man vorher über den Ministernepotismus gewimmert hatte? Ich werde nachher noch mehr anklagen.

»Aber was verläumdest du den Mann und sagst, er mache den Soldaten zu dem Ersten im Staate? Predigen nicht die Wissenschaften, die Künste, der Handel, die Manufakturen, kurz alle Künste bürgerlicher Thätigkeit, das Lob dieses Regenten? Ist er nicht allen ein gleich-milder Schützer und Vater? Wendet der Nimmerrastende sein Auge nicht auf alles?« – Nur ein Narr könnte leugnen, was hell am Tage liegt. Auch hier fährt er rastlos drein, und will alles beflügeln, was nur aus langsamem Keime entsteht, und eine *andre* Pflege braucht, als Dekrete. Was wird dies alles Großes gewinnen und erzeugen, wenn die Seele und die Bedürfnisse dieses Staates ihnen so entgegenlaufen, wie sie thun? Was soll dies werden bei der ungeheuren Armee und dem außerordentlichen Etat, den das Land zu erhalten hat? Was soll die *Kunst* werden, das edelste Produkt eines schönen Staats, so lange der große Theil der Nation den alten Sklavensinn des stillen Duldens und der vorigen Ziererei der Konvenienz wieder annimmt und dabei unter der Last der Auflagen keicht?

Angenommen, die Anarchie sey nothwendig, und also auch als gleichviel angenommen, ob Buonaparte der Herr sei oder ein Anderer, so entstehen da wieder mehrere Fragen: Hält Buonaparte diese Monarchie nothwendig aus *unbefangenen* Staatsgrundsätzen, oder fährt er nur so blind hinein aus persönlichen Rücksichten? Man kann dann den Monarchen wieder fragen: hat er eine Idee von dem Geist und Bedürfnisse seiner Zeit, von der wahren Größe eines Regenten dieser Zeit? Hat er eine Idee von dem Sinn der Nation, die zu regieren er das schwere Amt so keck an sich riß? Ich muß leider gestehen, daß ich so Manches sehe, was bloß persönlich scheint, und daß ich fast nichts sehe, das mir bewiese, daß er den Weltverstand seiner Zeit und den Begriff von seinem Volke habe.

Was die Kräfte des Staats verschlingen und die beßten Pläne der Regierung für das Obengenannte scheitern machen muß, ist die Glanzrolle, die der Herr zu spielen übernimmt, und auf Kosten seines Volks spielt. Das erste Uebel ist die Ausdehnung über die Naturgränzen, woraus das zweite zum Theil erfolgt, weil es sich mit dieser unnothwendigen Nothwendigkeit vertheidigen lassen muß. Dieses zweite und größte Uebel sind die 600000 Mann, die der erste Consul hält. Ich frage ihn, ich frage Europa, ob darin Sinn ist für seine Zeit und sein Land? Wenn ich also zu rasch keine despotische Absichten darin wahrnehmen will, so finde ich darin einen schrecklichen politischen Unverstand. Man sagt: Frankreich muß gerüstet seyn, weil seine Nachbaren bösen Willen haben, und nur durch Schrecken zu halten sind. Ich sage: wenn dies auch ist, so hat Frankreich nicht nöthig, so gerüstet zu seyn. England kann ihm zu Lande nichts anhaben, so wenig Frankreich jenem mit 600000 Mann – das teutsche Reich? nun, da lacht man nur – Preußen hat weder Macht, noch Interesse dazu – Oesterreich vielleicht den Willen, aber nicht die Macht – Rußland, das ferne, selbst wenn es sich gegen Frankreich bewegte, kömmt so langsam, daß Frankreich unterdessen eine halbe Million Menschen discipliniren kann. Und hat nicht der jetzige Krieg ein Land belehrt von seiner Stärke, das über 30 Millionen Menschen Einer Sprache zählt? hat er es nicht belehrt, wie bald Heere zu Helden wurden, wenn nur der Stamm gut ist? Und diesen Stamm wollen wir Frankreich lassen auch im Frieden, weil doch einmal stehende Heere seyn müssen. Daß sich aus diesem Stamm bald im Kriege eine wohl disciplinirte Armee bilde, bestimmen wir ihn noch immer zu 200000 Mann stehender Truppen, nemlich zu 150000 Mann Kerninfanterie mit einer Ueberzahl von Officieren, daß in Zeiten der Noth die Befehlshaber nicht fehlen; zu 40000 Mann Kavallerie, wieder mit vielen Officieren und so zahlreich angenommen, weil eine gute Kavallerie nicht so leicht gebildet wird, als die Infanterie; die übrigen 10000 Mann bleiben für die Artillerie und das Geniekorps; bei diesen darf der Friede nichts reduciren; sie müssen lange geübt und unterrichtet werden, müssen also in voller Zahl immer da seyn, wie sie ein Heer von 500000 Mann im Kriege braucht. Welche Hülfsmittel bleiben dem Staat, wenn ich so 400000 überflüssige Soldaten streiche! und überflüssig sind sie in einem so mächtigen Staate, der keine künstliche Macht braucht. Die Flotte kann dabei hergestellt werden, wie sie muß; die festen Städte können versorgt werden, alle Zweige des menschlichen Könnens und Wirkens können entlastet werden. Das heißt, Künste und Fabriken befördern, wenn man die Last der Auflagen mindert; alles andre wird immer Flickwerk seyn. Buonaparte thut unendlich viel für die Kunst und die Wissenschaften; aber Akademien und Hofprotektionen haben nie was Großes allein erzeugt; auch das *Volk* muß dazu geschaffen werden. Gelehrte und Künstlerinnungen sind in China, waren einst in Byzanz; jede Nation Europens hat fast die Probe davon. Aber wo erschienen Künste und Wissenschaften am herrlichsten? wo brachen sie neue Bahnen? nicht, wo das ganze Volk mit eingriff? Kann Buonaparte das Geheimniß erfinden, wieder eine freiere Staatsbildung zu schaffen, und das Obengezeigte einsehen, dem Volk nur ein

Drittel seiner Lasten abzunehmen: er wird mehr für die industriöse, künstlerische und wissenschaftliche Bildung desselben thun, als durch alle bisherigen unmitelbaren Einrichtungen. Kunst kann nur aufblühen aus einer größer und stolzer gestalteten Menschheit, als die jetzige ist! Aber wie soll der Mensch sich zum Menschen gestalten, wenn er größtentheils unter der Pein des täglichen Bedürfnisses stehet, und der Staat drei Drittel seines Erarbeiteten vorausnimmt? Buonaparte belastet durch dieses ungeheure Heer nicht allein sein eignes Land; auch wir übrigen Europäer werden über ihn seufzen müssen, wie unsre Vorfahren über Ludwig den Vierzehnten, der die stehenden Heere zuerst zu einer bis dahin unbekannten Größe trieb. Die andern Monarchen werden endlich auch nach Verhältniß gegen ihn anrekrutiren und neue Namen zu Schatzungen ihrer Völker finden müssen.

O Buonaparte! wärest Du so edel und groß, als Du Vielen scheinst; könntest Du begreifen, was deiner Zeit Noth thut, nemlich dem Staat und den Menschen eine gehaltvolle Gestalt anzuschaffen: Du würdest so thörigt nicht darauf einfahren! Oder bist Du gar so eitel, daß Du das langsame Wachsen des Guten nicht erwarten kannst, und lieber im Schimmer leben, als den kommenden Geschlechtern als Sonne scheinen willst? Edel müßtest Du bekennen, wenn Du edel willst, nach *welchen* Grundsätzen du so regierst; edel müßtest Du mit einer so leichten und liebenswürdigen Nation Dich zur Fortbildung verbinden, und sie durch *das* regieren, wodurch sie von starken Menschen zu regieren, und gewiß zum Größten zu leiten ist, nemlich durch ihr fröhliches und freundliches Leben. Aber ernst und finster, nicht wie Ludwig der Heilige, nicht wie Heinrich der Vierte, (um den auch Verräther lauerten) im Spielen, stehst Du ihnen gegenüber, wie eine gewaltige Kraft einer andern Welt; Du wagst es nur, im

Gezier der Etikette und im Glanz der Hoheit unter denen zu seyn, die jüngst noch von Republiken träumten, entweder weil Du ihren Sinn nicht kennst, wie Du sie gewinnen oder regieren magst in ihrem Karakter, und wie Du sie darin herrlich leiten und bilden könntest, oder weil Du feig bist, oder weil Du nichts Höheres kennst, als herrschen durch bloße Gewalt. Doch Deine Bewunderer machen Dir alles leicht. Manche, die ehedem Robespierre vergötterten, sagen jezt: die französische Nation habe so einen Zuchtmeister nöthig; Du werdest sie zuletzt schon führen zur Freiheit und zum Gehorsam.

Aber *wie* soll eine schönere Verfassung, wie soll ein frommeres und edleres Geschlecht keimen, wo so vieles wieder den Krebsgang geht, und wo man sogar damit prahlt, in diesem und jenem das Alte, das für unsre Zeit zum Theil wirklich alt werden sollte, wieder hergestellt zu haben? Welch ein elender Prunk der Regierung, auch mit jeder Kleinigkeit, wie ihn kein Hof Europens mehr macht, und wie sich jeder selbstständige Mann immer gescheuet hat, ihn um sich zu sehen, z. B. Karl der Zwölfte, Friedrich der Einzige, Joseph der Zweite! Welch ein Zusammenketten vornehmer und reicher Verwandschaften! und welch ein Nepotismus dadurch! Wie liegt im Range, in Titeln, im Reichthum, in der Geburt vor dem Regenten selbst so viele Achtung, vor einem Regenten, der sich so gern auch den *philosophischen* schelten läßt? Wie muß wieder alle Tugend, alle Kraft in dem Einzigen verfließen, und wie hat sie in dem Einzelnen so wenig Ehre mehr, weil der Einzelne jetzt nur wieder durch Biegsamkeit des Rückens, eine gelehrige Zunge und Empfehlungen der Gönner steigen kann! Wie verjagt die geheime Polizei alle Freiheit des Mundes und Gemüthes! wie zerbricht die Gewalt alle Oeffentlichkeit des Urtheils, die selbst in England, worauf die Franzosen so gern schimpfen, noch herrlich ist! Welche Grundsätze hat diese

Regierung wieder aufzustellen gewagt über die Negern und farbigen Menschen! Davor erschrickt man doch wie vor scheußlichen Gespenstern im Anfange des 19ten Jahrhunderts. Wie war dies selbst in dem elenden Jahr 1799 noch schön in Frankreich! Man dachte an keinen Aristokratismus der Farbe mehr, und unsre schwarzen und olivenfarbigen Brüder waren auf gleichem Fuß allenthalben unter den Weißen, im Spiel, wie im Ernst. Ein Dekret hat diesen Sommer alle Negern und Mulatten aus Frankreich getrieben. Zitterte der Konsul vielleicht, Skt. Domingo und Toussaint, der dort mit eben dem Rechte Herr war, wie er in Frankreich, mögten auch auf Europa rückwirken?

Ich war jüngst in Gesellschaft einiger Landedelleute, die erst von den Beförderungen ihrer Söhne und Vettern im preußischen Kriegsdienst sprachen, und dann, wie gewöhnlich jetzt bei politischen und militärischen Gesprächen, auf Frankreich kamen; da rief denn endlich Einer aus, gleichsam sich über sich selbst verwundernd: »Aber das muß man doch sagen, der Buonaparte hat eine glänzende carrière gemacht.« Das ist nun einmal das Schicksal großer und merkwürdiger Menschen, daß sie, wie gedruckte Bücher, dem Urtheile eines jeden Schuhflickers ausgesetzt sind. Buonaparte ist im rechtesten Sinne ein Emporgekommener; er muß also ein strenges Urtheil aushalten können; und weil alles über den mächtigsten Menschen des Zeitalters lobend und tadelnd spricht, warum sollte ich meine Stimme über ihn nicht abgeben, wie ein Anderer?

Ich gestehe, es liegt etwas in ihm, was große Menschen immer karakterisirt hat: eine kühne und klassisch gehaltene Weise, zu handeln und zu sprechen, eine gewaltige Naturkraft, welche die Herzen bezwingt, und selbst die Widerstrebenden zum Gehorsam zügelt; kurz, das Talent, zu herrschen, in einem hohen und energischen Karakter. Dies hat ihn ausgezeichnet, sobald er im Frühling 1796 an der Spitze seines ersten Heeres stand, und diese gewaltige Kraft hat bis jezt alles vor ihm geworfen, hat die Schlachten bei Lodi und Marengo, die Siege zu St. Cloud und Leoben errungen. In diesem Sinn einer erhabenen und seltnen Naturkraft verdient er die Achtung eines jeden Menschen, wie ein jedes stärkeres Wesen, und wenn er sie auch nicht verdient, so erzwingt er sie von Jedem. – Aber ist dieser Mann *mehr* als stark und gewandt? ist er auch verständig und gerecht? d. h. kennt er seine Zeit und seine Pflicht? denn die Erkenntniß der Pflicht folgt nur aus der Erkenntniß der Zeit.

Auffallend merkwürdig war mir der unbewußte Ausdruck eines ehrlichen Bürgers, der ihm seinen geschwornen Haß erklärte, und nach seiner Kunde der Italiäner, die er nur von den herumziehenden Lombarden und Savoyarden hatte, meinte, Buonaparte tauge nicht, er sei ein Italiäner, ein Mausefallenmann. Allein Buonaparte ist nicht allein ein Mausefallen*träger*, er ist auch ein Mausefallen*steller*, und weiß mit den gefangenen Mäusen zu spielen; dies hat er gewiesen. Ich will es nicht entscheiden, ob Buonaparte, welches oft so scheint, mehr für sich oder für den Staat gethan hat; aber folgendes steht geschichtlich fest: Buonaparte ist nicht verständiger als die mittelmäßigen Regenten vor ihm; und jene Affektation von Philosophie, von Nachdenken über alles, ist auch nichts als elende Aefferei, den Dummen nur Sand in die Augen streuend. Auch *er* bindet noch an die Extension und an den Glanz die Größe eines Volks, welche er an die Intension und die Sonnenwärme der Gerechtigkeit binden sollte. Er, der suchen sollte, dem Volke Ruhe und Festigkeit, die Grundstützen des Bürgerglückes, zu geben, reißt es in den tollen Wirbel der Ruhmsucht, entweder aus Unverstand, oder weil er Herr seyn will; in beiden Fällen ist er ein großer Sünder gegen sein Zeitalter und ein frischer Begründer des

Despotismus. – Jenen Karakter, der auf dem Schlachtfelde an seiner Stelle war, bringt er auch in das Regieren; man sieht auch bei Anstalten, die eine langsame Reife erwarten müssen, den Soldaten, der die Brücke bei Lodi stürmt; ich weise nur auf das Konkordat und die Wiederherstellung des Priesterthums und auf die Gesetzgebung hin. Da muß eine Art Unverstand, eine Eitelkeit zum Grunde legen, die immer ein Unverstand ist, und leider kann der große Mensch diese Eitelkeit nicht von sich streifen; sie bricht durch alle seine düstre Größe durch, wie Knallfeuerchen, welche die dunkle Majestät der Nacht nicht erhellen, sondern verderben. Ich habe mich oben schon über diese Eitelkeit erklärt. Welch ein kleinlicher Pomp der Etikette und des Prunks jeder Art um diesen Mann, dessen Name vor 7 Jahren noch ein Geheimniß war! Welch eine Geduld der Kleinlichkeit, sich von seinen Kreaturen und Besoldeten auf Kosten der Freiheit bei jeder Gelegenheit Schmeicheleien sagen zu lassen! welch eine Eile, zugleich alles machen und alles scheinen zu wollen, wodurch er seine Zeit gleichsam überrennt! Und welche kopflose und elende Manier trägt diese Kleinlichkeit oft an dem Großen! wie spricht er oft, wie ein Junge, der seinem Schulmeister eben entlaufen ist, und gelernte Floskeln herbetet! Ganz jüngst will man ihm auf der Prunkreise nach Rouen das schöne Schloß der Ducs de Bouillon am Wege zeigen; er antwortet: »was soll ich da! es ist ja nichts Nützliches zu sehen.« Alle Dienerschaften der französischen Minister in fremden Ländern müssen seine Livree tragen, und zwar auf ausdrücklichen Befehl.

Aber Buonaparte ist nicht allein *eitel*, er ist auch *feig* nach Martials Sprüchwort: »Qui bellus homo est, etiam pusillus homo est.« Aber, sagt man, er hat die Erfahrung gemacht von Verschwörungen gegen sein Leben, und er sieht, daß an diesem Leben das Wohl von Frankreich hängt. So sagen *die*, die seine Absichten und seine Ansichten der Dinge auf das edelste nehmen: aber selbst, wenn Buonaparte sich schont aus der Ueberzeugung von Frankreichs Wohl, so beweist ja eben eine solche Ueberzeugung wieder das Kleinliche. Wie klein, wenn der Mensch, auch selbst der *große* Mensch um seine *kleine* Person alles sich drehen und den Himmel und die Erde an ihr hängen läßt! Wie klein, wenn ein Mensch, von hohen Dingen umgeben und mit ihnen beschäftigt, sich nicht vergessen kann, wenn er nicht im ganzen Fortbilden der Menschheit sein ewiges Leben ruhig erblickt, nicht in seinem stolzen Wirken und Wollen ohne Angst sein Schicksal hinnimt, das der Kleinste ruhig erwarten soll! Welche Eitelkeit, zu meinen, an seiner Parze hange Frankreich! eben darum wird Frankreich nie groß durch ihn werden. Was ist diese geheime Polizei? was sind die Cromwellschen Sicherheitsanstalten, die Menge von Trabanten und Wächtern, als das Verderben des Geistes der Nation? Was frommt der politische Aberglaube, die Meinung nicht durch die Presse frei umlaufen zu lassen? Buonaparte ließ die Steingruben am Wege nach Malmaison zuwerfen; wenn er einen Hengst zuritt, mußten Bewaffnete den Kreis schließen; er hat die Thuillerien isolirt, alle Wohnungen rund umher abgebrochen, und sich eine eiserne Mauer umher geschaffen, die ihn nicht schützen wird. Wie würde man 1791 geschrieen haben, wenn sich Ludwig eine solche Eisenburg erbaut hätte! und er hatte wohl eben so große Ursachen. Wehe dem Regenten, der sich ohne Scheu vor dem Eisen des Mörders nicht in Liebe mit seinem Volke verbinden kann. [...]

FRIEDRICH VON GENTZ

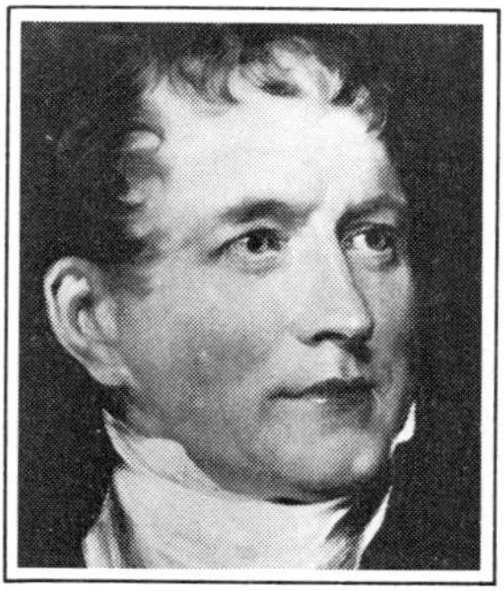

DAS POLITISCHE GLEICHGEWICHT IN EUROPA

(1806)

[Aus der Einleitung]

IST nun denn aber alles dahin? Ist Hoffnung ein Verbrechen geworden? Sollen die drohenden Vorherverkündigungen derer, die das, was nun Gegenwart, so wie das, was noch Zukunft für uns ist, in frühern Unglücksfällen, und frühern Verschuldungen schon lasen, die man anfänglich wie gallsüchtige Träumer, weiterhin wie überspannte Propheten, zu allen Zeiten mit Kaltsinn und Ungunst, oft mit nachdrücklichem Widerwillen behandelte, sollen sie buchstäblich, bis ans Ende erfüllt werden? Soll das, was in der Sprachverwirrung dieser Zeit, in dem ekelhaften Rothwälsch der Unterdrücker, *»das neue Föderativ-System«* genannt wird, die Ueberreste des glorreichsten Baus, den unsre Väter zu Stande gebracht hatten, der alten herrlichen Verfassung von Europa, des *wahren Föderativ-Systems* verdrängen? Soll alles, was die Nationen dieses Erdtheils, zugleich so kunstreich geschieden, und so ruhmvoll vereiniget hatte, in das Grab einer gemeinschaftlichen Knechtschaft, einer gemeinschaftlichen Nichtigkeit versinken? Soll Deutschland – alles Uebrige ist verloren, bis auf das, was nicht erreicht werden mag, oder was dann erst erreicht werden kann, wenn wir ohne Rettung unterjocht sind – soll Deutschland in seinem ganzen Umfange werden, was heute schon die Hälfte davon ist, was Holland und die Schweiz, und Spanien, und Italien wurden?

Diese Fragen haben diejenigen zu beantworten, in deren

Händen unser zweideutiges Schicksal, unsre getheilte schwindende Kraft, unser letztes Vertheidigungs-Capital liegt. Uns ohnmächtigen, leidenden Zuschauern, uns ist einzig vergönnt, zu behaupten – weil sehen, und fühlen, und rechnen auch dem Kleinsten nicht versagt werden kann – daß, so schwer auch, durch die Niederlagen dieser Tage, das Problem der Rettung geworden seyn mag, die Möglichkeit, einen Ausweg zu finden, noch heute unverkennbar besteht, und daß die Gesammtheit der Mittel, die für die gemeinschaftlichste aller gemeinschaftlichen Sachen, für die Behauptung einer unabhängigen Existenz, im äußersten Falle geworben werden können, auch jetzt noch beträchtlich genug ist, um unbedingte Muthlosigkeit zu entfernen. Wie diese Mittel, wenn sie jemals noch wirken, und jemals noch retten sollen, vor allen Dingen zu vereinigen, dann zweckmäßig zu richten und zu ordnen; wie die Drangsale des Augenblicks zu besiegen; wie bei den rastlosen Fortschritten des Uebels, im Angesicht stets-gegenwärtiger Gefahr, so viel Frist, so viel Ruhe zu gewinnen, daß nicht, ehe man das Gerüste vollendet, um die wankenden Mauern zu halten, der Einsturz des Gebäudes schon erfolge; wie zwischen einer Behutsamkeit und Passivität, welche die drohendsten Conjuncturen zum Gesetz machen, und dem Streben nach einem glücklichern Zustande, welches die Pflicht der Selbsterhaltung uns auflegt, die weiseste Mittelstraße zu finden; wie das jetzt-zerstreute zu sammeln, das jetzt-gesunkne wieder aufzurichten, das jetzt-erstorbne zu beleben, und zuerst nur eine Zukunft überhaupt, dann eine glückliche und ehrenvolle zu sichern, das alles müssen die Regierungen ergründen.

Was aber uns, die wir mit beklommnem Gemüth die Entwicklung unsers Schicksals erwarten, was uns allen, die wir selbst nichts beschließen, aber die, die Leben oder Tod in jeder ihrer Entschließungen tragen, durch lebendiges Vertrauen, durch verständige Beharrlichkeit stärken, oder durch unwürdigen Kleinmuth, durch leichtsinnige Hingebung entkräften können, obliegt, das ist, uns in eine Stimmung zu versetzen, die die Lösung jenes harten Problems nicht willkührlich oder absichtlich erschwere. Wenn Regenten, und ihre unmittelbaren Gehülfen, um sich her nichts als stumpfe Verzweiflung, oder strafbaren Kaltsinn gegen das höchste Interesse der Staaten, oder Wohlgefallen an ihrer Auflösung erblicken, so müßten sie mehr als menschliche Energie, und mehr als menschliche Weisheit besitzen, um die Völker vor dem Untergange zu bewahren. Wie soll diesen geholfen werden, wenn sie sich nicht einmal nach Hülfe mehr sehnen, wenn blühen oder welken ihnen gleich ist, wenn Freiheit mit Anstrengung sie mehr als ruhige Sclaverei, die Sorge für die Erhaltung ihrer Rechte mehr als die Vernichtung derselben schreckt? Von dieser Seite haben wir das Aeußerste erlebt. Eine lange Reihe von Jahren hindurch hatten die Verführer eines leichtgläubigen Zeitalters keine Kunst unversucht gelassen, um die Wenigen, die kühn genug waren, den Vorhang hinweg zu ziehen, der die Schrecknisse der Zukunft bedeckte, zu verspotten, oder verdächtig zu machen, und gerade die Grundsätze zu empfehlen, die jede Aussicht auf ein Beßres verschlossen. »Man solle doch nur, so lehrten sie damals, fein ruhig, und kaltblütig, und friedfertig, und vor allen Dingen unthätig bleiben; der ausgetretene Strom werde schon von selbst wieder in sein Bette zurückkehren; eine Weltherrschaft sey ja offenbar ein Unding; ob Frankreich einige Provinzen oder Festungen mehr oder weniger besitze, das werde nichts über Europa entscheiden; noch ständen die größern Mächte doch alle; verschiedne hätten ja selbst Zuwachs erhalten, mehr Flächenraum, und Volkszahl, und Einkünfte, und Handels-Communicationen, und wie alle die statistischen Narrheiten heißen, gewonnen; unter den Lüneviller und

Regensburger Friedenschlüssen lasse sich eben so gut als unter dem Westphälischen ruhen; die Französische Herrschaft habe überdies ihre natürliche Gränze erreicht; der neue Regent sey zu weise, um über diese hinausschweifen zu wollen; vor der Hand sey nun nichts weiter zu fürchten, und die Zeit werde das übrige thun.« – Dieser einschläfernden, verrätherischen Lehre gab das Publicum, gaben die Höfe sich Preis. Unter den Ursachen unsers heutigen Verderbens ist ihr Einfluß der wirksamste gewesen; denn aus diesem – es kann hier nicht dargethan werden, aber die Unterrichteten verstehen es genugsam – ging der größte Theil der unzusammenhängenden Entwürfe, der unzulänglichen Maßregeln, der politischen und militärischen Fehler hervor, denen wir das Unglück des letzten Feldzuges verdanken. Nachdem früher durch den natürlichen Gang unaufgehalten-fortschreitender Herrschsucht, (denn was stand um Frankreich her noch fest, als Österreich und Rußland die Waffen ergriffen?) dann durch die nothwendige Untauglichkeit und Ohnmacht eines auf unsicherm Boden erstandnen, aus lockern, widerstrebenden Materialien gebrechlich-zusammengefügten Rettungs-Versuches, das Unglück zu einer Riesengröße heranwuchs, nahmen die, welche es durch jene treulosen Beruhigungs-Gründe genährt und begünstigt hatten, ihre Zuflucht zu einer neuen Sophisterei, um ihre Betrognen mit dem zu versöhnen, was zu verbergen unmöglich geworden war. Geläugnet kann nun nicht mehr werden, daß die oft-verlachten Weissagungen gerechtfertigt, in überschwenglicher Klarheit erfüllt sind, daß das System, welches Jahrhunderte lang die Freiheit Europa's beschützte, mit allen seinen Kunstwerken und Herrlichkeiten, Verfassungen und Gesetzen, und Urkunden, und Gränzscheidungen, und Rechtsbestimmungen, und Bündnissen, und Gegenbündnissen, zerfiel, daß ein einziger regelloser Wille »die Länder anders getheilt, und ihre Einkommen geraubt und verschenkt, und die Völker zu Boden geworfen hat«, daß es kaum noch drei unabhängige Fürsten vom Tajo bis an die Wolga giebt; und daß der Weg von der factisch-vollendeten bis zur förmlich-erklärten, und feierlich-anerkannten Universal-Herrschaft jetzt kaum noch nach Jahren, schon nach Monaten und Tagen gemessen werden muß. Dies alles ist so schauervoll-klar, daß Niemand mehr verwegen genug seyn kann, es den blödesten Augen entziehen zu wollen; der Schleier, den Thorheit oder Arglist über die eindringende Zukunft geworfen hatten, ist durch die Schrekken der Gegenwart zerrissen; aber die Vorrathskammer der Täuschungen ist darum noch immer nicht erschöpft. Was man nicht mehr als Grille verachten, als Fabel bei Seite setzen darf, wird jetzt als erträgliches Uebel, oder gar wohl als Vortheil geschildert. Und auch mit dieser verzweifelten Wendung hält der Leichtsinn des Zeitalters Schritt. Wer heute noch Muth genug hat, die herrschende Stimmung des Tages, die politischen Gespräche, den Ton der Gesellschaften, den Gang und die Richtung des öffentlichen Urtheils, als aufmerksamer Beobachter zu verfolgen, wird bald die Ueberzeugung gewinnen, daß, nach Ausschluß einer unendlich kleinen Zahl, die mit wahrhaft-patriotischen und echt kosmopolitischen Gefühlen, (im höhern Sinne sind beide nur Eins,) den schmählichen Untergang des Europäischen Gemeinwesens betrauert, die Masse des Publikums aller Länder durchgängig in zwei Classen getheilt ist, wovon die Eine, bei weitem die größte, die Begebenheiten dieser allesverzehrenden Zeit mit mehr oder weniger *Gleichgültigkeit*, die andre mit *Wohlgefallen* betrachtet. Die nehmliche Classification erstreckt sich auch, besonders in Deutschland, mit zwei oder drei Ausnahmen, auf alle, die, in irgend welcher Gestalt, über die öffentlichen Angelegenheiten schreiben.

Die Wortführer der *gleichgültigen* Partei, an niederschlagenden Aufmunterungen und trostlosen Trostgründen reich, heben bald die Unvermeidlichkeit der Uebel, bald das übriggebliebne Gute heraus, um den Unmuth der Zeitgenossen zu besänftigen. »Da nun einmal, so lautet es heute, durch ein nicht zu überwältigendes Verhängniß, Europa in die Lage gekommen, daß von seiner alten politischen Verfassung kaum noch einzelne Bruchstücke bestehen, so verlohne es sich wohl nicht mehr der Mühe, um diese viel zu handeln oder zu kämpfen. Die Erfahrung habe nun zum Überfluß gelehrt, daß jeder Versuch, dem Verderben zu steuern, die entgegengesetzte Wirkung hervorbringe; wenn die Uebermacht eine gewisse Höhe erreichte, sey der Widerstand Unsinn zu nennen; in solchem Falle gebiete die Weisheit, auf möglichstgute Bedingungen zu capituliren, und, statt alles in die Schanze zu schlagen, lieber durch frühzeitige Selbstentwaffnung, durch ein gefälliges Betragen gegen den Sieger, durch zuvorkommende Bewerbung um seine Gunst, so viel, als sich retten läßt, zu retten. Ueberdies sey ja das Äußerste, was uns drohe, kein so ganz unerträgliches Loos. Das Gleichgewicht der Macht unter den Staaten sey immer nur ein Hirngespinst gewesen; zu allen Zeiten hätten die Geringern das Gesetz von den Größern empfangen; ob irgend ein gegebnes Gebiet von Einem, oder von Zwanzigen beherrscht werde, sey für den, der gehorchen müsse, gleich. Unter dem Zepter eines Fremden zu leben, mit allem, was eine selbstständige Verfassung erwünschtes und rühmliches hatte, in den Schlund einer ungeheuern Monarchie, wo alles verwischt und vermengt, vergessen und verachtet wird, zu stürzen, habe freilich etwas zurückstoßendes an sich; aber, wie es sich auch mit der Oberherrschaft verhalte, Local-Regenten würden immer noch bleiben; ob diese nun aus altem oder neuem Geblüt, ob sie Präsidenten, oder Präfecten, oder Statthalter, oder Churfürsten, oder Könige hießen, was liege dem Unterthan daran?

Am Ende könne Keinem geraubt werden, was für Jeden das Wünschenswürdigste sey, sein Haus, sein Grundstück, ein Theil (wer wird ungenügsam seyn!) seines ererbten oder erworbnen Vermögens; und, wie schlimm es auch noch werden möge, kein Despot werde doch dasjenige stören, worin eigentlich der wesentliche Genuß dieses vergänglichen Lebens bestehe, die Vergnügungen des Tisches und der Liebe, die Musik, das Schauspiel, eine gute, belehrende Lectüre, eine freundschaftliche Spiel-Partie, einen gemächlichen, erquickenden Schlaf. Das Übrige sey Nebensache; mehr eingebildetes als wirkliches Gut; nicht zu verwerfen, wenn es mit mäßiger Anstrengung, selbst mit vorübergehenden Aufopferungen, behauptet werden könne, aber fahren zu lassen, wenn wesentlichere Vortheile, indem man ihm nachjagte, in Gefahr kämen, und einmal dahin, nicht über die Gebühr zu bejammern, wenn diese wesentlichen Vortheile nur blieben.«

Ein solches System durch Gründe bekämpfen zu wollen, wird Jeder, der darüber nachzudenken vermag, für eine fruchtlose Unternehmung erklären. Denn zwischen denen, die sich innerhalb seiner Sphäre, und denen, die sich außerhalb befinden, fehlt diejenige gemeinschaftliche Basis, von welcher jede vernünftige Discussion, wenn sie irgend etwas zu Stande bringen soll, ausgehen muß. Daß es für Jeden, der im Staate lebt, wie gering und ohnmächtig er auch sein mag, außer den gewöhnlichen Bedürfnissen des Lebens, noch andre von höherer Art giebt, daß unter diesen National-Ehre, ein geachteter Nahme, eine unabhängige Verfassung, ein bestimmter, wohl-versicherter Antheil an einem wirklichen Staaten-System, die wichtigste Stelle behaupten – soll man darüber einen förmlichen Beweis führen? Diese Wahrheiten müssen gefühlt, und solchen, die stumpf dagegen wurden, können sie nie mehr aufgedrungen werden. Wenn aber einmal ein Volk, oder ein Zeitalter, so tief in egoistische Bestrebungen, in unwürdige Maximen, in einen beschränkten und niedrigen Gesichtskreis verfiel, daß alles öffentliche Interesse ihm fremde, das Vaterland ein Nahme ohne Bedeutung, der Werth einer selbstständigen Existenz auf der engen, dürftigen Wage der gemeinsten Vortheile gewogen, und der Verlust aller Freiheit und Würde eine gleichgültige Begebenheit wird, dann ist es nicht mehr Zeit, an die edlern Gefühle zu appelliren; die Sclaverei ist vollendet, auch ehe noch der Unterdrücker erschien; der Staat ist aufgelöset, auch ehe er noch sichtbar zusammenstürzte; und bei der ersten prüfenden Katastrophe werden die, die nicht mehr Kraft genug hatten, sich im Lichte der Sonne zu behaupten, dem Diener der Finsterniß überantwortet.

Der einzige, irgend-haltbare Standpunkt, aus welchem man, unter solchen Aspecten, die Vertheidiger unbedingter Unterwerfung, mit einiger, obwohl schwacher Hoffnung des Erfolges, noch angreifen und beunruhigen kann, ist der, der mit ihrem Lieblings-Calcül in einer Art von Zusammenhange steht. Daß es nie eine Weltherrschaft gegeben, die nicht, nachdem sie die ersten Gemeingüter der Nationen, ihre Regierungsformen, ihre Gesetze, ihre Gerechtsame, ihre Local-Verfassungen vertilgt, späterhin ihre innerste Nationalität, ihre Sitten, ihren Charakter, ihre Geistesbildung, ja, mehr oder weniger, ihre Sprache angegriffen, und endlich sogar das Individuellste in ihrer Existenz, das Eigenthum, das Gewerbe, die Familien-Verhältnisse, die persönliche Sicherheit und Freiheit untergraben oder vernichtet hätte, ist leserlich, und verständlich genug, in alter und neuer Geschichte geschrieben. Daß die, welche jetzt Europa umschlingt, so weit als sie bis hieher gedrungen, nicht bloß Thronen und Würden gestürzt, und Gesetze und Staatsformen zerschlagen, sondern Elend in jeglicher Gestalt, Beraubung und

Verarmung der Reichern, stets-zunehmende Nahrungslosigkeit der Aermern, die quälendste Unsicherheit alles Besitzes, den Untergang aller öffentlichen Stiftungen, die Lähmung der Industrie, des Handels, des Verkehrs mit dem Auslande überhaupt, das Verschwinden der Capitalien, und des Credits, eine Last unerschwinglicher Auflagen, die jede Hoffnung, sie wieder zu erlangen, zerstört, und überdies, um den Jammer-Kreis zu schließen, den Druck einer bodenlosen Willkühr, unaufhörliche Besorgniß und Gefahr für die Freiheit jedes einzelnen Bürgers, die Unmöglichkeit, durch Rede oder Schrift einen Trost für die Unglücksgenossen zu bereiten, die Aussicht auf eine hoffnungsleere Zukunft – in ihrem nächtlichen Gefolge geführt hat, das zeigt, wenn-gleich alles verstummte, der unverkennbare, weltkundige Zustand so vieler schon geschlachteten Völker; und aus mächtigen, tiefliegenden Gründen, die hier nicht entwickelt werden können, so sehr sie auch die vollständigste Entwicklung, und die innigste Beherzigung verdienen, läßt sich darthun, daß, wie, und warum, gerade sie, die neue Universalherrschaft, jenen alles-verwüstenden, und alles-vergiftenden Charakter, so sehr als je eine, besitzen, und bis auf den letzten Moment ihrer furchtbaren Dauer behaupten muß. Aber auch selbst diese laut-warnenden Zeugnisse vermögen über unsern Seelenschlaf nichts; auch diese, mit dem gewöhnlichsten Interesse so sichtbar- und fühlbar-verwandten, die Sicherheit und Wohlfahrt der Einzelnen so kräftig ansprechenden Rücksichten, auch diese, – wie grausam, es gestehen zu müssen! – erfordern schon zu viel Gemeingeist, zu viel Theilnahme am Leiden eines Ganzen, zu viel Erhabenheit und Totalität des Blickes, um lebhaft auf die Zeitgenossen zu wirken. Sie sind noch nicht persönlich genug. Es begnügt sich ein Jeder, zu überschlagen, wie hoch wohl, in der schlimmsten Voraussetzung, der Verlust, der Ihn treffen könnte, sich belaufen, und wie viel von Gütern und Genuß für Ihn wohl noch übrig bleiben möchte; und mit dieser eben so thörichten und trüglichen, als unwürdigen und unmenschlichen Rechnung verschließt er sich in seine abgesonderte Kammer, und giebt Vaterland, Zeitgenossen und Nachwelt, ja zuletzt seine nächsten Umgebungen, allen Winden der Zerstörung Preis. So straft endlich die ewige Gerechtigkeit entartete und tief-verderbte Geschlechter! So rächt sich das verachtete höchste, das verkannte, zurückgesetzte Haupt-Gut der wahren gesellschaftlichen Existenz zuletzt an dem gemeinsten Besitz. Nachdem blinde und hartnäckige Selbstsucht einem einzigen Götzen alles geopfert; und nun, unter Schutt und Ruinen, von ihm ihre Rettung erwartet, ergreift endlich das verächtliche Thonbild ein unerbittlicher Arm, zerbricht es vor seinen zitternden Knechten, wirft diese mit den Scherben darnieder, und begräbt sie in wohlverdienten Staub.

Wenn aber Vernunft und Erfahrung uns zwingen, die Gleichgültigkeit gegen das öffentliche Wohl, die die große, überwiegende Mehrheit der Menschen unsrer Tage charakterisirt, für ein heilloses Übel zu erklären, was soll man von einer andern Verirrung, weniger häufig, aber empörender noch als jene, (denn zu sagen, verderblicher, wäre gewagt,) was soll man von dem *Wohlgefallen* denken, mit welchem mehrere unter uns die Auflösung aller alten Verfassungen, die mehr als halb schon vollendete, und bald vollständig geschloßne Unterjochung Europa's begrüßen! Es sind hier nicht bloß Trostgründe, die man uns darbietet, um ein unvermeidliches Schicksal zu versüßen, es sind förmliche Glückwünsche, es sind Aufforderungen zu Freude und Muth. Der eine lehrt mit philosophischem Tiefsinn, das, was uns so furchtbar erscheine, sey doch wohl, im wahren Lichte betrachtet, der bequemste und sicherste Weg, zu einem immerwährenden Frieden zu gelangen; die Kriege, dies einzige Uebel – denn

Erdbeben, Hunger und Pest werde später schon auch noch die menschliche Weisheit bezwingen – würden schnell von der Erde verschwinden, wenn alles Einem Herrn gehorchte. Ein andrer meint, nicht ganz ohne Grund, wenn nur die Schlußfolge aus den Prämissen hervorginge – der alte politische Körper sey so matt und mürbe geworden, das Band zwischen den einzelnen Gliedern sey allenthalben so locker gewebt, und der Geist, der ihn zusammenhalten sollte, so erschöpft, so dürftig, und so klein, daß sein Hinsterben nicht unmäßig betrauert, vielmehr, als Aussicht auf ein Beßres, gewünscht und begünstiget werden müsse; die frische, vielvermögende Hand eines einzigen, unumschränkten Beherrschers werde alles verjüngen und beleben. Ein Dritter hält sich an die persönliche Größe des Mannes, den die Vorsehung erkohr, die Welt nach seinem Willen zu regieren; wenn nur erst die Kämpfe vollbracht, und jeder lästige Widerstand gehoben seyn würde, dann werde sein mächtiges Genie uns bald alles Verlorne ersetzen, und das glücklich-vereinigte Europa in einen Schauplatz von Wohlleben, und Überfluß, und Ruhm, und Herrlichkeit verwandeln. – Das Publikum hört diese Sprache, nicht eben mit unbedingtem Vertrauen, aber doch ohne Widerwillen, an; und in den Gemüthern der Meisten liegt etwas, das ihr eine günstige Aufnahme bereitet. Sie sehnen sich nach Ruhe. Daß der jetzige höchst peinliche, verworrne, tumultuarische Zustand der Dinge auf eine entscheidende Entwicklung hindeutet, daß entweder die Ordnung wieder errungen, oder die Unordnung vollständig werden, und alles von neuem beginnen muß, das glauben sie bestimmt zu erkennen. Da aber der Weg zu jenem Resultat viel länger, und beschwerlicher, als der Weg zu diesem zu seyn scheint, so gewöhnen sie sich nach und nach, die letzte Tiefe des Uebels als eine Art von Hafen zu betrachten, und werden mit dem strafbarsten der Wünsche, so wenig sie auch ursprünglich dessen Mitschuldige seyn mochten, vertraut.

Gegen eine Stimmung, wie die hier-beschriebene, wird Niemand uns zumuthen, zu Felde zu ziehen. In so fern sie sich der Masse bemächtigte, war sie entweder durch kindische Leichtgläubigkeit oder durch düstre Verzweiflung erzeugt. In so fern sie verderbliche Schriftsteller veranlaßten, beförderten und nährten, und täglich noch befördern und nähren, ist es genug, auf ihre Quellen zu verweisen. Bei einigen lagen geheime Motive, und zwar, da ein solches Verfahren jede gewöhnliche Unlauterkeit übersteigt, die verworfensten von allen zum Grunde; bei andern, und wahrscheinlich bei den Meisten, (denn jenes muß am seltensten geglaubt, und ohne die überzeugendsten Beweise von keinem vorausgesetzt werden,) bei den Meisten Verkehrtheit des Kopfes, Vertiefung in träumerische Ansichten, und Mißbrauch idealischer Grundsätze, mit gränzenloser Unwissenheit über das wirkliche Leben verschwistert. Wer sich erinnert, was, besonders in Deutschland, diese Secte von politischen Scribenten seit funfzehn Jahren gelehrt und geliebt hat, wie sie für jede der tausendfachen Gestalten, welche das Proteusartige Ungeheuer der Revolution mit betäubender Schnelligkeit durchlief, Erklärungen und Rechtfertigungen gefunden, mit welcher leichtsinnigen, nie-erröthenden Frechheit sie, wandelbarer als selbst ihr Gestirn, die widersprechendsten Systeme verfochten, die widersprechendsten Formen bewundert, und mehr als einmal heute angebetet haben, was gestern noch der Gegenstand ihrer Verwünschungen war, – wer dies im Gedächtniß behielt, den wird es nicht übermäßig befremden, daß sie jetzt *»die reine Alleinherrschaft«* und *»die neue Föderativ-Verfassung«* verehren, und daß eben der rächende Dämon, der sie, zur Strafe ihrer hochmüthigen Plattheit, durch den ganzen ermüdenden Kreis politischer Rasereien gepeitscht hat, sie endlich aus Enthusiasten der Freiheit, einer scheuseligen, fieberhaften Freiheit, zu Lobrednern der vollkommensten Sclaverei, die jemals die Völker gebeugt hatte, umschuf.

Das Übergewicht, welches Gleichgültigkeit und Kaltsinn gegen das höchste Interesse von Europa, oder unmittelbare Begünstigung dessen, was diesem höchsten Interesse den Tod bringt, in den Gemüthern der Zeitgenossen gewannen, war nicht blos, wie häufig geglaubt wird, eine Zugabe zu wesentlichern Uebeln, eine Neben-Figur in dem düstern Gemählde des schmählichen Verfalls von Europa; es war das eigentliche, innerste Wesen, die ursprüngliche Wurzel dieses Verfalls. Mannigfaltige und große Verschuldung luden allerdings die Regierungen auf sich; viel, sehr viel haben sie gethan, um sich selbst und uns zu Grunde zu richten; aber der größte, der entscheidendste Antheil an dem Werke der Verwüstung ist unser. Ihrer Verirrungen wären weniger, und die, in welche sie geriethen, wären leichter, kürzer und heilbarer gewesen, wenn die tiefe Verblendung der Nationen, die Verkehrtheit des öffentlichen Geistes, die Erschlaffung aller echten Gefühle, die Herrschaft der niedrigsten Triebfedern, und, um das Ganze mit einem Worte zu umfassen, die moralische Fäulniß der Welt, nicht rund um sie her alles vergiftet, zerfressen und aufgelöset hätte. Mit einzelnen politischen Mißgriffen, und einzelnen verfehlten Unternehmungen, kann jedes Jahrhundert gestraft werden. Sobald man aber in einer Reihe von Jahren auf allen Punkten des Welt-Theaters zugleich dasselbe Schauspiel von Kleinmuth und Ohnmacht, von falscher und nervenloser Politik, von untauglichen Planen, gebrechlichen Ausführungs-Mitteln, und von einem regelmäßig beschleunigten Fortschritt zu unvermeidlichem Untergange erblickt, darf man fest und zuversichtlich darauf rechnen, daß das Uebel nicht in zufälligen Anomalien, in der Unwirksamkeit einzelner Organe, oder in vorübergehenden Stockungen liegt, daß das Herz getroffen und gelähmt, daß das Blut des politischen Lebens verderbt und ausgetrocknet ist. Die Fürsten, heißt es, erziehen die Völker; und in einem gewissen Sinne verhält es sich auch so; aber in einem höhern und umfassendern gilt es, daß die Völker die Fürsten erziehen, daß diese, als Bestandtheile des Ganzen, aus dem Mittelpunkte der Weltverhältnisse betrachtet, in jedem gegebnen Moment das nothwendige und bestimmte Product ihrer gesammten Umgebungen sind. Auch mit der gelungensten und erschöpfendsten Darstellung aller Mißgriffe und Fehler der Regenten wird die Geschichte der ungeheuren Zerrüttungen, die Europa seit zehn Jahren erfuhr, für die Nachwelt noch ein unverständliches Chaos, ein Geripp ohne Geist, der Nachhall einer Fabel bleiben. Der Zustand der Nationen muß geschildert, ihr Antheil an dem gemeinen Verderben, ihre Fortschritte im Guten und Bösen, ihre Wünsche, ihre Bestrebungen, ihre Verirrungen, ihr moralischer und politischer Verfall, müssen anschaulich und lebendig begriffen werden. Alles einseitige Klagen über die Regenten, alle ausschließende Beschuldigungen gegen sie, sind das Werk der Ungerechtigkeit und der Blindheit; das Billigste und das Härteste, das Beste und das Schlimmste zugleich, was von ihnen gesagt werden kann, ist dieses: sie haben treu ihr Zeitalter repräsentirt.

Von welcher Seite sollen wir nun Hülfe erwarten? Die Regierungen und die öffentliche Meinung sind gemeinschaftliche, solidarisch-verantwortliche Urheber unsrer heutigen, grausamen Lage. Jene hören, oder verstehen uns nicht mehr, und, was noch weit niederschlagender ist, sie können uns jetzt nicht mehr hören, weil das Uebermaß ihrer Drangsale und Gefahren ihnen Freiheit und Unbefangenheit geraubt hat; auf diese wirken zu wollen, scheint fruchtlos, weil die Möglichkeit eines glücklichen Erfolges, wenigstens das, als gegeben voraussetzt, was hier fast ohne Hoffnung verschwand: die Sehnsucht nach einem glücklichern Zustande, den Sinn, der Fesseln verabscheut, und den Muth, der sie abzuwerfen trachtet. Noch eine helle Aussicht bleibt übrig; und diese, ein überschwenglicher Trost, kann keine Tücke des Schicksals verdunkeln. Die Starken, Reinen und Guten, wie gering auch ihre Anzahl seyn mag, müssen fest und unzertrennlich zusammenhalten, müssen wechselsweise einander belehren, und zusprechen, und tragen, und heben, und begeistern. Ihr Bund ist die einzige Macht, die einzige unüberwundne Coalition, die heute noch der Waffengewalt trotzen, die Völker befreien, und die Welt beruhigen kann. Auch er, dieser heilige Bund, mag in einzelnen Gefechten erliegen; aber alles, was er zu verlieren hat, ist das Schlachtfeld; ein glorreicher Rückzug ist ihm offen. Wenn rund umher alles zerfällt, verschanzt er sich auf einer unbezwinglichen Höhe, schließt die herrlichsten Schätze der Menschheit, dem Sieger unerreichbar, mit sich ein, und bewahrt sie für ein glücklicheres Geschlecht. [...]

WILLIAM WORDSWORTH

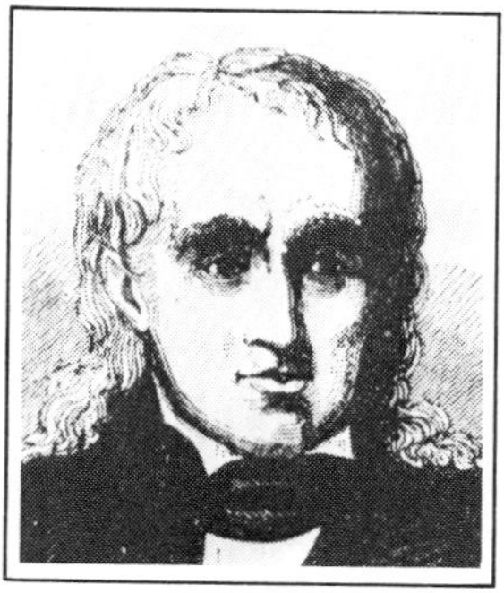

DER VERTRAG VON SINTRA

(1809)

[Anfang]

DER Vertrag, welcher kürzlich von den Generälen an der Spitze der britischen Armee in Portugal geschlossen wurde, stellt eines der wichtigsten Ereignisse unserer Tage dar. Auch in Frankreich würde er dafür gehalten werden, wenn der Regent dieses Landes es wagen könnte, ihn bekanntzugeben, und sei es auch nur in den Zusammenhängen und Bezügen, über die das englische Volk unterrichtet ist. Auch in Spanien und Portugal, soweit den Völkern dieser Staaten gestattet war, Kenntnis davon zu erlangen oder sie Kenntnis davon erhalten haben, ist er in gleicher Weise angesehen worden, und was unsere Nation in diesem Punkt empfunden hat und noch empfindet, ist offenkundig genug. Wo auch immer die Nachricht sich verbreitete, war sie von Unruhe begleitet – von einem Widerstreit der Empfindungen, in dem, obwohl Besorgnis überwog, dennoch (durch Spott und Hohn, Ungeduld, Hoffnung und Empörung und die allgemeine Beteiligung an so komplexen Empfindungen sowie dem Gefühl der Macht, welches notwendig darin enthalten ist) der Schwung und die Lebhaftigkeit von Glückwünschen und Freude inbegriffen waren. Keine Straße, kein Wirtshaus, kein Heim auf der ganzen Insel, das nicht aufgestört war wie bei einem lokalen oder privaten Vorkommnis; Menschen aller Stände, Verhältnisse und Temperamente waren offensichtlich gleichermaßen betroffen. Doch wurde das Ereignis von niemandem als ein offenes und absehbares Übel eingeschätzt.

Es hatte zwar für jedermann deutliche und verständliche Züge, aber es gab einen Unterton, der sonderbar dunkel und geheimnisvoll war, und gemäß dem Umstand, daß die Auffassungen unterschiedlich waren und der Fall unter diversen Gesichtspunkten beleuchtet wurde, waren wir verblüfft wie Menschen, die ohne Vorwarnung überwältigt werden, ängstlich wie Menschen, die sich als hilflos erleben, und empört und ärgerlich wie Menschen, die betrogen wurden. In einem Wort, es wäre nicht zuviel gesagt, daß die Nachricht von dem Ereignis sich nicht mit dem Aufruhr eines Sturms verbreitete, der fühlbar über die Köpfe hinwegfegt, sondern wie ein Erdbeben, das den Boden unter unseren Füßen zum Schwanken bringt.

Wie hätte es anders auch sein können? War doch die Armee mit einer Mission ausgesandt worden, die so stark an alles Menschliche im Herzen unserer Nation appellierte, daß es kaum einen wackeren Familienvater gab, der nicht einen Moment lang bedauerte, kein Berufssoldat zu sein, was ihn verpflichtet hätte, mit hinauszuziehen, und jeder hochgemute junge Mann grämte sich, daß er seinen ersten Impulsen, die ihn auf denselben Weg geschickt hätten, nicht nachgeben durfte und daß nachträgliche Einfälle die spontane Eingebung und immer wieder bestärkte Überzeugung eines heldischen Gemüts nicht guthießen und bestätigten. Die Armee zog aus, begleitet von Gebeten und Segenswünschen, die ebenso zahlreich wie leidenschaftlich waren. Denn es gab keinen Zweifel daran, daß bei diesem Anlaß jeder Teil von ihr, vom General bis zum gewöhnlichen Soldaten, in die Auseinandersetzung mit dem Feind im Felde und in die friedlichen Beziehungen mit den Landesbewohnern nicht nur die Tugenden einbrachte, die von ihm als Soldaten erwartet wurden, sondern auch die Sympathie und Antipathie, die Vorliebe und den Abscheu eines Staatsbürgers – eines menschlichen

Wesens –, der auf eine bislang beispiellose Art unter der Verpflichtung seiner menschlichen und sozialen Natur handelte. Wenn das Vorgehen des raubgierigen und gnadenlosen Gegners es weder erleichterte noch ratsam machte – es sozusagen unmöglich machte, jener unberechtigten Bewunderung für Mut und Können nachzugeben, der Blick auf ihn es unmöglich machte, von jenen liebenswürdigen Triumphgefühlen emporgetragen zu werden und durch die Raffinesse jener Umgangsformen, die mehr als alles andere einen Menschen nachdenklichen Gemüts und humaner Anlagen mit den Schrecken des gewöhnlichen Krieges versöhnen, geläutert zu werden –, so herrschte die Ansicht, daß der menschlich fühlende und wohlausgebildete Soldat für diesen Mangel auf seiner Mission üppig entschädigt werden würde durch die Begeisterung brüderlicher Liebe, mit der ihn sein Verbündeter, das unterdrückte Volk, dem er zu Hilfe kam, damit es sich selbst helfen konnte, empfangen würde, und daß diese zusammen mit den Tugenden, deren Zeuge er dort würde, sein Herz mit unerschöpflichen und weit edleren Gegenständen der Zufriedenheit und Bewunderung erfüllen würden. Die Disziplin der Armee war wohlbekannt, und die Nation war überzeugt, daß sie sowohl als Maschine wie auch als lebendiger Organismus nicht anders als furchterregend sein könne, doch diesmal und für diesen Auftrag schien der gewohnten Vortrefflichkeit der mechanischen und organischen Stärke die Kraft der Inspiration hinzugefügt: konnte man also etwas anderes als ein glorreiches Ergebnis erwarten? Die Armee hat ihre Tapferkeit im Felde bewiesen. Das Ergebnis wurde bezeugt und wird noch lange bezeugt werden durch gesenkte Blicke, Schweigen, zornige Ausrufe, Seufzer und Scham eines jeden, der wert ist, die Luft der Freiheit zu atmen oder auf diesem gesegneten und reichbeschenkten Eiland, das wir bewohnen, sein Auge auf ihren grünen Fluren ruhen zu lassen.

Wenn ich von Ereignissen redete, – auch von gewichtigen Ereignissen –, die lange vergangen und dem Gedächtnis entschwunden sind, würde ich kaum diese Sprache riskieren. Doch die Gefühle sind erst von gestern –, ja, von heute, die Blume – eine traurige Blume – steht in ihrer vollen Blüte und wird auch in den kommenden Monaten sicher ihre Blätter noch nicht verlieren, denn ich wiederhole: das Herz der Nation ist an diesem Ringen beteiligt. Dieser gerechte und notwendige Krieg, wie wir ihn seit Beginn der Auseinandersetzungen im Jahre 1793 nennen zu hören gewohnt waren, wurde seit der Zeit vor dem Vertrag von Amiens, d. h. seit der Unterwerfung der Schweiz, und nicht erst dann, auch von der Masse des Volkes als wirklich gerecht und notwendig angesehen, und diese Gerechtigkeit und Notwendigkeit wurde von niemandem deutlicher erkannt und mit tieferer Empfindung beklagt als von jenen, die den Krieg in seinen Anfängen am heftigsten abgelehnt hatten und weiterhin bitter bereuten, daß unsere Nation je daran teilnahm. Ihr Verhalten war hierin folgerichtig: sie bewiesen, daß sie ihre Blicke fest auf Prinzipien gerichtet hatten, denn wenn es in ihrem Innern auch eine Verlagerung oder Übertragung der Feindseligkeit in bezug auf Personen gab, bekämpften sie doch ein und denselben Feind, der ihnen in unterschiedlicher Gestalt entgegentrat, und dieser Feind war der Geist selbstsüchtiger Tyrannei und gesetzlosen Machtstrebens. Die Menschen, von denen ich sprach (und ich möchte deutlich machen, daß ich ihnen die überwältigende Mehrheit des Volkes von Großbritannien zurechne, dessen Gefühle ungeachtet der Irreführungen, denen es ausgesetzt war, zu Beginn der Auseinandersetzungen lange Zeit auf der Seite des nominellen Feindes waren) wollten diesem Geist, als er unbestreitbar in der französischen Regierung Gestalt annahm, trotz aller Gefahren kriegerisch entgegentreten, denn Frieden war nicht zu schaffen ohne

Unterwerfung, die nur von engem Bündnis hätte gefolgt werden können, dessen Willkommensgruß einerseits eine Beleidigung und andererseits Erniedrigung gewesen wäre. Nun wollte das Volk den Krieg, wie ihn zuvor seine Regenten gewollt hatten, denn offener Krieg zwischen den Nationen ist eine scharfe und wirksame Grenzziehung, und das Schwert in den Händen der Guten und Tugendhaften ist das deutlichste Symbol des Abscheus. Gut, daß unser Volk von demoralisierender Unterwerfung verschont blieb, von der Schuld, etwas scheinbar akzeptieren zu müssen, das zu verhindern die Kraft nicht ausreichte, und aus dem Bewußtsein der Gefahr heraus, daß andernfalls eine solche Gefahr tatsächlich über es käme und durch schmachvolle Verknüpfungen und Beteiligungen die moralische Empfindsamkeit und Tatkraft in ihm geschwächt und letztlich zerstört werden würden, durch die allein es seine Freiheit und gar sein Leben bewahrte –, beschloß das Volk Großbritanniens, allen Gefahren, die sich aus dem offenen Widerstand ergeben würden, die Stirn zu bieten. Es gab einige, und zwar mit Recht von hohem Rang in unserem Lande, die all ihren Einfluß ausübten, um diesem Entschluß entgegenzuwirken; auch nannten sie ihn keineswegs mit einem so harmlosen Namen wie »Fahrlässigkeit«, sondern bezeichneten ihn rundheraus als Blindheit und Verstocktheit. Laßt uns milde über sie urteilen! Gibt es doch Eingebungen der Weisheit aus dem Innersten der menschlichen Natur, die das Volk versteht, während selbst der klügste seiner Staatsmänner taub dafür ist. Diese wahre Stimme hatte das Volk von England vernommen und gehorchte ihr, und in Opposition zu der französischen Tyrannei, die täglich unersättlicher und unversöhnlicher wurde, scharte es sich voll Tatendrang um seine Regierung, wenn es ihr auch ihre Fehltritte niemals vergaß oder vergab, durch die es zunächst in einen Krieg gegen ein Volk verwickelt worden war, das unter einer doppelten Heimsuchung um seine eigene Freiheit kämpfte: zerrissen von innerer Zwietracht und belagert von einem grausamen und anmaßenden äußeren Feind. Doch entluden sich diese Erinnerungen nicht in Vorwürfen oder hinderten uns an der Versöhnung mit unseren Regenten, als eine Änderung oder besser Umwälzung der Lage uns neue Pflichten auferlegte, und entgegen lokalem und persönlichem Protest kann mit Sicherheit gesagt werden, daß die Nation Herz und Hand mit der Regierung vereinigte in dem Entschluß, eher das Äußerste zu wagen als das Haupt zu beugen, um nicht etwa den Kranz, sondern – wie jeder es empfand – das Joch des Friedens zu empfangen. Doch war die Alternative bedrückend, und es kann nicht verleugnet werden, daß der Kraft die Freude der Pflichterfüllung mangelte, stand der Entschluß auch fest. Unsere Lage hatte zuviel von quälendem Zwang, zuviel von der Knechtschaft des Notwendigen; es lag zuviel Furcht und damit Egoismus darin, als daß sie nicht insgesamt mit kläglichen Gefühlen angesehen werden konnte. Wir verzagten, wenn wir auch nicht verzweifelten. Tatsächlich war eine besonnene und vorsorgende Gefaßtheit, eine gesetzte und finstere Traurigkeit ohne Sonne, nur durch die Blitze der Empörung aufgehellt, der höchste und beste Stand moralischen Empfindens, den die Edelgesinnten unter uns erreichen konnten.

Aber als das Volk der Pyrenäenhalbinsel sich erhob, gab es einen gewaltigen Umschwung. Augenblicklich waren wir hellwach, und von diesem Moment an erlangte der Kampf die Würde, die durch nichts in der Welt als nur durch die Hoffnung verliehen werden kann und, wenn ich eine andere Sprache benutzen darf, von diesem Moment an, getrieben durch die Offenbarung eines Seinszustandes, der weder Rückzug noch Wandel gestattete, zu den Belangen und Interessen unseres vergänglichen Planeten, »erlangte das

Vergängliche Unvergänglichkeit und der Sterbliche Unsterblichkeit«. Diesen plötzlichen Aufschwung machte nichts willkommener, nichts teurer als das zurückkehrende Gefühl innerer Freiheit und eigener Wahl, das ihn begleitete und unser moralisches Sehnen befriedigte, insofern als es unseren Aktionen als Volk von diesem Moment an eine Motivation und Richtung gab, die unbestreitbar moralisch war, auch insofern als es ein Geschenk war, offenkundig mit der Menschheit in Einklang stand und deshalb das Wallen reichlicher Gefühle des Einverständnisses und der Zufriedenheit gestattete. In gleichem Maße stiegen unsere geistigen Kräfte: wir schauten mit Stolz auf die Geschichte des Menschengeschlechts zurück und anstatt uns zu fürchten, entzückten wir uns an dem Blick in die Zukunft. Es herrschte die Auffassung, daß dieser neue Geist des Widerstands, der aus den heiligsten Empfindungen des menschlichen Herzens emporwuchs, sich über viele Länder verbreiten würde, und nicht nur für die fernere Zukunft, sondern auch für die Gegenwart wurden Hoffnungen genährt, die ebenso kühn wie selbstlos und hochherzig waren.

Tatsächlich war die Gemeinsamkeit unserer fühlenden Natur niemals inniger empfunden worden, niemals die unwiderstehliche Macht der Gerechtigkeit glänzender zur Geltung gebracht als in jenem Augenblick, als sich die britische und die spanische Nation mit dem Impuls zweier Helden der Antike, die ihre Waffen von sich werfen und sich auf dem Schlachtfelde versöhnen, spontan von ihren Abneigungen und feindseligen Gefühlen trennten und sich gegenseitig umarmten – jedoch nicht, um diese Bekehrung zur Nächstenliebe durch ein Friedensfest zu begehen, sondern indem sie Seite an Seite in Gefahr und Bedrängnis mit der Hingabe echter Brüderlichkeit den Kampf aufnahmen. Es war eine Konstellation, die ebenso leidenschaftliche wie rational begründete Hoffnungen weckte. Die Nation auf der einen Seite war dadurch sanktioniert und autorisiert, daß sie die Segnungen, für welche die andere zu kämpfen aufgestanden war, erprobt und gutgeheißen hatte. Sie war ein Volk, das mit Hilfe des Ozeans, der es umgab, und durch seine eigenen Tugenden sich selbst durch die Zeiten hindurch seine Freiheit bewahrt hatte, rein und unberührt von fremden Eindringlingen; die andere eine hochgesinnte Nation, die ein Tyrann in der Vermutung, sie sei innerlich faul, aufgrund der tatsächlichen inneren Fäulnis ihrer Regierung heimtückisch versklavt hatte. Welcher Gedanke konnte schöner sein als der an eine Freundschaft, die solcherart begann? Die Liebe der Spanier zu uns bestand aus Begeisterung und Verehrung, die Schwächen unseres nationalen Charakters waren durch unseren Glanz wie durch einen Schleier verhüllt, sie sahen nichts um uns außer Glorie und Licht, und unsererseits schätzten wir ihren Charakter mit parteiischer und nachsichtiger Zuneigung ein; wir dachten an ihre vergangene Größe nicht wie an das unterminierte Fundament eines prächtigen Gebäudes, sondern sahen in ihr die Wurzel eines majestätischen Baumes, der sich von langem Siechtum erholt hat und wieder zu sprießen beginnt, indem er stärkeres Geäst und tieferen Schatten verspricht, als er sich dessen je in der Fülle seiner Kraft gerühmt hatte. Wenn wir bei den Gefühlen, mit denen die Spanier sich vor der Religion ihres Landes niederwarfen, nicht mit ihnen Schritt halten konnten, selbst wenn wir mit ihrer Loyalität wegen der gemischten Zusammensetzung ihrer Regierung und aus anderen Gründen nicht völlig sympathisieren konnten, und selbst wenn uns zuletzt in ihre Ergebenheit für die Person ihres Souveräns zuviel Verblendung gemischt zu sein schien, so urteilten wir in diesen Dingen milde über sie und, belehrt durch die Rückschläge der Französischen Revolution, sahen wir diese ihre Neigungen für menschlicher, sozialer und deshalb klüger und von besserer Vorbedeutung an, als wenn sie die Fanatiker abstrakter Prinzipien, destilliert in den Laboratorien gefühlloser Philosophierer, herausgekehrt hätten. Schließlich sahen wir in ihrer Ehrerbietung für das Vergangene und Gegenwärtige die Versicherung, daß sie bereit waren, bis auf den Tod zu kämpfen für so viel Freiheit, wie ihr Herkommen und ihr Wissen sie zu empfangen befähigte. Um ihnen und ihren Nachbarn, den Portugiesen, bei der Erreichung dieses Zieles beizustehen, sandten wir ihnen in Liebe und Freundschaft eine mächtige Armee, um zu helfen, zu stärken und zu züchtigen. Sie landete, und der erste Beweis, den sie dafür erbrachte, daß sie wert sei, mit einer solchen Mission ausgesandt zu werden –, das erste Unterpfand der Freundschaft, das sie gab, war der Sieg von Vimiera. Das zweite, diesmal aus der Hand ihrer Generäle, war der Vertrag von Sintra.

Der Leser wird inzwischen bemerkt haben, was ich im Sinn hatte, als ich mit der Feststellung begann, daß dieser Vertrag eines der wichtigsten Ereignisse unserer Tage darstellt –, eine Feststellung, die mit Absicht und nach angemessener Berücksichtigung der Schwäche gemacht wurde, welche uns dazu verleitet, die gegenwärtigen und gerade vergangenen Ereignisse auf Kosten derer, die schon lange vorbei sind, zu vergrößern. Es ist meine Absicht zu begründen, worin die wahre Bedeutung dieses Ereignisses liegt. Als notwendige Vorbereitung für die Bildung eines ausgewogenen Urteils habe ich bereits die Gefühle geschildert, mit denen die Völker Großbritanniens und Spaniens einander begegneten. In der Tat habe ich mehr von den Spaniern als von den Portugiesen gesprochen, aber was ich gesagt habe, läßt sich im allgemeinen auf die gesamte Halbinsel anwenden. Beiden Nationen ist das gleiche Unrecht geschehen, ihre Sache ist die gleiche, sie stehen oder fallen vereint. Welches Unrecht es war, bis zu welchem Grade sie sich selbst als vereint ansahen, und welche ihre Hoffnungen und Entschlüsse waren, haben wir in den Veröffentlichungen gelesen, die von ihnen selbst oder ihren Feinden in die Welt gesetzt worden waren. Von dem Volk unseres Landes wurden diese, als sie einzeln erschienen, mit der ihnen zukommenden Wirkung aufgenommen. – Wie schade, daß diese Wirkung nicht so getreulich bewahrt werden konnte, wie sie zunächst tief empfunden wurde! Ohne Zweifel gibt es niemanden auf unserer Insel ohne die Überzeugung, daß die Sache Spaniens die gerechteste Sache ist, für die jemals das Schwert gezogen wurde, seit die Republik Griechenland bei den Thermopylen und Marathon auf den persischen Eindringling traf. Doch das ist nicht genug. Wir sind selbst an dem Kampfe beteiligt, und um zu festen Leitlinien zu gelangen (ohne sie könnten wir viel Schaden anrichten, aber nichts Gutes tun), sollten wir uns die Pflicht auferlegen, in unserer Erinnerung jene Worte und Taten wieder lebendig zu machen, die damals unsere Herzen gewannen. Wir sollten versuchen, mit den Augen von damals zu sehen und so zu fühlen, wie wir damals fühlten. Deshalb möchte ich den Leser dringend bitten, die Auszüge aus den Verlautbarungen, die ich auswählen werde, nochmals sorgfältig durchzugehen. Ich fühle in der Tat mit Sorge, daß die Entwicklung uns vorantreibt wie die Stromschnellen eines amerikanischen Flusses und daß zu viele Gefahren vor uns liegen, als daß sich der Geist leicht nach dem Kurs umwenden könnte, der hinter uns liegt. Es ist wirklich eine schwierige Sache. – Doch ich brauche nicht zu erwähnen, daß die Kapitulation vor schwierigen Dingen für vernunftbegabte Wesen eine Schmach ist. Zudem, wenn wir aus der Rückschau entweder Kraft gewinnen oder Vorsicht lernen können, um zu siegen oder Unheil zu vermeiden, ist Aufgeben nicht nur eine Schmach, sondern auch eine Gefahr. Ich richte diese Worte an alle, die fühlen, aber deren Gefühle ihre Urteilskraft besiegt haben. Diejenigen, die kein Gefühl besitzen und nur die Sklaven ihrer Sensationslust sind, ständig nach Neuem verlangend und unfähig, aus dem Alten selbst etwas Neues zu machen, sollen unter dem Joch ihrer unfruchtbaren Begierden weiterziehen. – Doch nein! Auch sie möchte ich in meine Aufforderung einschließen und sie beschwören, da sie Menschen sind, nicht ungeduldig zu werden, wenn ich ein Werk vor ihre Augen stelle, das aus Bruchstücken von Verlautbarungen aus verschiedenen Gegenden der Halbinsel stammt, ein Werk, das, zusammengesetzt wie ein Mosaik, eine Geschichte erzählen wird, die leicht verständlich ist: sie wird bewegen und belehren und demjenigen, der sie hört, ein Trost sein. Ich sage: Trost, und der Leser möge vor dem Wort nicht zurückschrecken. Ich bin mir der Bürde, die ich auf mich nehme, wohl bewußt, auch der Mißbilligung aufgrund der jüngsten Misere, mit der alles, was das spanische Volk und mit ihm die Menschheit hoffen läßt, aufgenommen werden wird. Doch das schreckt mich nicht, sondern soll mir eine Ermutigung sein, da es die gebieterische Pflicht noch verstärkt. Nichtsdestoweniger, welches Vertrauen ein denkendes Individuum in diese Darstellung der Grundsätze und Gefühle des Volkes von Spanien auch setzen mag, sowohl in bezug auf ihre Unantastbarkeit und Echtheit als auch in bezug auf meine Zuständigkeit, diese unter normalen Umständen an die Öffentlichkeit zu bringen, so wäre es doch nicht recht, sie in das allgemeine Bewußtsein zurückzurufen – befangen, wie es durch das derzeitige Desaster ist –, ohne den Versuch zu machen, den verwirrenden Schrecken im Gefolge dieser Ereignisse zu mildern, der ebensosehr durch ihre zeitliche Nähe wie durch ihre Eigenart bedingt ist. Ich werde mich nun darauf beschränken, einige Betrachtungen anzustellen, von denen ich einen Teil später ausführlicher erörtern werde, wenn ich das Thema zusammenfassend behandle.

Es scheint, daß die spanischen Streitkräfte schwere Niederlagen hinnehmen mußten und genötigt waren, ihre Stellungen aufzugeben, und daß diese Niederlagen durch eine Armee erfolgten, die den spanischen Kräften an Zahl weit überlegen und ihnen an Kenntnissen und Übung weit voraus war. Dies ist der Kern jener Nachrichten, die wir natürlich mit Besorgnis hätten aufnehmen sollen, die jedoch zu viele von uns mit Bestürzung und Verzweiflung aufgenommen haben, obwohl bei vernunftgeleiteter Betrachtung nichts naheliegender gewesen wäre. Worin aber bestand das größte Übel? – Es liegt auf der Hand, daß, obwohl eine große Armee eine andere kleinere oder größere Armee besiegen oder auflösen kann, ihr dies nicht in gleichem Maße gegenüber einem ganzen entschlossenen Volk gelingt oder sich als wirksam erweist, um es zu unterdrücken und in Unterdrückung zu halten, besonders dann, wenn dieses Volk wie derzeit das spanische zahlreich ist und ein weites und von Natur aus abweisendes Land besiedelt. Denn eine große Armee und selbst mehrere große Armeen können nicht zum Ziel kommen, indem sie geschlossen das Land durchziehen, sondern sie müssen sich in viele Trupps aufteilen. Die einzelnen Trupps büßen nicht nur deshalb an Stärke ein, weil ihre Mitgliederzahl gering ist, sondern weil solche Mannschaften gezwungenermaßen den Teil ihrer Überlegenheit preisgeben, der die Maschinerie des Krieges genannt werden kann, und noch mehr, weil sie in dem Maße ihrer Aufsplitterung des Vorteils verlustig gehen, aus dem militärischen Geschick ihrer Offiziere oder den eigenen militärischen Konventionen Nutzen ziehen zu können. Der erfahrene Soldat sinkt so auf den platten Grund des Unerfahrenen hinab – ein Mensch auf dem Niveau des Menschen –, und das ist der Moment, wo der wahrhaft tapfere Mann, der

Mann voll guter Hoffnungen und Ziele, aufsteht, und moralische Überlegenheit hat physische Überlegenheit im Gefolge. Demnach, wenn die spanischen Armeen besiegt oder gar aufgelöst worden sind, zeugt es nicht nur von einem Mangel an Großmut, sondern auch an Verstand, wenn man daraus schließt, daß die Sache verloren sei. Angenommen, daß der Mut des Volkes ungebrochen ist, so wird der Krieg jetzt wieder so geführt, wie es von der Junta von Sevilla in jener unvergleichlichen Verlautbarung mit dem Titel »Vorsichtsmaßnahmen« empfohlen worden war –, ein Plan, von dem nie hätte abgewichen werden dürfen, höchstens unter Zwang oder angesichts der moralischen Sicherheit des Erfolges, und welchen die Spanier jetzt wieder zu befolgen genötigt sind mit dem Vorteil, daß die Lektion, die sie erhalten haben, die Möglichkeit, denselben Fehler nochmals zu begehen, ausschließt. In dieser Verlautbarung heißt es: »Laßt es unser oberstes Bestreben sein, alle großangelegten Aktionen zu vermeiden und uns die großen Risiken bewußt zu machen, denen wir uns durch sie aussetzen würden, ohne Vorteile oder Hoffnung daraus zu gewinnen.« Es folgen dann Instruktionen, wie ein Partisanenkrieg zu führen sei, und es wird aufgezeigt, daß das Land dafür besonders geeignet ist. Obwohl einzig auf diese wenig glorreiche Art der Kriegführung bauend, sprechen die Autoren der Verlautbarung, welche sich in jedem ihrer Worte durch Intelligenz auszeichnen, dennoch vertrauensvoll von ihrem Erfolg. Auf diese Art der Kriegführung – nach der Unglückserfahrung aufgrund ihrer Vernachlässigung – und auf das Volk selbst, das der Ursprung dieses Kampfes und sein angemessener Träger ist, ist das Ringen nun verwiesen.

Zweitens, falls der Mut der Spanier nicht durch die Niederlage gebrochen ist, was unmöglich ist, wenn die Gefühle, die öffentlich geäußert wurden, einigermaßen repräsentativ für die ganze Nation sind und nicht nur an einigen wenigen Orten und von wenigen Individuen edlerer Geisteshaltung ausgedrückt werden – ein Zweifel, zu dessen Zurückweisung uns das innere Zeugnis jener Verlautbarungen ermutigt, die von dem bereits ins Leben gerufenen Widerstand bestätigt wurden, und in dessen Zurückweisung uns auch die Einmütigkeit bestärkt, mit der den Spaniern durch alle Zeiten hindurch bestimmte Wesenszüge zugeschrieben wurden –, dann gibt es mächtige Reserven im Land, die noch nicht ausgeschöpft wurden. Denn bis heute geschah alles auf spontanes Betreiben des Volkes hin; wenig oder gar nichts wurde durch die Regierung veranlaßt, doch ihr Rat und Zuspruch war beteiligt. Es ist ein Irrtum anzunehmen, daß in dem Maße, in dem ein Volk stark ist und weitgehend selbständig handelt, seine Regierung notwendigerweise schwach sein muß. Dies ist nicht einmal im Sturm einer Revolution die unweigerliche Konsequenz, sondern erst dann, wenn ein Volk in Ermangelung eines beständigen und edlen Gegenstandes für seine Zuneigung oder im Angesicht eines äußeren Feindes für seinen Haß den Halt seiner Gesetze verliert. In den Anfängen der Französischen Revolution, solange das Ziel allgemeiner Sicherheit vor aller Augen stand, hatte die Nationalversammlung die Macht, das Volk in jede Richtung zu lenken, zu jeder Anstrengung zu drängen, und dennoch erlahmten seine freiwilligen Leistungen, soweit es dazu fähig war, als Folge nicht. Was die Nationalversammlung für Frankreich tat, würde die Autorität des spanischen Souveräns, der durch diejenigen handelt, die das Volk selbst zu seiner Vertretung bestimmt hat, in seiner derzeitigen begeisterten Loyalität und seinem allgemeinen Gefühlszustand für Spanien möglich und leicht machen. Mit einer Besonnenheit, die ihr Unternehmen in hoffnungsvollstem Licht erscheinen läßt, weichen die Spanier – das ist wahr – ungern von althergebrachten Gesetzen, Formen und Praktiken ab. Sie täten gut daran, diese ehrwürdige Selbstzucht so hoch zu schätzen, daß sie niemals ohne Widerstreben davon Abstand nehmen, doch wenn die alten und vertrauten Mittel und Wege den Anforderungen nicht mehr genügen, muß man ohne Scheu bei neuen Zuflucht suchen, auch wenn diese von vielen als hart und unschön empfunden werden. Aus solchem Verhalten würde nur Gutes entspringen. Die Wohlgesonnenen würden in eine Regierung, die auf solche Weise ihr Selbstvertrauen unter Beweis gestellt hätte, mehr Vertrauen setzen. Die weniger Eifrigen und diejenigen mit weniger einsichtigem Geist wären mit den Maßnahmen, gegen die sie zunächst protestiert hätten, bald ausgesöhnt. Die Trägen und Egoistischen sollten durch die Einwirkung derselben Neigungen, die sie zu Knechten des Eroberers gemacht hätten, Diener ihres Landes werden oder, falls dies nicht möglich sein sollte, würden ihren wahren Charakter offenbaren, und die Hauptgefahr, die von ihnen befürchtet werden müßte, könnte gebannt werden. Der zu steuernde Kurs ist klar. Entweder hat die Sache des Volkes Sympathie verloren, oder sie hat es nicht. Hat sie sie verloren, dann gebt den Kampf auf. Wenn nicht, laßt die Regierung, in welcher Verfassung sie sich auch befinden mag und wie groß die Probleme auch sein mögen, unter denen sie sich abmühen muß, die ganze Fülle ihres Rechts ausschöpfen und zweifelt nicht daran, daß das Volk sie im vollen Ausmaß seiner Kraft stützen wird. Wenn daher die führenden Männer der spanischen Nation Männer von klugem und festem Sinn sind, werden sie beide Kräfte, diejenigen der Regierung und diejenigen des Volkes, zur äußersten Entfaltung bringen und sie in solcher Weise beeinflussen, daß die eine nicht die andere beeinträchtigt oder lähmt, sondern beide sich gegenseitig stärken und lenken, um das Ziel des allgemeinen Heils zu erreichen.

Drittens konnte kein vernünftiger Mensch auch nur im Traum daran denken, daß die Spanier nur durch ihre *Armee*, wenn mit Armee je etwas anderes gemeint war als das ganze Volk, zum Sieg gelangen würden. Das ganze Volk ist ihre Armee, und dessen wahre Armee ist das Volk, und sonst niemand. Fünfhundert Mann, die zu Beginn der Kämpfe – ich glaube, es war in der Schlacht von Rio Seco – gefangengenommen worden waren, wurden unter der Bezeichnung »Galizische Bauern« von dem französischen General wieder freigelassen – eine Bezeichnung, die der spanische General, Blake, zurückwies und in seiner Erwiderung darauf bestand, daß es sich um echte Soldaten, d.h. reguläre Truppen handelte. Das Verhalten des Franzosen hatte politische Hintergründe, und dasjenige des Spaniers hätte mehr dem Geist der Sache und seinem eigenen edlen Charakter entsprochen, wenn er, bei dieser Gelegenheit auf den Vorwand untergeordneter und formaler Funktionen dieser Männer verzichtend, ihren Anspruch auf den Titel Soldat auf sein wahres Fundament gestellt und bestätigt hätte, daß sie nur dem Gesetz ihrer Sache gehorchten, durch das jeder Spanier, der Waffen tragen konnte, ein Soldat war und das Recht hatte, die Stellung einzunehmen, in der es seinen Befehlshabern und oft auch nur ihm selbst am wahrscheinlichsten dünkte, dem Feind Schaden zufügen zu können. Doch jene galizischen Patrioten waren nicht uniform gekleidet, vielleicht nicht einmal gleichartig bewaffnet und boten auch nicht den äußeren Anschein jener Formationen, die man reguläre Truppen nennt, und der Franzose bediente sich dieses Umstands, um die unverschämte Sprache anzuwenden, die nach meiner Meinung auf einer allgemeineren Ebene edler zurückgewiesen worden wäre. Denn so machen die Dreisten Eindruck auf die nachdenklichsten Gemüter, und durch solche Beeinflussung entsteht die Vorstellung von der Stärke eines Tyrannen – nicht nur in den

Auffassungen derer, die ihn unterstützen, sondern – ach! – auch derer, die zum Widerstand bereit sind und tatsächlich Widerstand leisten würden, wenn ihr eigener Verstand ihnen keinen Streich spielen würde und sie durch Auftreten und äußerliche Formen nicht schon halb unterjocht wären. Die ganze spanische Nation sollte dazu ermuntert werden, sich selbst für eine Armee zu halten, die unter der Befehlsgewalt ihres Landes und der menschlichen Natur Gestalt angenommen hat. Militärischer Geist und militärisches Handeln sollten herrschen, jedoch nicht in der Art eines gewöhnlichen Flusses, der in einen Kanal gezwängt ist, sondern wie der Nil, der sich über das ganze Land verbreitet. Ist so etwas möglich? Ich bejahe es, wenn es unter ihnen Männer gibt, die führender Positionen wert sind, und wenn diese führenden Männer durch Anwendung aller gerechtfertigten Mittel und Wege einen zivilen Geist hochhalten und vor allem ihren Ahnen ein ehrendes Angedenken bewahren in der ausgeprägten Hoffnung auf das Privileg der Freiheit für sich selbst und ihre Nachkommen, wofür die Geschichte und der frühere spanische Staat so beneidenswerte Ansätze liefern, und auch wenn sie für die Erhaltung dieses Geistes sorgen, indem sie ihn an seinen Quellen fassen, nicht in furchtsamem Mißtrauen gegenüber einem Volk, dessen Mühen und Opfer es aller Liebe und allen Vertrauens wert erwiesen haben, und dessen Schwächen, falls solche existieren, mit Sicherheit auf der Seite der Loyalität für seinen Souverän und in seiner Vorliebe für die althergebrachten Institutionen zu suchen sind. Wir bekräftigen die Überzeugung, daß ein allgemeiner militärischer Geist hervorgebracht werden kann und – damit nicht genug! – daß auch ein viel selteneres und bewunderungswürdigeres Phänomen verwirklicht werden kann: die Vereinigung militärischen und zivilen Geistes in einem Volke in dauerhafter Harmonie. Das Volk Spaniens, die Waffe in der

Hand, ist bereits in hoher Kampfstimmung, zu der es die empörten Leidenschaften, der geschärfte Sinn für das unerträgliche Unrecht und die Schmähungen des Feindes und seiner infamen Handlanger emporgehoben haben. Aber es muß noch lernen, nicht zu ausschließlich den heftigen Leidenschaften zu vertrauen, die bereits viel von ihren Aufgaben und Diensten erfüllt haben. Es muß zusätzliche Unterstützung bei denjenigen Gefühlen suchen, die die persönlichen Interessen weniger kompromißlos übergehen, indem sie sie gleichzeitig dem öffentlichen Wohl weihen. – Doch der Feind steht mitten in ihrem Lande! Wir haben das nicht vergessen. Wir wollen ihren militärischen Eifer und alle speziell militärischen Eigenschaften durch jedwede Belohnung lobenswerten Ehrgeizes anspornen und dem wahrhaft Würdigen Rang und Ehren verleihen, wie auch immer seine Herkunft und Stellung sein mag. Erhebender Einfluß wird sich dadurch vom individuellen Inhaber auf die Klasse übertragen, aus der er stammt. Wir plädieren dafür, den militärischen Geist auf solche Weise zu wecken und wachzuhalten, jedoch müssen die fachlichen Qualitäten des Soldaten in Beziehung zu ihrem passenden Ort und Zusammenhang gesehen werden. Nichts ist erreicht, oder weniger als nichts, wenn das Höhere nicht als das wahrhaft Höhere, das Wesentliche nicht als das wahrhaft Wesentliche vermittelt wird. In den moralischen Tugenden und Gefühlswerten, die in einem Volke stecken, muß sein höchstes Heil gesucht werden. Moralische Eigenschaften von hohem Rang, edle und starke Gefühle haben die Spanier bereits an den Tag gelegt. Auch ist nicht damit zu rechnen, daß aufgrund des Betragens ihrer Feinde Erregung und Leidenschaft nachlassen und erlahmen werden: sie können sich selbst und den Herausforderungen des gnadenlosen Angreifers überlassen bleiben. Das spanische Volk muß nunmehr gelehrt werden, daß seine Stärke hauptsächlich in seinen moralischen Qualitäten liegt, die stiller in der Wirkung und ihrer Natur nach langlebiger sind, in den Tugenden der Ausdauer, Beständigkeit, Festigkeit, Wachsamkeit, in einem guten Gedächtnis und raschem Gefühl, das auf die passende Aufforderung hin in Wallung gerät: ein lebendiges Gefüge, das, auch wenn es durchtrennt wird (wie es an den Leibern der Engel zum Schein geschah), sich wieder vereinigt –, das sind die Tugenden und Eigenschaften, auf die das spanische Volk zu bauen gelehrt werden muß. Dies zu bewerkstelligen, steht nicht in der Macht seiner führenden Männer, aber sie müssen dem Volk Gelegenheit beschaffen und bewahren, sich selbst zu entfalten, indem sie die Nation vor unkontrolliertem Vertrauen in andere Eigenschaften und andere Verhaltensweisen schützen, auf die es niemals zurückgegriffen hätte, wie dies der Fall gewesen zu sein scheint, ohne mit sich selbst in Widerspruch zu geraten, indem es damit dem Feind indirekte Ehrerbietung zollte. Jedoch noch immer, obschon wir diesen bedingten Tadel wagen und trotz unserer am Rande der Übertreibung liegenden Folgerungen, sind wir geneigt anzunehmen, daß wir der Darstellung des Feindes von der Überstürztheit, mit der sich die Spanier in offenen Feldschlachten engagierten, und von ihrer Verzweiflung, wenn sie unterlagen, zu raschen Glauben geschenkt haben. Die Spanier haben mehrfach kundgetan und haben es im Innern gefühlt, daß ihre Stärke in ihrer Sache lag und daß es folglich eine moralische Stärke war. Warum also sollten sie den Mut verlieren und sich bemühen, durch Mittel die Oberhand zu gewinnen, in denen ihnen ihre Gegner so überlegen sind, wie es zugegeben werden muß? Auf ihrer Seite ist die moralische Stärke, doch die physische Kraft zum Zwecke augenblicklicher, rascher Zerstörung ist auf seiten des Feindes. Für sie ist das keine Schande, doch erst wenn sie sich selbst besser verstehen, werden sie einsehen, daß es eine

Schande ist, der ihnen angemessenen Stütze zu mißtrauen und auf eine Macht zu bauen, die in ihren Augen schwach sein muß. Auch wird es ihnen nicht mehr als ausreichende Entschuldigung erscheinen, durch die glänzenden Eigenschaften des Mutes und der Begeisterung hingerissen worden zu sein, welche, da sie häufig die Begleiter und unter gegebenen Umständen die nötigen Triebkräfte der Tugend sind, zu oft als Tugenden an sich gepriesen werden. Doch Mut und Begeisterung zeichnen gleichermaßen die besten und die schlimmsten Charaktere aus, Satan ebenso wie Abdiel, Bonaparte ebenso wie Leonidas. Sie sind in der Tat für den spanischen Soldaten unerläßlich, damit er, Mann gegen Mann auf dem Schlachtfeld, seinen Feinden nicht unterlegen ist. Doch unterlegen sind und bleiben die Spanier in der kriegerischen Kunst und Planung, unterlegen auch in der Zahl der vereinten Mannschaften und in gefügigem Gehorsam gegenüber den vorgefaßten Zielen ihrer Befehlshaber. Wenn sie also in einigen wesentlichen Eigenschaften nicht überlegen sind, kann ihre Niederwerfung mit der Sicherheit eines mathematischen Rechenvorgangs vorausgesagt werden. Ja, die Feststellung ist richtig, wie bedrückend gegenüber eitler Hoffnung dies auch sein mag, daß von einem Volk wie den Franzosen mit dem Hang und der Anlage zum Krieg gerade durch das Fehlen derjenigen Eigenschaften, die dem spanischen Charakter eine sich davon abhebende Würde geben –, daß von einer Armee aus Männern, deren Natur Anmaßung ist, denen das Erlebnis des andauernden Erfolges das Vertrauen und die sture Macht des Rechtbehaltens verliehen hat und die gegen die Vaterlandsliebe den Aberglauben in die Waagschale werfen, wie er von den Ungeistigen und Verirrten dem absonderlichen Glück und stetigen Gelingen ihres Kaisers angeheftet wird –, daß von den Armeen eines solchen Volkes im Chaos des unmittelbaren Zusammenpralls besser zu kontrollierende Kriegslust und ein weniger von Zufällen abhängiger Mut erwartet werden können als von Soldaten wie den Spaniern, die wahrlich durch die Hingabe an die gemeinsame Sache, aber nicht gleichermaßen durch das gegenseitige Vertrauen geeint sind, das sich in der Kameradschaft und Brüderlichkeit aller denkbaren Kriegs- und Kampfereignisse entwikkelt. Deshalb zögere ich nicht zu behaupten, daß selbst die gelegentliche Flucht spanischer Aufgebote aus plötzlicher Panik unter nie erprobten Umständen für die spanische Sache nicht so schädlich, nein, auch für den spanischen Charakter nicht so entehrend oder so unheilvoll im Hinblick auf die endgültige Niederlage ist wie das größte Vertrauen auf überlegene Kampfkraft als Ersatz für überlegene Festigkeit und unveränderlichen Entschluß auf der Basis hoher Grundsätze. Laßt sie lieber noch einmal und öfter die Flucht ergreifen, als daß sie ihre höchste Bewunderung auf den wütenden Ausbruch tierischer Angriffslust lenken, um die lebendige und erhaltende Glut der Tapferkeit und moralische Verachtung von Not und Tod geringzuschätzen, welche nicht das Toben und Kampfgeschrei benötigt, um zu entstehen und lebendig zu bleiben und mit ebensoviel Geduld über die starre und kalte Wunde lächeln wie ohne Rücksicht vorwärtsstürmen kann, halb von Sinnen wegen der frischen und blutenden Blessuren. Warum flogen unsere Herzen jetzt der Sache Spaniens mit einer Inbrunst und einem Hochgefühl entgegen, die uns zu Beginn des noch nicht lange zurückliegenden österreichischen oder preußischen Widerstands gegen Frankreich unbekannt waren? Weil wir den Spaniern ein heroisches Temperament zuschrieben, dessen Beugung unter solche Herrschaft ein Übel für die menschliche Natur an sich und eine erschreckende Verworrenheit der göttlichen Fügung darstellen würde. Doch wenn sie ungeachtet der prophetischen Weisheit ihrer obersten Führer besiegt werden sollten, ohne die Kraft zu neuem Zusammenschluß zu finden, zu Boden geworfen und in Fesseln geschlagen von furchtsamen Gedanken beim ersten Ungewitter einer Niederlage auf dem Schlachtfeld –, worin besteht dann ihr Unterschied zu den Preußen und Österreichern? Was macht sie zu einem Volk und nicht nur zu einer Armee oder einem Verband von Armeen? Falls es geschehen sollte, worüber sollten wir jammern, wenn nicht über unser eigenes ehrenwertes Ungestüm, mit dem wir hofften, wo es keinen wirklichen Grund zur Hoffnung gab? Eine Nation, die nicht die Tugenden besaß, die zur Erreichung der Unabhängigkeit notwendig sind, hat sie verfehlt. Nichts weiter. Denn wenig hat der von der Majestät nationaler Freiheit verstanden, der glaubt, daß ein Volk wie das spanische Volk in einem Land wie dem spanischen Land der Qualitäten ermangele, die zur Erringung der Unabhängigkeit gebraucht werden, und doch die Eigenschaften besitze, welche den Menschen für die wahre Freiheit empfänglich machen. Holländer, Amerikaner besaßen die ersteren, doch es ist, fürchte ich, mehr als zweifelhaft, ob die edlere Moral, die für letztere unabdingbar ist, von den einen jemals bewiesen worden ist bzw. von den anderen jemals bewiesen werden wird.

Es lag nicht in meiner Absicht, die Frage bereits jetzt so weit zu verfolgen. Doch beflügelte mich der intensive Wunsch, die Gemüter meiner Landsleute zu heben und zu stärken – ein Ziel, zu dem alles beitragen soll, was ich noch sagen will (vorausgesetzt, es ist die Wahrheit). Denn alles Wissen um die menschliche Natur führt letztlich zu Gelassenheit, und meine Schrift hätte wenig Zweck, wenn ich nicht einigen meiner Leser damit hülfe, für den gegenwärtigen Kampf der Freiheit gegen die Unterdrückung und für jedes gegenwärtige und zukünftige Ringen, welches Gerechtigkeit gegen Gewalt auszustehen haben wird, eine Einschätzung der

Gründe vorzunehmen, die für Hoffnung oder Furcht sprechen. In der Tat ist dies mein Hauptthema, »die Bake meiner fernsten Fahrt«, damit wir, indem wir die Quellen der Kraft und die Herde der Schwäche sowohl des Tyrannen wie auch derer, die sich aus seinem Griff befreien wollen, erkennen und so handeln können, wie es Menschen ansteht, die ihre eigenen Freiheiten wohl zu schützen wissen und es verstehen, von dem Wunsch und Bestreben, dem weniger begünstigten Teil der Menschheit helfen zu wollen, guten Gebrauch zu machen. Mit diesem als meinem obersten Ziel habe ich mir vorgenommen, den Vertrag von Sintra zu untersuchen, und als unerläßliche Vorbereitung für die Bildung eines ausgewogenen Urteils über dieses Ereignis habe ich die Gefühle der Völker Großbritanniens und Spaniens füreinander bereits getreulich bloßgelegt und gezeigt, welche heiligen Bande sie einten. Mit derselben Absicht werde ich als nächstes zeigen, durch welche Barriere von kaum weniger heiligem Haß das Volk der Halbinsel von seinem Feind geschieden war – seine Gefühle ihm gegenüber und seine Hoffnung für sich selbst –, und ich verlasse mich darauf, daß ich die lähmenden Auswirkungen des kürzlich eingetretenen Unglücks bereits gemildert habe und meine Darstellung mit naturgetreuen Farben und Lebendigkeit Auge und Herz des Betrachters anspricht.

Die Regierung der Provinz Asturien, die sich als erste gegen den Unterdrücker erhob, gebraucht zu Beginn ihres Aufrufs an das Volk folgende Worte: »Regierungstreue Asturier! Liebe Landsleute! Euer Wunsch ist Wirklichkeit geworden. Seine Hoheit hat in Erfüllung der heiligsten menschlichen Pflicht Frankreich bereits den Krieg erklärt. Vielleicht erschreckt Ihr vor dieser kühnen Entscheidung. Doch welche andere Maßnahme könnten oder sollten wir ergreifen? Ist nur ein einziger unter Euch, der den jämmerlichen und schändlichen Sklaventod dem Ruhme vorzöge, auf dem Feld der Ehre

zu fallen, die Waffe in der Hand, in Verteidigung unseres unglücklichen Monarchen, unserer Heimat, unserer Kinder und unserer Frauen? Wenn jener Haufen Banditen zur gleichen Zeit, da er die freundlichsten Dienst- und Ehrenbezeugungen von den Einwohnern unserer Hauptstadt entgegennahm, mehr als zweitausend Menschen kaltblütig ermordete, nur weil diese ihre gedemütigten Brüder verteidigt hatten –, was konnten wir dann von ihnen erwarten, wenn wir uns ihrer Herrschaft beugten? Ihr heimtückisches Verhalten gegenüber unserem König und seiner ganzen Familie, die er mit dem Versprechen eines immerwährenden Waffenstillstands nach Frankreich lockte und köderte, um dort alle gefangenzusetzen, ist in der Geschichte ohne Beispiel. Ihr Verhalten gegenüber unserer Nation ist übler, als wir es mit Recht von einer Horde Hottentotten hätten erwarten dürfen. Sie entweihen unsere Gotteshäuser, sie schänden unsere Religion, sie vergewaltigen unsere Frauen, kurz, sie brechen alle ihre Versprechungen, und es gibt kein Recht mehr, das sie nicht verletzt hätten. Zu den Waffen, Asturier, zu den Waffen!«
Die oberste Junta der Regierung in Sevilla beginnt ihre Kriegserklärung mit Worten, die in dieselbe Richtung zielen: »Frankreich, unter der Regierung von Kaiser Napoleon I. hat die heiligsten Pakte mit Spanien gebrochen, hat sein Königshaus gefangengesetzt und zu einer erzwungenen und offenkundig nichtigen Abdankung und Entsagung genötigt, geht mit gleicher Brutalität gegenüber dem spanischen Adel vor, der in seiner Gewalt ist, erklärt, daß er einen König von Spanien aussuchen will – der übelste Anschlag, der je in der Geschichte aufgezeichnet wurde –, läßt seine Truppen in Spanien einfallen, nimmt Spaniens Festungen und seine Hauptstadt ein, verteilt seine Truppen über das ganze Land, begeht gegen Spanien alle Arten von Mordtaten, Raubüberfällen und unerhörte Greuel und dies alles im Undank

gegenüber den Diensten, die die spanische Nation Frankreich erwiesen hat, und gegenüber der Freundschaft, die Spanien ihm bezeigt hat, indem er es mit so verabscheuungswürdiger Dreistigkeit, mit Betrug und Verrat behandelt, wie es durch den barbarischsten und machthungrigsten König oder sein Volk noch nie gegen eine Nation oder einen Monarchen geschehen ist. Er erklärt kurz und bündig, daß er unsere Monarchie und unsere Grundgesetze zertreten und unsere heilige katholische Kirche zugrunde richten will. – Der Krieg, den wir ihm erklären, ist das einzige Mittel gegen die bedrükkenden Zustände, deren Zeuge ganz Europa ist.« Das Unrecht, das der portugiesischen Nation und ihrer Regierung zugefügt worden war, bevor sie dem Kaiser der Franzosen den Krieg erklärte, ist ausführlich in dem Manifest des portugiesischen Hofes, datiert Rio Janeiro, 1. Mai 1808, dargelegt, und hierauf mag der Leser zurückgreifen, doch er möge mir erlauben, ihm dazu den folgenden Auszug aus dem Aufruf der obersten Junta von Sevilla an die portugiesische Nation vom 30. Mai 1808 vorzulegen: »Portugiesen – Euer Los ist möglicherweise das härteste, das jemals ein Volk auf Erden erlitt. Eure Fürsten waren gezwungen, aus Eurem Lande zu fliehen, und die Ereignisse in Spanien haben den unumstößlichen Beweis für die absolute Notwendigkeit dieser Maßnahme erbracht. – Euch war befohlen, Euch nicht zu verteidigen, und Ihr habt Euch nicht verteidigt. Junot erbot sich, Euch glücklich zu machen, und Euer Glück besteht darin, daß Ihr mit einer Grausamkeit behandelt werdet, die größer ist, als der wildeste Eroberer sie gegen ein Volk ausübt, das er mit Waffengewalt und nach härtestem Widerstand unterworfen hat. Ihr habt Eure Fürsten, Euer Recht, Eure Gewohnheiten, Eure Bräuche, Euer Eigentum, Eure Freiheit und selbst Euer Leben und Eure heilige Religion verloren, welche Eure Feinde niemals respektiert haben, wenn sie auch, wie üblich, ihren Schutz versprochen haben und wenn sie auch so tun und vorgeben, selbst für sie empfänglich zu sein. Euer Adel ist zunichte geworden, sein Eigentum als Strafe für seine Treue und Loyalität konfisziert. Ihr werdet auf niederträchtige Weise ins Ausland geschleppt und gezwungen, Euch zu Füßen des Mannes niederzuwerfen, der der Urheber all Euren Unglücks ist und sich mit verabscheuungswürdiger Tücke der Herrschaft über Euch bemächtigt hat und Euch mit eiserner Hand regiert. Gerade überschreiten Eure Truppen Eure Grenzen, in Ketten, um zur Verteidigung dessen, der Euch unterworfen hat, zu sterben, und hier erreicht seine abgrundtiefe Bosheit ihren Gipfelpunkt: er vernichtet diejenigen, die Eure Stärke sein sollten, und stellt ihr Leben in den Dienst seiner Triumphe und des maßlosen Ruhms, nach dem er strebt. – Spanien sah Eure Knechtschaft und die furchtbaren Schrecknisse in ihrem Gefolge mit aus Kummer und Verzweiflung gemischten Gefühlen. Ihr seid seine Brüder, und es brannte darauf, Euch zu Hilfe zu kommen. Doch gewisse führende Männer und eine Regierung, die entweder schwach oder korrupt war, hielten es nieder und bereiteten Mittel und Wege vor, damit die Vernichtung unseres Königs, unseres Rechts, unserer Unabhängigkeit, unserer Freiheit, unserer Leben und selbst der heiligen Kirche, die uns eint, der Eurigen folgen sollte und ein barbarisches Volk seinen Triumph auskosten und die Versklavung der europäischen Nationen zur Vollendung treiben könnte. Unsere Königstreue, unsere Ehre, unser Recht konnten sich solch himmelschreiender Greueltat nicht beugen! Wir haben unsere Ketten gesprengt – laßt uns denn zur Tat schreiten!« Doch die Geschichte der Leiden Portugals soll von Junot selbst berichtet werden, der in seiner Proklamation an das Volk von Portugal (vom 26. Juni, Lissabon, Königspalast) folgendermaßen zu ihm spricht: »Ihr habt ihn aufrichtig um einen König ersucht, welcher, gestützt von der Allmacht des großen Monarchen, Euer unglückliches Land wiederaufrichten und ihm den Rang wiedergeben möge, der ihm gebührt. Ich gestehe, daß Euer neuer Monarch in diesem Augenblick im Begriff ist einzutreffen. – Er erwartet treue Untertanen, soll er nur Aufrührer vorfinden? Ich hoffte, ihm ein friedliches Königreich und blühende Städte übergeben zu können, soll ich genötigt sein, ihm nur Ruinen und Haufen von Asche und Leichen vorzeigen zu können? – Verdient Euch Vergebung durch augenblickliche Unterwerfung und augenblicklichen Befehlsgehorsam; tut Ihr dies nicht, denkt an die Strafe, die Euch erwartet. – Jede große oder kleine Stadt und jedes Dorf, das die Waffen gegen meine Truppen erhebt und dessen Einwohner dem französischen Militär Widerstand entgegensetzen, wird geplündert und bis auf den Grund zerstört, die Einwohner werden dem Schwert überliefert und jeder, der in Waffen ergriffen wird, auf der Stelle erschossen.« Daß dies keine leeren Drohungen waren, berichten uns die Bulletins, die mit Genehmigung desselben Junot publiziert wurden; sie erweisen deutlich seine Grausamkeit und die Grausamkeit derer, die in seinen Diensten standen, sowie den noblen Widerstand der Portugiesen. »Wir nahmen Beia«, berichtet eine dieser schaurigen Chroniken, »in einem großen Gemetzel. Die Aufständischen ließen 1200 Gefallene auf dem Schlachtfeld. Alle Bewaffneten wurden sofort dem Schwert überliefert, und alle Häuser, aus denen man uns beschossen hatte, wurden angezündet.« Und eine andere: »Der Wahnsinn, der die Bewohner von Beia irregeleitet hatte und ihre schreckliche Züchtigung herbeiführte, ist auch im Norden Portugals aufgetreten.« In der Beschreibung einer anderen Begegnung wird gesagt: »Die Linien versuchten standzuhalten, doch sie wurden gestürmt. Das Gemetzel war fürchterlich – mehr als tausend Gefallene blieben auf dem Schlachtfeld, und General Loison, der die versprengten Reste dieser Elenden verfolgte, nahm Guerda mit aufgepflanztem Bajonett.« Als sie sich Alpedrinha näherten, fanden sie die »Aufständischen« auf einer Art Schanze postiert – »diese wurde gestürmt, die Stadt Alpedrinha genommen und den Flammen überliefert«. Die ganze Tragödie kann folgendermaßen zusammengefaßt werden: »Bei den feindlichen Begegnungen auf den verschiedenen Märschen hatten wir 20 Gefallene und 30 oder 40 Verwundete. Die Aufständischen ließen mindestens 13 000 Gefallene auf dem Schlachtfeld, traurige Konsequenz eines Wahns, der durch nichts gerechtfertigt werden kann und uns zwingt, die Zahl der Opfer, die wir beklagen und bedauern, zu vervielfachen, doch die eine schreckliche Notwendigkeit uns darzubringen heißt. So kommt es«, fährt der Autor fort, »daß irregeleitete Männer, undankbare Kinder ebenso wie schuldig gewordene Bürger all ihren Anspruch auf Wohlwollen und Schutz der Regierung gegen Unglück und Elend vertauschen, ihre Familien ruinieren, Verwüstung, Brand und Tod in ihre Häuser tragen, blühende Städte in Aschenhaufen – in riesige Gräber verwandeln und das Unglück, das sie allein verdienen und dem sie (schwache Opfer!) nicht entrinnen können, über das ganze Land bringen. Kurz und gut, so kommt es, daß sie zur gleichen Zeit, da sie sich mit Schmach und Spott bedecken, ihren Untergang vorantreiben. Sie haben keine andere Zuflucht als das Mitleid derer, die sie morden wollten –, ein Mitleid, an das sie niemals vergeblich appellieren, wenn sie, ihre Verbrechen eingestehend, die Franzosen um Vergebung ersucht haben, die, unfähig, ihren edlen Charakter zu verleugnen, ebenso großmütig wie tapfer sind. – Auf Anordnung des Herzogs von Abrantes, Oberbefehlshaber.« Vergleicht dies mit dem Aufruf Massaredos an die Biskayer, in dem sich das gleiche Eingeständnis, die Spanier wie Aufständische zu behandeln, findet. Er sagt ihnen, daß er von seinem Vorgesetzten, Joseph Bonaparte, Befehl erhalten habe, ihnen zu versichern, »daß die Majestät für den Fall, daß sie die Empörung der Stadt Bilbao mißbilligen, die Fehler und Irrtümer der Aufrührer dem Vergessen anheimstellen und nur die Anführer und Initiatoren der Empörung bestrafen werde, an denen das Gesetz vollzogen werden muß«.

Opfer solch blutrünstiger Einstellungen zu sein, ist ein beklagenswertes Schicksal für eine Nation, und noch bitterer muß die Pein durch den Spott und die Beleidigungen und durch die ruchlose Verachtung der meisten schrecklichen Wahrheiten geworden sein, mit der der Urheber seine Greueltaten publik machte. – Gnadenlose Härte ist ein Übel, das unserem Denken nicht fremd ist, doch noch nie haben Historiker eine solche Kombination der Bosheit protokollieren müssen und Schriftsteller, falls sie es je gewagt haben, ähnliche Charaktere zu erfinden, haben sie aus Verehrung für die anerkannte Beschaffenheit der menschlichen Natur auf verdammte Seelen beschränkt. Solche Tyrannei ist, im striktesten Sinne, unerträglich, nicht weil sie auf die Auslöschung des Lebens zielt, sondern alles dessen, was dem Leben Wert verleiht: Tugend, Verstand, Gottvertrauen und Wahrheitsliebe. Mit welchen Gefühlen im Herzen mag nach unserer Vermutung ein echter Spanier den folgenden schamlosen Aufruf der »Deputation«, wie sie fälschlich genannt wurde, seiner abtrünnigen Landsleute in Bayonne gelesen haben, die verlockt und genötigt wurden, sich unter den Augen des Tyrannen zu versammeln und zu sprechen, wie er ihnen diktierte? »Liebe Spanier, liebe Landsleute! – Eure Heimat, Eure Städte, Eure Stärke und Euer Eigentum sind uns so teuer wie unser eigenes Leben, und wir möchten Euch alle im Auge behalten, um zur Herstellung Eurer Sicherheit imstande zu sein. Wir ebenso wie Ihr sind unserer alten Dynastie

Gehorsam schuldig, ihr, der ein Ende gemacht wurde durch die gottähnliche Vorsehung, die über alle Throne und Szepter gebietet. Wir haben große Staaten unter der Herrschaft dieses Gesetzes fallen gesehen, und unser Land allein ist bisher dem gleichen Schicksal entgangen. Ein unvermeidliches Los ist nun über unser Land gekommen und hat uns in den Schutz des unbesiegbaren Kaisers von Frankreich gestellt. – Wir wissen, daß ihr unsere derzeitige Lage mit äußerster Besonnenheit betrachten werdet und haben, entsprechend dieser Überzeugung, in einträchtiger Übereinstimmung die Freundschaft erworben, an die wir durch so viele Verpflichtungen gebunden sind. Mit welcher Bewunderung mußten wir sehen, wie die Güte und Menschlichkeit Seiner Kaiserlichen und Königlichen Majestät über unsere eigenen Wünsche hinausging – Eigenschaften, die noch mehr zu bewundern sind als seine große Macht! Er hat nichts anderes von uns verlangt, als daß wir ihm für unser Wohlergehen zu Dank verpflichtet seien. Wenn er uns in der Person seines großherzigen Bruders Joseph einen Souverän gibt, um über uns zu regieren, wird er unser Glück voll machen. – Da es ihm beliebt hat, unser altes Rechtssystem zu ändern, geziemt es sich für uns, zu gehorchen und friedlich zu leben. Da er uns auch versprochen hat, unser Finanzsystem zu reorganisieren, können wir hoffen, daß unsere See- und Militärmacht ein Schrecken unserer Feinde werden wird, usw.« – Daß die Kastilier aufgrund der obigen Blasphemie, welche die übliche Sprache des französischen Senats und der Minister gegenüber ihrem Kaiser ist, von Schrecken ergriffen waren, erhellt aus einer Veröffentlichung aus Valladolid: »Er (Bonaparte) treibt die Frechheit so weit, uns Angebote des Glücks und Friedens zu machen, während er gleichzeitig unser Land verwüstet, unsere Kirchen in Trümmer legt und unsere Brüder abschlachtet. Sein Hochmut, gehätschelt von einer Schurkenbande, die ständig bemüht ist, seinen Altar zu beweihräuchern, und erduldet von zahllosen Opfern, die in seinen Ketten schmachten, hat ihn zu der phantastischen Idee bewogen, sich selbst zum Herrn und Regenten der ganzen Welt zu proklamieren. Es gibt keine Greuel, die er nicht begehen würde, um dieses Ziel zu erreichen... Sollen diese Frevel, diese Schandtaten ungestraft bleiben, solange noch Spanier – und kastilische Spanier – leben?«

Viele Passagen könnten noch zum Beweis zitiert werden, daß die Schlächterei und die Verwüstung ihres Landes dieses noble Volk nicht so sehr getroffen haben wie der in der Tiefe wirksame Kriegszug gegen Gewissen und Vernunft. Sie klagen weniger über das vergossene Blut als über die arrogante Anmaßung der Wohltätigkeit, die derselbe erhebt, der das Blutvergießen befahl. Das Gerede von Spenden und Gunsterweisungen und die Glücksempfindungen beim Anblick dessen, was er nach seiner Meinung gespendet und als Gunst erwiesen hat, sind bei einem Manne, dem die Schwäche seiner Mitbürger so große Macht verliehen hat, ein Hochmutswahn, der abscheulicher ist als selbst die Grausamkeit. Wir hörten von Attila und Tamerlan, die sich selbst die Geißeln Gottes nannten und sich daran erfreuten, die personifizierten Schrecken der Vorsehung darzustellen, doch solche Ungeheuer freveln weniger an der Vernunft als derjenige, der sich die guten und schönen Züge der Gottheit zu eigen macht, denn der eine handelt angeblich aus der Mäßigung durch die Vernunft, der andere zugegebenermaßen im Rausch der Begierden. Nur undeutlich sehen wir durch die Heimsuchungen des obersten Herrn der Dinge, wie sie in Werken der Zerstörung und Vernichtung zum Ausdruck kommen; wir mögen uns beugen vor dem Strafgericht, wir mögen mit Furcht davor erzittern, aber es ist nicht natürlich, daß wir ihm mit Sympathie zuneigen sollten. Zudem: Verheerung endet, eine vergängliche Kraft unter allem, das vergänglich ist, wohingegen das Neubegründen, Bauen, Schaffen und Einrichten, der Segen, der aus dem Segnen rührt, mit den Dingen zusammenhängen, die wir klar sehen, uns an das erinnern, was wir lieben, und in die Unendlichkeit zielen. Deshalb ist die Sorge, wie sie das spanische Volk unter den obwaltenden Umständen empfindet, die Sorge darüber, daß dieser Zustand dauern werde, daß er, wenn das schwankende und berauschte Wesen, das nach seinen eigenen Worten aus der Sicht und Macht der Vorsehung heraus handelt, nicht gestürzt wird, notwendigerweise andauern werde, und deshalb würde es ihn und seinen Hochmut selbst dann hassen und verabscheuen, wenn er nicht grausam wäre, wenn er nur ein Sinnbild sterblicher Anmaßung wäre, das zwischen sie und die Frömmigkeit gestellt wäre, die dem Menschenherzen innewohnt – zwischen sie und die religiöse Verehrung, welche dieselbe Vernunft ebenso gebieterisch verlangt, wie sie den Götzendienst verbietet. Während sie unter der Schmach leiden, die ihrer moralischen Natur angetan wird, schildern sie in ihrer Seelenpein, wie sie als ein Volk von Feiglingen und zugleich als Gefühllose behandelt werden. In demselben Sinne beklagen sie es als ein vergleichbar viel größeres Übel, nicht durch die rohe Gewalt offenen Angriffs gefallen zu sein, sondern durch Täuschung und Heimtücke, durch schleichendes Unterminieren und verächtliches Umstoßen jener Grundsätze guten Glaubens, durch deren allgemeine Gültigkeit in gewissem Grade oder mit kleinen Modifikationen Familien, Gemeinschaften, Völker und jede Gruppe menschlicher Gesellschaft, ja, die mörderischen Armeen selbst erst lebensfähig sind.

Doch genug von ihren Leiden. Wie sehen nun ihre Tröstungen, ihre Beschlüsse, ihre Hoffnungen aus? Erstens: weder jammern sie noch sind sie unzufrieden, sondern in wahrer Frömmigkeit und Philosophie erkennen sie in den grauenhaften Heimsuchungen die Wege der gütigen Vorsehung und finden darin Grund zur Dankbarkeit. Der Rat von Kastilien mahnt die Einwohner von Madrid, »ihre Lethargie abzuschütteln, ein sündenfreies Leben zu führen und das Unglück, das Königreich und Hauptstadt erlitten haben, als eine zu ihrer Besserung nötige Bestrafung anzusehen«. General Morla spricht in seiner Rede an die Bürger von Cadiz folgendermaßen: »Die mehr oder weniger heftigen Erschütterungen, die die ganze spanische Halbinsel ergriffen haben, waren von außerordentlichem Nutzen, um uns aus dem Zustand der Lethargie, dem wir uns hingegeben hatten, zu wecken und uns unsere Rechte, unsere Ehre und die unverletzliche Pflicht vor Augen zu führen, die wir unserer heiligen Religion und unserem Monarchen schulden. Wir brauchten einen elektrischen Schlag, um uns aus dem lähmenden Zustand der Untätigkeit zu reißen; wir brauchten einen Sturmwind, um die Atmosphäre von den ungesunden Dünsten, mit denen sie geschwängert war, zu reinigen.« Die Einmütigkeit, die das ganze Volk durchdringt, schätzt es richtig als ein Zeichen der Weisheit, der Ermächtigung und Heiligung ein und schreibt sie der höchsten Quelle zu. »Die Verteidigung unseres Landes und unseres Königs«, heißt es in einem Manifest der Junta von Sevilla, »unseres Rechts, unserer Religion und aller Menschenrechte, in beispielloser Weise zertreten und geschändet von Napoleon I., dem Kaiser der Franzosen, und seinen Truppen in Spanien, zwang die ganze Nation, zu den Waffen zu greifen und sich selbst eine Form der Regierung zu geben. Und inmitten der Schwierigkeiten und Gefahren, in die die Franzosen sie gestürzt hatten, stellten alle, oder fast alle Provinzen wie durch eine Eingebung des Himmels und auf beinahe wunderbare Weise oberste Juntas auf, unterstellten sich ihrer Führung und legten Recht und Schicksal Spaniens in ihre Hände. Die Auswirkungen entsprechen bis jetzt aufs glücklichste den Absichten derer, die sie geschaffen haben.«

Mit der allgemein verbreiteten Überzeugung, daß aus dem schlimmsten Unglück das höchste Gut entstehen kann, verbinden sie einen Trost, welcher nur solchen Nationen gewährleistet ist, die sich die glorreichen Taten ihrer Vorfahren ins Gedächtnis rufen können. Die Namen Pelayo und El Cid sind die Kennworte des Aufrufs an die Bürger von Leon, und ihnen wird gesagt, daß Spanien Ehre und Wohlergehen, das es so lange genoß, diesen beiden Befreiern des Landes und dem Gefühl der Begeisterung, welches sie in jeder Brust wachriefen, verdankt. Die Biskayer sind aufgerufen, ihre Blicke auf die vergangenen Zeiten zu richten, wo sie ihre Vorfahren erkennen, wie sie einmal die Karthager zurückschlagen und ein andermal die Horden Roms vernichten. Das eine Mal genossen sie den Vorzug, in der vordersten Reihe der Armee zu dienen, das andere Mal das Privileg des Bürgers. »Folgt«, heißt es in dem Aufruf, »dem glänzenden Beispiel Eurer ehrenwerten Vorfahren!« Die Asturier, die Galizier und die Stadt Cordoba werden in gleicher Weise aufgerufen. Und für ein Volk, dessen Geist so sehr mit den Zeiten eines lange dahingeschwundenen Heldentums verbunden ist und das unter solcher Dankespflicht für seine Vorfahren lebt, ist es nicht schwer, nein, es ist natürlich, die höchste Verpflichtung für die Nachkommen auf sich zu nehmen, sich an der heiligen Vorstellung des Glücks noch ungeborener Geschlechter zu erfreuen, zu dem es auf herausragende Weise beigetragen haben wird, und, gestärkt durch solche Gedanken, heißt jedermann für sich persönlich selbst die Hoffnungslosigkeit willkommen, denn sie ist mit Gewißheit die Mutter der Hoffnung für sein Land. »Leben oder Tod«, heißt es in einer Proklamation, die an den öffentlichen Gebäuden

Sevillas angeschlagen ist, »sind in dieser Krise gleichgültig. Ihr, die Ihr heimkehren werdet, findet den Lohn der Dankbarkeit in der Umarmung Eurer Heimat, die Euch zu ihren Befreiern ausrufen wird. Ihr, die der Himmel dazu bestimmt, mit Eurem Blut die Unabhängigkeit Eures Landes, die Ehre Eurer Frauen und die Reinheit der Religion, zu der Ihr Euch bekennt, zu besiegeln, fürchtet nicht die Qual der letzten Augenblicke. Denkt in solchen Momenten daran, daß in unseren Herzen unversiegbare Tränen der Liebe sind, um auf Euren Gräbern vergossen zu werden, und inbrünstige Gebete, denen der Allmächtige Vater der Gnade sein Ohr leihen wird, um Euch größere Ehre zuteil werden zu lassen als die, welche die Überlebenden genießen werden.« Und in der Tat darf es nicht übersehen werden, daß die Spanier ihre Augen nicht verschließen, sondern ihre Blicke nicht nur auf Gefahr und Tod, sondern auch auf die Möglichkeit eines beklagenswerten Kampfesausgangs richten. Sie sehen ihre Niederlage im Bereich des Möglichen. Der folgende Auszug aus der Verlautbarung mit dem Titel »Vorsichtsmaßnahmen« (und dieselbe Sprache sprechen viele andere) zeigt, in welcher Weise sie sich mit dem Gedanken aussöhnen: »Deshalb ist es nötig, unser Leben und Eigentum in Verteidigung des Königs und Vaterlands zu opfern, und wenn auch unser Los uns zu Sklaven bestimmen mag (was hoffentlich nie eintreten wird), laßt uns fechten und sterben wie edle Ritter und uns nicht feige wie Schafe unter das Joch beugen, wie es kürzlich unsere Regierung getan haben würde, um ewige Schmach und Schande auf Spanien und seine Knechtschaft zu lenken.«

Doch wie es Männern mit solchen Gefühlen wohl ansteht, laßt uns nun frohere und kühnere Hoffnungen von ihnen hören, die aus dem Vertrauen in die Macht der Gerechtigkeit erwachsen – Hoffnungen, die, wenn auch der Tyrann hinter den eisernen Festungen seiner Politik sie und alle ihre Anhänger verhöhnen mag, ihr Andenken allen guten Menschen lieb und teuer machen werden, wenn sein Name bereits mit allgemeinem Abscheu genannt werden wird.

»Ganz Europa«, sagt die Junta von Sevilla, »wird unseren Bemühungen Beifall spenden und uns zu Hilfe eilen; Italien, Deutschland und der ganze Norden, die unter der Zwangsherrschaft der französischen Nation leiden, werden begierig die günstige Gelegenheit wahrnehmen, welche ihnen Spanien bietet, um das Joch abzuschütteln und ihre Freiheit, ihr Recht, ihre Monarchen und alles andere, das ihnen von dieser Nation entrissen worden ist, wiederzugewinnen. Frankreich selbst wird sich beeilen, den Schandfleck zu tilgen, der die Werkzeuge und Instrumente solch tückischer, ruchloser Taten bedeckt, und wird für eine so frevelhafte Sache kein Blut mehr vergießen. Zuviel hat es bereits gelitten unter dem eitlen Vorwand von Frieden und Wohlergehen, die niemals eintrafen und nur unter der Herrschaft der Vernunft, des Friedens, der Religion und des Gesetzes und in einem Staat erreicht werden können, in dem die Rechte anderer Völker geachtet und gewahrt werden.« Hier mag eine Hoffnung hinzugefügt werden, deren Erfüllung mehr bei ihnen selbst und in ihrer eigenen Macht liegt, die Hoffnung nämlich, daß sie in ihrem Fortschritt in Richtung Freiheit fähig sein mögen, ihren grausamen und heimtückischen Feinden die gebührende Strafe aufzuerlegen. Die Junta von Sevilla drückt dies in einem Aufruf an die Bürger von Madrid so aus: »Bürger von Madrid! Sevilla hat mit Verwunderung und Überraschung Eure schreckliche Katastrophe vom 2. Mai vernommen, wo eine schwache Regierung nicht für Euch eintrat, sondern anordnete, daß Waffen auf Euch gerichtet wurden. Auch von Euren heroischen Opfern haben wir erfahren. Seid gesegnet, und Euer Andenken möge auf ewig in den Annalen unserer Nation erglänzen! – Mit Schaudern lasen wir die Proklamation des Urhebers all Eures und unseres Unglücks, in der er jede Tatsache verdrehte und vorgab, Ihr hättet als erste provoziert, während er es war, der Euch provoziert hat. Die Regierung war schwach genug, ihre Zustimmung zu geben und anzuordnen, daß diese Proklamation an die Öffentlichkeit gelangte, und sah in vollkommener Gelassenheit zu, wie eine Anzahl von Euch wegen vorgegebener Verletzung von Gesetzen, die nicht existierten, hingerichtet wurden. Den Franzosen wurde in dieser Proklamation gesagt, daß das reichlich vergossene französische Blut nach Rache schreie. Und das spanische Blut, schreit es nicht auch nach Rache? Das spanische Blut, vergossen von einer Armee, die nicht zögerte, ein wehrloses Volk anzugreifen, das unter seinen Gesetzen und seinem König lebte, und gegen das Grausamkeiten begangen wurden, die die menschliche Natur vor Schrecken schaudern machen. Wir, ganz Spanien, rufen aus, daß das in Madrid vergossene spanische Blut nach Rache schreit! Seid getrost, wir sind Eure Brüder. Wie Ihr werden wir kämpfen, bis wir in der Verteidigung unseres Königs und unseres Landes untergehen. Steht uns bei mit Euren Segenswünschen und Euren ununterbrochenen Gebeten zu dem Höchsten, den wir verehren und der uns nicht verraten wird, weil er eine gerechte Sache niemals verrät.« Und in dem Appell an das Volk von Portugal, den wir bereits erwähnten, heißt es: »Der einstimmige Ruf Spaniens lautet: Wir wollen in der Verteidigung unseres Landes sterben, doch wir werden dafür sorgen, daß der ruchlose Feind mit uns untergeht. Kommt, hochgesinnte Portugiesen, vereint Euch mit uns! Die Ziele Eurer Rache befinden sich mitten unter Euch. Hört nicht auf die Urheber Eures Unglücks, greift sie an, sie sind nur eine Handvoll jämmerlicher, panikergriffener Männer, bereits gebeugt und besiegt durch die Gemeinheiten und Grausamkeiten, die sie begingen und die sie in den Augen

Europas und der ganzen Welt mit Schmach bedeckt haben! Steht auf wie ein Mann, aber sorgt dafür, daß Eure würdigen Hände sich nicht mit Untaten beflecken, denn Euer Ziel ist es, ihnen zu widerstehen und sie zu vernichten. Vereint werden wir gegen diese schändliche Nation stark genug sein, und in ganz Portugal, Spanien, ja, ganz Europa werden freie Männer aufatmen oder sterben.« – Dies sind ihre Hoffnungen, und sehen wir in diesem Zusammenhang noch einmal die Verlautbarung mit dem Titel »Vorsichtsmaßnahmen« an: welch ein Kontrast zu dem gottlosen Spott auf die Vorsehung, die der Tyrann in einigen Passagen, die wir zuvor zitierten, zum besten gab! »Es muß dafür Sorge getragen werden, der Nation zu erklären und sie zu überzeugen, daß, wenn wir von diesem Bürgerkrieg, zu dem uns die Franzosen gezwungen haben, befreit sind – was wir fest annehmen – und wenn wir uns wieder in einem Zustand der Ruhe befinden und unser Herr und König, Ferdinand VII., wieder auf den spanischen Thron eingesetzt ist, unter ihm und durch ihn die Cortes einberufen wird, Mißstände abgestellt werden und Gesetze erlassen werden, wie die Zeitumstände und die Erfahrung sie für das öffentliche Wohl diktieren. Dies wissen wir Spanier ebensogut wie andere Nationen zu tun, ohne daß für den niederträchtigen Franzosen eine Notwendigkeit bestünde, zu kommen und uns Lehren zu erteilen und uns, wie es bei ihm üblich ist, unter der Maske der Freundschaft unserer Freiheit und unserer Rechte zu berauben usw.«

Noch ein Auszug, und ich werde es dabei bewenden lassen. Er stammt aus einer Proklamation aus Oviedo, vom 17. Juni. »Ja, Spanien in der Kraft seiner Freiheit, muß mit Frankreich, das Knechtschaft geschwächt hat, in den Kampf treten. Wenn es fest und beständig bleibt, wird Spanien siegen. Ein ganzes Volk ist stärker als ganze disziplinierte Armeen es sein können. Diejenigen, die sich vereinen, um die Unabhängigkeit ihres Landes zu erhalten, müssen über Gewaltherrschaft den Sieg davontragen. Spanien muß in der gerechtesten Sache, in der jemals die tödliche Waffe des Krieges erhoben wurde, unweigerlich triumphieren, denn es kämpft nicht für die Angelegenheiten des Tages, sondern für die Sicherheit und das Wohlergehen von Jahrhunderten, nicht für ein isoliertes Privileg, sondern für die Rechte der menschlichen Natur, nicht für den zeitlich begrenzten Vorteil, sondern für immerwährendes Glück, nicht für den Nutzen einer Nation, sondern für die ganze Menschheit und auch für Frankreich selbst.«

Ich will meinen Leser nun bitten, einen Moment innezuhalten und an seinem Geist vorbeiziehen zu lassen, was ich ihm vorgelegt habe. Er hat gesehen, von welcher Art und wie groß das Unrecht war, das diese beiden Nationen erduldet haben, was sie gelitten haben und was sie fürchten müssen; er hat erfahren, daß ihre Gefühle von jener Einmütigkeit sind, die nur das Licht der Wahrheit hervorbringen kann, das über den tiefsten Beweggründen der menschlichen Natur leuchtet, und von jener Gleichzeitigkeit, die Philosophen bei ähnlichen Gelegenheiten zu der Behauptung geführt hat, daß Volkes Stimme Gottes Stimme sei. Er hat gesehen, daß sie nachgegeben haben, soweit die menschliche Natur es ertragen konnte, und daß diese Millionen leidender Menschen schließlich fast wie ein Mann aufgestanden sind, belebt von einer allumfassenden Hoffnung – denn ob sie dem Sieg oder dem Tod entgegensehen, sie sind voll Hoffnung, Verzweiflung ist ihnen fern. Sie werden sterben, sagen sie. Jeder einzelne kennt die Gefahr und, an ihrer Größe wachsend, greift er begierig nach dem Gedanken, daß er selbst sterben muß und, noch begieriger und mit noch größerem Vertrauen nährt er in seinem Herzen den Glauben, daß die Nation überleben und siegen wird oder, wenn es zum Schlimmsten kommen sollte, mag der Kampf in bezug auf die Überlegenheit äußerlicher Stärke ausgehen wie er will –, daß die Tapferkeit und das Märtyrertum, das Recht und Gottes Segen auf seiner Seite sind und ihnen nicht genommen werden können. Und es bewegen sie nicht nur diese erhabenen Gefühle universeller Moral, die in direktem und universellem Bezug zur ganzen Menschheit stehen, welche sie gedrängt hat, dem Übel entgegenzutreten und die Bestrafung des Übeltäters in Angriff zu nehmen, sondern sie lassen sich auch herab (denn auch dies, so großartig es für sich allein genommen ist, mag hier als Abstieg angesehen werden), die rationale Hoffnung auszudrücken, daß Mißstände im eigenen Lande beseitigt werden sollen und aus dem Material ihrer alten Institutionen, Bräuche und Gesetze ein besserer Rahmen bürgerlicher Regierung hergestellt werden soll – dieselbe in den Grundzügen ihres Aufbaus, doch das Wissen, den Geist und die Bedürfnisse des gegenwärtigen Geschlechts bekundend und harmonisch mit denen ihrer Vorfahren verbunden. Wehe denn dem Unwürdigen, der in dieser hochheiligen Sache seine Hilfe aufdrängt! Sie braucht die Hilfe des Intellekts, der Weisheit und der Liebe und weist jede andere zurück. Vergeblich ist es, Armeen zu entsenden, von denen weder Inspiration noch Richtung ausgeht. Der Strom ist so klar, wie er mächtig ist, gespeist von zehntausend Quellen in der Freigebigkeit der unberührten Natur; jeder Zufluß aus den Gossen und Kanälen der Schuld und Niedrigkeit kann ihn verstopfen, aber nicht verstärken. – Nicht in der Vorstellung, etwas Neues mitzuteilen, habe ich so lange bei diesem Thema verweilt, sondern um dem Leser sein Wissen wieder ins Gedächtnis zu rufen und diesem Wissen den Atem und das Leben des angemessenen Gefühls wieder einzuflößen, denn das reine Wissen ist nichts ohne Kraft, und nur im Gefühl existiert die Kraft des Wissens. Wenn wir also nicht vergessen, daß die spanische und portugiesische Nation auf dem edelsten Grund von Gesetz und Gefühl stehen und es unsererseits nicht zulassen, daß die Sympathien welken, die vor ein paar Monaten noch so stark waren, und nicht aus Nachlässigkeit oder Furcht von den Höhen großer Gesinnung herabsteigen, zu denen wir als Nation emporgehoben wurden, als sie uns zum ersten Mal ihr Unrecht schilderten und unsere Hilfe erbaten und wir uns selbst redlich und ernsthaft in ihren Dienst stellten, indem wir mit ihnen gemeinsame Sache in gemeinsamer Hoffnung machten; wenn wir darin ihnen und uns selbst gegenüber wahrhaft sind, werden wir nicht in Verlegenheit kommen, uns Gedanken zu machen, welches Tun sich uns empfehle, um dem Geiste einer Freundschaft zu entsprechen, die so edel begann und mit Gewißheit dazu führt, das öffentliche Wohl zu fördern, und welches andere niedrig und schädlich und deshalb zu verurteilen sei. Ist denn also, frage ich nun, der Vertrag von Sintra ein Akt der letzteren Art? Haben die Generäle, die die Vereinbarung signierten und ratifizierten, damit bewiesen, daß sie unwürdige Verbündete einer solchen Sache sind? Und hat das Ministerium, durch dessen Vollmacht diese Männer in den Stand gesetzt wurden, so zu handeln, und welches den Vertrag sanktionierte, indem es ihnen die Ausführung gestattete, hierdurch eine Schuld auf sich geladen, an der die gesamte Nation teilhat, bis die Regierung die Transaktion feierlich zurückgewiesen und die direkten und indirekten Urheber ihrer gerechten Strafe zugeführt haben wird? Eine Antwort auf diese Fragen enthält die Beweisführung, die ich für die Richtigkeit der Verurteilung erbringen werde, die das Volk gegen den Vertrag bei seinem Bekanntwerden einstimmig aussprach; ich werde beweisen, daß das Vergehen seiner Unterzeichner von solcher Art war und durch solche Zeugnisse belegt wurde, die eindeutig eine Ausnahme vom gewöhnlichen Lauf der Dinge darstellen, so daß es nicht des Wartens auf die Entscheidung eines Gerichtshofes bedarf, sondern daß das Volk gezwungen ist, durch eine Notwendigkeit, die in der Konstitution des Menschen als einem moralischen Wesen inbegriffen ist, den Spruch über sie zu fällen. Und dies werde ich nachweisen, indem ich den Vertrag Rechtsprinzipien gegenüberstelle, die von universeller Gültigkeit sind, sowie durch Bezug auf jene moralischen Empfindungen, welche aus der Rückschau auf die Umstände erwachsen, die ich dargestellt habe. [...]

JEAN PAUL

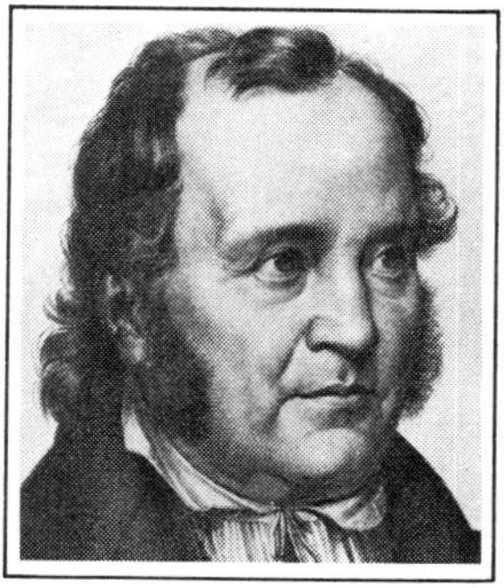

GERMANISMEN UND GALLIZISMEN*

(1809)

MIR träumte, Karl der Große halte mich für seinen Sohn, Ludwig den Frommen, und klage so: »wie seid ihr Deutschen eingeschrumpft, von dir an bis zu den Sachsen und andern Deutschen, die ich besiegte! Wie wenige haben meine Natur! Sonst maß (nach Conring) der Deutsche 7 Fuß rheinländisch, wie ich selber; wenigstens war er 6 Fuß 3½ Zoll nach Zimmermann**) lang. Wo aber seh' ich dergleichen Potsdammer noch? Dich Betbruder daher wird man bald sammt deinen Zwergen geschlagen haben. Himmel, welche Leibes-Stärke mögen unsere Vorfahren besessen haben, da schon Adelung in der zweiten Auflage seiner deutschen Orthographie aus ihrer Stärke die Menge ihrer Mitlauter ableitet, z. B. die sonstigen *Chinothzsson* statt unserer *Genossen*! – Wo gibt es denn noch Cäsars Römer um uns her***), welche blos auf Aussagen einiger Franzosen von der hohen Gestalt und Seele der Deutschen und von deren Augenblitze (acies oculorum) alle von den Kriegstribunen an bis zu den Gemeinen dermaßen in Furcht gerathen, daß sie in Thränen ausbrechen (neque

---

*) Sollte man den Stil dieser Abhandlung mit Tadel belegen: so merk' ich an, daß er fast leichter zu vermeiden als zu verdienen gewesen.

**) Dessen geograph. Geschichte etc.

***) de bell. gall. I. 39. Man lese das ganze Kapitel, das wahre Belobungsschreiben des altdeutschen Kriegs-Gehalts, das, so wie von des Römers Aufrichtigkeit, so noch mehr von der Deutschen Übergewicht sogar unter eines Cäsars Legionen eine ergreifende Ansicht gibt.

lacrymas tenere possunt), daß einige um Abschied bitten, andere sich in Zelten ausjammern und daß das ganze Lager testiert? Wo sind noch ähnliche Römer, Ludwig? Reichlich überall (dürfte man hoffen), wären nur erst ähnliche Deutsche da. – Wo ist noch ein Kaligula zu finden, welcher Deutsche nicht besiegen konnte und welcher daher seine Leute zu Deutschen umkleiden ließ und dann über die Vexier-Deutschen oder Masken-Deutschen öffentlich triumphierte?*) Auch dieser Kaligula wäre noch zu haben, aber nur zugleich mit Aecht-Deutschen. Allein eben nur damals galt Wiarda's so treffende Vermuthung – in seinem Buche über deutsche Vornamen, bei Fr. Nikolai p. 45 –, daß Germann durch das Affixum Ger, Gar, Ker, d. h. *sehr* oder *ganz*, wol nichts anders bedeute, als was man auf der Insel Rügen einen *Sehr-Mann*, nämlich einen Vortrefflichsten nenne. Du hingegen eignest dich so wie deine Deutschen mehr zu einem Wenig-Mann und zu *meines Reichs* Weniger, statt *Mehrer.*«

Man lasse hier den Traum und den Adoptiv-Ludwig fallen und wache auf. Aber werden denn nicht in unserem Wachen *dieselben* Klagen über deutsche Ausartung erhoben? Werden nicht Deutsche verschiedener Jahrhunderte, sogar Jahrtausende verglichen und an einander gemessen? Ohne zu bedenken, daß neben uns auf dem ganzen europäischen Boden auch die andern Völker sich einkleinern, wollen wir stets das Aelteste und doch zugleich das Neueste mit und verknüpfen die Klagen, daß wir nicht weit genug hinter uns und nicht weit vor uns leben und stehen. Aber es ist der ewige Fehler der Völker, daß sie das Aelteste – was sie sonst nicht eben so außerordentlich achten – begehren und rufen, wenn eben das Neue verblüht und das Neueste aufblüht.

---

*) Noch im 17. Jahrhundert hieß eine bloße querelle d'allemand ein Blutbad, nach Meierotto.

Riesen sind gewöhnlich so schwachköpfig als Zwerge; die Patagonen sind keine Fakultisten; die klein gekörperten Römer und Griechen sahen über die groß aufgebaueten Barbaren hinweg. Wir dürfen nicht den Verlust altdeutscher Vorzüge so hart bejammern, indeß wir den Gewinn neudeutscher gleichwol zu Markte tragen; der Spiritus der geistigen, aus Jahrhunderten zusammengedrängten Kultur wird nicht auf Riesen-Fässer abgezogen, sondern umgekehrt diese auf Flaschen.

Was in Deutschland die alte deutsche Zeit nachspiegelt und nachthut, ist blos das Volk; das aber dafür wie Polyphem ein Auge weniger hat als die französischen Ulyssen. Auffallend schlägt die französische Bildung – wie denn schon nach Cäsar Gallien sich über Germanien hinaus gebildet hatte – über unsere aus, wenn man blos den französischen Gemeinen und den deutschen Offizier gegen einander wägt; zumal da man die *Verwilderung* der französischen Kriegs-Landfahrer kleiner findet als die *Wildheit* vieler deutschen Garnisons-Insassen.

Gallizismen.

Der französische Gott ist der Gott des Augenblicks, Augenscheins und des Theilchens. Alles ist schnell wie ihre Angriffe und Siege; alles einzeln und coupiert wie ihre Perioden. Daher ihre Liebe für Einfälle mehr als für Werke. Vielleicht gibt dieser Sinn für den Augenschein ihnen die bessern Wundärzte, so wie die schlechtern Aerzte. Sie ergreifen das Einzelne der Kunst, weniger das Ganze; daher ihr Durst nach Einzelnheiten des Witzes, der heroischen Antithesen, der kompendiösen Bibliothek von Lebenszusammenfassungen; – daher ihre Untauglichkeit zur Musik, die nur durch Vergangenheit und Zukunft begriffen wird, nicht durch den Schlag der Gegenwart, welchen sie durch ihre Vorliebe für Fortissimo und Pianissimo (nach Reichard) begehren. Ihnen ist deßhalb ein Musiksaal ein Sprachzimmer, sie müßten sich denn durch Singen vom Reden abhalten; denn es wird ihnen viel zu lange, so lange nichts zu thun, d.h. nichts zu sprechen, bis der einschlagende Donner des Fortissimo oder das leise Regnen des Pianissimo ihr Ohr wieder ablenkt vom nächsten Ohre. Der Genuß-Freund des Augenblicks liebt stets die Rede; an ihr labt sich entweder Ohr oder Mund. Vielleicht fodern einquartierte Franzosen deßhalb oft viel, um viel darüber zu reden oder zu hören und dann hungrig zu Bette zu gehen. – Sie sind daher mehr für die Schnelle des Handelns als die Länge des Dichtens gemacht und haben, wie (nach Voß) die homerischen Götter, hephästische *Sohlen*, welche die Stelle der Flügel vertreten. Daher wollen sie bei ihren politischen Geburten es wie die Muhammedaner im Himmel*) haben, wo diese, wenn sie ein Kind begehren, dasselbe in Einer Stunde empfangen, geboren und erwachsen erhalten. Aber die deutsche Wärme dauert länger als die französische Flamme.

Germanismen.

Wenn Mendelssohn den Schmerz als die Trennung des *Stätigen* definiert: so hat er wenigstens den deutschen Schmerz richtig beschrieben. Wir wollen ungern aus einer alten Lage heraus, und ich wette, die Deutschen wenden sich in ihren Betten seltner um als die Franzosen. Wenn nach den Sinesen das Holz das Element aller Elemente ist – wie ihrer Regierungsverfassung ebenfalls –, so dürfen wir uns, scheint es, mit einem Vorrath von diesem Urelemente schmeicheln und uns fast für hölzern ausgeben; Verholzung aber ist wenigstens ein

*) Flügge's Geschichte des Glaubens an Unsterblichkeit. B. I.

Weg, jene Vollkommenheit zu erlangen, womit die Indier ihr höchstes Wesen bezeichnen, die des *Unbeweglichen.*

Auf dieses Vermögen zur Unbeweglichkeit möcht' ich den Vorzug gründen, welchen Johannes von Müller den Deutschen zuspricht, daß sie immer große Neuerungen eingeführt nur von fremden Völkern, wie Baukunst, alte Literatur u. s. w., aber solche darauf zu verklärter Gestalt erhoben haben. So daß wir den Römern ähnlichen, welche blos dadurch siegten, daß sie von allen feindlichen Völkern ihre Kriegskünste annahmen. Sogar auch diese entlehnen wir jetzt; nur wird man leicht erschlagen, wenn man erst mitten im Gewitter oder Kriege die Gewitterableiter aufrichtet. Daher der Rath jenes Bürgermeisters viel zweckmäßiger war, wenigstens ein Paar Tage vor der Feuersbrunst die Spritzen zu prüfen und herzustellen, damit man nachher auf nichts zu passen brauche als aufs Feuer. –

Niemand verkennt weniger als ich in diesen Verspätungen das, was uns dabei zur Ehre gereicht; alles Starke und Nördliche wird später gereift, von Köpfen bis zu Bäumen; nach Tozen war ein Churfürst erst im 18. Jahr mündig, ein Schwedenkönig erst im 21., hingegen ein französischer, spanischer, portugiesischer Kronprinz schon im 14ten. Wenn denn die Deutschen alle Gnadenmittel des Kriegs später empfangen, so kann wenig Unterschied zwischen ihnen und den vorigen Dauphins sein, welche die zweite Taufe fast mannbar bekamen – oder zwischen ihnen und dem Vater Abraham, der erst in einem Jahre, wo der Mensch schon abgeschnitten ist von Welt und Leben, beschnitten wurde, im 99ten – oder den ersten Jüngern Christi, oder ihm selber, welche die beiden Sakramente um mehrere Jahrzehende später erhielten – als unsere kleinsten Kinder.

Die deutsche politische Langsamkeit gründet indeß im Frieden tief und läßt Fruchtbarkeit nach; so wie die Seine erst nach 15 Meilen in St. Germain, das nur eine halbe von Paris abliegt, ankommt, dafür aber desto mehr unter dem längern Wege befruchtet und hilft. Damit aber verknüpft sich Böses zu Gutem; der Krieg will Schnelle, wie der Friede Langsamkeit; der Krieg – wenn er gut ist – ackert und säet; der Friede pflegt, gießt, behütet und will Zeit, wie der Krieg die Ewigkeit; in diese schickt er.

Das sinesische Ur-Element des Holzes zeigt sich an uns in manchen Erscheinungen. Eine ist, daß wir die Wache für den Staat gern, wie die Städte die der Thore, von abgelebten Alten thun lassen; und der alte General behütet den Thron, wie der alte Spießbürger das Thor.

Eine bessere Erscheinung ist, daß wir, wie die Sparter nach Xenophon, *langsam* zum Kriege sind – langsam im Kriege ist freilich eine schlimmere –; nach Tacitus*) aber bezeugt Schnelligkeit Furcht, Zauderung Steh-Muth und Halt.

Insofern möchten wir wagen, das Wappen zu führen, welches das alte Dazien**) auf seinen Münzen gehabt, nämlich einen Wurfspieß, an welchem zum Zeichen der Tapferkeit der Kopf jenes Thiers steckte, worauf Christus einritt, ehe er zu Kreuz, Grab und Himmel kam; aber dieß nur deßhalb, weil die Alten das bezeichnete Thier das *unüberwindliche* nannten.

Wieder eine böse Erscheinung! Wir Deutschen sagen alles lang und lange und langweilig. Wir hatten in Regensburg oft hohe Aktenstöße nöthig, um damit blos zwei Selbstlauter auszusprechen – Ja. Die Franzosen, welche drei Selbstlauter gebrauchten, oui, waren bald fertig. Wir haben, wie die Eskimos (nach Monboddo über die Sprache), für *viel* das kurze

---

*) Velocitas juxta formidinem, cunctatio propior constantiae est.

**) Universallexikon B. 7. S. 20.

Wort wonnaweuktukluit und für *wenig* das noch kürzere mikkeuawkrook. Indeß hindert diese vielwörtliche Wäßrigkeit uns so wenig am Geist als eine ähnliche die Weiber am ihrigen, so wie nach Doktor Gall ein ganzer Kopf voll mit vier Pfund Wasser gleichwol große Seelenkräfte beherbergt. Freilich wenn die französische Sprache dem Wörterbuch ihrer Oper gleicht, das nur 500 Wörter hat: so gleicht dafür unsere einer wahren Polyglotta von Sprachen*).

Gallizismen.

Man könnte, wenn gefragt würde, welche drei Dinge im Kriege die besten wären, dreimal antworten: Geschwindigkeit, als eine Menschen-Mechanik, ist darin das Maß der Schnelle, das Maß der Kraft. Auch beweiset dieses der Franzose, der – die Ehe ausgenommen – alles früh und schnell anfängt. Der Krieg ist ein Turnier; aber alle Europäer bekamen die Turniere erst von den Franzosen**), so wie das Kriegs-Wörterbuch. – Die Gallier hielten den Pluto für ihren Stammvater***); insofern nun der Krieg der größte Mehrer seines Reichs von Schatten ist, so bedenken sie ihren Ahnherrn, wie Kindern gebüret. Es wäre mehr Scherz, wenn man, da dem Pluto nur schwarze Thiere geopfert wurden, sich Aehnlichkeiten dazu ersinnen wollte, von den schwarzen Hof- und Mode-Farben an bis zu geistigen. – Vielleicht wurden ihre häufigern Schlachtfelder die Pflanzstätten ihrer guten Wundärzte.

---

*) Nirgends ist das vortrefflicher ausgeführt als im Buche: Ueber den Wortreichthum der deutschen und französischen Sprache. Leipzig bei Reklam 1806. Ein schöner, erleuchteter Siegesbogen deutschen Werthes, der über Deutschland steht.

**) Nach Dufrêne in Pistorius amoen. histor. jurid. diss. VI.

***) Caes. VI. 18.

Zur französischen Kriegskraft gehört ihre geistige Jugend und ihre Wahl der körperlichen; beides führt wieder zur sieghaften Schnelle. Wenn bei den Deutschen ein Mann nicht eher einige Tausend Regimenter befehligen und stellen durfte, als bis er selber kaum mehr stehen konnte – kurz wenn man, den Fürsten ausgenommen, nicht früher ein Heer weise anführen konnte, als bis man mehrere Millionen mal rasiert geworden: so ahmen die Franzosen mehr den Griechen nach, welche (nach Winkelmann) den *Mars* ganz jung und ohne Bart darstellten. – Vielleicht suchen daher manche deutsche Kriegs-Jünglinge das Avancements-Alter, so gut sie können, in Lusthäusern und Luststuben aller Art durch Glatzen und Schwächen so sehr zu antizipieren und zurück zu datieren, daß sie wirklich als Greise anzustellen wären. Vielleicht kommt es daher auch, daß manche halbbärtige Kriegs-Jünglinge die Backen- oder Wangenbärte gleichsam als Maske ihrer Jugend und ihres Kinns nähren und vorweisen; und so deckt – wie an Cäsar der Lorbeer – ein Backenbart die Glatze ganz gut.

Germanismen.

Es gibt eine Menschenklasse – schwer ihr selber zu beschreiben und also schwer den Deutschen, da sie bei ihnen die Mehrzahl bildet –, welche blos überall auf unserer so eckigen Erdenkugel zu existieren brauchte, um das ganze Leben und alle Tabors und Tempe's in eine kahle platte Heide von Lüneburg zu verkehren und einzuplätschen. Nämlich es gibt Leute, welche nicht sowol das Alte fort wollen – wie etwan die großen Freistaaten –, sondern das Alltägliche, was für einen Freistaat öfters eine große Neuerung wäre.

Spräche diesen geistigen Bettelorden der Seelen ein Anderer scharf aus, so müßte er sagen: »er wünscht vom Leben nichts, als es zu führen und dann mit hergebrachten Zeremonien zu verlassen, damit es ein anderer wieder anfange – Dabei verlangt er das nöthige Fabrik- und Regierungswesen – sammt so viel Philosophie und Poesie und Uneigennützigkeit und Eigennutz, als er selber hat, und in der Jugend Jugendfehler, und dann den gesetzten Mann.« – Die Herzkammern dieser Leute scheinen Amethyste zu sein, welche jedes Berauschen abhalten; ja der Begeisterte selber wird vor ihnen vernichtet und entfalbt sich mager, so wie sich im Froste die fettesten Gesichter zu hagern einziehen. Das Gähnfieber, das im siebenten Jahrhunderte in Italien tödtete, brächten jene Unbegeisterten uns geistig wieder, wenn sie könnten.

Nach ihnen bleibt die Menschen-Welt ewig, wie sie ist; und es thut mir leid, daß Brandes diesen erfrierenden Abgebrannten des Geistes in seinem Zeitgeiste das Wort durch die Behauptung redet, daß kantischer und fichtescher (eigentlich Herderscher) Glaube an ein Fortrücken der Menschheit eben Deutschland so weit rückwärts geschoben. Auf diese Weise das Weltgebäude – denn ich wüßte nicht, warum unser Mittelplanet gerade der schlechteste und stätigste sein sollte – zu einer maison des incurables zu machen, ist nur ein so trostloser Unglaube als der an die Unsterblichkeit. Freien Geistern – im Gegensatze knechtischer Körper – ist eine fortrückende Verschlimmerung, ja Verbesserung leichter möglich als der stehende Sumpf der Unveränderlichkeit. Da man doch einigen Völkern Fortgang zugestehen muß: warum sollte nicht eine *zufällige* Mehrzahl ähnlicher – wenn ich so blasphemisch-zweifelnd reden darf – ein Übergewicht fortwuchernder Veredlung über Stehen und Sinken erringen und festsetzen? –

Gewiß ists übrigens, daß alles Große, was noch auf der Kleinigkeits-Erde gethan worden, nur aus dem begeisternden Glauben an eine Erhebung desselben entstanden ist. Gibts eine Weltgeschichte nur der Danaiden; gilt die häßliche

Meinung *Robinets*, daß immer alles, Gutes und Böses, Wahrheit und Irrthum, Glück und Unglück, in zwei *gleichen* Theilen wagrecht über die Erde hänge: so sind alle Aufopferungen gelähmt – alle Helden kletternde Nachtwandler ohne Ziel – die Zeiten nur ein wechselndes Auswechseln der Gefangenen – die Erde eine sine cura Stelle – und das Leben eine Drehkrankheit toller Schafe.

Inzwischen kann doch die Sache anders sein und ein Gott wirklich existieren statt eines bloßen Teufels.

Gallizismen.

Die Franzosen, längst als Götter- und Götzen-Diener der Frauen berühmt, haben uns Deutsche bisher so höflich wie jene behandelt, denen sie unter allen Nazionen am meisten huldigen. Sie haben uns wie den Frauen das Angenehmste sowol gesagt als genommen, sie haben Politesse und Befehle, Selbstsucht und Artigkeit vereinigt, kurz viele glichen nicht dem Polnischen, das (nach Schulze) hart und schreiend wegen seiner Mitlauter vor die Augen tritt, aber im Leben lieblich-mild ausfällt, sondern sie waren vielmehr von beiden das Umgekehrte.

Germanismen.

Folgendes ist ordentlich ein Sinnbild deutscher Mittelmäßigkeit in Nachtheilen und Vortheilen. Fast alle Länder mußten ihren Namen – den Boden ohnehin – einer Krankheit verleihen, man kennt eine englische, polnische, ungarische, und dann Eine (gleichsam vier Länder-Gevattern stellende): die französische, amerikanische, spanische*) und neapolitani-

*) Die Lustseuche heißt bei den alten Deutschen hispanische Blattern.

sche; aber keine deutsche. Allein dafür gibts auch kein Neu-Deutschland, obwol ein Neu-Frankreich, Neu-England, Neu-Spanien usw.

Gallizismen und Germanismen zugleich.

In den französischen Urtheilen über deutsche Literatur erscheint eine anmaßungsvolle Aergernis, daß wir uns auf dem Felde der Wissenschaften nicht für eben so geschlagen achten wollen als auf den Schlachtfeldern. Wiederum in den deutschen Urtheilen über französische Literatur offenbaret sich die Aergernis über politische *Niederlagen* durch die kühnsten Erleuchtungs-Feste deutscher Literatur-Siege. »Wenigstens – schreiben sie – kann kein Potentat uns bei Wasser und Brod befehlen, daß uns die Schriften seiner Unterthanen stark charmieren und kontentieren; sondern wir ziehen in Büchern keck vom Leder und zeigen, wo uns das Herz sitzt, ferner der Geschmack.« Auch Verf. dieses erklärt dem Kaiser ins Angesicht – falls das Buch vor seines kommt –, daß er manche deutsche Werke (seine eignen nicht ausgenommen) höher placiert und schätzt als viele gallische, besonders die elenden darunter; er sieht aber allen Folgen seiner Kühnheit unbeschreiblich ruhig entgegen.

Germanismen und Gallizismen und Katholizismen.

Ein Preßzwang der Zeitungen liegt dem Protestantismus nicht nahe. Blos Friedrich Wilhelm nahm der Nachwelt alle Berliner Zeitungen von den Jahren 1713 bis 1714*); aber das

---

*) Siehe Gundlings Leben.

spätere Preußen ließ mitten im Kriege sich von seinen Schreibern eben so gut als von seinen Feinden anfallen; und vertrauete auf die Leser. Um so mehr mag es befremden, daß die Franzosen – als ob auswärtiger Krieg der einheimischen Revoluzion ähnlich wäre, und als ob sie durch die größte Zensur-Freiheit etwas anderes erlaubten, als ihre Siege zu Papier zu bringen vom Schlachtfelde – mitten im Überflusse angenehmer Wahrheiten so hypochondrisch jede unangenehme aus den Zeitungen verbannen und ihre Schreiber dazu. Da sie nichts von uns zu fürchten haben – außer am Ende Unglauben an die wahrhaftesten Berichte ihrer Siege*) –, und da man doch nicht annehmen kann, daß sie in Einem fort, 365 Tage lang, und durch die ganze Geographie ihrer Schlachtfelder hindurch wollen gepriesen sein, indeß sogar ein Cäsar und Friedrich II. eigne Niederlagen selber verbreiten und verewigen: so ist bei diesem liberum veto und Zeitungs-Zwange wol keine andere Absicht zu denken als die, uns Deutsche zu verfeinern, nämlich Schreiber und Leser abzurichten, wie Franzosen im Schauspielhause schon beim halben oder Achtels-Worte den ganzen Gedanken anzufassen und aus der Höle hervor zu ziehen. In der That spinnen die Zeitungsschreiber sich zusehends feiner und dünner aus; nur

*) Durch Verbergen kleiner Unglücksfälle säeten die französischen Zeitungen einen Unglauben an die Glücksfälle aus. welchen erst das Ende und der Friedensschluß bekehrte. Die Bülletins bewiesen bisher, daß die Franzosen die Wahrheit sagten, wenn sie sich lobten, und daß sie keine sagten, wenn sie nichts sagten. Ueberhaupt theilen die gewöhnlichen Kriegsberichte zweier feindlichen Mächte, insofern sie die Gräber wieder vergraben, oder den eignen Triumphator, wie die Römer den ihrigen, noch schminken auf seinem Wagen, und den feindlichen wenigstens schwärzen daselbst, unter beide Leser-Parteien gleichviel ungerechten Un- und Leichtglauben aus. Sagt alles, so glaubt man euch alles; und sogar dem Selbst-Vergöttern könnt ihr Gläubige verschaffen durch Selbst-Verläumdung.

aber werden leider die Feinen von den Feinern mehr bestraft als ermuntert, was mich halb verdrießt.

Auf der andern Seite laufen wieder zum Verwundern – da doch überall der Franzose wie ein Vogel mitten im Essen und Trinken klug und scheu umblickt – die Cours-Zettel der Kaufleute frei umher, diese Wund-, Beicht- und Komödienzettel der Staaten, da jede Handlungszeitung von Natur zu einer politischen artet. Kaufleute sind die unwillkürlichen Zeitungsschreiber, so wie die Zeitungsschreiber noch stärkere Kaufleute.

Wenn die Handlungen der Fürsten so wenig gesehen werden sollen: macht man dann nicht das Land zu einem Korea*), wo man Fenster und Thüren zusperren muß, so oft der König durch die Gasse geht? Gerade aufmachen müßte man sie deßhalb.

Neulich las ich in der *Nazional*-Zeitung der *Deutschen* – ein fast pleonastischer Titel! –, daß ein Fürst seinem Ländchen alle politischen Gespräche verboten habe. Wenn, nach dem bekannten Ausspruche, gehaltene Gesetze besser sind als die besten nicht-gehaltenen, so ist jenes ein gutes, da es schwerlich ungestraft in einem Lande zu brechen ist, das ein Ländchen ist so breit wie St. Marino. Indeß in einem großen Staate, im alten Rom, in England, in Frankreich, wäre Zungensperre bei politischen Gegenständen, d. h. bei nahen und fernen Beziehungen auf das Vaterland, nichts weiter als ein Interdikt des politischen Gottesdienstes, oder als ein Verbot für die Börse, von Warenverboten, oder für das Konsistorium, von verbotenen Graden zu sprechen. Sollte man denn nicht das antheilnehmende Sprechen über das theuerste Wohl, nämlich das ausgedehnteste, statt zu rügen,

---

*) De la Porte's Reisen. 6. B.

lieber lohnen? Will denn ein Fürst seine Bürger durch Strafen angewöhnen, kalt-stumm gegen das regierte Land und folglich gegen ihn selber zu sein? Fürsten, schauet in die Geschichte zurück: niemand wurde mehr von Bürgern geliebt als die Fürsten, welche jeden Tadel erlaubten; denkt an die preußischen Könige.

Eigentlich ist das ganze Verbot nichts anders als eine Verwechslung politischer Gespräche mit politischen Eigenmachts-Handlungen, für welche letztere sich Verbot und Strafe von selber versteht, eine Verwechslung, die aber blos in Revoluzions-Zeiten keine ist.

Übrigens wenn der Moniteur seinen Käufern nicht (ohne Verletzung über die Hälfte) seinen eignen Anfang und Heidenvorhof verbieten kann; und wenn gleichwol seine alten Frechheitspredigten jetzt ohne Schädlichkeit gelesen werden: so möcht' ich wissen, ob denn blos dadurch eine hinein komme, daß er darauf setzt, wie auf alte Volksbücher: gedruckt in diesem Jahre.

Letzter Gallizismus und Germanismus.

Unter die Vorzüge, welche vielleicht uns Quartier- und Lastträgern die Franzosen ablernen, wird unsre Flucht und Leichtigkeit und oft veränderlicher Sinn gehören. Bisher waren diese zu fest, wenn auch nicht steif, die einzigen neuern Katos in vielen Punkten. Wie lange hielten sie nicht sonst die kartesische Philosophie und noch jetzt die voltairesche fest! Wie geben ihnen ihre heiligen drei Könige der Tragödie, Corneille, Racine und Voltaire, lauter unbewegliche Feste und die ganze Mode einer hundertjährigen Literatur! Sie, diese Erfinder so vieles Stehenden, von den stehenden Armeen an bis zu den Stereotypen, arbeiten, wie im Trauerspiel, auf Einheit des Interesses (ihrer alten Lustbarkeiten) hin; und gar nicht das wichtigste Neueste wirkt auf sie, sondern das wichtigste Älteste, ihr Name, so wie den Nachtwandler ein Pistolenschuß nicht weckt, aber sein Name.

Dagegen halte man nun uns deutsche Luft- und Äther-Springer, uns flüchtige Salze Europens und Seelenwanderer von Reichskörper zu Reichskörper. Selber unsere Urtheile über die zu fixen und *feuer*-beständigen Franzosen wechseln wir in Einem Jahrhundert fünf mal, wenn man unseres unter Louis XIV, dann das umgekehrte unter Louis XV, dann das wieder umgekehrte unter der Nazionalversammlung, dann unter dem Gemeinderath, dann das zuletzt umgekehrte unter Napoleon vergleicht, indeß ein sechzehnjähriger Franzose nicht viel anders als ein neunzigjähriger jetzt von uns spricht, von welchem ich mir freilich mehrerer Lobreden und weniger Schmeicheleien versähe. Bald glichen wir dem *Germanikus* und dem (englischen Wappen-) Löwen, welche zwei oder drei kein Krähen des Hahns (Gallus) vertragen; bald wieder unter der Revoluzion wurde der umgewirbelte Wetterhahn unser Kompaß oder, wie bei Petrus, ein Bußprediger, aber nur darüber, daß wir unsern Herrn – nicht verläugnen.

So gingen wir überall leicht mit der Zeit, die uns denn auch immer mitnahm. Denkt zuerst an die Literatur! Noch kein Volk machte mit solcher schönen Leichtigkeit in so wenigen Ostermessen, gleichsam auf zwei Springstäben, den Weg durch drei philosophische Systeme, ordentlich die drei Instanzen oder die drei operationes mentis, hindurch, Kants, Fichtens, Schellings. Wie schnell ging man vom moralischen Rigorismus Kants und Fichtens zum ästhetischen und politischen Libertinismus der Neuesten über! Wie gewandt springen wir nicht zwischen unsern Lieblings-Dichtern hin und her und kommen leicht (wenn ich mir nicht zu viel schmeichle) von den neuesten auf die ältesten zurück, mit Hinwegsetzen über die *Mittelalten*! Der Franzose aber macht uns dieses

Springen zwischen Neuesten und Ältesten schlecht oder wenig nach, sondern strandet in der Mitte und ankert z. B. bei Voltaire. Ähnliches Übergewicht dürften wir lebhaften runden Schusser Europens vielleicht auch über Italiener und Britten behaupten.

Allerdings that bisher unsere vereinzelte zwiespältige Reichsverfassung, die uns auf keine Kaiser-Stadt und Residenz-Meinung beschränkte, uns die Freiheit auf, jedes Volk zu werden, sogar ein deutsches. So wurden wir denn allseitig und kosmopolitisch genug und Allerwelts-Nazion. Daher nennt uns jedes Land anders: Germans, Allemands, Tedeschi. Wären wir noch vollends in uns selber verliebt, so gäb' es keine Völker-Schönheit im ganzen geographischen Adreß-Kalender, die wir mehr anerkenneten.

Wer indeß jede Schönheit lieb hat, bleibt schwer zu Hause, wo zuweilen nicht mehr als eine zu finden ist, wenn er sich selber mitzählt. Freilich ahmen wir alles nach, aber auch uns selber mit, folglich sind wir früher Urbildner als Nachbildner, früher Originale als Kopien, wie denn auch die größten Genies niemand etwas nachmachen als sich. – Übersetzen Unserer in andere Völker, Übersetzen dieser in unseres reicht uns das alte Fährgeld Charons, der gleichgültig Verdammte und Seelige überführt. Kurz wir, als die ächten Mimiker und Ripienisten Europens, wollen alles zu uns herein heben. Unsere Altäre, worauf wir opfern und räuchern, sind Tragaltäre, mit welchen wir in allen Ländern hausieren, um sie vor beliebige Götter hinzusetzen. Ist es denn etwas anders als dasselbe flüchtige deutsche Blut, welches uns weniger zu Holland- als Weltgängern und Weltfahrern macht und zum Treibeise aller Küsten? Landesverweisung (uns ein lustiger sächsischer Länderer) ist uns nicht wie den Alten, welche durch sie ihre Götter verloren, eine Strafe, sondern schöne Belohnung, ein Geschenk von Wanderjahren zur Meisterschaft. Aber man erkenne, daß uns eben nichts mehr in Stand setzt, unserer flüchtigen Komplexion Genüge zu leisten, als der Wechsel mit Ländern und Menschen, der uns wieder mit dem nöthigsten Wechsel von Moden und Sitten versorgt, bis sogar auf die Tänze, von denen wir ein so reiches Sortiment auswärtiger nachspringen, daß uns darunter sogar unsere deutsche Allemande unter dem Namen einer fremden erscheinen kann unter den Anglaisen, Ecossaisen, Polonaisen, Quadrillen u. s. w. In der That, unserer Ehre würde es mehr zuschlagen, schätzte man blos von dieser Seite unser Streben, die Nebensonne sogar jeder ausländischen Nebensonne zu sein. Das Lächerliche fällt weg, wenn unsere Gesellschafts-Säle Abguß-Säle ausländischer Schönheiten und Sitten sind, da wir mit unserer Allseitigkeit ja blos den Menschen ähnlich sind, welche – im Gegensatz der Thiere – alle Speisen und alle Klimate vertragen. Obwol auswärts Nachtreter auswärtiger Moden, sind wir doch zu Hause Gegenfüßler einheimischer – nämlich um nur eine Veränderung mehr zu erzwingen; denn wer nicht ist wie andere Leute, macht eben dadurch andere Leute, und eine neue Mode nicht mitmachen, heißt ja eine neueste mitbringen.

Uns übrigens deßhalb Affen Europens zu nennen, anstatt dessen edlere ernste trübe Urangutangs, würde wol kein Zoolog für recht sprechen.

Da der Holländer der feste enge Maskopeibruder des Deutschen ist: so möchte man vielleicht fragen, warum gleichwol die sieben Provinzen den zehn Kreisen die Sprünge so wenig und schlecht nachthun und ungern einen andern *Wechsel* honorieren als den a uso, und warum alle etwanigen politischen tours de force der Holländer – oder gar die literarischen – kaum wie Schritte aussehen gegen unsere. Aber wie, wenn eben Holland der Bajazzo Deutschlands wäre, und letzteres erst der ächte Springkünstler? Macht denn der Bajazzo nicht alle Luft-Künste des Springers absichtlich recht ungelenk und langsam vor, damit der nachkommende Künstler nachher durch den Abstich desto herrlicher glänze?

Vielleicht darf man sich jetzt mehr als je vom Kriege schmeicheln, daß zwei Völker gegen einander noch etwas Freieres und Eigneres als ihre Gefangenen auswechseln, so daß französisches Phlegma oder Bodensatz sich mit deutschen flüchtigen Geistern auf eine Weise versetze, welche in beiden Nazionen den nazionellen Überschlag in das Gleichgewicht der Humanität zurückstellt; gleichsam eine Vereinigung zwischen dem starren Mars und der leichtfertigen Venus. Nur macht der volatilische Deutsche die Sache dem festern Franzosen etwas sauer; denn wie es einen gedruckten »geschwinden Lateiner« gibt, so will er der geschwinde Deutsche sein und schlägt bei jedem Blatte der Sphären-Partitur der jetzigen Weltgeschichte mit der Entschuldigung um: volti subito. Den Franzosen ungleich, welche, wie gedacht, im Leben wie auf der Bühne Einheit des Orts und des Interesse behaupten, nehmen wir blos die dritte Einheit, die der Zeit, für uns an und weg und drängen alle unsere komischen und tragischen Veränderungen in die kürzeste Zeit. Unsere Trauerspiele mit ihren Schlachten werden oft auf der Bühne und im Leben gleich schnell abgespielt.

Noch ein Beweis der deutschen Schnellsegler sei der letzte.

Wenn ein Leser eines Klopstocks, Kants, Fichtens, Herders, Jakobi's, Schillers und aller edlen Deutschen – der Platons, Rousseau's, Montesquieu's etc. gar nicht zu gedenken – auf einmal aus ihren himmelsfreien Eden-Gärten auf den Sklavenmarktplatz neuerer Schreiber eintritt, und wenn er von dort her Ohr und Herz noch voll mitbringt von Lehren, welche nur den Menschen, nicht sein Thier beseelen, welche vom freien Menschen-Geiste, von Genuß-Aufopferung und von allem reden, was alle höhern Seelen bisher gehabt und ausgetheilt, was im Glück aufrichtet über die Weide und im Unglück über die Wüste, und was allein die Menschen einander und das Leben achten lehrt – und wenn dieser plötzlich auf dem Sklavenmarkte nun nichts ausrufen hört als Geld und Handel und politisches Maschinen-Wesen und heiße Ideen-Moloche mit Völkern in Armen: dann empfindet ein solcher, aber an zu weiten Wunden seiner Brust, wie sich die Deutschen und die Zeit so schnell umstürzen; ein Bramine, der Reis-Misernte wegen plötzlich ausgeworfen aus seinen milden Gefilden in grönländische Jurten voll Thran und Seehundsfelle und Aussichten aufs Eis, dieser könnte nur das körperliche Gleichnis zu jener Empfindung hergeben.

So schnell beten die Deutschen das philosophische Vaterunser, wie Hexen das evangelische, *rückwärts*, um damit Zauberei zu treiben.

Was den gedachten Handel angeht, so sind wir hierin wie ächte Juden, nicht etwan, weil wir ihn so sehr wie sie treiben und begehren, sondern weil der Gesetzgeber Moses eben den Juden den Handel verboten, den sie jetzt nicht fahren lassen wollen. Die Alten achteten nie am Handel den Handel selber; in Griechenland, das so günstig ihm die Küsten darbot, betrieb ihn der Sklave; und im Handels-Karthago hielt sich der verachtete Kaufmann nicht unter Bürgern, sondern in gesonderten Bezirken auf.*) Die großen Alten und die alten Großen konnten sogar edler Fruchtlosigkeit den Vorzug vor gemeiner Nützlichkeit zusprechen, so wie in ihren heiligen Hainen**) (*englische* Gärten auch in diesem Sinne) nur *fruchtlose* Bäume standen. Insofern blos Übergewicht des geistigen Gehaltes und der höhern opfernden Kraft berechnet wird, so käme dasselbe mehr dem Kriege als dem Handel zu, und in

---

*) Agrippa de nobilit. foem. sex.

**) Potters Archäologie.

dieser Rücksicht streicht mit Recht, sogar äußerlich, das Kauffarteischiff vor dem Kriegsschiffe die Segel; es ist leichter, Gewinn als Ehre zu suchen, leichter, zu berechnen als zu bekämpfen; und an sich fodert der kleinste Krieg, das Duell, mehr sittliches Opfer als der Großhandel. Der Handel (sagt Montesquieu) knüpft Völker, und zertrennt Einzelwesen – so wie der Krieg, setz' ich dazu, es umkehrt –; und eben jene Zertrennung zeigt sich in den europäischen Kolonien so um desto grausamer, je kaufmännischer die Nazion ist, daß z. B. der Holländer und Britte weit härter als der Däne und Franzose bisher seine Kolonisten behandelte. Klein ist die Selbstsucht des Kriegers gegen die des Kaufmanns, schon weil jener – länger Opferthier als Opferpriester – mit nothwendigem hohen Selbst-Hingeben sich seine kurzen Genüsse einkauft. Der Handelsstand gedachte mehrmals zeither durch seine gedruckten Handelsberichte und Klagen, wie wenig diese und jene Ware eben *anzöge* und stiege, und wie viel er uns Kunden damit weit weniger abgewänne, als er in so spekulazions-günstigen Zeiten zu erraffen gehofft; durch dieses Jammern über das Glück der vielen tausend Kunden glaubte er letztern eine und die andere Thräne ins Auge zu treiben; – freilich geht sie hinein, wenn man lacht; aber Verfasser dieses erhielt sich dabei mehr trocken und ungerührt.

Um aber eben jener Menschen-Trennung zu wehren, so muß ein Handelsstaat zugleich ein Freistaat sein; dann bringt das Interesse am Staate das kaufmännische ins Gleichgewicht mit jedem Einzelwesen.

Handelsfreiheit ist ohne *Handelns-Freiheit* Nichts oder Gift; denkt an das freie England, Holland, an den Hanse-Bund und dessen nordischen Nach- und Herbstflor. Politische und kaufmännische Freiheit fodern, heilen und ergänzen sich gegenseitig. In der Türkei sind Fugger unmöglich, sie durften von 1534 an Gold- und Silbermünzen prägen, wie in England Bolton Kupfermünzen; aber dort in der Despotie wären nur statt der Köpfe Rümpfe einzuprägen. So war es z. B. ein Zufall der Geographie und Zeit, daß die Römer mit keinen andern Waren handelten als mit Sklaven und Königen; wiewol freilich auch jeder Handel da wegfällt, wo die Tapferkeit alles *umsonst* bekommt und weggibt.

Über die Zwang- und Nothwesten der Knechtschaft, in welche jetzt einige Schriftsteller uns wie Wahnsinnige stekken, laßt uns schweigen aus Schmerz oder Verachtung! Lieber bin ich Linguet in der Bastille als vorher ein Linguet als ihr Lobredner; denn alle Sklaverei besteht blos in der Liebe derselben; und ein Sokrates thront im Kerker. Mit der Menge ists freilich anders, eben ihres Namens wegen, sie vergiftet sich in der schwarzen Höle des Despotismus gegenseitig. Daher bisher die größten Staaten Despotien waren oder wie Rom wurden; nur der neueste nimmt sich durch seltene Verhältnisse davon aus. Mit dem Bambusrohr, womit der oberste Chinese oder Mandarin Bücher und Dekrete ausfertigt, schlägt der chinesische Kaiser ihn zum traurigen Ritter und mehr als hundert Millionen Menschen zu einer Schafherde herunter.

Bei den Persern durfte man, wenn man opferte, von den Göttern nichts für sich allein, sondern es zugleich für alle und den König erbitten.*) Diese Sitte ist die schönste Definizion der Freiheit. Nichts ist gefährlicher für Menschen-Wohl, als dasselbe der Idee eines Einzigen unterzuordnen und unterzubauen; es müßte denn die Idee gerade das höchste und weiteste Wohl bezielen, nämlich eben den unauslöschlichen Charakter der Humanität, für welche Freiheit Folge und Bedingung ist.

---

*) Herodot. I. 132.

Einheit, Gleichheit, Gerade machen kann man freilich so leicht wie der allmächtige entgeisternde Tod. Ein Alter beschrieb die krumme Linie als eine, worin kein Theil die übrigen Theile beschattet; die *gerade* beschattet sich überall. Die Freiheitslinie ist wie die Schönheitslinie, eben so gebogen; die ankettende Linie ist wie jedes anziehende haltende Band, stramm gerade; und an einer Idee eines Einzigen sterben die Ideen von Tausenden.

Noch haben wir wenig zu befürchten als uns selber; und die Zukunft wird von der Gegenwart mehr versprochen als gedroht, wenigstens falls wir mehr die – Franzosen nachahmen.

Dieß ist weder Scherz noch Wagsatz; denn ich spreche von Vaterlandsliebe. Der Franzose liebt seine Volksbrüder feurig, wo er sie finde, und noch dabei – vielleicht eben darum – seinen Beherrscher; er verficht heldenmüthig seinen Waffenbruder und seinen Fürsten. – In Deutschland aber läuft der Epheu der Vaterlandsliebe mehr am Throne empor als auf dem Boden umher; nämlich wir haben immer einen großen Fürsten – groß entweder geographisch, oder heroisch, oder sittlich – vonnöthen, um erst an ihm das Vaterland zu lieben.

Noch hat uns – den gedachten Einfluß der Fürsten abgerechnet – das Unglück nicht so viel Vaterlandsliebe gegeben, als das Glück den Franzosen davon gelassen, ja zugelegt. Oder soll unser geschriebenes und gemurmeltes Geklage über Mangel an Geld, an Handel, an Kriegsglück, an Kriegsverstand, an Patriotismus ein Zeuge des Patriotismus sein, indeß er – wenigstens in kleinen Ländern und in den fernen Länder-*Außenwerken* der größern – sich nicht mit seinen beseelenden Flammen, nämlich mit einer selbstvergessenen Aufopferung für Gesammtheiten, Bürgerschaften u. s. w. thätig erweist? Anstatt z. B. unter die Kriegslast der Menge die eigne Schulter zum Tragen unterzustellen, zieht sie jeder hinweg und beklagt blos das allgemeine Beladen unbeladen.

Aber euch, ihr deutschen Fürsten, ruft die Kraft eures patriotischen Einflusses auf, euren Zepter zum schöpferischen Zauberstab der deutschen Völker zu machen, blos dadurch, daß ihr euch recht – lieben lasset; damit aus dem Sterben und Leben für den Landesvater eines für das Vaterland werde. Wie ein Vater Liebe seinen Kindern nur abverlangt als Bürgin und Quelle ihrer künftigen für ihre Kinder: so schenket doch, ihr Fürsten, dem Deutschland liebende Deutsche zurück. Eure Thronen waren oft bisher die *Cestius-Pyramiden* der Deutschen; werden sie künftig die Wetterscheiden finstern Gewölks! –

GERMAINE DE STAËL

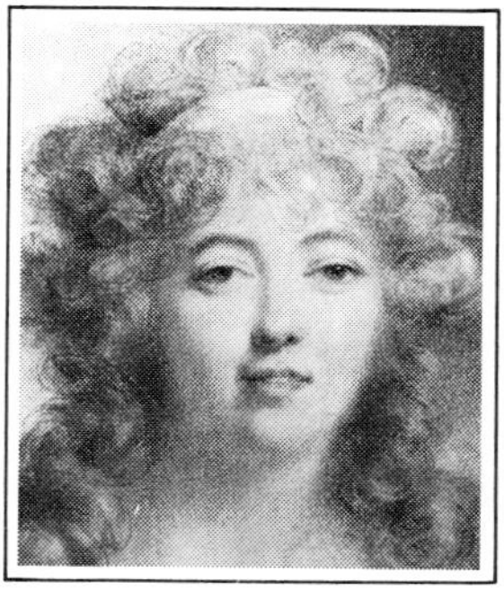

ÜBER DEUTSCHLAND

(1810)

Sitten und Character der Deutschen

NUR einige Hauptzüge können der deutschen Nation gemein seyn; denn die Abweichungen dieses Landes sind so groß, daß man nicht weiß, wie man so verschiedenartige Religionen, Regierungsformen, Clima's, ja Völker unter einen und denselben Gesichtspunct bringen soll. Das südliche Deutschland ist, in vieler Hinsicht, von dem nördlichen durchaus verschieden; die Handelsstädte haben nicht die geringste Ähnlichkeit mit denen, welche als Universitäten berühmt sind. Die kleineren Staaten sind von den beiden großen Monarchieen, Preußen und Östreich, wesentlich abweichend.

Deutschland war ein aristocratischer Bundesstaat. Dem Reiche fehlte es an einem gemeinschaftlichen Mittelpunct der Aufklärung und des Gemeingeistes. Es bildete keine zusammenhängende Nation; dem Bündel fehlte das Band. So nachtheilig diese Verschiedenheit Deutschlands seiner politischen Kraft war, so vortheilhaft war sie den Versuchen aller Gattung, denen sich Genie und Einbildungskraft überlassen mochten. Es herrschte eine Art sanfter friedlicher Anarchie darin, im Fach literarischer und metaphysischer Meinungen, wobei es jedermann frei stand, seine individuelle Ansicht der Dinge ganz nach Gefallen zu entwickeln.

Da es keine Hauptstadt giebt, die der Sammelplatz der guten Gesellschaft von ganz Deutschland ist, so kann der gesellige Geist seine Gewalt nur wenig geltend machen, so fehlt es dem herrschenden Geschmack an Einfluß, und den Waffen des Spotts am Stachel. Der große Theil der Schriftsteller arbeitet in der Einsamkeit, oder in dem engen Kreise kleiner Umgebungen, über die sie die Herrschaft führen. Sie geben sich, jeder besonders, allem hin, was eine ungezügelte Einbildungskraft ihnen eingiebt; und wenn sich in Deutschland eine Spur der Modegewalt blicken läßt, so besteht sie bloß darin, daß sich jeder etwas damit weiß, sich von allen andern zu unterscheiden. In Frankreich ist es gerade das Gegentheil; da strebt alles nach dem Lobe, das Montesquieu Voltairen ertheilt, wenn er sagt: »Er hat mehr als irgend jemand, den Verstand, den jedermann hat.«*) Die deutschen Schriftsteller würden sich eher noch entschließen, die Ausländer, als ihre Landsleute nachzuahmen.

In der Literatur, wie in der Politik, haben überhaupt die Deutschen zu viel Achtung für das Ausland, und nicht genug Nationalvorurtheile. Bei Einzelnen ist die Verläugnung seiner selbst und die Achtung des Andern eine Tugend; nicht so beim Patriotismus der Nationen: dieser muß egoistisch seyn. Der Stolz der Engländer trägt zu ihrer politischen Existenz mächtig bei; die gute Meinung der Franzosen von sich hat von jeher ihr Übergewicht in Europa verstärken helfen; der edle Stolz der Spanier machte sie einst zu Herren eines Theils des Erdkreises. Die Deutschen sind Sachsen, Preußen, Baiern, Östreicher; aber der germanische Character, welcher die Stärke aller übrigen begründen sollte, ist zerstückelt, wie das Land selbst, was so verschiedene Herren zählt.

Ich werde das südliche Deutschland besonders untersuchen, und das nördliche wieder besonders; für jetzt aber mich mit Bemerkungen begnügen, die der gesamten Nation gemein sind. Die Deutschen sind im Allgemeinen aufrichtig und treu; fast immer ist ihr Wort ihnen heilig, und der Betrug ihnen

---

*) Mutterwitz.

fremd. Sollte sich je die Falschheit in Deutschland einschleichen, so könnte es nur geschehen, um sich den Ausländern nachzubilden; um zu zeigen, daß sie eben so gewandt seyn können als jene; vor allem, um sich nicht von ihnen hinter's Licht führen zu lassen; bald aber würde der gesunde Verstand und das gute Herz die Deutschen auf die Überzeugung zurückbringen, daß man nur durch seine eigene Natur stark sey, und daß die Gewohnheit des Rechtlichen uns ganz und gar unfähig zur Arglist mache, selbst dann, wenn wir sie gebrauchen möchten. Um aus der Immoralität Vortheil zu ziehen, muß man in jeder Hinsicht leicht bewaffnet seyn, nicht aber ein Gewissen im Herzen, und Bedenklichkeiten im Kopfe führen, die uns auf halbem Wege aufhalten, und es uns um so mehr bereuen lassen, vom alten Wege abgewichen zu seyn, da es uns unmöglich wird, in der neuen Straße leicht vorzuschreiten.

Es wäre, dünkt mich, leicht zu beweisen, daß, ohne Moral, alles in der Welt Ohngefähr und Finsterniß ist. Gleichwohl hat man oft bei den Völkern lateinischen Ursprungs eine Politik angetroffen, die mit seltener Gewandtheit die Kunst besaß und ausübte, sich von allen Pflichten loszumachen. Der deutschen Nation hingegen darf man es zum Ruhme nachsagen, daß es ihr beinahe an der Fähigkeit fehlt, die geschmeidig-dreist es versteht, jede Wahrheit jedem Vortheil zu Gunsten zu beugen, und die heiligen Verbindlichkeiten der kalten Berechnung aufzuopfern. Ihre Mängel sowohl, als ihre Eigenschaften, unterwerfen diese Nation der ehrenvollen Nothwendigkeit, gerecht zu seyn.

Der Machttrieb zur Arbeit und zum Nachdenken ist ebenfalls ein Unterscheidungszeichen im Character der Deutschen. Die Nation ist von Natur literarisch und philosophisch; nur daß der Unterschied der Klassen, welche in Deutschland hervorstechender als irgendwo ist, weil die Nation hierin keine Schattirungen duldet, in mancher Hinsicht, dem, was man eigentlich unter *Geist* (Esprit)*) versteht, in den Weg tritt. Der Adel hat zu wenig Ideen, die Gelehrten zu viele Geschäftsverwickelungen. Der *Geist* ist ein Gemisch von der Kenntniß der Dinge und der Menschen; und die Gesellschaft, wo man ohne Zweck, und dabei doch mit Theilnahme handelt, ist gerade das, was die am meisten entgegenstehenden Fähigkeiten am besten entwickelt. Was die Deutschen characterisirt, ist mehr die Einbildungskraft als der *Geist*. J. P. Richter, einer ihrer ausgezeichnetsten Schriftsteller, sagt irgendwo: »Das Gebiet des Meeres gehört den Engländern; das Gebiet der Erde den Franzosen; das Gebiet der Luft den Deutschen.« Und in der That thäte es Noth, in Deutschland, Mittelpunct und Gränzen, jener hervorstechenden Denkkraft anzuweisen, die sich in den leeren Raum versteigt und verliert, in die Tiefe eindringt und verschwindet, vor gar zu großer Unparteilichkeit zu Nichts, vor gar zu feiner Analyse zum Chaos wird, mit einem Wort, der es an gewissen Fehlern mangelt, die ihrer Vollkommenheit zum Außenwerk dienen könnten.

Man hat viel Mühe, wenn man so eben aus Frankreich kam, sich an die Langsamkeit, an den Ruhestand des deutschen Volks zu gewöhnen; es hat nie Eile, findet allenthalben Hindernisse. Das Wort *unmöglich* hört man hundertmal in Deutschland aussprechen, gegen einmal in Frankreich. Muß gehandelt werden, so weiß der Deutsche nicht, was es heißt, den Hindernissen entgegen streben; und seine Achtung vor der Gewalt rührt mehr davon, daß sie in seinen Augen dem Schicksale gleicht, als von irgend einem eigennützigen Grunde her.

---

*) So oft Geist kursiv seyn wird, soll es das französische Wort esprit, im französischen Sinn, bedeuten.

Der gemeine Mann hat in Deutschland eine ziemlich rauhe Außenseite, zumal wenn man seiner gewöhnlichen Art zu seyn in den Weg tritt; dies hat zur natürlichen Folge, daß er länger als der Adel jene heilige Antipathie gegen die Sitten, Gebräuche und Sprachen des Auslandes beibehalten möchte, welche in allen Ländern das Nationalband schließt. Bietet man ihm Geld an, so bringt dies in seiner Handlungsweise keine Veränderung hervor; die Furcht führt ihn nicht von seinem Wege ab; er hat, mit einem Worte, jene Beharrlichkeit in allen Dingen, welche ein herrlicher Vorschritt zur Moralität ist; denn der Mensch, den die Furcht, und noch mehr die Hoffnung, in beständiger Bewegung erhält, geht leicht von einer Meinung zur andern über, wenn es sein Vortheil befiehlt.

Sobald man sich nur etwas über die letzte Volksklasse in Deutschland erhoben hat, bemerkt man bald das innere Leben, die Seelenpoesie, die den Deutschen bezeichnet. Die Bewohner der Städte und Dörfer, Soldaten und Landleute, verstehen fast alle Musik. Es ist mir sehr oft begegnet, in kleine vom Tabaksdampf durchräucherte Hütten zu treten, und nicht allein die Hausfrau, sondern auch ihren Mann, auf dem Klavier phantasiren zu hören, wie man in Italien improvisirt. Allenthalben ist die Einrichtung getroffen, daß an Markttagen auf dem Altan des Rathhauses mitten auf dem Platze Spielleute mit blasenden Instrumenten sich versammeln; so daß die Bauern der benachbarten Dörfer ihren freudigen Antheil an der ersten aller Künste nehmen können. Sonntags singen Chorschüler auf den Straßen geistliche Lieder. Wie man erzählt, war Luther, in seiner Jugend, ein solcher Chorknabe. Ich befand mich einst zu Eisenach, einem Städtchen im Herzogthum Sachsen-Weimar, an einem überaus kalten Wintertage; es lag auf den Straßen tiefer Schnee. Ich sah einen langen Zug von jungen Leuten in schwarzen

Mänteln durch die Stadt ziehen, und hörte sie mit lauter Stimme Lieder zum Lobe Gottes anstimmen. Außer ihnen befand sich Niemand auf der Straße, so streng war die Kälte; und diese Stimmen, beinahe so harmonisch wie die südlichen, rührten um desto mehr, da sie mitten aus der erstarrten Natur hervortönten. Bei der bittern Kälte durften die Einwohner ihre Fenster nicht öffnen; doch erblickte man hinter den Scheiben traurige und heitere Gesichter, alte und junge, welche mit Freuden die Tröstungen der Religion auffaßten, die ihnen der sanfte Gesang zuhauchte.

Die armen Zigeuner, auf ihren Reisen mit Weib und Kind, tragen alte Harfen mit sich auf dem Rücken umher; sie sind von schlechtem Holze, aber ihr Ton ist harmonisch. Sie spielen darauf, wenn sie unter einem Baume auf der Landstraße ausruhen, oder vor den Posthäusern durch das wandernde Familienconcert die Milde der Reisenden rege machen wollen. In Östreich spielen die Hirten auf einfachen aber wohlklingenden Instrumenten, angenehme Weisen. Diese Weisen und Lieder stimmen vollkommen mit dem sanften träumerischen Eindruck zusammen, den das Feld hervorbringt.

Die Instrumentalmusik ist in Deutschland eben so allgemein eingeführt, als die Vocalmusik in Italien. Die Natur hat freilich, in dieser Hinsicht, wie in so mancher andern, mehr für Italien als für Deutschland gethan. Es kostet Mühe und Anstrengung, um es in der Instrumentalmusik etwas weit zu bringen, während der südliche Himmel allein hinreicht, schöne Stimmen zu bilden; gleichwohl würden nie Männer aus den arbeitenden Classen auf die Erlernung der Musik die nothwendige Zeit verwenden können, wenn sie nicht natürliche Anlage dazu hätten. Die von Natur musikalischen Völker erhalten durch die Harmonie Gefühle und Ideen, zu welchen ihre beschränkte Lage und ihre alltäglichen Beschäftigungen ihnen nicht verstatten würden, auf andere Art zu gelangen.

Die Bäuerinnen und Dienstmägde, die nicht Geld genug zu einem vollständigen Sonntagsstaat haben, schmücken gleichwohl Kopf und Arme mit Blumen aus, damit doch wenigstens die Einbildungskraft bei ihrem Anzuge ihr Spiel treiben möge; andere, die es weiter bringen können, tragen an Sonn- und Festtagen eine Mütze von Goldstoff, ziemlich geschmacklos, und gegen den übrigen schlichten Anzug sonderbar abstechend, auf dem Kopfe; aber diese Mütze, die schon ihre Mütter trugen, erinnert an die alten Sitten; und der feierliche Staat, mit welchem die Frauen aus der niedrigen Volksklasse den Sonntag ehren, hat etwas Ernstes, und spricht für sie.

Man sollte den Deutschen ebenfalls für ihren guten Willen Dank wissen, anstatt sie zu belächeln, wenn sie uns durch ihre ehrerbietige Verneigungen und ihre förmliche Höflichkeit zu ehren gedenken. Sie hätten ja so leicht durch Gleichgültigkeit und Kälte jene Artigkeit und Grazie ersetzen können, die zu erreichen wir Ausländer sie für unfähig halten. Durch Verachtung gebietet man jederzeit dem Spotte Stillschweigen, denn dieser läßt sich meistentheils nur da aus, wo ihm zwecklose Anstrengungen, ihn zu entwaffnen, auffallen; aber wohlwollende Gemüther geben sich lieber dem Lachen preis, als daß sie es durch ein hohes, kaltes Wesen, welches man so leicht annehmen kann, zurückstießen.

In Deutschland ist nichts so auffallend, als der Gegensatz zwischen den Empfindungen und den Gewohnheiten, zwischen den Talenten und dem Geschmack. Ausbildung und Natur scheinen hier noch nicht gehörig zusammengeschmolzen zu seyn. Wahrheitliebende Männer erscheinen nicht selten im Ausdruck und im Anstande gezwungen, als hätten sie etwas zu verbergen; nicht minder oft zeigt sich die sanfte Seele unter einer rauhen Außenseite; ja man geht noch weiter, und die Schwäche des Characters blickt hinter harten Worten und harten Formen hervor. Mit dem Enthusiasmus für Dichtkunst und schöne Künste, verbinden sich vielfältig gemeine gesellschaftliche Sitten und Gewohnheiten. Es giebt kein Land, wo die Gelehrten oder junge Studierende auf hohen Schulen es weiter in den alten Sprachen und in der Kenntniß des Alterthums gebracht hätten; und von einer andern Seite kein Land, wo altväterische Sitten und Gebräuche einheimischer wären, als Deutschland. Die Erinnerungen aus Griechenland, der Geschmack an der Kunst scheinen durch Correspondenz dahin gelangt zu seyn; indeß die Feudaleinrichtungen, die alten germanischen Gebräuche, noch immer in großen Ehren stehen, obschon sie, zum Nachtheil der militärischen Landesgewalt, viel von ihrer vorigen Kraft verloren.

Es giebt kein wunderlicheres Gemisch, als die militärische Ansicht von Deutschland; hier Soldaten, auf welche man mit jedem Schritte stößt; dort das eingezogene Leben, das geführt wird. Man scheuet sich vor den Beschwerden, vor der rauhen Luft, als bestände die Nation blos aus Handelsleuten und Gelehrten; während alle Anstalten dahin abzielen und abzielen sollen, der Nation militärische Gewohnheiten mitzutheilen. Die Völker des Nordens, die der Strenge ihres Clima Trotz bieten, gelangen zu einer vorzüglichen Abhärtung gegen alle Gattungen physischer Übel, wie dies der russische Soldat beweiset; wo aber das Clima nur halbstreng ist, wo es noch möglich wird, sich der herben Luft durch häusliche Vorkehrungen zu entziehen, da machen eben diese Vorkehrungen die Menschen desto empfindlicher gegen die physischen Leiden des Krieges.

Die Öfen, das Bier, der Tabaksrauch umgeben den gemeinen Mann in Deutschland mit einer Art von schweren heißen Atmosphäre, aus welcher er nicht gern hervorgeht. Dieser Dunstkreis ist der Thätigkeit nachtheilig, die dem Krieger mindestens eben so nothwendig ist, als der Muth; Revolutionen gehen langsam von statten; Muthlosigkeit tritt ein, weil eine für die meisten ziemlich dürftige Existenz eben nicht geschickt ist, Zutrauen auf das Glück einzuflößen; die Gewohnheit einer ruhigen, friedlichen Lebensart ist nicht die beste Vorbereitung auf die mannigfaltigen Zufälligkeiten des Lebens, so daß man sich lieber dem Tode unterwirft, der auf der geraden Straße uns entgegenkommt, als den Schicksalen eines Abenteurers.

Die Abscheidung der Classen, in Deutschland weit schärfer gezeichnet, als sie es in Frankreich war, mußte den Soldatengeist im Bürger ersticken. Diese Abscheidung hat, an sich, nichts Beleidigendes; denn, ich wiederhole es, die Gutmüthigkeit scheint überall in Deutschland, selbst in dem Aristokraten-Stolz, durch, und die Verschiedenheit der Stände beschränkt sich auf einigen Vorrang bei Hofe, auf einige geschlossene Zirkel, welche zu wenig Vergnügen gewähren, um in denen, die sie entbehren müssen, Neid zu erregen; denn nichts ist empfindlich, in welcher Hinsicht es sey, wo die Gesellschaft, und durch sie die Waffe des Lächerlichen, nur wenig Gewalt hat. Die Menschen können dem Gemüth nur durch Falschheit oder Spott wehe thun; und in einem Lande voller Ernst und Wahrheit giebt es immer Gerechtigkeit und Glück. Aber die Scheidewand, die in Deutschland den Adel von dem Bürgerstand trennte, hatte zur nothwendigen Folge, daß die Nation im Ganzen minder kriegerisch ward.

Die Einbildungskraft, des kunstübenden und literarischen Deutschlands herrschende Eigenschaft, flößt Furcht vor der Gefahr ein, wenn man diese natürliche Bewegung nicht mit Hülfe der überwiegenden Meinung und des exaltirten Ehrgefühls bekämpft. In Frankreich war, schon ehedem, der Geschmack am Kriege allgemein; der gemeine Mann wagte gern sein Leben, um nur ein Mittel zu haben, es in Bewegung zu setzen, und an der Last desselben minder schwer zu tragen. Es ist eine große Frage, ob häusliche Neigungen, die Gewohnheit des Nachdenkens, ja die Sanftmuth des Gemüths selbst, nicht dahin führen, den Tod zu fürchten, wenn aber, wie in Deutschland, die ganze Kraft eines Staats auf seinem militärischen Geiste beruht, so wird die Untersuchung der Ursachen wichtig, die in der deutschen Nation diesen Geist geschwächt haben mögen.

Gewöhnlich führen drei Hauptbeweggründe die Menschen in den Krieg: Liebe zum Vaterlande und zur Freiheit, Ruhmbegierde und religiöser Fanatismus. Es giebt keine große Vaterlandsliebe in einem seit mehreren Jahrhunderten getheilten Reiche, wo Deutsche gegen Deutsche zu Felde zogen, mehrentheils um einem Antriebe von außen Folge zu leisten; der Ruhmbegierde mangelt es an Lebhaftigkeit, wo es an einem Mittelpunkt, an einer Hauptstadt, an Geselligkeit fehlt. Die Art von Unparteilichkeit, die ich den Luxus der Gerechtigkeit nennen möchte, und die den Deutschen characterisirt, macht ihn weit fähiger, sich für abstracte Ideen, als für das Interesse des Lebens zu entflammen. Ein deutscher General, der eine Schlacht verliert, ist sicherer, Nachsicht zu erhalten, als einer, der sie gewinnt, glänzendes Lob einzuernten; überhaupt ist, bei einem solchen Volke, zwischen glücklichen und unglücklichen Erfolgen der Unterschied nicht groß genug, um den Ehrgeiz lebhaft anzuspornen.

Die Religion hat, in Deutschland, ihren Sitz im Innersten des Herzens; zugleich aber trägt sie gegenwärtig ein Gepräge der Träumerei und der Unabhängigkeit, welches ausschließlichen Empfindungen nicht den gehörigen Nachdruck beilegt. Dieses Einzelnstehen von Meinungen, Individuen und Staaten, der Macht des deutschen Reichs so überaus nachtheilig, findet sich auch in der Religion wieder; eine große Anzahl verschiedener Secten theilt sich in Deutschland, und die katholische Religion selbst, die durch ihre innere Beschaffenheit einförmige strenge Zucht hält, wird von den Deutschen, nach eines jeden Weise und Gutdünken, erklärt. Das politische und gesellschaftliche Gut der Völker, eine gleiche Regierung, ein gleicher Gottesdienst, gleiche Gesetze, gleiches Interesse, eine classische Literatur, eine vorherrschende Meinung; nichts von allem diesem findet sich bei den Deutschen. Dadurch wird freilich jeder einzelne Staat unabhängiger, jede Wissenschaft besser angebaut; aber die Nation im Ganzen zerfällt in solche Unterabtheilungen, daß man nicht weiß, welchem Theile des Reichs man den Namen Nation beilegen soll.

Die Freiheitsliebe ist bei den Deutschen nicht entwickelt; sie haben weder durch Genuß, noch durch Entbehrung, den Werth kennen gelernt, den man in diesem höchsten Gute finden kann. Es giebt mehrere Beispiele von Föderativ-Staaten, die dem Gemeingeist eben so viel Kraft als Einheit in der Regierung zutheilen; aber jene Staaten sind einander gleich, jene Bürger sind frei. Der deutsche Bund bestand aus Starken und Schwachen, aus Bürgern und Knechten, aus Nebenbuhlern und sogar aus Feinden; aus alten Elementen, durch die Umstände zusammentreffend, und von den Menschen in Würde gehalten.

Die deutsche Nation ist ausharrend und gerecht; ihr Gefühl für Billigkeit, und Rechtlichkeit verhindert, daß eine, sogar fehlerhafte, Einrichtung zum Bösen führen könne. Als Ludwig der Baier in den Krieg zog, überließ er die Verwaltung seiner Staaten Friedrich dem Schönen, seinem Gefangenen; und dieses Vertrauen, welches damals für Niemand befremdend war, betrog ihn nicht. Mit solchen Tugenden hatte man von den Mängeln der Schwachheit, oder von der Verwickelung der Gesetze nichts zu befürchten; die Rechtschaffenheit der Menschen ersetzte alles.

Die Unabhängigkeit selbst, die man beinahe in jeder Hinsicht in Deutschland genoß, machte die Deutschen gleichgültig gegen die Freiheit: die Unabhängigkeit ist ein Gut, die Freiheit eine Bürgschaft; und eben weil niemand in Deutschland weder in seinen Rechten, noch in seinen Genüssen gekränkt wurde, fühlte man nicht das Bedürfniß einer Ordnung der Dinge, durch die dieses Gut behauptet würde. Die Reichsgerichtshöfe verschaften eine sichere, obschon langsame Gerechtigkeit gegen jede Handlung der Willkühr; die Mäßigung der Fürsten und die Weisheit der Völker gaben fast niemals Anlaß zu Vorstellungen; man glaubte, keines constitutionellen Bollwerkes zu bedürfen, weil man keinen Eingriff vor sich sah.

Es muß Wunder nehmen, daß das Feudalrecht beinahe ohne alle Abänderung unter so aufgeklärten Menschen fortgedauert habe; da aber in der Ausübung dieser an sich mangelhaften Gesetze nie Ungerechtigkeiten vorfielen, so tröstete die Gleichheit in der Anwendung über die Ungleichheit in dem Grundsatz. Die alten Urkunden, die alten Privilegien der Städte, jene große Familiengeschichte, die das Glück und den Ruhm der kleinen Staaten ausmacht, war den Deutschen über alles theuer; sie vernachlässigten darüber die große Nationalmacht, die es vor allen Dingen wichtig war, mitten unter den europäischen Colossen zu begründen.

Dem Deutschen fehlt es, mit wenigen Ausnahmen, an Fähigkeit zu allem, wozu Gewandtheit und Geschicklichkeit erfordert wird. Alles beunruhigt ihn, macht ihn verlegen; er bedarf eben so sehr der Methode im Handeln, als der Unabhängkeit im Denken. Der Franzose hingegen betrachtet die Handlungen mit der Freiheit der Kunst, und die Ideen mit der Knechtschaft der Gewohnheit. Die Deutschen, die sich dem Joche der Regeln in der Literatur nicht unterwerfen können, möchten, daß im Leben ihnen alles vorgezeichnet würde. Sie verstehen sich nicht darauf, mit den Menschen zu verhandeln, und je weniger man ihnen Gelegenheit giebt, sich bei sich selbst Raths zu erholen, desto mehr ist man ihnen willkommen.

Politische Einsetzungen können allein den Character einer Nation begründen. Nun stand die Natur der Regierung in Deutschland mit der philosophischen Aufklärung der Deutschen beinahe im Gegensatz; daher kommt es, daß sie die größte Kühnheit im Denken mit dem folgsamsten Character verbinden. Der Vorzug, den der Soldatenstand hat, und die Verschiedenheit der Stände überhaupt haben sie in allen Verhältnissen des geselligen Lebens an die genaueste Unterwürfigkeit gewöhnt; der Gehorsam ist bei ihnen nicht Knechtschaft, er ist Regelmäßigkeit; sie sind in Erfüllung der an sie ergehenden Befehle eben so pünktlich, als ob jeder Befehl eine Pflicht wäre.

Die aufgeklärten Köpfe in Deutschland streiten lebhaft mit einander um die Herrschaft im Gebiet der Speculation; hier leiden sie keinen Widerspruch; überlassen übrigens gern den Mächtigen der Erden alles Reelle im Leben. »Gleichwohl findet das von ihnen verschmähte Reelle seine Abnehmer, welche nachher Verwirrung und Zwang selbst in den Reiz der Einbildungskraft übertragen.«*)

Der Geist der Deutschen scheint mit ihrem Character in keiner Verbindung zu stehen; jener leidet keine Schranken, dieser unterwirft sich jedem Joche; jener ist unternehmend, dieser blöde; die Aufklärung des ersten giebt selten dem zweiten Kraft; und dieses erklärt sich gar leicht. Die Vermehrung unserer Kenntnisse in neueren Zeiten dient nur dazu, den Character zu schwächen, wenn er nicht durch die Ge-

*) Von den Censoren gestrichen.

wohnheit der Geschäfte und die Ausübung des Willens gestärkt wird. Alles einsehen und begreifen, ist ein erheblicher Grund zur Ungewißheit; die Kraft zu handeln entwickelt sich nur in freien und mächtigen Gegenden, wo patriotische Empfindungen ihren Sitz in der Seele haben, wie das Blut in den Adern, und nur zugleich mit dem Leben erkalten.*)

---

*) Ich darf nicht erst dem Leser sagen, daß ich hier England im Sinne hatte; wenn aber nur die Namen nicht ausgeschrieben sind, macht sichs der größte Theil der Censoren, der aus aufgeklärten Männern besteht, zum Vergnügen, *nicht* zu verstehen. Nicht so die Polizei: sie besitzt eine wirklich auffallende Art von feindlichem Instinct gegen alle liberale Ideen, unter welcher Form sie ihr aufstoßen mögen; in diesem Felde stöbert sie, wie die abgerichteten Spürhunde, alles auf, was in dem Gemüth der Franzosen ihre alte Liebe zur Aufklärung und zur Freiheit wieder rege machen könnte.

PERCY BYSSHE SHELLEY

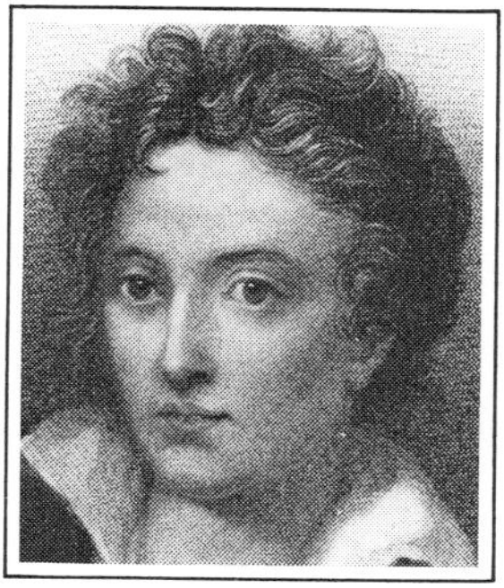

AN DAS IRISCHE VOLK

(1812)

[Auszüge]

MEINE Brüder, ich bin kein Ire, dennoch kann ich mit Euch fühlen. Ich hoffe, unter Euch ist keiner – nein, ich glaube es nicht! –, der diese meine Worte voreingenommen oder leichthin liest, nur weil sie von einem Engländer verfaßt wurden. – Die Iren sind eine unerschrockene Nation. Sie haben in der Brust ein Herz, das für die Freiheit schlägt, doch sie irren sich, wenn sie meinen, ein Fremder könne nicht ebenso stark empfinden. Brüder und Landsleute sind für mich alle diejenigen, die im Unglück sind. Gern wüßte ich, was einen Engländer, einen Spanier oder Franzosen zu einem schlechteren oder besseren Menschen macht, als er in Wirklichkeit ist. Der eine wurde in dieser Stadt geboren, Du in jener. Doch das ist kein Grund, warum er nicht mit Dir fühlen, Dein Bestes wollen oder Dir Ratschläge erteilen könnte, die Dich besser in den Stand setzen können, Deinen eigenen Vorteil zu erkennen oder so zu handeln, daß er gesichert wird. Viele Engländer machen die Iren schlecht und glauben, es diene ihren Zielen, wenn sie alles Irische schmähen, aber sie hegen solche Meinungen nicht deshalb, weil sie Engländer sind, sondern weil sie es auf Geld, Ämter und Macht abgesehen haben. Sie würden genauso handeln, wenn sie einer anderen Nation angehörten, falls die Menschheit sich nicht zum Besseren hin ändert – eine Umwälzung, die hoffentlich eines Tages eintreten wird. – Ich möchte den Iren sehen, der, wenn England, wenn Frankreich so bedrängt wie Irland wäre, wenn irgendwo Männer, die zum öffentlichen Wohl beitragen, so wie die Iren daran gehindert würden, die

Früchte ihres Erfolges zu genießen – ich sage, ich möchte den Mann sehen, der solch ein Elend beobachtet, ohne den Versuch zu machen, den Unglücklichen Hilfe zu leisten, so gut er kann; es sei denn, ich könnte ihn keinen Iren nennen, sondern einen an einem Hofe großgezogenen Bastard oder einen feigen Dummkopf, der sich bei denen, die über ihm stehen, als Demokrat gebärdet und als Aristokrat bei denen, die ihm unterlegen sind. Ich glaube, daß es wenige echte Iren gibt, die sich einer solchen Einstellung nicht schämen würden, und noch weniger, die sie besitzen. Ich weiß, es gibt Menschen – nicht unter Euch, Freunde, aber unter Euren Feinden, die meine Schrift nach einem Blick auf den Titel mit einer Art Erwartung zur Hand nehmen werden, daß darin Gewalttätigkeit empfohlen und dadurch die Sache der Freiheit diskriminiert werde, daß die Glut eines Herzens, das Freiheit für alle ersehnt, sich in der Schmähung der Freiheitsfeinde Erleichterung verschaffen werde – schlechte Menschen, die die Verachtung der guten verdienen und nicht, zum Schaden der Sache, ihre Empörung erregen sollten. Diese Menschen werden enttäuscht sein. Ich weiß, daß sein glühendes Herz den Iren manchmal die Umsicht vergessen läßt. Diese rühmliche Glut will ich nicht ersticken, aber sie mäßigen. Die Wegbereiter der Unterdrückung werden enttäuscht sein, und sie werden bedauern, daß diese Schrift keine Wirkung hervorbringen wird, der eine andere Absicht unterstellt werden kann als die, Euch mit der Mäßigung auszustatten, die sie selbst nicht besitzen, und Euch zur Ausübung jener Toleranz anzuleiten, die sie selbst Euch verweigern. – Ihr bekennt Euch zur römisch-katholischen Kirche, wie es vor Euch Eure Väter getan haben. Ob sie die beste aller Kirchen ist, will ich hier nicht untersuchen. Alle Kirchen sind gut, die den Menschen gut machen, und wollte einer beweisen, daß sein Weg, Gott zu dienen, der beste sei, so sollte er besser als andere Menschen sein. Aber laßt uns sehen, wie Eure Kirche früher war und wie sie heute ist. Ihr werdet sagen, von mir als einem Protestanten sei es nicht fair, so vorzugehen, doch ich bin weder Protestant noch Katholik, und da ich weder der einen noch der anderen der beiden Kirchen anhänge, bin ich besser geeignet, zwischen beiden abzuwägen. Protestanten sind meine Brüder, und Katholiken sind meine Brüder, und nichts bereitet mir größeres Vergnügen, als zu erleben, daß mein Rat einen Menschen weiser, besser und glücklicher macht, welchem Glaubensbekenntnis er auch immer angehören mag.

Einst verfolgten die Römisch-Katholischen die Protestanten, heute verfolgen die Protestanten die Römisch-Katholischen – sollen wir glauben, daß eins so schlecht wie das andere sei? Nein, Ihr seid für die Verirrungen Eurer Väter genausowenig verantwortlich wie die Protestanten für die Frömmigkeit der ihrigen. Ich muß mir von den Menschen ein Urteil bilden, so wie ich sie sehe. Über die Irisch-Katholischen wird viel Schlechtes geredet. Ich will mir keine Mühe geben, ihre schlimme Lage vor ihnen zu verschleiern; sie würden denken, daß ich mich über sie lustig mache, wenn ich es versuchte. Die irischen Katholiken fordern jetzt unbegrenzte Religionsfreiheit für sich selbst, wie sie sie auch anderen zugestehen, und die Einsichtigen unter ihnen, die nach meiner Meinung einen sehr großen Teil von ihnen ausmachen, wissen, daß die Himmelstore den Menschen jeder Religion offenstehen, vorausgesetzt, es sind gute Menschen. Aber die Protestanten, obwohl sie im Herzen genauso denken, was sicher ist, falls sie überhaupt denken, scheinen so zu handeln, als ob sie dächten, daß Gott an ihnen mehr Gefallen finde als an Euch; die Zügel irdischer Herrschaft vertrauen sie nur den Händen ihrer eigenen Glaubensgemeinschaft an. Dennoch habe ich unter ihnen nie einen getroffen, der unverschämt genug gewesen wäre zu behaupten, daß ein Römisch-Katholischer oder ein Quäker, Jude oder Mohammedaner, wenn er ein tugendhafter Mensch war und alles in seiner Macht stehende Gute tat, etwas später in den Himmel käme, weil er sich nicht zu den 39 Artikeln bekannte, – und wenn es einer behauptete, wie lächerlich von einem affigen, keine sechs Fuß hohen Hofschranzen, bestimmen zu wollen, wie der Geist der universellen Harmonie die Angelegenheiten des Universums zu lenken hat!

Die Protestanten sagen, daß die Römisch-Katholischen einst Menschen anderer Gesinnung verbrannten und ermordeten und daß ihre religiösen Grundsätze heute dieselben seien wie ehedem. Das ist durchaus richtig. Freilich dient Ihr Gott auf dieselbe Weise wie damals, als solche Unmenschlichkeiten stattfanden, doch ist das der Grund, weshalb Ihr heute unmenschlich sein solltet? Für eine solche Annahme gibt es genausoviel Grund wie dafür, daß ich, weil jemandes Urgroßvater, der Jude war, wegen des Diebstahls von Schafen gehängt wurde, das gleiche Verbrechen begehen werde, weil ich derselben Religion angehöre. Laßt uns also sehen, wie die römisch-katholische Religion früher war. – Niemand weiß viel von den frühen Zeiten des Christentums, bis etwa 300 Jahre nach seinen Anfängen zwei große Kirchen, die römische und die griechische, den Glauben der Menschen spalteten. Lange Zeit lagen sie miteinander im Kampf, viele Worte wurden vergeudet und viel Blut vergossen. Dies, wie Ihr vermuten werdet, tat nicht gut. Jede der beiden Parteien allerdings glaubte, Gott einen Dienst zu erweisen, für den er sie belohnen werde. Hätten sie nur ein wenig über ihre Grenzen hinausgeblickt, dann würden sie erkannt haben, daß Menschen zu bekriegen, umzubringen, zu verfluchen und zu hassen der allerschlechteste Weg war, um in die Gunst desjenigen Wesens zu gelangen, von dem jeder weiß, daß ihm die Taten der Liebe und Barmherzigkeit am besten gefallen.

Schließlich entzweiten sich beide Kirchen endgültig, und die Päpste regierten die Könige und Bischöfe in Rom, in Italien. Die Inquisition wurde eingesetzt, und innerhalb eines einzigen Jahres wurden in Italien und Spanien dreißigtausend Menschen verbrannt, weil sie die Meinungen des Papstes und der Priester nicht teilten. Ein Beispiel unerhörter Grausamkeit gab der römisch-katholische Klerus in Frankreich auf Anordnung des Papstes: die fanatischen Mönche dieses Landes metzelten in einer einzigen Nacht kaltblütig achtzigtausend Protestanten nieder. Dies geschah mit der Ermächtigung des Papstes, und nur ein einziger römisch-katholischer Bischof besaß Tugendhaftigkeit genug, um seine Mithilfe zu verweigern. Die Laster der Mönche und Nonnen in den Klöstern zu dieser Zeit waren schmachvoll; das Volk hielt sie für fähig, jede Sünde zu begehen, wie groß sie auch immer sei, wenn sie nur genug Geld besäßen, um die Priester zur Erteilung der Absolution zu bewegen. Es ist wahr, daß die Priester damals das Volk schmählich mißbrauchten; sie hatten alle Macht in ihren Händen und redeten ihm ein, daß der Mensch mit der Obhut seiner Seele nicht allein betraut sein dürfe, und indem sie sich schlau seiner Geheimnisse bemächtigten, wurden sie mächtiger als Könige, Fürsten, Herzöge, Adel oder Minister. Die Macht verwandelte sie in schlechte Menschen, denn obwohl vernunftbegabte Menschen im ursprünglichen Zustand gute Menschen sind, gibt es heute und gab es immer nur wenige, deren gute Anlagen nicht durch despotische Macht zerstört worden wären. Ich habe nun eine faire Beschreibung Eurer Kirche in der Vergangenheit gegeben, und – Iren, meine Brüder! – wollt Ihr Euren Freund als einen Lügner hinstellen, wenn er an Eurer Stelle behauptet, daß Ihr nicht so seid wie die Bekenner Eures Glaubens in lang vergangenen Zeiten? Spreche ich die Unwahrheit, wenn ich sage, daß die Inquisition ein Gegenstand Eures Abscheus ist?

Bin ich ein Lügner, wenn ich erkläre, daß der Ire die Freiheit hoch schätzt und dieses Recht erhalten will und, wenn er im Unrecht ist, nicht im Traum daran denkt, daß Geldzuwendungen an einen Priester oder das Gerede eines anderen Menschen, der irren kann wie er selbst, das Urteil des ewigen Gottes im mindesten beeinflussen können? – Ich lüge nicht, wenn ich in Eurem Namen versichere, daß Ihr glaubt, ein Protestant sei des himmlischen Königreichs ebenso würdig wie Ihr selbst, wenn er ebenso rechtschaffen ist, daß Ihr die Menschen als Brüder behandelt, wo immer Ihr sie trefft, und daß unterschiedliche Meinungen in Glaubensdingen vollkommene Übereinstimmung in anderen Sachen von Eurer Seite am wenigsten beeinträchtigen werden. – Nein, Iren, ich bin kein Lügner. Ich suche, Euer Vertrauen zu gewinnen, nicht um es zu verraten, sondern um Euch zu lehren, glücklich, weise und gut zu sein. Wenn Ihr mir Euer Vertrauen nicht schenkt, werde ich es beklagen, aber ich werde alles in meiner Macht Stehende tun, rechtschaffen, fair und ehrlich, um es zu gewinnen. Einige lehren Euch, alle anderen seien Ketzer, und Ihr allein hättet recht; andere lehren Euch, der rechte Glaube bestehe in frommen Meinungen, ohne die keine Tugendhaftigkeit groß genug sei; wieder andere werden Euch sagen, daß Ihr Eure Geheimnisse einer besonderen Gruppe von Menschen preisgeben sollt: hütet Euch, meine Freunde, denen zu vertrauen, die solches reden! Ich bezweifle nicht, daß sie sich Mühe geben, Euch aus Eurem jetzigen schlimmen Zustand zu erretten, doch sie bereiten Euch einen noch schlimmeren vor. Ihr werdet vom Regen in die Traufe kommen. Es ist richtig, daß Eure jetzigen Unterdrücker Euch dann nicht länger unterdrücken werden, aber Ihr werdet die Peitsche eines tausendmal blutrünstigeren und grausameren Herrn zu spüren bekommen. Menschen voller böser Absichten werden auftauchen, um Euch daran zu hindern, zu denken, was Ihr wollt, Euch zu verbrennen, wenn Ihr nicht so denkt wie sie. Es sind immer die schlechten Menschen, die in harten Zeiten ihren Vorteil suchen. Die Mönche und Priester vergangener Zeiten waren wahrhaft schlechte Menschen; achtet darauf, daß solche Menschen Euer Vertrauen nicht noch einmal mißbrauchen! Ihr seid nicht blind für Euren derzeitigen Zustand, man geht übel mit Euch um, man sagt Euch Schlimmes nach. Ich wage vorauszusagen, daß diese Knechtschaft enden wird. Eure Feinde werden es nicht riskieren, Euch noch länger zu verfolgen. Der Lebensmut Irlands ist gebeugt, doch nicht gebrochen, und das wissen sie sehr gut. Aber ich wünsche, Ihr richtetet Euren Blick mehr in die Weite, Ihr dächtet an Eure Kinder und Kindeskinder und sorgtet dafür, daß keine neue, grimmigere und schrecklichere Tyrannei entsteht, während die alte gestürzt wird, denn alles liegt in Euren Händen. Hütet Euch vor den Betrügern mit den glatten Gesichtern, die von Freiheit reden und Euch in Wirklichkeit in die Knechtschaft lügen wollen! Kann es eine schlimmere Knechtschaft geben, als wenn die Rettung der Seele vom Willen anderer Menschen abhängig ist? Ist der eine Mensch von Gott stärker begünstigt als der andere? Nein, gewiß nicht, alle stehen in seiner Gunst gemäß dem Guten, das sie tun, und nicht gemäß dem Rang und Beruf, die sie innehaben. Gott schätzt den armen Mann genauso wie den Priester und hat ihm eine Seele gegeben wie dem anderen auch; der Gottesdienst, der einem gütigen Wesen gefallen muß, ist der des einfachen, liebevollen Herzens, welches seine Frömmigkeit in seinen guten Taten zeigt und nicht in Zeremonien, Beichten, Leichenfeiern, Prozessionen oder Wundertaten. Hütet Euch, daß Ihr nicht in die Irre geleitet werdet! Zieht alles in Zweifel, das Euch nicht zur Barmherzigkeit führt, und betrachtet das Wort »Ketzer« als ein Wort, das ein selbstsüchtiger Schurke zum Elend und Verderben der Welt erfand, um seine eigene Schäbigkeit und niedrigen Triebe zu rechtfertigen. Fragt nicht danach, ob einer ein Ketzer sei, sei er Quäker, Jude oder Heide, aber fragt, ob er ein tugendhafter Mensch sei, ob er die Freiheit und die Wahrheit liebe, ob er dem Menschengeschlecht Frieden und Glück wünsche. Wer diese Dinge nicht liebt und sei sein Glaube noch so groß, der ist ein herzloser Lügner, ein Halunke, ein Schurke. Verachtet und haßt ihn, wie Ihr einen Tyrannen und Bösewicht verachtet. Oh Irland, Du Smaragd des Meeres, dessen Söhne großherzig und kühn, dessen Töchter ehrenhaft, freimütig und schön sind – Du bist die Insel, an deren grünen Küsten ich mir das Banner der Freiheit aufgezogen wünsche, eine feurige Flagge, ein Fanal, an dem die Welt die Fackel der Freiheit entzünden möge!

Wir wollen nun die protestantische Kirche in Augenschein nehmen. Ihr Ursprung trägt den Namen Reformation. Sie wurde von ein paar Fanatikern unternommen, die dadurch, daß sie sich gegenseitig verbrannten, zeigten, wie wenig sie vom Geist einer Reform verstanden. Ihr werdet es merkwürdig finden, daß diese Männer sich gegenseitig verbrannten, ja, in der Tat verrieten sie allgemein große Lust an der Zerstörung und wetteiferten mit der römisch-katholischen Kirche nicht nur, indem sie ihre Feinde haßten, sondern auch jene Menschen, die am wenigsten ihre oder irgend jemandes Feinde waren. Nun, folgen die Protestanten heute denselben Grundsätzen wie damals, als Calvin Servet verbrannte, oder nicht? Sie schwören, daß sie es tun. Wir können uns kein besseres Argument wünschen. Denn wie sähe es aus, wenn die Protestanten sich der katholischen Emanzipation widersetzten mit dem Einwand, daß die Katholiken einst unmenschlich handelten, wenn ihre eigene Gruppe denselben Vorwürfen aus denselben Gründen ausgesetzt ist? Ich bin der Meinung, daß dies eine Art von blanker Intoleranz ist, von der ich gehofft hätte, daß sie unser Zeitalter nicht entehren würde; dieses Zeitalter, das das Zeitalter der Vernunft genannt wird, der weitverbreiteten Ideen, der belohnten Tugend, der festen Prinzipien. Ach, wäre es doch so! Ich habe die katholische und protestantische Kirche eigentlich nur deshalb erwähnt, um zu zeigen, daß jeder Einwand gegen die Duldung der einen zwangsläufig die Nichtzulassung der anderen nach sich zieht, oder eher deshalb, um zu zeigen, daß es keinen Grund gibt, die eine oder andere oder jede andere Religion, jede andere Art des Denkens nicht zu dulden. – Aber was rede ich von Duldung? Das Wort scheint anzudeuten, daß die Person, die duldet, sich dadurch verdient macht; sie hat das Verdienst, wenn man es so nennen kann, daß sie sich böser Taten enthält, doch dieses Verdienst teilt sie mit einem jeden friedfertigen Menschen, der seinen eigenen Geschäften nachgeht und andere nicht in ihren Rechten beschneidet. Duldung ist kein Verdienst, aber es ist ein Verbrechen, unduldsam zu sein. Es ist kein Verdienst für mich, wenn ich ruhig zu Hause sitze und niemanden umbringe, aber wenn ich es tue, ist es ein Verbrechen. Im übrigen kann kein Gesetz einer staatlichen Repräsentanz etwas zu einem Unrecht machen, das nicht schon zuvor ein Unrecht war; aus einem einfachen Grunde kann sie Rechtschaffenheit und Wahrheit nicht ins Gegenteil verkehren: sie sind unwandelbar. Wenn das Britische Parlament ein Gesetz verabschiedet, das den Katholiken das Recht nimmt, in dieser Versammlung zu agieren, dann ist ihnen dieses Recht nicht wirklich genommen. Es hindert sie daran, Gewalt anzuwenden, was in solchen Fällen das letzte und einzig wirksame Mittel ist. Aber Gewalt ist kein Wahrheitsbeweis, und diejenigen, die keine anderen Verhaltensregeln anerkennen als Tugendhaftigkeit und Gerechtigkeit, werden niemals ihr Heil in der Gewaltanwendung suchen. [...]

Ich schreibe nicht nur im Hinblick auf die Emanzipation der Katholiken, sondern auf eine allgemeine Emanzipation, und diese vollständige und bedingungslose Emanzipation soll die Individuen aller Nationen und aller Denkweisen einschließen, soll alle Denkenden und Fühlenden umfassen. Ihr ist die katholische Sache untergeordnet, und ihr Erfolg ist ein Wegbereiter für die große Sache, die keiner Sekte, sondern der ganzen Gesellschaft gehört, keinem anderen Ziel dient als dem Allgemeinwohl und von keiner Partei vertreten wird als vom ganzen Volk. Ich wünsche die katholische Emanzipation, aber ich möchte nicht bei ihr stehenbleiben, und ich hoffe, daß nur wenige, die meine vorangegangenen Argumente geprüft haben, nicht mit mir gemeinsam eine vollständige, dauerhafte und glückliche Wende ersehnen. Die Ergreifung aller Maßnahmen, so gut und verheißungsvoll sie sein mögen, die Durchsetzung aller Reformen, die mit der englischen Verfassung in Einklang stehen, können nur Teile und Einleitungen der großen Sache sein, die Irland, England, Europa und der Welt Frieden, Harmonie und Glück bringen wird. Ich gebe nur eine Skizze des Bildes, welches Eure eigenen Hoffnungen mit den Farben der Wirklichkeit ausstatten mögen.

Die Regierung wird keine friedliche und vernünftige Erörterung ihrer Grundlagen durch eine Gruppe von Menschen zulassen, die sich speziell zu diesem Zweck versammeln. Aber haben menschliche Wesen nicht das Recht, sich zu versammeln und über jedes beliebige Thema zu sprechen? Leuchtet nichts mehr ein, als daß eine Regierung nur dann von Nutzen ist, wenn sie dem Glück der Regierten förderlich ist? Die Regierten haben das Recht, über die Wirksamkeit der Schutzmaßnahmen zu sprechen, die zu ihrem Nutzen ergriffen worden sind. Gibt es ein interessanteres oder nützlicheres Thema als eine Diskussion darüber, ob die Mittel und Wege der Regierung ihrem Zwecke dienlich sind oder wie sie zweckdienlicher gemacht werden können? Obgleich ich Gewaltanwendung ebenso wie die Sache, die um ihrer Wirkung willen auf Gewaltanwendung angewiesen ist, verurteile, kann ich keineswegs glauben, daß eine Versammlung zum Zwecke der Diskussion, wie die Dinge weitergehen sollen, oder eine Vereinigung zur Erörterung irgendwelcher Themen, wie sehr die Regierung sie auch verabscheuen mag, in irgendeiner Weise unter den Begriff von Zwang und Gewalt fallen. Ich glaube, daß Vereinigungen, die im Geiste der Besonnenheit, Ordnung und Verantwortung geführt werden, eines der besten und wirksamsten Mittel sind, die ich für die Hervorbringung von Glück, Freiheit und Tugendhaftigkeit empfehlen würde.

Seid Ihr Sklaven? Oder seid Ihr Menschen? Wenn Ihr Sklaven seid, dann kriecht zu Kreuze, leckt die Füße Eurer Unterdrücker, frohlockt über Eure Schande! Seid Ihr Tiere, so wird Euch dies gemäß Eurer Natur wohl anstehen. Aber Ihr seid Menschen. Wer wahrhaft Mensch ist, der ist frei, soweit es ihm die Umstände gestatten. Also leistet festen, doch ruhigen Widerstand. Wenn man Euch auf die eine Wange schlägt, haltet dem feigen Beleidiger auch die andere hin. Ihr werdet wahrhaft tapfer sein, widerstehen und siegen. Das Recht, über jedes beliebige Thema zu reden, habt Ihr mit Eurem Herzen und Eurer Zunge mit auf die Welt gebracht. Verzichtet lieber auf Euer Leben, ehe Ihr dies unschätzbare Vorrecht des Menschen preisgebt. Denn es ist recht und billig, daß die Regierten das Vorgehen der Regierung genau untersuchen, die in dem Augenblick ihren Zweck verfehlt, wo sie anderen Grundsätzen folgt als denen der Sicherheit. Ihr müßt vieles bedenken. – Ist der Krieg zu Eurem Glück und Eurer Sicherheit notwendig? Der Arme hat keinen Vorteil vom Wohlstand der Nation oder von der Ausdehnung ihrer

Grenzen, auch nicht von der Ehre, einem Wort, das oft dazu gedient hat, die Machtgier oder Habsucht eines Staatsmannes zu bemänteln. Die sinnlosen spanischen Siege, errungen im Namen eines fanatischen und tyrannischen Regimes, sind für ihn ohne Bedeutung. Die Eroberung Indiens, die England Ruhm gebracht hat, doch einen Ruhm, nicht ehrenwerter als der Bonapartes, ist ihm gleichgültig. Die Armen erkaufen diese Ehre und diesen Wohlstand mit ihrem Blut, ihrer Mühsal, ihrem Glück und ihrer Tugend. Für die Sache der Unmenschlichkeit fallen sie auf dem Schlachtfeld. Damit sie verwirklicht werde, schafft ihre Arbeit Geld und Nahrung; ihr Glück wird durch den Druck, der auf ihnen lastet, vernichtet; ihre Tugend wird durch Verworfenheit und Laster, die allenthalben in der Armee herrschen und unter dem derzeitigen System völlig unvermeindlich sind, unterhöhlt. Wer weiß nicht, daß die Einquartierung eines Regiments in einer beliebigen Stadt bald Unschuld und Glück der Einwohner zerstört. Die Anwälte von Glück und Freiheit für die große Masse des Volkes, das den Krieg mit seinem Leben und seiner Mühsal bezahlt, dürfen niemals aufhören zu schreiben und zu reden, bis die Völker den Wahnsinn, eine Uniform anzulegen und sich gegenseitig um nichts zu bekämpfen und zu töten, erkennen und begreifen, so wie sie ihn bereits gefühlt haben müssen. [...]

CLAUDE HENRI DE SAINT-SIMON UND AUGUSTIN THIERRY

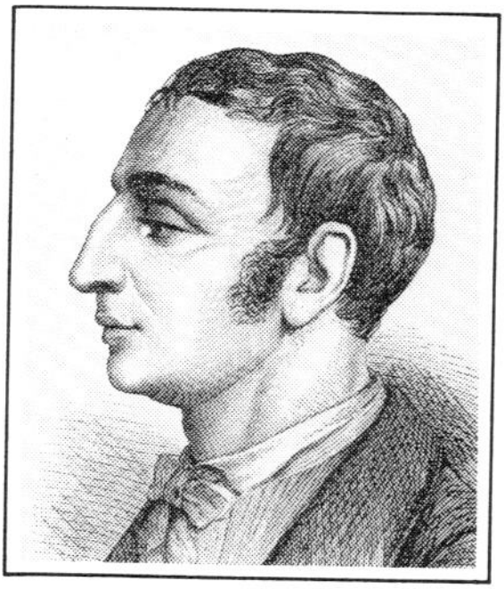

VON DEM WIEDERAUFBAU DER EUROPÄISCHEN STAATEN-GESELLSCHAFT

(1814)

ERSTES BUCH.
Von der besten Regierungsform. Darstellung, daß die Parlementar-Form die beste ist.

Erstes Kapitel. Begriff von diesem Werke.

NACH einer heftigen Erschütterung befürchtet Europa neues Unheil, und fühlt das Bedürfniß einer dauerhaften Ruhe; die Oberhäupter aller Nationen versammeln sich, um ihm den Frieden zu geben. Alle scheinen ihn zu wünschen. Alle sind durch ihre Weisheit berühmt, und deßungeachtet werden sie das Ziel, was sie sich vorsetzen, nicht erreichen. Ich habe mich gefragt, warum alle Bemühungen der Politiker gegen das Elend von Europa unvermögend sind? und ich habe gefunden, daß es für selbiges kein anderes Heil, als in einem allgemeinen Wiederaufbau ihrer Verfassung gibt. Ich habe einen Plan dazu durchdacht; die Auseinandersetzung dieses Plans ist der Gegenstand dieses Werks.

Erst werde ich die Grundsätze darstellen, auf denen die Verfassung Europens beruhen muß; dann werde ich zur Anwendung der Grundsätze übergehen, und endlich werde ich in der gegenwärtigen Lage der Dinge die Mittel finden, zur Ausführung zu schreiten. Der erste Theil wird also ein wenig abgezogen seyn, der zweyte weniger als der erste, und der dritte weniger als der zweyte, weil in dem letzten blos von den Ereignissen die Rede seyn wird, die uns vor Augen liegen, und in denen wir Alle entweder als Zuschauer, oder als handelnde Personen figurirt haben.

Zweytes Kapitel. Über den Kongreß.

In Wien ist gegenwärtig ein Kongreß versammelt. Was wird er thun? Was wird er zu thun im Stande seyn? Das wollen wir untersuchen.

Durch die Berichtigung der Anmaßungen jeder einzelnen Macht, und die Ausgleichung des Interesses Aller den Frieden zwischen den europäischen Mächten herzustellen, das ist der Zweck dieses Kongresses. Darf man hoffen, daß er erreicht werde? Ich bezweifle es, und folgendes sind die Ursachen, worauf ich diese Muthmaßung gründe.

Keines der Glieder des Kongresses wird beauftragt seyn, die Sachen aus dem Gesichtspunkt des allgemeinen Interesse zu betrachten; Keines von ihnen wird selbst dazu bevollmächtigt seyn. Jeder von einem Fürsten oder von einem Volke abgeordnet, von dem er abhängt, von dem er Alles hat, seine Rechte, seine Vollmachten, seine Sendung, wird den Plan der besondern Politik der Macht, die er vorstellt, vorlegen, und zu beweisen suchen, daß dieser Plan dem Interesse Aller zuträglich ist.

Von allen Seiten wird das Privat-Interesse als Maßstab des allgemeinen Interesse angegeben werden. Österreich wird zu überreden suchen, daß die Ruhe von Europa davon abhange, daß es in Italien ein großes Übergewicht habe; daß es Gallizien und die illyrischen Provinzen behalte; daß ihm seine Obermacht über ganz Deutschland wieder gegeben werde; Schweden, mit der Landkarte in der Hand, wird darthun, daß dem Willen der Natur zufolge Norwegen unter seiner Dependenz stehen müsse; Frankreich wird die Alpen und den Rhein als ihm von der Natur angewiesene Gränzen zurückfordern; England wird behaupten, von der Natur beauftragt zu seyn, die Polizey über die Meere zu führen; und wird verlangen, daß man den Despotism, den es darauf ausübt, für die unerschütterlichste Grundlage des politischen Systems halte.

Diese, unter der Benennung: *Mittel, den Frieden in Europa zu sichern*, mit Dreistigkeit und vielleicht auch gar mit Treuherzigkeit vorgetragenen, und von dem Talent der Talleyrand, Metternich und Castelreagh unterstützten Anmaßungen werden jedoch Niemand überzeugen. Jeder Vorschlag wird verworfen werden, denn Niemand, außer dem, der ihn gemacht hat, wird das allgemeine Interesse darin bezweckt finden, weil er das Seinige darin vermissen wird. Man wird sich mißvergnügt von einander trennen, sich gegenseitig wegen dem geringen Succeß der Versammlung beschuldigen; es wird kein Verein, kein ausgeglichenes Interesse, kein Frieden zu Stande kommen. Besondere Verbindungen, Konditionen, die ein entgegengesetztes Interesse haben, werden Europa in den traurigen Kriegs-Zustand wieder hineinwerfen, aus dem man es vergeblich herauszuziehen versucht hat.

Der Erfolg wird dieses noch besser darthun; weder ein heller Kopf, noch die Weisheit, noch der Wunsch nach Frieden kann verhindern, daß es so komme. Versammelt einen Kongreß nach dem andern, vervielfältigt die Verträge, die Konventionen, die Vergleiche, Alles, was ihr thun werdet, wird blos dazu dienen, den Krieg herbeyzuführen, den Garaus werdet ihr ihm nicht machen, Alles, was ihr höchstens vermöget, ist, ihm eine andre Lokalrichtung zu geben.

Und demungeachtet klärt der geringe Erfolg dieser Mittel Niemanden über ihre Unzulänglichkeit auf. Es gibt in der Politik einen Schlendrian, von dem sich Niemand getraut abzuweichen, obgleich die Erfahrung schon von Weitem zuschreyt, daß man die Methode ändern müsse. Man hält sich lieber an die Stärke des Übels, als an die Schwäche der Mittel, und man fährt fort, sich zu würgen, ohne zu wissen, wenn das Gemetzel aufhören wird, ohne Hoffnung, das Ende davon zu sehen.

Europa ist in einem heftigen Zustand, Jeder weiß es, ein Jeder sagt's; aber dieser Zustand, welcher ist er? Wo rührt er her? Hat er immer gedauert? Ist's möglich, daß er aufhöre? Diese Fragen sind noch unbeantwortet.

Es verhält sich mit den politischen Verhältnissen gerade so, wie mit den gesellschaftlichen; die Dauer der einen sowol als der andern muß durch ähnliche Mittel gesichert werden. Jede Vereinigung der Völker bedarf, wie jede Vereinigung von Menschen, gemeinschaftliche Anstalten, bedarf einer Gliederung; sonst wird Alles durch die Gewalt entschieden.

Wollen, daß Europa durch Verträge und Kongresse im Friedens-Zustande sey, heißt wollen, daß ein gesellschaftlicher Körper durch Konventionen und Vergleiche bestehe; an beyden Seiten muß eine Zwangs-Macht da seyn, welche die Willens-Meinungen vereinigt, die Bewegungen berathschlägt, das Interesse gemeinschaftlich, und die Verpflichtungen dauerhaft macht. [...]

Viertes Kapitel. Von der bestmöglichen Verfassung.

Ich will sehen, ob es keine Regierungsform gibt, die ihrer bloßen Natur zufolge gut, auf sichere, vollständige, allgemeine, und von Zeit und Ort unabhängige Grundsätze fuße?

Wenn ich dieses Problem auf die Art auflösen wollte, wie man bis jetzt die politischen Fragen behandelt hat, so würde ich blos Streitigkeiten ein neues Feld öffnen, die kein Ende nehmen würden; ich werde aber Alles bey Seite lassen, was man über diese Materie gesagt haben mag, ich werde mich in dieser Untersuchung blos zweyer Prinzipe bedienen, auf denen jeder Beweis beruht, die Vernunft und die Erfahrung.

Alle Wissenschaften, welcher Art sie auch immer seyn mögen, sind nichts Andres, als eine Reihe von Problemen, die aufzulösen, von Fragen, die zu untersuchen sind, und sie unterscheiden sich blos von einander durch die Natur dieser Fragen. Die Methode also, die man auf einige derselben anwendet, muß auf alle aus dem Grunde passen, weil sie auf einige paßt; denn diese Methode ist blos ein Werkzeug, was von den Gegenständen, auf welche man es anwendet, gänzlich unabhängig ist, und an ihrer Natur durchaus nichts abändert.

Noch mehr, aus der Anwendung dieser Methode zieht jede Wissenschaft ihre Gewißheit, durch sie wird sie positiv, durch sie hört sie auf, eine Wissenschaft zu seyn, die sich blos auf Hypothesen gründet; und hiezu gelangt man erst, nachdem man Jahrhunderte hindurch zwischen Irrthümern und Ungewißheit hin und her geschwankt hat.

Bisher hat man sich der Methode der Beobachtung-Wissenschaften noch nicht bey politischen Fragen bedient, Jeder sah, schwatzte und urtheilte nach seiner eignen Weise, und daher kommt es, daß man keine Bestimmtheit in den Auflösungen, keine Allgemeinheit in den Ergebnissen findet.

Die Zeit ist gekommen, wo diese Kindheit der Wissenschaft aufhören muß, und zuverlässig ist es wünschenswerth, daß sie aufhöre, denn aus den Dunkelheiten der Politik entstehen die Störungen der gesellschaftlichen Ordnung.

Welches ist die bestmögliche Verfassung?

Versteht man unter Verfassung irgend ein System der gesellschaftlichen Ordnung, welches das allgemeine Beste bezweckt, so wird diejenige die beste seyn, in welcher die Anstalten so zugerichtet, die Gewalten so gestellt sind, daß jede Frage, die das allgemeine Interesse betrifft, auf die tiefste und vollständigste Art zergliedert werde.

Jede Frage aber, die das allgemeine Interesse bezielt, muß deswegen allein, weil sie eine Frage ist, durch die nämlichen Mittel aufzulösen seyn, wie jede andre Frage.

Um eine Frage aufzulösen, von welcher Ordnung sie sey, bietet uns die Logik zwey Methoden an, oder vielmehr eine einzige Methode, die zwey Verrichtungen in sich faßt; die Synthese und die Analyse; vermöge der einen umfaßt man das Ganze der untersuchten Sache, oder man untersucht sie a priori; vermittelst der andern zergliedert man sie, um sie in allen einzelnen Umständen zu untersuchen, oder man untersucht sie a posteriori.

Die durch die Synthese erhaltenen Ergebnisse müssen durch die Analyse bewährt werden, und gegenseitig die durch die Analyse erhaltenen Ergebnisse durch die Synthese, oder was auf Eins herauskommt, eine Frage wird nur dann auf eine sichere und vollständige Art abgehandelt, wenn sie sowol a priori als a posteriori untersucht worden.

In einer Gesellschaft aber nach und nach die Fragen a posteriori und a priori untersuchen, welche das allgemeine Interesse betreffen, ist nichts Andres, als sie nach und nach in Beziehung auf das allgemeine Interesse, und in Beziehung auf das Privat-Interesse derer untersuchen, welche die Gesellschaft ausmachen.

Jetzt bleibt also nur noch aufzufinden, durch welches Kunststück man eine Verfassung so aufstellen kann, daß jede Frage, die das allgemeine Interesse betrifft, immer auf die eben angezeigte Art untersucht werde.

Die erste hiezu nothwendige Verfügung ist, zwey von einander verschiedne und dergestalt konstituirte Gewalten einzusetzen, daß die eine den Antrieb habe, die Sachen aus dem Gesichtspunkt des der Nation gemeinschaftlichen Interesses zu betrachten, und die andere aus dem Gesichtspunkt des Privat-Interesses der Wesen, die Theile davon sind.

Ich benenne die erste Gewalt, *Gewalt des allgemeinen Interesses*, und die andere, *Gewalt des Privat- oder Lokal-Interesses.*

Jede dieser zwey Gewalten muß mit dem Rechte ausgerüstet seyn, alle gesetzgebende Maßregeln, die sie für nöthig achtet, abzufassen und vorzuschlagen.

Bis jetzt sieht man nur zwey Gewalten auf das nämliche Ziel auf zwey verschiednen Wegen lossteuern, aber die Hauptverfügung, die die Stärke der Konstitution ausmacht, ist, daß keine von den Entscheidungen der einen in Ausübung gebracht werden könne, ohne vorläufig von der andern untersucht zu gebilligt worden zu seyn.

Auf diese Art wird jede gesetzgebende Maßregel in Beziehung auf das allgemeine Interesse in Beziehung auf das Privat-Interesse untersucht werden, und so umgekehrt, oder um wieder auf die logischen Ausdrücke zurückzukommen, jede gesetzgebende a priori abgefaßte Maßregel wird a posteriori untersucht werden, und so umgekehrt.

Es werden auf diese Weise blos gute Gesetze zum Vorschein kommen, denn keines wird weder zugelassen noch vollzogen werden, ohne daß zuvor die Übereinkunft der zwey Gewalten bey seiner Entstehung bewiesen habe, daß das Gesetz sowol dem Heil des Volks, als dem der Einzelnen angemessen ist; oder was auf das Nämliche herauskommt, keine öffentliche Maßregel wird ergriffen werden, bevor nicht mit aller Strenge der logischen Methoden dargethan worden, daß sie gut und weise ist.

Da die Gleichheit der zwey Gewalten, von denen ich oben gesprochen habe, die Grundlage der Konstitution ausmacht, und diese auf der Stelle fehlerhaft werden würde, sobald die eine über die andere das Übergewicht erhielte, weil alsdann die Fragen nur aus einem Gesichtspunkte untersucht, und das allgemeine Interesse dem Privat-Interesse, oder das Privat-Interesse dem allgemeinen Interesse aufgeopfert werden würde, so muß eine dritte Gewalt vorhanden seyn, die man die *schlichtende* oder *ordnende* Gewalt nennen kann, um das Gleichgewicht der beyden andern zu erhalten, und sie in ihre rechten Gränzen einzuschließen.

Die dritte Gewalt muß das Recht haben, die, schon durch die zwey andern untersuchten, Fragen, die das allgemeine Interesse zum Gegenstande haben, aufs Neue zu untersuchen, die Irrthümer zu berichtigen, die Gesetze, die ihr fehlerhaft scheinen, zu verwerfen, und andre an ihre Stelle vorzuschlagen, welche sogleich dem Examen der zwey ersten Gewalten zu überliefern sind.

Nachdem wir die Prinzipe festgesetzt, und die Konstitution auf seine Basis gegründet haben, muß sie durch Nebenverfügungen unterstützt werden, die die Handlung derselben ordnen, und ihre Stetigkeit sichern.

Die Güte einer Konstitution, die auf dem von mir angeführten Prinzipe beruht, ist so gewiß, so absolut, so universal, als die eines Syllogism.

Und man glaube nicht, daß diese Konstitution eine von den unaufhörlichen Theorien, von den hirnlosen Spekulationen sey, die höchstens dazu taugen, die Federn der Büchermacher zu beschäftigen; sie existirt, sie besteht seit mehr als hundert Jahren, und eine hundertjährige Erfahrung ist eine ziemlich sichere Stütze des Raisonnements. Ein Volk ist durch sie frey, und das mächtigste Volk in Europa geworden.

Fünftes Kapitel. Von der englischen Konstitution.

England wird durch ein Parlement regiert, welches die höchste Obrigkeit ist; es ist aus drey Gewalten zusammengesetzt; sie sind der König, das Unterhaus und das Oberhaus. Welches ist die Beschaffenheit dieser drey Gewalten, ihre Verrichtungen, ihre Prädikate? Das wollen wir jetzt untersuchen.

Da ein Mensch besser als mehrere zusammen der Einheit des Überblicks fähig ist, mittelst welcher man auf Einmal das ganze Gebiet einer Frage umfaßt: so muß die Gewalt des allgemeinen Interesse in den Händen eines Einzigen sich befinden, wenn man will, daß sie gut verwaltet werde.

Für die Größe und den Ruhm der Nation interessirt, die seine eigne ist, frey von den Banden, die jeden andern Staatsbürger an einen gewissen Theil des Staats binden, den er allen andern vorzieht, kann der König in Allem, was er vorschlägt, keine andre Ansichten, als allgemeine Ansichten haben, kein andres Interesse, als ein allgemeines Interesse.

Der König hat bey Abfassung der Gesetze das Recht, vorzuschlagen, und die Befugniß, zu verwerfen, aber er ist der einzige Verweser der sämmtlichen vollziehenden Macht. [...]

ZWEYTES BUCH.

DASS alle europäische Nationen durch ein National-Parlement regiert werden sollen, und zur Bildung eines allgemeinen Parlements zusammentreten, welches über das gemeinschaftliche Interesse der europäischen Gesellschaft entscheide.

Erstes Kapitel. Von der neuen Verfassung der europäischen Gesellschaft.

Ich habe die alte Verfassung von Europa zergliedert, ich habe ihre Vortheile und ihre Mängel aufgestellt, und ich habe angezeigt, vermöge welcher Mittel man die einen beybehalten und die andern abschaffen könnte. Ich habe in der Folge dargethan, daß, wenn es eine an sich selbst gute Regierung gäbe, diese Regierung nichts anders, als die Parlementar-Verfassung wäre. Diese Angaben führen natürlich zu folgender Schluß-Folgerung.

Man setzte überall in der alten die Regierungsform der Parlemente an die Stelle der hierarchischen oder Feudalform, durch diese bloße Unterschiebung wird man eine neue Verfassung erhalten, die vollkommner als die erste ist, und nicht so vergänglich wie jene seyn wird, weil ihre Tauglichkeit nicht von einem gewissen Zustande des menschlichen Geistes herrühren wird, der mit der Zeit immer ändern muß, sondern von der Natur der Dinge, die niemals wechselt.

Alles bisher Vorgetragene zusammengefaßt, habe ich gesagt, daß Europa die bestmögliche Verfassung haben würde, wenn alle Nationen, die es in sich faßt, jede von einem Parlement regiert würden, und wenn diese die Obergewalt eines allgemeinen Parlements anerkennten, welches über alle National-Regierungen gestellt, und mit der Macht versehen wäre, ihre Streitigkeiten zu schlichten.

Ich werde hier nicht von der Errichtung der National-Parlemente sprechen; man weiß aus Erfahrung, wie ihre Errichtung beschaffen seyn muß; ich werde blos anzeigen, wie das allgemeine Parlement von Europa gebildet werden kann.

Zweytes Kapitel. Von der Kammer der Deputirten (Bezirksgesandte) oder von dem Unterhause des europäischen Parlements.

Jeder Mensch, in welchem Lande er auch geboren, in welchem Staate er auch Bürger sey, nimmt immer durch seine Erziehung, durch seine Verbindungen, durch die Beyspiele, die sich ihm darbieten, gewisse, mehr oder weniger tiefwurzelnde, Gewohnheiten an, seine Ansichten über die Gränzen seines persönlichen Wohlseyns auszudehnen, und sein Privatinteresse in das Interesse der Gesellschaft, deren Mitglied er ist, zu verschmelzen.

Aus dieser verstärkten und zum Gefühl gewordenen Gewohnheit entsteht ein Streben, sein Interesse allgemein zu machen, das heißt, zu sehen, daß es immer in dem gemeinschaftlichen mit inbegriffen ist; diese Neigung, die sich bisweilen schwächt, aber nie ganz vernichten läßt, ist, was man Patriotism nennt.

In jeder National-Regierung, wenn sie gut ist, verwandelt sich der Patriotism, den jeder Einzelne ihr in dem Augenblick mitbringt, wo er ein Mitglied davon wird, in National-Innung-Geist und Willen, weil es das nothwendige Anbehör einer guten Regierung ist, daß das Interesse der Regierung auch das Interesse der Nation sey.

Dieser Innung-Wille ist es, welcher die Seele der Regierung ist, welcher macht, daß alle Äußerungen der Kraft den Charakter der Einheit haben, und alle Bewegungen übereinstimmend sind; daß Alles auf die Erreichung ein und desselben Zwecks losgeht; daß Alles dem bewegenden Triebe entspricht.

Mit der europäischen Regierung ist es, wie mit den National-Regierungen, sie kann ohne den gemeinschaftlichen Willen aller ihrer Glieder keine Wirkung haben.

Dieser Innung-Wille aber, der in einer National-Regierung von dem National-Patriotism herrührt, kann in der europäischen Regierung nur aus einer großen Allgemeinheit der Ansichten, aus einem weitumfassendern Gefühle entspringen, welches man den europäischen Patriotism nennen kann.

Montesquieu sagt: die Verfassung ist es, welche den Menschen bildet; demnach wird diese Neigung, die den Patriotism außerhalb den Gränzen des Vaterlands verbreitet, diese Gewohnheit, das Interesse von Europa statt des National-

Interesses zu erwägen, für diejenigen, welche das europäische Parlement ausmachen sollen, eine nothwendige Frucht seiner Errichtung seyn.

Es ist wahr; aber es ist auch wahr, daß es die Menschen sind, welche die Verfassungen schaffen, und es ist nicht möglich, Verfassung einzuführen, wenn die Menschen nicht dazu gebildet, oder wenigstens vorbereitet sind.

Es ist daher eine Nothwendigkeit, in das Unterhaus des europäischen Parlements, das heißt, in einer der zwey aktiven Gewalten der europäischen Konstitution, blos Männer zuzulassen, die, durch die ausgebreitetsten Verbindungen, durch Gewohnheiten, die weniger in den Kreis der angebornen Gewohnheiten eingeengt sind, durch Arbeit, deren Nutzen sich nicht auf National-Gebräuche beschränkt und sich über alle Völker verbreitet, fähiger sind, bald zu dieser Allgemeinheit der Ansichten, die der Geist des Korps seyn muß, zu dem allgemeinen Interesse, welches das Interesse des europäischen Parlements-Körpers seyn muß, zu gelangen.

Kaufleute, Gelehrte, obrigkeitliche Personen und Staats-Verwalter müssen allein dazu berufen werden, das Unterhaus des Parlements zu bilden.

Und in der That, Alles, was für die europäische Gesellschaft ein gemeinschaftliches Interesse hat, steht im Bezug mit den Wissenschaften, den Künsten, der Gesetzgebung, dem Handel, der Staats-Verwaltung und dem Kunstfleiß.

Jede Million Menschen in Europa, die lesen und schreiben kann, muß zu der Kammer der Deputirten des großen Parlements einen Kaufmann, einen Gelehrten, einen Staats-Beamten und eine obrigkeitliche Person absenden. Vorausgesetzt also, daß es in Europa sechzig Millionen Menschen gibt, die lesen und schreiben können, wird das Unterhaus aus zweyhundert und vierzig Glieder bestehen.

Die Wahlen jedes der Glieder werden durch die Korporation geschehen, zu denen es gehören wird. Alle werden für zehn Jahre ernannt.

Jedes der Glieder des Unterhauses wird wenigstens fünf und zwanzig tausend Franken Einkünfte in liegenden Gründen besitzen müssen.

Es ist wahr, daß das Eigenthum die Stetigkeit der Regierung ausmacht, aber nur dann kann die Regierung sich fest darauf verlassen, wenn das Eigenthum nicht vom Talent getrennt ist. Es ist also zuträglich, daß die Regierung diejenigen Nichteigenthümer zu sich berufe, und am Eigenthum Theil nehmen lasse, die ein glänzendes Talent auszeichnet, damit das Talent und das Besitzthum nicht von einander getrennt sey; denn das Talent, welches die größte Kraft ist, und die Kraft, die am meisten handelt, würde bald das Eigenthum an sich reißen, wenn es nicht mit ihm vereint wäre.

Bey jeder neuen Wahl also müßten unter den ausgezeichnetsten Gelehrten, Kaufleuten, Magistrats-Personen oder Staats-Beamten zwanzig Mitglieder gewählt, zu dem Unterhaus des europäischen Parlements zugelassen, und mit fünf und zwanzigtausend Franken Einkünften in liegenden Gründen ausgesteuert werden.

Drittes Kapitel. Von dem Oberhause.

So wie jeder Pair eines National-Parlements ein Vermögen besitzen muß, was ansehnlich genug ist, die Aufmerksamkeit in dem Lande, welches er bewohnt, auf ihn zu leiten, so müssen auch alle Pairs des europäischen Parlements ein hinlängliches Vermögen besitzen, um in ganz Europa die Aufmerksamkeit auf sich zu ziehen.

Jeder europäische Pair muß wenigstens in liegenden Gründen fünfmalhunderttausend Franken Einkünfte besitzen.

Der König ernennt die Pairs. Ihre Anzahl ist unbestimmt.

Die Würde eines Pairs ist erblich.

In dem Oberhause wird es zwanzig Pairs geben, die man aus der Klasse derjenigen Männer, oder aus der Nachkommenschaft solcher Männer erwählt hat, die durch ihre Arbeiten in den Wissenschaften, in der Industrie, in der Magistratur oder in der Verwaltung Sachen zu Stande gebracht haben, von denen man urtheilt, daß sie der europäischen Gesellschaft vom größten Nutzen gewesen.

Diese zwanzig Pairs wird das europäische Parlement mit fünfmalhunderttausend Franken Einkünften in Ländereyen aussteuern.

Außer diesen zwanzig Pairs, die man gleich im Anfang ernennen wird, wird bey jeder Erneuerung des Parlements ein neuer Pair erwählt und ausgesteuert werden.

Viertes Kapitel. Vom Könige.

Die Wahl des Oberhaupts der europäischen Gesellschaft ist von einer solchen Wichtigkeit, und erfordert eine so strenge Untersuchung, daß ich die Erörterung dieser Frage für ein zweytes Werk aufgespart habe, welches später erscheinen soll, und die Ergänzung des gegenwärtigen seyn wird.

Der König des europäischen Parlements muß der erste seyn, der ins Amt tritt, und die Bildung der beyden Kammern bestimmt; durch ihn muß die Handlung anfangen, damit die Errichtung des großen Parlements ohne Revolution und ohne Unruhen bewirkt werde.

Die königliche Würde muß erblich seyn.

Fünftes Kapitel. Wirkung-Äußerung des großen Parlements von Innen und von Außen.

Jede Frage, die das allgemeine Interesse der europäischen Gesellschaft betrifft, wird vor das große Parlement gebracht, und von diesem untersucht und entschieden werden. Es wird der Richter aller Streitigkeiten seyn, die zwischen den Regierungen entstehen können.

Wollte irgend ein Theil der europäischen Bevölkerung, der irgend einer Regierung unterworfen ist, sich absondern, eine besondere Nation ausmachen, oder unter die Gerichtsbarkeit einer andern Regierung treten, so ist es das europäische Parlement, welches darüber entscheidet. Es wird aber nicht in dem Interesse der Regierungen, sondern in dem der Völker entscheiden, und immer nach der bestmöglichen Verfassung der europäischen Verbindung streben.

Das europäische Parlement muß als Eigenthum eine Stadt samt dem dazu gehörigen Gebiet unter seiner ausschließenden Oberherrschaft haben.

Das Parlement wird die Gewalt haben, von der Konföderation alle Auflagen zu erheben, die es für nöthig achten wird.

Alle Unternehmungen, aus denen für die europäische Gesellschaft ein allgemeiner Vortheil entspringt, werden unter der Leitung des großen Parlements ausgeführt werden; so wird es z. B. durch Kanäle die Donau mit dem Rhein, den Rhein mit der Ostsee vereinigen u. s. w.

Ohne Thätigkeit von Außen ist keine Ruhe im Innern möglich. Das sicherste Mittel, in der Konföderation Frieden zu erhalten, wird eine beständige Thätigkeit außerhalb ihrer selbst seyn, und eine unaufhörliche Beschäftigung mit großen Arbeiten in ihrem Innern. Die andern Welttheile mit dem europäischen Menschengeschlechte, welches allen andern Menschenarten überlegen ist, zu bevölkern, sie bereis- und bewohnbar wie Europa zu machen, an einer solchen Unternehmung wird das große Parlement fortdauernd die Wirksamkeit Europas üben, und sie immer im Gange erhalten.

Der öffentliche Unterricht in ganz Europa wird der Leitung und der Oberaufsicht des großen Parlements untergeordnet werden.

Ein Gesetzbuch, welches sowol die allgemeine als nationale und individuelle Sittenlehre enthält, wird unter der Aufsicht des großen Parlements abgefaßt werden, damit es ganz Europa zur Lehre diene. Man wird darin beweisen, daß die Grundsätze, auf denen die europäische Staatenverbindung beruht, die besten, die dauerhaftesten, daß sie die tauglichsten sind, die Gesellschaft so glücklich zu machen, als sie es, der menschlichen Natur und dem Zustand ihrer Aufklärung gemäß, seyn kann.

Das große Parlement wird gänzliche Gewissensfreyheit und freye Ausübung aller Religionen zulassen; es wird blos diejenigen Religionen verbieten, deren Grundsätze dem großen von ihm eingeführten Gesetzbuche der Moral entgegen wären.

Zwischen den europäischen Völkern wird also Alles stattfinden, was die Grundlage und das Band jeder gesellschaftlichen Vereinigung ausmacht. Gleichförmigkeit der öffentlichen Anstalten, Vereinigung alles Interesse, Verwandtschaft der Maximen, Gemeinschaft der Moral und des öffentlichen Unterrichts.

Sechstes Kapitel. Schlußfolge.

Dieses Buch wird in der Folge das stärkste werden, und die Ursache davon fällt in die Augen. Ich werde es jetzt nicht weiter ausdehnen, um die Aufmerksamkeit des Lesers nicht von wichtigen Betrachtungen abzuleiten, indem ich sie mit

Nebendingen beschäftigen würde, zu deren Abhandlung es jetzt noch nicht Zeit ist.

DRITTES BUCH.

DASS Frankreich und England, weil sie Beyde die parlementarische Regierungsform haben, ein gemeinschaftliches Parlement errichten können und müssen, welches das Interesse beyder Nationen zu ordnen hat – Wirkung des englisch-französischen Parlements auf die übrigen Völker von Europa.

Erstes Kapitel. Von der Errichtung des europäischen Parlements; von den Mitteln, diese Anstalt zu beschleunigen.

Es ist möglich, daß die Menschen lange, was ihnen heilsam ist, verkennen, aber die Zeiten kommen immer, wo sie heller sehen, und davon Gebrauch machen.

Die Franzosen haben sich die englische Konstitution gegeben, und alle Völker in Europa werden sie sich nach und nach ertheilen, wenn sie aufgeklärt genug seyn werden, um ihre Vorzüge gehörig zu schätzen.

Die Zeit aber, wo alle europäischen Völker durch National-Parlemente regiert seyn werden, ist unstreitig der Zeitpunkt, wo das allgemeine Parlement, ohne Hindernisse zu finden, wird eingeführt werden können.

Die Gründe dieser Behauptung sind so einleuchtend, daß es mir unnütz scheint, sie zu entwickeln.

Aber dieser Zeitpunkt ist noch fern von uns, und schreckliche Kriege, vielfältige Revolutionen müssen Europa noch geißeln während dem Zwischenraum, der uns davon trennt.

Was ist anzufangen, um von Europa dieses neue Unheil abzuwenden, die traurige Frucht der Zerrüttung, in welcher es fortfahren würde, zu beharren? Man muß zur Kunst seine Zuflucht nehmen, und in einer Zeit, die uns näher liegt, Mittel finden, die Ursache dieser Auflösung zu zerstören.

Ich wiederhole, was ich oben gesagt habe.

Die Einführung des europäischen Parlements wird ohne Schwierigkeit bewirkt werden, sobald alle Völker in Europa unter einer Parlementar-Regierung leben werden.

Daraus folgt, daß man wird anfangen können, das europäische Parlement zu errichten, sobald der Theil der europäischen Bevölkerung, welcher einer repräsentativen Regierung unterworfen ist, demjenigen Theile an Kräften überlegen seyn wird, der unter unumschränkten Regierungen geblieben ist.

Dieser Zustand von Europa ist aber gerade die gegenwärtige Lage der Dinge; die Engländer und die Franzosen sind unstreitig dem übrigen Europa überlegen, und die Engländer und die Franzosen haben die Form einer Parlementar-Regierung.

Es ist also möglich, daß man schon in diesem Augenblick den Wiederaufbau von Europa anfangen kann.

Die Engländer und die Franzosen brauchen nur in gesellschaftliche Verbindung miteinander zu treten, und unter sich ein gemeinschaftliches Parlement zu errichten; Vergrößerung der Hauptzweck dieser Verbindung zu seyn, indem sie die andern Völker an sich ziehen; die englisch-französische Regierung zu diesem Behuf bey allen Nationen Anhänger der repräsentativen Verfassung zu begünstigen; sie mit ihrer ganzen Macht zu unterstützen, damit sich bey allen Völkern, die unumschränkten Monarchieen unterworfen sind, Parlementer etabliren; jeder Nation, sobald sie die repräsentative Regierungform angenommen hat, zu erlauben, daß sie der

Gesellschaft beytreten und zu dem gemeinschaftlichen Parlemente Glieder abordnen kann, die sie aus sich selbst erwählt hat, und die Organisation von Europa wird unmerklich ohne Kriege, ohne Trauerscenen, ohne politische Revolutionen sich von selbst machen. [...]

Zehntes Kapitel. Inbegriff der sich auf Frankreich und England beziehenden Betrachtungen.

Ich habe mich zu dem Gesichtspunkte des, Frankreich und England gemeinschaftlichen, Interesses erhoben.

Wenn diejenigen, die mir mit Aufmerksamkeit gefolgt sind, die sich mit mir auf diesen Punkt erhoben und von da ein Mittel entdeckt haben, wie dem, beyde Nationen bedrohenden, Unglück abzuhelfen, sich jetzt wieder zu den Kombinationen des National-Interesses herablassen, die wir bisher allein durchdacht haben, und die unser Nachdenken aufs Neue beschäftigen werden; was erblicken sie? Eifersucht, Krieg, Unglück im Inn- und Auslande.

England, von der Annäherung einer Revolution mit Schrecken ergriffen, verdoppelt die Anwendung der Kräfte seiner Politik; es berechnet mit kaltem Blute neue Kriege in Europa, und neues Elend für Frankreich; es vertheidigt die Angelegenheit der Negersclaven, und verwüstet die Länder seiner Brüder. Die Nachricht von der Einäscherung Washingtons hat ganz Europa empört; und dennoch werden es weder seine Kniffe, noch seine Unterdrückung-Politik, noch seine Verbrechen, vor denen es selbst erbebt, und die es sich gezwungen glaubt, zu begehen, retten; höchstens können sie die Krisis verzögern, welche es bedroht.

Man stelle sich England vor, wie es beschäftigt ist, Alles, was sich erhebt, zu zermalmen, wie es sich verschuldet, um alle andre Völker arm zu machen, sich schwächt, um sie zu schwächen, als wenn es für selbiges kein andres Heil als in dem Elend und Verderb Aller gäbe, wie es, vor seinen eignen Abscheulichkeiten zurückschaudernd, immerfort auf neue sinnt, sich den Haß der ganzen Menschheit zuzieht, um nur auf einige Tage mehr diesen traurigen Zustand unruhiger Bewegungen und immer wachsender Furcht zu verlängern, den es vergebens dem Auslande durch einen Anschein von Kraft und Wohlstand zu verhehlen sucht. Man stelle es sich dann mit Frankreich verbunden vor, durch diese Verbindung von einem unvermeidlichen Bankerott gerettet; mächtig und glücklich, ohne Verbrechen und ohne Furcht, ohne daß fremder Wohlstand es des seinigen verlustig machen könne, und man sage mir, welcher von diesen beyden Zuständen vorzuziehen ist.

Frankreich hat nach der Krisis, die sein voriges politisches System übern Haufen geworfen hat, sich kein neues an die Stelle geschaffen.

Möchte Frankreich aus einem Antrieb von Großmuth die Schulden Englands als die Folge der Aufopferungen ansehen, zu denen es sich verstehen mußte, um der Freyheit in Europa ein Vaterland zu geben, von wo aus sie sich über alle Nationen verbreiten kann; möchte es doch einwilligen, die Schwere eines Opfers zu theilen, wovon es die Früchte miterntet; möchte durch einen nicht minder edeln Antrieb England mit Frankreich die Vortheile gemeinschaftlich genießen wollen, die hundert Jahre Freyheit über dasselbe gehäuft hat.

Beyde Völker hätten Unrecht, sich durch die ungeheure Größe der Schuld zurückschrecken zu lassen; sie muß immer abnehmen; denn so wie eine freygewordene Nation der englisch-französischen Vergesellschaftung beytritt, wird ihm diese Schuld im Verhältniß seiner Reichthümer gemein.

Das Interesse der englisch-französischen Konföderation

wird es seyn, mit aller ihrer Macht den Wiederaufbau Europens zu begünstigen.

Je weniger man dem Interesse Andrer Hindernisse in den Weg legt, indem man für sein eignes arbeitet, je weniger findet man Widerstand; um so leichter erreicht man seinen Zweck. Jene so oft wiederholte Maxime: *Man kann nur dann wahrhaft glücklich seyn, wenn man sein eignes Glück in dem Glücke Andrer sucht, ist also eben so gewiß, eben so richtig, als jene: ein in eine gewisse Richtung geworfener Körper wird in seinem Lauf gehemmt oder verzögert, wenn er in seinem Wege auf andre Körper stößt, die in einer entgegengesetzten Richtung sich bewegen.*

Eilftes Kapitel. Von Deutschland.

Es gibt ein Volk in Europa, welches seine Regierung unter den gemeinen Schlag der europäischen Nationen zu verweisen scheint, welches aber in unendlichen Abständen sich durch seinen Charakter, seine Wissenschaften, seine Philosophie von den übrigen absondert.

Man trifft bey den Deutschen die reinste Moral, eine Aufrichtigkeit, die niemals hintergeht, eine probfeste Redlichkeit. Mitten unter den schrecklichsten Kriegen, den grausamsten Feindschaften der unerträglichsten Unterdrückung, hat sich dieser Charakter nie verläugnet. Niemals ist ein französischer Soldat durch Verrätherey in diesem Lande, welches Frankreich verheerte, umgekommen.

Beynah gänzlich aller Seehandlung beraubt, ist in Deutschland jener kaufmännische Geist nicht eingedrungen, der Zahlen an die Stelle schöner Empfindungen setzt, zum Egoism und zum Vergessen dessen führt, was groß und edel ist; man fragt nicht wie in England: *wie viel gilt der Mann?* um zu fragen, wie viel besitzt er? Das Verdienst wird dort nicht nach dem Vermögen abgemessen.

Eine besonders merkwürdige Sache ist es, daß diese Güte des Naturells, diese Einfachheit der Sitten, welche den Charakter des Volks ausmacht, sich auch auf die Regierenden verbreitet; die unumschränkte Herrschaft ist dort sanft und väterlich.

Eine Nation kann sich unter drey verschiednen Ansichten darstellen, sich in drey verschiednen Lagen befinden. Die erste ist, wenn sie unter einer unumschränkten Herrschaft kriecht, sich in ihrer Knechtschaft gefällt, und nichts Wünschenswertheres zu begreifen weiß, als die Gunst derer, die sie regieren, nichts Edleres, als die Ehrenzeichen, welche die Regierung vergibt.

Die zweyte ist, wenn sie gewußt hat, durch philosophische Aufklärung und Adel der Gefühle sich über den gesellschaftlichen Zustand, worin sie lebt, zu erheben; wenn sie sich von jenen Begriffen von Gunst, die man durch Niederträchtigkeiten erkaufen muß, losgerissen hat; wenn sie zu der Einsicht gelangt ist, daß es etwas gibt, was höher und des Mannes würdiger ist; wenn sie darnach getrachtet, gegen den Lauf der Dinge gekämpft, aber nicht gesucht hat, ihn abzuändern.

Der dritte, und zuverlässig der beste, ist derjenige Zustand, worin sich eine Nation eine Regierung geschaffen hat, wovon ein Jeder Mitglied werden kann, wenn er dessen würdig ist; wenn sie alle ihre Sorgfalt, ihre Arbeiten, ihre Kenntnisse zur Erhaltung und zur Vervollkommnung der eingeführten gesellschaftlichen Ordnung anwendet.

Es ist ganz gewiß sehr schön, sich zur Höhe der edelsten Empfindungen aus der Mitte sclavischer Erniedrigung erhoben, sich durch die Unabhängigkeit des Gedankens von dem Zwange einer unumschränkten Herrschaft befreyt zu haben; aber schöner ist es, wenn man sich eine freye Regierung zu schaffen gewußt hat, unter welcher man ohne Niederträchtigkeit und ohne Schande ausruhen kann.

Deutschland hat sich über seinen gesellschaftlichen Zustand emporgeschwungen, und hat ihn unter sich zurückgelassen; England und Frankreich haben sich und ihre Regierungen mit sich erhoben.

Zwölftes Kapitel. Fortsetzung.

Eine große Erschütterung wird jetzt in Deutschland merkbar; Begriffe von Freyheit keimen in allen Gemüthern; Alles kündigt an, daß sich eine Revolution bereitet.

Die Rückerinnerung an die englische und die noch neuere französische Revolution erschreckt die deutsche Nation; sie kann es nicht glauben, daß ihr so viel Unglück vorbehalten ist, sie hofft, daß sie ihr Charakter retten wird; sie irrt sich.

Der National-Charakter, welcher er auch sey, kann nichts gegen die Gewalt der Dinge, und hier ist's die Gewalt der Dinge, auf die es ankommt. In der gesellschaftlichen Ordnung gibt's keinen Wechsel ohne Veränderung im Eigenthums-Besitz. Der Enthusiasmus des allgemeinen Wohls kann wohl anfänglich zu Opfern seine Einwilligung geben, die dieser Wechsel heischt, und das ist die erste Epoche jeder Revolution; aber bald bereut man diese Opfer, man verweigert sie, das ist die zweyte. Der Widerstand der Eigenthümer kann aber nicht überwunden werden, wenn die Nichteigenthümer nicht zu den Waffen greifen; und daraus entstehen der Bürgerkrieg, Verbannungen und Gemetzel.

Was kann eine Nation vor diesem Unstern bewahren? Nichts, wenn nicht ein Schutz von Außen, welcher die Anhänger der neuen gesellschaftlichen Ordnung begünstigt, und die Eigenthümer, welche sich der Revolution widersetzen, in Schranken hält.

Das Unglück in der englischen Revolution war unvermeidlich; denn damals konnte keine Macht in Europa die Errichtung einer freyen Regierung unterstützen.

Frankreich konnte durch England *gerettet* werden; England hat ihm seine Hülfe verweigert; Statt das Feuer zu löschen, fachte es selbiges noch mehr an; Frankreich wurde mit Blut überschwemmt.

Was England und Frankreich war, ist Deutschland in unsern Tagen; das nämliche Unglück bedroht es, die nämliche Hülfe kann es *retten*.

Noch mehr, ein Deutschland eigner Umstand muß die Heftigkeit seiner Revolution vermehren; es hat eine größere Arbeit, als England und Frankreich. Es hat nicht blos seine Konstitution zu ändern, es muß sich auch in einen einzigen Körper versammeln, unter einer einzigen Regierung eine Menge zerstückelter Regierungen vereinen; das zerstückelte Deutschland steht Jedem nach Belieben zu Diensten; nur durch Vereinigung kann es mächtig werden.

Es muß das erste Geschäft des englisch-französischen Parlements seyn, den Wiederaufbau des deutschen Staats zu beschleunigen, eine Revolution dadurch zu verkürzen, und ihre schrecklichen Folgen zu mindern.

Die deutsche Nation ist, vermöge ihrer Bevölkerung, die beynahe die Hälfte von Europa ausmacht, durch ihre Lage im Mittelpunkte Europens, und noch mehr durch ihren edeln und großmüthigen Charakter bestimmt, die erste Rolle in Europa zu spielen, sobald sie unter einer freyen Regierung in einen einzigen Körper vereint seyn wird.

Wenn die Zeit gekommen seyn wird, wo die englisch-französische Gesellschaft durch den Zutritt Deutschlands sich vergrößert, wo man ein allen drey Nationen gemeinschaftliches Parlement errichtet, dann wird der Wiederaufbau der übrigen europäischen Staaten schneller und leichter von Statten gehen, denn diejenigen Deutschen, welche man berufen wird, an der gemeinschaftlichen Regierung Theil zu nehmen, werden in ihre Meinungen jene Reinheit der Moral, jenen Seelenadel übertragen, der sie auszeichnet, und durch die Macht des Beyspiels werden sie die Engländer und die Franzosen zu sich erheben, die ihres Handels-Verkehrs wegen mehr an ihre eigne Person denken, und sich nicht so leicht von ihrem Privat-Interesse losmachen können, dann werden die Prinzipe des Parlements freysinniger, ihre Arbeiten uneigennütziger, ihre Politik den übrigen Nationen günstiger seyn.

Schlußfolge.

Ich habe in dieser Schrift beweisen wollen, daß die Einführung eines der Zustände der Aufklärung gemäßen politischen Systems und die Schöpfung einer allgemeinen Gewalt, die mit der gehörigen Kraft ausgerüstet ist, dem Ehrgeize der Könige und der Völker zu steuern, allein in Europa eine friedliche und dauerhafte Ordnung der Dinge festsetzen können. In dieser Hinsicht spielt der Plan zur Einrichtung, den ich vorgeschlagen habe, eine bloße Nebenrolle, weil, wenn er verworfen würde, wenn er durchaus schlecht wäre, ich das gethan hätte, was ich zu thun unternommen habe, wenn irgend ein andrer Plan angenommen wird.

Unter einer andern Beziehung betrachtet, ist der Plan, den ich vorschlage, der wichtigste Theil dieses Werks. Seit langer Zeit kommt man darin überein, daß das politische System in seiner Grundveste erschüttert ist, und daß man ein andres einführen muß; aber weder diese allgemein verbreitete Meinung, noch die durch Abmattung von Revolutionen und Kriegen vorbereiteten Gemüther, begierig, jedes Mittel zu ergreifen, um Ordnung und Ruhe wiederherzustellen, hat Niemand aus dem alten Schlendrian herausreißen können; man hat sich auf den alten Grundsätzen fortgeschleppt, als ob es keine bessere geben könne, man hat auf tausenderley Arten die Elemente des alten Systems zusammengesetzt, aber nichts Neues ist aufgefaßt worden. Der Erneuerung-Plan, den ich auseinandergesetzt habe, ist der erste, der einen neuen und allgemeinen Charakter hat.

Es wäre zuverlässig zu wünschen gewesen, daß das Wiederaufbauung-Projekt der europäischen Staaten von einem der mächtigsten Monarchen oder von einem Staatsmanne hergerührt hätte, der mehr mit den Geschäften vertraut, und durch sein Talent in der Politik berühmt gewesen wäre. Dieses Projekt, von einer großen Macht unterstützt, oder von einem großen Rufe, hätte schneller die Gemüther angezogen, aber die Schwachheit des menschlichen Verstandes erlaubte den Dingen nicht, diesem Gang zu folgen. Diejenigen, die in den Geschäften, die sie tagtäglich zu leiten hatten, durch die Gewalt der Dinge gezwungen waren, alle ihre Vernunftschlüsse auf die Grundsätze des alten Systems, welches man in Ermanglung eines bessern beybehalten wollte, anzuwenden, konnten nicht zu gleicher Zeit auf zwey entgegengesetzten Straßen wandeln, und während ihre Aufmerksamkeit unaufhörlich auf das alte System und die alten Kombinationen zurückgeführt wurde, in ihrem Geiste ein neues System und neue Ideen-Verbindungen fassen, oder in ihn hineinbringen.

Nach langem Streben und ansehnlichen Arbeiten habe ich mich in den Gesichtspunkt des allgemeinen Interesses der europäischen Völker gestellt. Dieser Punkt ist der einzige, von welchem man das Unheil, was uns bedroht, und die Mittel, es zu vermindern, erblicken kann. Wenn diejenigen, die an der Spitze der Geschäfte stehen, sich mit mir zu derselben Höhe erheben wollen, werden sie Alle sehen, was ich gesehen habe.

Die Spaltungen in der öffentlichen Meinung rühren davon

her, daß ein Jeder seinen Blick zu sehr beschränkt, und sich nicht getraut, von dem Punkte abzuweichen, den er sich gewählt hat, und von dem er hartnäckig behauptet, die Sachen in Augenschein nehmen zu müssen.

Für richtig urtheilende Köpfe gibt es nur Eine Art zu urtheilen, für sie gibt es auch nur Eine Art zu sehen, wenn sie die Dinge von der nämlichen Seite betrachten. Wenn Männer von gleich edlem Gefühle, von gleich richtiger Urtheilskraft, von gleicher Liebe des allgemeinen Besten, von gleicher Anhänglichkeit für den König, Meinungen haben, die einander entgegengesetzt sind, so kommt das daher, weil Jeder seinen Gesichtspunkt hat, den er nicht verlassen will. Man erhebe sich höher, und nehme seinen Standpunkt da, wo ich die Gemüther hinzuführen gesucht habe, und alle Meinungen werden sich in eine einzige verschmelzen.

Dann werden wir durch einen glücklichen Wechsel, dessen Früchte nicht für den Staat verloren gehen werden, alle erhabene Seelen, alle aufgeklärte Geister, die Montesquieu und Reynouard, die d'Ambrai und Laujuinais, und so viele Andre, die ihre Meinungen trennen, und ihre Empfindungen vereinen, Alle auf einen gleichen Zweck losgehen, und sich gegenseitig auf der allgemeinen Straße die Hand reichen sehen.

Es kommt zweifelsohne eine Zeit, wo alle Völker Europens fühlen werden, daß die Punkte des allgemeinen Interesses geordnet werden müssen, bevor man zu dem besondern Interesse jeder Nation übergeht, dann wird das Elend anfangen, sich zu vermindern, die Unruhen werden sich besänftigen, die Kriege erlöschen; das ist das Ziel, wonach wir unaufhörlich streben, dahin treibt uns die Richtung des menschlichen Geistes! Aber was ist der menschlichen Klugheit würdiger, sich dahin zu schleppen oder dahin zu laufen?

Die Einbildungskraft der Dichter hat das goldne Zeitalter

in die Wiege des menschlichen Geschlechts, in die Unwissenheit und Ungeschliffenheit der frühesten Zeiten versetzt; das eiserne Zeitalter hätte man dahin verweisen sollen. Das goldne Zeitalter ist nicht hinter uns, es ist vor uns, in der Vollkommenheit der gesellschaftlichen Ordnung; unsre Väter haben es nicht gesehen, unsre Nachkommen werden einst dazu gelangen; uns kommt es zu, ihnen den Weg dahin zu bahnen.

WILLIAM HAZLITT

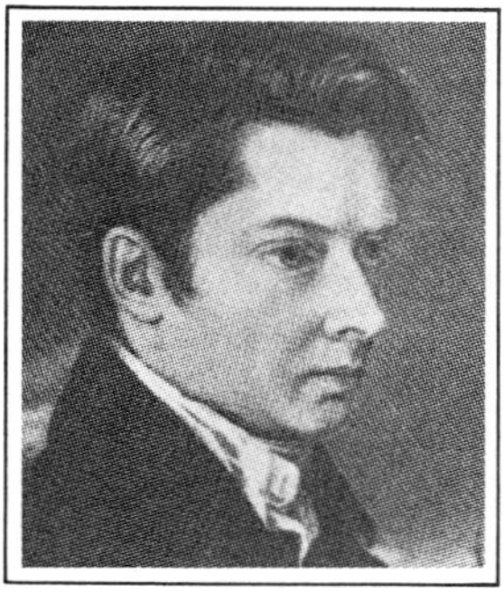

DER EUROPÄISCHE KONGRESS

(1814)

VERGANGENE Woche erschien im *Examiner* ein ausgezeichneter Artikel, der einen allgemeinen Überblick über die Ziele und Grundsätze gab, die die alliierten Mächte auf dem bevorstehenden Kongreß bewegen sollten, sowie über die Hauptvereinbarungen bezüglich der verschiedenen Fragen, die, aus solchen Grundsätzen folgend, behandelt werden müßten. So freudig wir auch mit dem ehrenwerten Autor in allen Punkten, die er darlegt, übereinstimmen, bekennen wir doch, daß wir weit davon entfernt sind, Gewißheit darüber zu empfinden, daß auch nur ein einziger dieser Punkte in Freundschaft geregelt werden wird. Es handelt sich, kurz gesagt, um die folgenden: 1) Polen soll seine Unabhängigkeit zurückerhalten. – 2) Die übrigen europäischen Mächte sollen mit Schweden in bezug auf die Unterwerfung Norwegens nicht mehr zusammenwirken. – 3) Der Sklavenhandel muß sofort und allenthalben abgeschafft werden. – 4) Sachsen darf nicht das Schicksal Polens teilen. – 5) Österreich soll seine Absichten betreffend ungerechtfertigten Gebietszuwachs in Italien aufgeben. – 6) und zuletzt: England hat in seinem Exklusivanspruch auf die Seeherrschaft eventuell Konzessionen zu machen, da dieser Anspruch sich eher als Kränkung für die Gefühle anderer Nationen erwiesen hat als für unsere eigene Sicherheit notwendig zu sein. Alle oben empfohlenen Ziele wären, sollten wir meinen, ebenso durchführbar wie wünschenswert, wenn es nur bei denen, die die Macht haben, das Schicksal der Welt zu bestimmen, einen echten guten Willen gäbe, um sich seiner in der gegenwärtigen günstigen Lage zu bedienen. Ausgestattet mit souveräner Macht, getragen von der öffentlichen Meinung, befreit von dem Hemmnis der Furcht vor der überwältigenden Macht Frankreichs: so haben sie alle Mittel in ihrer Hand, um ein prächtiges, erhabenes und dauerhaftes Monument für Gerechtigkeit, Freiheit und Menschlichkeit aufzurichten. Sind die Absichten der alliierten Mächte allein auf solche Ziele gerichtet? Die Frage ist simpel, und wir fürchten, daß es sehr vermessen wäre, sie mit Ja zu beantworten. Es würde heißen, davon auszugehen, daß die vergangenen Ereignisse die Herzen von Herrschern und Völkern geläutert hätten, daß sie aus der Erfahrung klug geworden wären und das erlittene Unrecht ihnen die Liebe zur Gerechtigkeit eingeflößt hätte, daß den kleinlichen Vorurteilen und dem bohrenden Neid gegenseitiges Vertrauen und guter Wille gefolgt wären, daß die Sippschaft machthungriger und selbstsüchtiger Spekulanten ihr Ende gefunden hätte, daß die zerstörerische Rivalität zwischen den Staaten liberalen und aufgeklärten Zielen der allgemeinen Sicherheit und Nützlichkeit gewichen wären und die Mächte Europas sich künftig mit demselben Eifer und demselben Großmut für das gemeinsame Wohl verbünden würden, wie sie in der gemeinsamen Sache gegen den gemeinsamen Feind zusammenstanden. All dies erscheint uns ebenso utopisch wie jeder andere Entwurf, der davon ausgeht, daß der Mensch sich ändere. Glücklich sollten wir uns schätzen, wenn anstelle der glänzenden und nutzbringenden Projekte, die in der schweifenden Phantasie mancher Leute noch als Ergebnisse am Ende dieses Treffens stehen, das Ganze nicht so ausgeht, daß weniger als ein Kompromiß aus kleinlichen Interessen, vordergründiger Politik und schreiender Ungerechtigkeit herauskommt.

Wir haben es lange Zeit vermieden, uns zu dem undankbaren Thema zu äußern, doch unsere Enthaltsamkeit wurde, jedenfalls bis jetzt, nicht belohnt. Deshalb wollen wir nun frei sprechen, denn es täte uns leid, als Komplizen einer Irreführung angesehen zu werden, die nur in Enttäuschung enden kann. Die Bekenntnisse zu Gerechtigkeit, Mäßigung und Freiheitsliebe, die die europäischen Mächte Ende des vorigen und Anfang dieses Jahres ablegten, waren gewiß bewundernswert. Sie waren zu diesem Zeitpunkt notwendig und möglicherweise ehrlich gemeint. Aber wir alle sind geneigt, die guten Vorsätze zu vergessen, die uns mehr durch die Umstände als durch Einsicht und Veranlagung abgenötigt werden, und »Gelübde, in der Not getan, als null und nichtig« zurückzunehmen. Ohne indirekt auf denjenigen anspielen zu wollen, in dessen Mund diese Worte gelegt sind, hegen wir die Überzeugung, daß Herrscher Herrscher und Menschen Menschen sind, und es hieße, alle unsere Erfahrungen über die menschliche Natur Lügen zu strafen, wenn wir, als Folge gewisser wohlbemessener und wohlklingender Bekundungen, die ihnen die Not abpreßte, irgendwelche großen Opfer an Vorteilen und Wünschen von einem der beiden erwarten würden, sobald diese Not nicht mehr besteht. Wir erinnern uns daran, wie die modernen Regierungen und Minister waren, bevor sich Bonapartes furchteinflößende Macht erhob, und wir nehmen dies als die beste und einzige Basis für die Erörterung, wie sie sein werden, jetzt, da diese Macht ihr Ende gefunden hat. »Nun, da alles vorbei ist, sind sie wieder sie selbst.« Es scheint uns, daß der Untergang der Bonaparteschen Diktatur einige sehr romantische und überspannte Erwartungen geweckt hat. Tatsache ist, daß sein gewaltsames und zielstrebiges Vorgehen alle anderen Pläne gleicher Art in der Schwebe gehalten hat. »Das göttliche Recht der Könige, falsch zu regieren« war den schwächlichen Händen seiner illegitimen Inhaber entwunden und auf wunderbare Weise in einem einzigen Manne vereinigt. Die ordentlichen Professoren der königlichen Kunst waren durch die überlegene Geschicklichkeit und Verwegenheit eines Abenteurers mattgesetzt. Sie wurden nun ihrerseits die Werkzeuge und Opfer der Machenschaften dessen, der Könige berief und Könige stürzte. Anstelle ihrer gewöhnlichen Beschäftigung, die Nachbarn zu reizen oder die Untertanen zu plagen, hatten sie genug damit zu tun, ihre Territorien und Titel zu verteidigen. Die Angriffe, die sie aus eigener sicherer Position heraus gegen die Unabhängigkeit von Nationen im Schilde führten, und ihre hochnäsige Verachtung für die menschlichen Freiheiten wandten sich gegen sie selbst. Der vergiftete Kelch wurde ihnen selbst an die Lippen gesetzt. Da erst fühlten sie die Pein, ungerecht behandelt zu werden, und die Bitternis, verhöhnt zu werden. Sie sahen, wie schwach und klein sie selbst waren. Aus dem beschaulichen Leben am Hofe wurden sie herausgerissen und gezwungen, den Rang von Menschen einzunehmen. Sie appellierten an ihre Völker, daß sie ihre Throne verteidigen sollten; sie forderten sie auf, sich um den Altar des Vaterlands zu scharen; sie riefen den Namen der Freiheit an, und in diesem Namen siegten sie. Im Rausch des Sieges waren die Pläne nationaler Ausdehnung oder privater Rache vergessen wie zuvor in der Qual der Verzweiflung. Bonapartes jäh ergriffene Macht hatte das Denken der Menschen so in ihren Bann gezogen, daß sie sie als das einzige Übel auf Erden anzusehen begannen und glaubten, daß mit ihr alle Tyrannei und Machtgelüste enden würden. Vom Krieg wurde gesprochen, als sei er die Erfindung des modernen Karl des Großen und als ob mit der Wiederkehr der Bourbonen das Goldene Zeitalter wieder einsetzen würde. Aber das Unglück ist eine harte Schule für die Großen und Mächtigen: nur widerwillig beugen sich Kaiser und Könige unter das Joch der Notwendigkeit. Wenn der Schrecken vorbei ist, sind sie froh, den

Kelch des Vergessens leeren zu dürfen. Die Götzenbilder, die der Freiheit, der Natur, dem Genie und dem Glück errichtet worden waren, werden gestürzt, und aufs neue besitzen sie »alle Macht auf Erden«. Wie sie die gebrauchen werden, ob zum Nutzen und Glück der Menschheit, oder um ihren eigenen Vorurteilen und Neigungen entgegenzukommen, das haben wir in mehreren Fällen bereits erlebt. Niemand wird künftig die »Milch der Menschenliebe« bei dem Kronprinzen von Schweden suchen, der ein Monarch neuer Schule ist, noch nach Beispielen für romantischen Edelmut und Dankbarkeit bei Ferdinand von Spanien, der noch der alten Schule angehört. Ein Schakal oder Pavian in den Klauen eines bengalischen Königstigers mag nicht sehr furchteinflößend wirken, aber eitel wäre die Vermutung, daß er, sollte er durch göttliche Fügung heil davonkommen, sich in ein zahmes, nützliches Haustier verwandeln würde.

Der König von Preußen hat das Schwert Friedrichs des Großen, seines humanen, gottesfürchtigen, moralischen und von Machtgier freien Vorgängers, wieder ergriffen, doch nur, so scheint es, um es gegen seinen einstigen Waffenbruder, den König von Sachsen, zu schwingen. Der Kaiser von Österreich scheint begierig, nach der eisernen Krone Italiens zu greifen, die seinem Schwiegersohn gerade vom Kopfe gefallen ist. Der König von Frankreich, *unser* König von Frankreich, Ludwig der Ersehnte, der aufgrund seines »Alle Hochrufe später!« den Beinamen Ludwig der Weise erhalten sollte, hat seine Einsichten während des zwanzigjährigen Exils so vertieft, daß er eine humane und liebenswürdige Billigung des Sklavenhandels auf nur fünf weitere Jahre ausspricht. Seine Heiligkeit der Papst, glücklich, den Klauen des Erztyrannen und Betrügers entronnen zu sein, verbringt seine Mußestunden mit der Reorganisation des Jesuitenordens und verfolgt die Freimaurer. Ferdinand der Dankbare und Erlauchte, der mit dem gleichen Erfolg durch dieselben menschlichen Disziplinen gegangen ist, schließt die Tore der Cortes (auf Betreiben von Lord Wellington, wie es schimpflicherweise behauptet wird) und öffnet weit diejenigen der Inquisition. Angesichts alles dessen lassen die romantischen Bewunderer patriotischer Könige, die so töricht waren zu glauben, daß der Haß gegen den Unterdrücker mit dem Haß gegen die Unterdrückung identisch sei, die Köpfe hängen (unter ihnen dürfen wir auch den Poeta Laureatus vermuten) und leben in der Hoffnung auf bessere Zeiten. Für uns hat das alles seine Natürlichkeit und Richtigkeit. Von der großen Haftentlassung der Fürsten und Potentaten konnten wir nichts anderes erwarten als ihre Rückkehr zu ihren alten Gewohnheiten und bevorzugten Grundsätzen. Wir haben diese Feststellungen nicht oberflächlich und grundlos getroffen, sondern sie wurden durch eine Reihe von abstoßenden und verworfenen Handlungen der Unzuverlässigkeit und des Verrats bedingt, die kein einziger Aufschwung heroischer Tugend oder großmütiger Begeisterung wieder wettmachte. Beinahe jeder Grundsatz, beinahe jedes Bekenntnis, beinahe jede Verpflichtung wurde mißachtet. Fehlt noch ein Beweis, dann seht Norwegen, Italien, Spanien, die Inquisition, den Sklavenhandel an. Die meisten Hauptakteure haben die Maske der Freiheit abgelegt; die weinerlichen Phrasen der Menschlichkeit sind in »The Courier« und »The Times« nicht mehr zu vernehmen. Worauf sollen wir also unsere Hoffnungen stützen, wenn nicht auf die Whig-Prinzipien unseres Prinzregenten, die er von seinen Vorfahren ererbt hat, und auf die Gutmütigkeit des russischen Zaren, die allein sein eigenes Verdienst ist? Unsere Meinung über die erstere der beiden Personen ist wohlbekannt, so daß wir sie hier nicht zu wiederholen brauchen. Und von den guten Absichten des zuletzt erwähnten Souveräns haben wir eine ebenso bestimmte Überzeugung. Wir glauben, daß er Lehren annimmt, nach Wissen strebt und dem Guten zugeneigt ist. Aber Personen, die bessere Informationsquellen besitzen als wir selbst, sagen, daß er für die Ratschläge derer, die um ihn sind, zu aufgeschlossen ist; daß er wie andere, die noch lernen, die jeweils neueste Idee für die beste hält und daß seine echte Gutmütigkeit und sein Mangel an Falschheit nicht ausreichen, um ihn für die selbstsüchtigen oder finsteren Pläne anderer taub zu machen. Gewiß hat er in der Geschichte die Rolle des Uneigennützigen und Großherzigen zu vertreten, aber die Geschichte ist ein Spiegel, nach dem nur wenige Charaktere sich richten. Wenn in der letzten Zeit in seinem Verhalten etwas war, das seiner natürlichen Geradheit einen zusätzlichen Impuls gab, dann entsprang es vielleicht dem naheliegenden Wunsch, einen Gegensatz zu dem Charakter Bonapartes darzustellen und das russische Wesen – in den Augen des zivilisierten Europa bisher so gut wie ein Synonym für Roheit und Grausamkeit – in einem günstigeren Lichte erscheinen zu lassen. In diesem Zusammenhang sollten wir nicht daran verzweifeln, daß durch den derzeitigen Herrscher aller Reußen wenigstens in bezug auf Polen etwas getan werden wird, um einige Flecken auf dem Namen seiner Großmutter, der Zarin Katharina, zu tilgen.

Was Norwegen betrifft, so scheint die einzige Hoffnung, seinem Schicksal zu entrinnen, in der sehr natürlichen, wenn nicht löblichen Mißgunst und Abneigung zu bestehen, die einige der althergebrachten europäischen Herrscher gegen den neuesten und dreistesten Thronanwärter hegen. Ein Abenteurer, durch einen Lottogewinn oder durch das Prozessieren gegen seine Komplizen reich geworden, kann nicht erwarten, von gleich zu gleich in einer Gesellschaft von Personen ordentlichen Charakters und Familienbesitzes aufgenommen zu werden. Besonders der österreichische Kaiser mag zusätzliche Gründe, die mit den jüngsten Ereignissen zusammenhängen, für eine Abneigung gegen Bernadotte haben, und wir stimmen dem *Examiner* darin zu, daß er letztlich die »Zugeständnisse bereuen wird, zu denen er gegenüber einem Manne gedrängt wurde, der die Schlüsselfigur der neuen Macht darstellt, die auf den Trümmern von Thronen emporwuchs«.

Was eine baldige Änderung der Seerechte unseres Landes aufgrund allgemeiner Prinzipien und zu jedermanns Zufriedenheit angeht, so sehen wir keinen Grund, diese zu erwarten. Der folgende Satz, glauben wir, bestätigt uns in dieser Annahme: »Wir hören«, heißt es im *Morning Chronicle*, »daß an dem Tag, als die Stadt Washington eingenommen wurde und die Nachricht von der Zerstörung ihrer öffentlichen Gebäude Paris erreichte, der Herzog von Wellington einen Ball gab: nicht einer der offiziellen Gesandten der europäischen Potentaten, unserer treuen Verbündeten, erschien, um Seiner Gnaden zu dem Ereignis zu gratulieren.« Wir sehen hier auf der einen Seite die höchst absurde Erwartung uneigennütziger Sympathie mit unseren nationalen Gefühlen und auf der anderen nicht die geringste Bereitschaft, sie zu teilen. Es ist merkwürdig, daß die zitierte Stelle in ein Blatt Eingang gefunden hat, das liberale und weitgespannte Ansichten fast zu seiner Exklusiv-Beschäftigung gemacht hat.

Auch können wir uns keinen ernsthaften Hoffnungen auf »eine sofortige und allgemeine Abschaffung des Sklavenhandels« hingeben. Afrika hat wenig von den »vorherrschend sanften Tricks« des Lord Castlereagh zu erhoffen. So hartnäkkig er unsere maritimen Rechte auch verteidigen mag, so wird er, nach unserer Meinung, über denen der Menschlichkeit einschlummern, und wenn er aus seinem *doux sommeil* erwacht, wird er feststellen, daß der flinke Fürst der politischen Gaukler ihm seine Afrikanischen Petitionen aus den Taschen gestohlen hat, falls er die Zeugnisse seiner eigenen Schmach wirklich mit sich herumträgt. Für den Erfolg dieser Maßnahme gibt es zwei Hindernisse. Erstens: Frankreich hat von uns in den alten Tugenden des Patriotismus und der Loyalität so nachdrückliche Lektionen erhalten, daß es sich in den neuen Doktrinen der Liberalität und Humanität keine Vorschriften machen lassen wird. Zweitens: bei uns war die Abschaffung des Sklavenhandels eine Errungenschaft der Regierung Fox, einer Regierung, gegenüber der, wie wir vermuten, wenig Neigung besteht, sie von der Schmach und Schande, die über sie ausgegossen wurden, zu befreien, indem man die Vorteile ihrer Maßnahmen vergrößert darstellt oder die Anwendung ihrer Grundsätze empfiehlt.

Es gibt noch einen weiteren Sachverhalt, dem wir nicht trauen können, obwohl unsere Vorbehalte keineswegs intensiv und nachhaltig sind: die Beständigkeit der derzeitigen Verhältnisse in Frankreich. Die Grundsätze, an die man sich bei der Schließung einiger der vorangegangenen Abkommen hielt, und die gleichbleibenden Ziele, die die übrigen Mächte Europas auf den Plan rufen werden, mögen keinen unbeträchtlichen Einfluß auf diese bedeutende Frage haben. Was immer dazu geeignet ist, die Unruhe in des Menschen Gemüt zu beschwichtigen und die wahren Gründe für Anschuldigungen und Beschwerden zu beseitigen, muß natürlich die Vorwände für einen Umschwung verringern. Wir sollten aber nicht so sehr dazu neigen, solch einen Umschwung der weiterbestehenden Anhänglichkeit einzelner oder der Armee an Bonaparte zuzuschreiben, sondern der allgemeinen Unbeständigkeit und Rastlosigkeit des französischen Wesens und seinem völligen Mangel an fest begründeten Ansichten, welche der militärischen Begeisterung Einhalt gebieten könnten. Selbst ihr derzeitiger unpassender Eifer in der Sache der Bourbonen ist unheilverkündend. Wie lange dieser plötzliche Anfall von Dankbarkeit für die Befreiung von einem Übel, das zweifellos durch das lange Zaudern vor der Anwendung der Medizin verursacht wurde, anhält, ist nicht vorauszusagen. Disziplinlosigkeit ist die bemerkenswerteste Eigenschaft des französischen Wesens. Auf ein solches Volk kann man sich nicht einen Moment lang verlassen. Es dreht sich nach dem Winde mit jedem Hauch einer Laune oder eines Zufalls, und morgen würde es mit ebensoviel Elan und ebensowenig Gefühl »Vive l'empereur!« rufen wie heute »Vive le roi!« Sie haben für ihr Handeln keine festen Grundsätze. Allem stehen sie mit gleicher Indifferenz gegenüber. Ihre Selbstgefälligkeit ersetzt ihnen alle anderen Vorzüge, diejenigen der Tugend, Freiheit, Ehre und selbst des äußeren Erscheinungsbildes. Sie sind das einzige Volk, das sich etwas darauf einbildet, Hörner aufgesetzt zu bekommen oder erobert zu werden. – Ein Volk, das, nachdem es so lange über Europas Antlitz getrampelt war, vor den Angreifern niederfiel, ohne einen Streich zu tun, und sich seiner Unterwerfung als einer prima Sache rühmte, das ist keine Nation von Männern, sondern von Weibern. In der Revolution gab ihm der Geist der Freiheit einen Impuls, der der ganzen Menschheit zu eigen ist; der Genius Bonapartes gab ihm den Drang zu militärischen Zielen. Beides verlieh seinem Wesen Energie und Gehalt, indem es seine natürliche Flüchtigkeit auf ein großes Ganzes ausrichtete. Doch als beide Triebkräfte zunichte wurden, fanden die Alliierten, daß ganz Frankreich nur aus Damenmoden bestand. Die Armee ist der Muskel am Körper eines Staates; der bloße Patriotismus ist nur ein Visier aus Pappe, das dem Schwert keinen Widerstand bietet. Was sie auch immer bestimmt, geschieht; eine effeminierte Zivilbevölkerung ist ein Nichts. Wenn der Friede anhält, werden ihnen die Bourbonen nicht lange schmekken, und wenn sie wieder in den Krieg ziehen, werden sie einen Monarchen brauchen, der zugleich ein Feldherr ist.

JOSEPH
VON GÖRRES

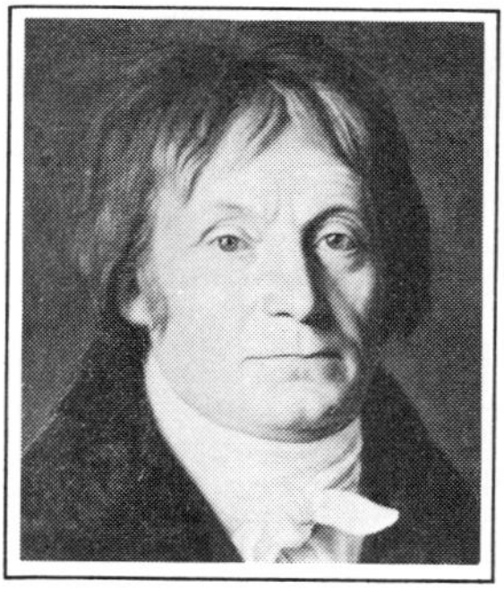

EUROPA UND DIE REVOLUTION

(1821)

III. Gegenwart [Auszug]

MAN kann sagen, daß kein Volk auf Erden so recht eigentlich zu Hause sey, wie das Französische, so daß man füglich diesen Stamm, den eigentlich irdischen, oder wenigstens vorzugsweise Europäischen nennen könnte. Keinem Andern ist ein solcher Weltverstand zu Theil geworden, um die Beziehungen der Dinge mit Leichtigkeit zu durchschauen, die Gelegenheit im rechten Augenblick zu fassen, und den Umständen dienstbar anzuschmiegen; keinem solches Geschick, sich schnell in allen verworrenen Verhältnissen zurecht zu finden, und mit Geschmeidigkeit in alle Formen sich zu finden, und in alle Lagen sich einzupassen. Keines kann bey gleicher Betriebsamkeit in Verfolgung bestimmter Zwecke sich solcher Gewandtheit rühmen, das Spiel persönlicher Beziehungen, Interessen und Leidenschaften ohne Aufsehen und großes Nachdenken durch bloßen Takt zum eigenen Vortheil hinzuwenden, und das Streitende bewußtlos zum dienstbaren Werkzeuge sich umzuschaffen. Keinem Andern ist solche Fertigkeit geworden, die Dinge in dem glücklichsten Augenpunkt zu fassen, wo ihr ganzer Schein in der vollsten Wirkung sich zusammen findet; noch solche Gabe, das Leben und die Leidenschaft und den Affekt und die Gesinnung, und alles was wesenhaft ist, aus der Tiefe herauf an der Oberfläche auszubreiten, daß sie wie geschlagenes Gold den möglichst großen Effekt bewirken. Keinem ist gegeben, bey so leichtem, fröhlichen Blute, mit solcher Zierlichkeit das Leben aufzufassen, die geselligen Verhältnisse mit so gewandter Leichtigkeit zu ordnen, und mit dem Ernste so unbedingt sein Spiel zu treiben, daß er selbst zur Leichtfertigkeit sich bequemen muß. Und diesem leichtgesinnten, beweglichen Vogelgeschlechte gegenüber nun die Teutschen, schwerfällig und ungelenk, als ob sie auf Vieren giengen, in allen Anlagen und Richtungen das Gegentheil, das Äußerste bey jenen ihnen gegen innen umgewendet; darum in allem Thun und Sinnen in sich gekehrt; unverständig bey starker Vernunft, lebendige Phantasie bey stammelndem Organ, tiefe Empfindung ohne Takt, große Willensstärke, ohne äußeres Geschick, ihn auszulassen; lebend in der Zukunft oder der Vergangenheit, darum nie in der Gegenwart heimisch; strebend in allen Dingen nach dem Höchsten und dem Tiefsten, darum immer verlierend das Erreichbare, das in der Mitte liegt, und nichts vollführend bis zum Ende; nur in der Ruhe oder der heftigsten Bewegung mit Gemessenheit gewandt, in allen gemäßigten Übergängen ohne Haltung, und darum in der Regel an der Gelegenheit unentschlossen vorübergehend. Darum hat die Religion, die dem Teutschen von je als die Meisterin des Lebens gegolten, sich bey den Franzosen früh zur Dienstbarkeit bequemt; und während jene in ihr, wie in Kunst und Wissenschaft, sich immer zur Idee gehalten, haben diese, die in den Ideen nur Fictionen bis zu dieser Stunde sehen, sich zu Herren und Meistern des *Begriffs* erhoben, und handhaben nun in der Wissenschaft die analytische Formel, in der Kunst die Regel, in der Praxis die technischen Griffe mit ungemeiner Fertigkeit. Ganz und gar auf die Politik angewiesen, haben sie seit lange ihre größte Meisterschaft in sie gesetzt, und bey ihnen ist die Diplomatik, diese geistige Analysis des Endlichen, gemeinschaftliche Erfindung der modernen Höfe, zu jener Ausbildung gekommen, der zwar die Teutschen frühe schon nachgeeifert, in der sie es aber, weil die Natur widerstrebt, selten zu etwas Erklecklichem gebracht.

In der ganzen Entwicklung der Geschichte beyder Völker, und in der ganzen Wendung, die ihre Politik genommen, hat diese Verschiedenheit, die sie im Leben trennt, sich ausgewiesen. Seit im Streit der Enkel Carls des Großen in der Schlacht von Fontenay die Blüthe der fränkischen Ritterschaft gefallen, und dadurch die Macht der Teutschen in Frankreich gebrochen war, hub sich der Zwist zwischen ihnen und dem gälischen Stamme, der sich wieder heraufgearbeitet, ein Streit, der zuletzt in die gänzliche Trennung unter dem einheimischen Geschlecht der Capetinger ausgeschlagen. Ohne Verzug begann nun der Kampf der königlichen Macht mit dem Feudalsystem. Der Feudalbaron, mit seiner freyen Selbstständigkeit auf das Allodialgut gefestet, in seiner Unterwerfung unter das Haupt auf den Lehnbesitz angewiesen, und den Vasallen durch dasselbe Band wieder an sich knüpfend, Hauptmann der Seinen im Felde, Richter im Frieden, war in jenem doppelten Character zugleich *Organ* der königlichen Macht, um den *Eroberten* in Unterwürfigkeit zu halten; und *Schranke*, in ihrer Ausbreitung auf die *Eroberer*. So wie daher die Eroberung sich befestigt hatte, wurde der Schwerdtgenosse der Macht in seinem einen Elemente entbehrlich, in dem andern gehässig; hinwiederum aber schien die Autorität dem Vasallen in seinem Charakter als Unterthan drückend, der selbstständigen Freyheit aber verdächtig und gefährlich, und so mußte dann jener Streit des Allodiums mit dem Lehn sogleich beginnen. Dieser Kampf in Frankreich, von erblichen Königen im dunkel gefühlten Einverständniß mit der unterjochten Nation und dem kleineren einheimischen Adel gegen die Reste der Eroberer in den höheren Vasallen, dann auch gegen jene Bundsgenossen selbst mit der ganzen Schlauheit einheimischer Politik geführt, mußte ganz zum Vortheil der Krone sich entscheiden. In Teutschland hingegen von einem wählbaren Oberhaupt gegen einheimische Barone, in Mitte eines Volkes, das nie sich erobert betrachten konnte, nach dem Untergange der Hohenstauffen meist lau und kleinlich, blos im Hausinteresse geleitet, ist er zuletzt in eine gänzliche Theilung ausgeschlagen, in der das Oberhaupt ein neues Kaiserthum aus dem Concurs für sich gewonnen, die Vasallen aber Königreiche und Herzogthümer sich zugelegt.

Bey solchem Ausgang des langen Streites hatte Frankreich mit der Einheit die Macht für sich genommen; Teutschland war mit der Vielheit die Ohnmacht zu Theil geworden; und die Gelegenheit war allzu lockend, als daß die Politik ihr hätte widerstehen mögen. Sobald daher die Könige die englischen Invasionen abgewendet, und ihre Alleinherrschaft befestigt hatten, wendeten sie sogleich die Taktik, die ihnen in diesem Streit zum Sieg geholfen, gegen außen nach Teutschland hin; und wie die Päpste früher, nachdem sie in tapferem Kampfe die Kirche von der Abhängigkeit vom Kaiserthum befreyt, bald übermüthig dasselbe nun ihrerseits zu unterjochen trachteten; so suchte Frankreich gleichfalls die dreyfache Krone Carls des Großen, die durch seine Trennung zerbrochen war, wieder auf seinem Haupte zu vereinigen, und es wurde von da an stehende, unablässig verfolgte Idee Teutschland, wie Italien, durch List und offene Gewalt dem Franzosenreiche zu gewinnen. Seither begann das Getümmel in beyden Ländern, das sie Jahrhunderte lang mit Brand und Raub und Blut gefüllt, und innerlich zerrüttet und verdorben hat. Teutschland, im Verhältniß mehr sich selbst entfremdet, wie Frankreich in seiner Politik sich mehr und mehr gefunden, wurde im westphälischen Frieden entwaffnet, im Lüneviller in Besitz genommen; und nachdem es mit Schmach gefallen, als eine Provinz zum großen Kaiserreich geschlagen. Indem aber also das mit kunstreicher Hand durch lange Jahre gelenkte Werk, eben der letzten Vollendung genaht, sind mit einem Male die Zeiten umgeschlagen, indem die Teutschen nach ihrer Art, langmüthig bis zur Einfalt, und passiv bis zum Blödsinn, endlich, als alle Geduld ausgegangen, mit Einem Male von der geliebten, alten Bärenhaut sich langsam aufgehoben, und in einer Anwandlung jenes von je gefürchteten furor Teutonicus das Werk der verschlagenen Weltklugheit, durch so viele Jahrhunderte mit unablässigem Eifer fortgeführt, an Einem Tag zerstörten.

Seither ist Frankreich in das alte Verhältniß zurückgetreten, wie es vor Franz dem Ersten bestanden; ein mächtiges Reich in der günstigsten Lage von Europa, nicht so einsam wie Spanien, aber auch nicht so unbequem beym Kreutzweg an gemeiner Heerstraße wie Teutschland; nicht so reich wie England, noch so gesegnet wie Italien, aber mit allen Bedürfnissen des Lebens und seit dem Kriege noch darüber mit allem Überflusse ausgestattet; gesichert durch Meere, Berge und die große Landesmauer seiner Festungen; bewohnt von einem Volke, stark durch Zahl, Zusammenhalten, Gemeingeist, Betriebsamkeit und den Reichthum von Talenten jeder Art; eben genesend von jener zwiefachen Umwälzung, die einmal überstanden, das wankende Leben auf Jahrhunderte befestigt; und auf diese Weise Alles in sich vereinend, was zu einem gesicherten, glücklichen und ehrenvollen Daseyn führt, wenn es sich selbst genügen, und dem alten Lieblingsgedanken der Herrschaft entsagen könnte. Glücklich für Teutschland, daß die Ereignisse den Erisapfel in die furchtbare, geschlossene Einheit dieses Staats geworfen, der die Vertagung dieser Projecte auf geraume Zeit nothwendig macht, und der teutschen Schwerfälligkeit die nöthige Frist gestattet, gegen ihre künftige Wiederkehr gemächlich in Fassung sich zu setzen. Dieselbe Entzweyung nämlich, die früher die Reformation Teutschland gebracht, hat die Revolution seit dem Sturze Napoleons nun für Frankreich herbeygeführt. Aber diese Entzweyung ist hier keineswegs, wie in Teutschland, eine äußerliche, räumliche, örtliche, indem die Nation, je nach ihren Stämmen, theils für die alte, theils für die neue Lehre sich erklärt. Zwar ist die alte Abtheilung dieses Landes in die Langue d'oc und die Langue d'oui immer noch nicht ganz erloschen, und Südfrankreich, reiner von germanischem Blut und Sitten, eben so wie in anderer Weise die Westprovinzen, haben allerdings von der zustimmenden religiösen und politischen Richtung mehr behauptet, als der mehr germanisirte Norden und Osten; aber doch verschlingen sich in beyden Abtheilungen entgegengesetzte Interessen so vielfältig durch einander, daß jener äußere Widerspruch im Ganzen wieder verwischt und ausgeglichen wird. Dafür ist die Entzweiyung hier in eine innerliche, organische, vitale ausgeschlagen, die sich durch die ganze Nation verbreitet, und sie nun von innen heraus zersetzt und polarisirt. Diese Spaltung aber ist daher gekommen, daß der alte Herrscherstamm zugleich mit der alten Aristokratie, nicht etwa wie Wilhelm der Eroberer, an der Spitze von 60000 kriegerischen Baronen nach glänzenden Siegen in England, so in Frankreich eingezogen, sondern im Gefolge jener großen Occupation, in der das bewaffnete Europa gekommen, um sich selbst Bürgschaft seiner künftigen Ruhe und Sicherheit zu holen. Dadurch ist es geschehen, daß die rückkehrende Dynastie, nicht etwa wie die Normannen, ein erobertes Land durch eine starke Feudalität in Unterwürfigkeit an die Einheit festgebunden; sondern sie hat sich in die Nothwendigkeit versetzt gesehen, mit der Revolution und ihren Interessen eine Capitulation abzuschließen, in der sie gegen die Zurücknahme eines Theiles ihrer alten Gerechtsame der Nation gewisse Freyheiten gelassen und gewisse Concessionen bewilligt hat, und dann das Ganze urkundlich in der Charte niederlegte. Indem die Autorität aber nun in diesem neuen Verhältniß, nach Maßgabe jener billigen Abkunft, sich zu entwickeln begann, zeigte sich bald die furchtbare Kraft der ihr entgegenstehenden Verhältnisse. Eine Revolution, die wie ein Orkan über die alte Monarchie eingebrochen, hatte alle ihre Institutionen entwurzelt und umgestürzt, und neue Rechte, Verhältnisse, Einrichtungen und Maximen geschaffen, die durch Prescription seit einem Menschenalter verjährt, nun schon sogar in alter Ansicht vollkommen rechtlich begründet erscheinen, und darum unumstößlich sind. Das alte große Eigenthum ist zum größten Theile zerrissen und aufgelöst, und eine neue zahlreiche Classe von Besitzern in dasselbe eingewandert, deren Rechte unantastbar geworden, deren Besorgnisse bey der neuen Ordnung der Dinge aber darum nicht weniger gespannt und rege sind. Eine Periode äußeren Glanzes und stolzer Waffenehre, wie sie die Nation früher nie gekannt, war aus der Umwälzung des alten Systems hervorgegangen, die jede noch dämmernde Erinnerung der alten Geschichte gänzlich ausgelöscht; während die Rückkehr der Bourbonen sich gerade an das Erbleichen dieses Glanzes und die erfolgte große Demüthigung knüpfen mußte. Indem also das verletzte Nationalgefühl, in der Nacherinnerung jener Triumphe, sich um so stärker und nachdrücklicher auf Alles wirft, was diese herbeygeführt; muß in gleichem Maße das Alte, und was mit ihm fern oder nahe zusammenhängt, ihr gänzlich widerwärtig und verhaßt erscheinen. Jene starke Faust, die in der kaiserlichen Tiranney die Zügel hielt, hatte endlich alle Lenkseile durchgerissen; seither hatten die Schwungkräfte in der Gesellschaft, getragen und stets noch angetrieben durch eine mächtige Meinung, ein entschiedenes Übergewicht erlangt, und bäumten sich nun übermüthig gegen die schwächere, des Herrschens ungewohnte Hand. Das alte Geschlecht, das die Zeit von vorhin gesehen, ist größtentheils abgetreten; die lebende Generation ist erwachsen in dem großen Umschwung der Dinge, und hat zum großen Theile thätig dabey mitgewirkt; eine Jugend drängt sich heran, von ihr erzogen; lebendig, betriebsam, klug und gewandt, keck bis zur Verwegenheit, erfahren in aller Weisheit und allen Lüsten der Welt, dabey bis zum Fanatism allem Alten abgeneigt, und schon längst mit Ungeduld der Zeit erwartend, wo sie Theil nehmen mag am öffentlichen Leben, dazu die Reste des alten Heeres, unversöhnliche und natürliche Feinde der neuen Ordnung, die sie entbehrlich macht; die Unzufriedenen aller Farben, die quiescirenden Dignitarien des alten Kaiserreichs: Alles im Bunde mit jenen Antipathien und Abneigungen mußte das Anwachsen des neu aufgesetzten Reises beynahe unmöglich machen. Da so viel Widriges sich vereinigte, war es nicht zu verwundern, daß wenig Hundert Menschen hingereicht, binnen vierzehn Tagen den wiederaufgerichteten Thron umzustürzen; und auch, nachdem er zum zweyten Male wieder hergestellt worden, sind zwar die unmittelbar wirksamsten Kräfte gebrochen und beseitigt, aber die allgemeinen, stetigen und beständigen so thätig als je geblieben. Gegen die Aristokratie hatte vom Anfang herein der Haß der Nation am entschiedensten sich ausgesprochen, weil sie in richtigem Takt hier die gefährlichste Gegenwirkung sich bereiten sah. Es kann auch von den Gegnern derselben nicht geläugnet werden, daß ihr mitten unter einer Masse abgeschmackter, in ihren Anmaßungen bis zur Albernheit beschränkter, erstarrter und erstorbener Menschen, trotz der gänzlichen Umwälzung und Austilgung, die sie erfahren, manches bedeutende Talent geblieben, das in der Schule des Schicksals sich auszubilden Gelegenheit gefunden, und sich nun schnell in der neuen Stellung zu orientiren wußte. Von ihnen geleitet, suchte die neue Opposition sogleich tiefe und feste Wurzeln in die innersten Grundfesten der Gesellschaft hineinzutreiben.

Da noch immer die stärkere Hälfte alles großen Privateigenthums in ihren Händen vereinigt war, so wurde dies und das darauf stehende Landinteresse, nach englischen Grundsätzen, zum Damme gegen das in der Revolution so mächtig gewordene Geldinteresse, die Regsamkeit der vielen in ihr entstandenen kleinen Eigenthümer, und der vielfach angeregten Betriebsamkeit des Erwerbes ausersehen, und die durch die Charte angeordnete Repräsentation, und neuerdings das gesammte Gemeindewesen, mit aller Anstrengung in der Classe dieser Meistbeerbten zu vereinigen getrachtet. Jenem Freyheitsgeiste, der stets zum Übermaße neigt, und der unwiderstehlichen Lebenswärme vielfach entwickelter Talente, suchten sie durch Wiederherstellung der Corporationen Schranken und Maß zu setzen, damit in den also centrirten Massen die moralischen Elemente der Gesellschaft, die einzeln durch ihre entwickelte Schnellkraft jeder Handhabung entfliehen, durch innere Gegenwirkung sich selbst beschränkend, folgsamer in die allgemeine Ordnung sich fügen lernten. Den Clerus, der, als das erste Opfer der Revolution, zwar seinen ganzen physischen Besitzstand, aber keineswegs seinen moralischen Einfluß auf die Masse des Volkes eingebüßt, mußte sie natürlich als ihren Verbündeten erkennen; und der Eifer vieler Glieder desselben, der in den Missionen der Religion wieder verstärkten Einfluß auf die Gemüther zu verschaffen, mit Erfolge sich bemühte, gab in der Rückwirkung diesem Bunde auch im Politischen eine practisch wichtige Bedeutung, die durch die Erziehung, die aufs neue den geistlichen Orden vielfältig übergeben wurde, eine noch größere Wichtigkeit zu gewinnen versprach.

Alle diese Bestrebungen waren durch die Natur der Sache herbeygeführt; so wie ein monarchisches Princip gesetzt ist, müssen auch alle rechtlichen Mittel ihm gestattet seyn, sich innerlich dauerhaft, nicht auf eine künstliche Weise, sondern natürlich und organisch also zu befestigen, daß es im Ganzen lebend zugleich ein Leben in sich selber habe, und nicht, wie etwas blos Aggregirtes nur einen äußerlichen Bestand gewinne, der jedem Zufall Preiß gegeben, zu aller Zeit von den Umständen abhängig ist. Aber es war eben so natürlich und durch die Verhältnisse herbeygeführt, daß die Democratie diesem Bestreben sich entgegensetzte, und das Bewurzeln durch die Aristokratie so lange als möglich verspätete. Sie hatte große Interessen zu verwahren, durch große Opfer erworbene Rechte zu vertheidigen, positive, feyerlich gemachte Zusagen aufrecht zu erhalten; gewarnt durch das, was die Geschichte von früheren ähnlichen Verhältnissen aufbewahrt, so wie durch das, was täglich rund um sie her im übrigen Europa sich begab, war sie durch ihre Stellung gedrungen, selbst das Gerechte abzuweisen, damit dem Ungerechten nicht Thür und Thor geöffnet werde. So mußten die Vorschritte der Aristokratie, wenn sie auch mit Mäßigung und Besonnenheit sich geltend gemacht, in der Wachsamkeit der Nation heftigen Widerspruch erwecken; als aber zu dem Verhaßten, das schon im Gemäßigten lag, heftige Übertreibungen sich beygesellten, und jene Hastigkeit der Ungeduld, die nie das ruhige Rücken der Dinge abwarten mag, und der Groll der Leidenschaft, die in einer gewaltthätigen Reaction Befriedigung suchte: da konnte es nicht fehlen, die Revolution ihrerseits mußte nun auch ihre ganze leidenschaftliche Macht, die ganze Heftigkeit ihrer hassenden Affekte, die ganze Schroffheit ihrer Grundsätze zum Widerstand aufbieten, um diesen Leoparden, der sich in ihren Nacken eingebissen, abzuschütteln.

So entstand der heftige Parteykampf zwischen den *Liberalen* und den *Ultras;* dieser Streit, in dem das alte Frankreich mit dem neuen unversöhnlich streitet, und der Vermittler nicht kommen will, der in Billigkeit diesen großen Krieg schlichten und vertragen mag. Die Regierung selbst suchte lange, auf der Charte fußend, diese Vermittlung zu vollführen; aber auf so schmalem, beschränktem Grunde mogte sie nur mit Mühe sich selbst gegen den Andrang beyder Parteyen vertheidigen, und fand für ihre Selbsterhaltung zu jenem verhaßten Schaukelsysteme sich gedrungen. Indem aber die Untreue dieses Systems die hadernden Geister nur noch mehr erhitzte, und die Unsicherheit, die es verrieth, die Licenz mehr und mehr entkettete, brach endlich der Frevel jenes Mordes, wie ein Blitzschlag, aus der dicht gedrängten Masse, und raffte den Thronfolger als Opfer hin. Seither hat die Regierung, erschüttert und entsetzt, die alte Stellung aufgegeben, und nun ist jener erste Hebel mit gleichen Armen, dadurch, daß der Unterstützungspunkt gegen die eine Seite hingetreten, einstweilen in einen ungleicharmigen verwandelt worden, und die Aristokratie hat den langen Arm gewonnen, wo ihr geringeres Moment der Masse durch das größere, räumliche ausgeglichen wird; damit also nach statischen Gesetzen ein Gleichgewicht in den Momenten der Bewegung von alter und neuer Zeit gefunden werde.

Zwischen diesen Gegensätzen dauert nun der Kampf ununterbrochen fort, und die Charte selbst ist dem Zwiespalt zwischen dem Buchstaben und der Interpretation keineswegs entgangen. Die alte Einheit ist nun innerlich entzweyt, in einen *politischen Ultramontanism*, für den die eine Seite streitet, unter dem Schutze der Autorität im Bunde mit aller Erblichkeit, die noch nicht ausgegangen; allen Überlieferungen, die noch nicht erloschen; allen Erinnerungen, die noch nicht erbleicht; mit dem Clerus und Allem, was ihm von Ansehen noch geblieben; und mit allen Hülfsmitteln ausgerüstet, die der Besitz der Macht überall, und in Frankreich mehr als irgendwo gewährt. Dann gegenüber auf der andern Seite ein gleicher *politischer Protestantism*, den der Mittelstand mit allen den Kräften, die unversiegbar aus dem Innern einer stets verjüngten Masse quellen; mit aller Gewandtheit, die eine bewegte, thatenreiche Zeit entwickelt; mit allem Verstande, den so vielfältig sich kreutzende Verhältnisse angeregt; mit aller Einsicht, die ein vielfach versuchtes Leben gewähren kann; mit aller Theilnahme, die die wichtigsten materiellen Interessen wecken; mit allem Feuer, das die stets fortdauernde Reibung unterhält; endlich mit der ganzen Gewalt der herrschenden Ansichten und Neigungen vertheidigt. Und in diesem Wirken und Gegenwirken sind aus dem einen Volke zwey Völker geworden, nicht neben, sondern in einander, die sich hassen, aber nicht von einander lassen können; zwey Zungen und zwey Sprachen; zwiefaches Regiment und zwiefache Logik, zwiefache Sitte und Gesinnung; doppeltes Leben, ja selbst zwiefache Kunst und Wissenschaft. Aber der Streit, den hier Nothwendigkeit und Freyheit führen, ist eine große Schule geworden für die Nation, vor deren Augen der Krieg nach allen Regeln der Kunst, gleich fertig im Angriff, wie in der Vertheidigung, sich führt. Die Liberalen haben ihrerseits, wie nicht zu läugnen, großes Talent, und vor allem rühmliche Beharrlichkeit, die durch keine Schwierigkeit sich ermüden, und durch kein Mißlingen sich abschrecken läßt, entwickelt, und ihren Gegnern läßt sich bey schwächeren Talenten wenigstens große Sicherheit des Instinkts und Entschiedenheit des Willens in keine Weise absprechen. Wenn aber beyde Parteyen gleich sehr von den heftigsten Leidenschaften sich beherrschen lassen, so darf man nicht vergessen, daß zwar der Verstand im Winkel kaltblütig seine Plane spinnt, im Leben aber der Affekt sie vollführen muß, und daß eine Kammer eben auch die Masse streitender Leidenschaften zu repräsentiren hat. Nur der Regierung ist die Ruhe und das Maß wesentlich, und nur, wenn sie fortdauernd besonnen das Steuer führt, meidend jedes Extrem, aufrichtig jeden gerechten Anspruch der Zeit erfüllend, jeden ungerechten, maßlosen entschlossen von sich weisend, keiner Reaction sich hingebend, noch irgend einem Mißbrauche der Gewalt, nur das Nothwendige vollbringend, nie die Zukunft vorwegnehmend, noch eigensinnig sich an's Vergangene hängend, wird es ihr gelingen, mit der Rückkehr wechselseitigen Vertrauens auch die Rückkehr wechselseitiger Billigkeit zu bewirken, und dadurch die Ruhe von Europa zu begründen. Von eigentlicher, rechter, gedeihlicher Freyheit für Frankreich kann aber erst nach der Emancipation der Gemeinde die Rede seyn.

Seit Handel und Gewerbe zu der weit umgreifenden Wichtigkeit gelangt, daß sie beynahe die Politik überwachsen haben, ist Teutschland neuerdings in bedeutende Verhältnisse zu England getreten. Jene charakteristischen Gegensätze, in denen sich das Französische und das Teutsche Volk durch ihre ganze Geschichte hindurch, jedes in eigenthümlicher Weise, entwickelt haben, sind im Englischen in einer Art von Doppelschlächtigkeit verbunden, so daß England eben so die Brücke zwischen Teutschland und Nordfrankreich, wie Südfrankreich die zwischen Italien und Spanien bildet. Die Geschichte des Inselreichs kann diese Durchdringung beyder Eigenthümlichkeiten leicht begreiflich machen. Ursprünglich bewohnt, Britannien von Belgischen und Celtischen, Irland und Westschottland größtentheils von Celtiberischen, Ostschottland, wie es scheint, schon in sehr alter Zeit, von germanischen Stämmen, war bekanntlich, als das große germanische Reich über Europa sich zu gründen begann, Britannien dem Sassischen Stamme zugefallen, und diese hatten dort, nachdem die Eingebornen theils ausgerottet, theils aufgerollt und in die Alpen von Wallis und Cornwallis vertrieben worden, die Heptarchie mit freyen germanischen Verfassungen gegründet, die von heftigen, innern Kämpfen zerrissen, endlich zur Einheit, und unter Alfred zum höchsten Glanz gelangte. Die dänische Eroberung, indem sie einen neuen Strom rein germanischen Blutes in die Masse des älteren, nun schon climatisch angeeigneten ergoß, konnte vielleicht eine Verbindung der zurückgebliebenen Reste des gälischen mit dem sassischen vermitteln, aber er mogte dem rein germanischen Geist der Masse keinen Eintrag thun, noch ihn in seinem Totalcharakter umstimmen und verfälschen. Als aber der Eroberer mit seiner Schaar Normannen herüberkam, die zwar selbst wieder aus einem Mehrtheil gälischen und einem Mindertheil germanischen Bluts gemischt erschien, da begann eine zweyte Aneignung beyder Stämme, die in der Folge durch die Eroberungen in Frankreich und die mit so vielen Provinzen dieses Landes geknüpfte Lehnsverbindung vermehrt und befördert wurde, wobey jedoch diesmal das germanische Blut die Oberhand gewann. Es entstand nun die neue Sprache, in der das angelsächsische, germanische und das gälische Element sich genau in denselben Verhältnissen verbunden, und durchdrungen haben, wie im Volkscharakter, in der Sitte, Gesinnung und Verfassung, so jedoch, daß wieder das katholische Irland vorherrschend gälisch, das presbyterianische Nieder-Schottland vorherrschend germanisch, England aber eigentlich als das Vermittelnde von beyden erscheint.

Wie aber die Sprache aus so verschiedenen Urstoffen sich gemischt, so haben auch die Stammes-Anlagen an einander und in einander sich gesetzt, indem beyde, der Eine wie Aufzug, der Andere wie Einschlag, in ein sehr dauerhaftes, festes Gewebe sich zusammenfügten. Darum erscheinen in diesem Volke scheinbar gänzlich sich widersprechende Anlagen, wie durch einen glücklichen Wurf, in eine homogene Masse zusammen verschmolzen, so daß, was blos mechanisch gemischt, verworren, unklar, spröde wird, hier in chemischer

Durchdringung einen vollkommen durchsichtigen Fluß gebildet. In diesem Doppelcharakter erscheint der Engländer häußlich, im Familienleben treu, anhänglich und innig wie der Germane, und doch auch wieder in der höheren Geselligkeit eines lebendigen Gemeingeistes dem Ganzen eng verbunden, als sey das wieder die größere Familie, die ihn in ihrem Schoße aufgenommen, und der er nun auf Tod und Leben in Freud' und Leid verbunden bleibt. Darum ist die Insel, auf der dies Gemeinwesen seine Wurzeln geschlagen, die Heimath der großen Genossenschaft, wie ihr gemeinsames Vaterhaus, Allen lieb und werth; und doch treibt stets ein unruhiger Trieb sie wieder in die Fremde, als sollte die Welt ihnen wieder die größere heimathliche Insel werden. An den Boden geheftet, wie der alte Sassische Wehre, der stolz und einsam in Mitte seines Eigenthumes wohnt, dem sein Haus die Burg seiner Freyheit ist, wie das Gemeinwesen die Acropolis der Nation, läßt er doch wieder, kämpfend mit dem Wankelmuthe der bewegten Elemente, von ihrer Strömung sich fernab von dem geliebten Heerde treiben, und siedelt in allen Zonen. Finster, verschlossen, abstoßend, kalt und stolz im gewöhnlichen Leben; und wieder wohlwollend, mittheilend in der Begeisterung; karg, gewinnsüchtig und oft geizig im Privatleben, in ihren öffentlichen Anstalten aber menschenfreundlich, großmüthig und liebreich; wilde, reißende Thiere in ihren Bürgerkriegen, im Frieden mild, emsig, betriebsam und leicht sich fügend. In der Religion dem Buchstaben ergeben, wie in der Gerechtigkeitspflege, und doch wieder durch die innere Natur zur freyen Untersuchung hingetrieben, sind sie Protestanten gewesen, schon zu der Zeit, als sie noch katholisch waren; selbst ihr Clerus, eifersüchtig auf seine Freyheiten, hat mit Rom beynahe öfter in Zwist gelebt, als im Einverständniß; und seit der Reformation hat ihre Episkopalkirche wieder das eine Element für sich genommen, während die vielfachen dissentirenden Sekten mehr im andern sich gebildet. Wenn in der Wissenschaft ihnen die speculative Höhe der Teutschen verschlossen geblieben, und sie die analytische Fertigkeit der Franzosen nicht erreicht: so hat ein offener Natursinn und eine scharfe Beobachtungsgabe sie zu den bedeutendsten Entdeckungen in den Naturwissenschaften geführt; in der Geschichte aber haben sie mit großem Weltverstand zwischen der Überschwenglichkeit der Teutschen und der leichten französischen Manier, eine bequeme Mitte aufgefaßt, in der sie viel Achtbares hervorgebracht. Wenn ihnen die Natur das Talent für die bildenden Künste größtentheils versagt zu haben scheint, so sind sie dafür mit einer wahren Genialität für die mechanischen ausgestattet, und sie mußten daher in ihnen zur höchsten Meisterschaft gelangen. Die Redekunst, ihrer Natur nach schwebend zwischen Kunst und Wissenschaft, wie zwischen der Idee und dem Begriffe, dem inneren Gedanken und dem äußeren Leben, mußte aber darum gleichfalls als beynahe ausschließliches Eigenthum ihnen zu Theil werden, und sie haben diese Nationaldomäne auch ohne Verzug in Besitz genommen, und Wunder in ihr hervorgebracht.

Eben aus dem gleichen Grunde, und bey der ganz praktischen Richtung, die der Nationalgeist genommen hat, mußte auch die Politik der eigentliche Athemzug seines Lebens werden, und zwar nicht jene frühere französische, die nur an das Erraffen und Zusammenschnüren, nicht die schlaffe teutsche, die nur auf's Zerreißen und Zerfließen geht; sondern jene erhaltende, die mit der Einheit die Freyheit, die Gegenwart mit der Vergangenheit zu verknüpfen sich bestrebt. In dieser Politik, und jenem Doppelcharakter getreu, hat ihre Verfassung sich gebildet, die durch die langsame Anschwemmung der Jahrhunderte wie ein Flötzgebirge erwachsen ist. Das alte Reich der Angelsachsen war in allen seinen Theilen nach den Grundsätzen germanischer Freyheit aufgebaut, in denen die Rechte des Volks durch seine Theilnahme an den Wittenagemotts vollkommen gesichert waren. Als aber in der Eroberung Schwerdtes-Recht über Menschen-Recht gesiegt, da wurden die Germanen Tagewerker der Normannen; ihre Freyheiten hatte der Sieger an sich genommen, und legte ihnen mit dem Joche die ganze Last der Pflichten und Leistungen eines besiegten Volkes, bey spärlich eingeräumten Rechten, auf. Über dieser Unterlage eines Stammes, dem alle Selbstständigkeit genommen, wurde von dem Eroberer der Siegende, als die zweyte höhere Nation, also organisirt, daß er allzeit im Stande sey, jene erste in der Knechtschaft zu erhalten, und zwar dadurch, daß, indem nach den Grundsätzen des Lehnssystems Selbstständigkeit in den Untergebenen mit Dienstbarkeit sich verband, das Ganze einem auf Grundbesitz fundirten, bey jedem Aufgebot allzeit schlagfertigen Heere glich. In dieser Ordnung war die Krone das herrschende Prinzip; Kirche und Adel, die in die Lehne beynahe in gleichen Theilen sich getheilt, waren in solcher Weise mit ihr verbunden, daß das Princip der Selbstständigkeit in ihnen weit von dem der Dienstbarkeit überwogen wurde, die dann zuletzt ganz ungetheilt auf die Masse des unterworfenen Volkes drückte. Der Fürst, oberster Lehnsherr und selbst reichster Grundbesitzer, Oberrichter im Frieden, Feldherr im Kriege, in der vollziehenden Macht völlig ungebunden, in der gesetzgebenden nur durch Rath und Zustimmung der im Feudalparlament vereinigten Prälaten und Barone beschränkt, behauptete in dieser Ordnung das entschiedenste Übergewicht, und so entwickelte sich das *monarchische Princip* in der Verfassung, und blühte, während das aristocratische und hierarchische beyde sich langsam befestigten, durch die ersten anderthalb Jahrhunderte nach der Eroberung. Als aber dies Princip in dem tirannischen, feigen, unbeständigen, launischen Johann in zügellosen Despotism ausgeartet, da bildete, als der Tirann durch Zaghaftigkeit die französischen Provinzen verloren, dann, um sich vom Bann zu lösen, der Curie lehnspflichtig sich ergeben, dem Volke aber durch seine Bedrückung verhaßt geworden,der Clerus unwillig zugleich über die Anmaßungen des Papstes und die Gewaltthätigkeit des Königs, jenen Bund der Barone, der dem Tirannen endlich die magna Charta abgedrungen. Diese Charte, die wieder auf eine ältere Heinrich I., wie diese auf eine noch ältere, sich zurückbezog, begründete nun zuförderst die Freyheit und Selbstständigkeit der Kirche und der Aristocratie, zugleich aber leitete sie durch einige, dem Volke eingeräumte Gerechtsame die Emancipation desselben ein. Fortan entwickelte sich nun das zweyte *aristokratische Element* der Verfassung unter dem Schutze dieser Freyheiten in solcher Weise, daß es unter der schwachen Regierung Heinrich III. im Rathe der 24 Barone schnell zur Oligarchie erwuchs, die, während der Clerus einerseits sich beynahe ganz von der weltlichen Gewalt losgesagt, andrerseits die königliche Prärogative an sich riß. In dem Bürgerkriege, der im Gefolge dieser Anmaßungen sich entzündete, gewann das Volk, das schon längst in seiner Zahl und Stärke sich zu fühlen begonnen, zunehmend an Einfluß, und da die Städte für die Oligarchie gestritten, wurden ihre Abgeordneten von ihr zum erstenmal in's Parlament berufen. Als durch Eduards rüstige Kraft das Triumvirat gebrochen war, erkannte der Sieger wohl den Wechsel der Zeiten, und die Abnutzung des Feudalsystems. Darum hieß er den untern Adel zum Gegengewicht des höheren, je nach Grafschaften gewählte Repräsentanten, und eben so die Städte ihre Deputirten zum Parlamente schicken, die zuerst mit den Pairs vereinigt in Einer Kammer saßen, bald aber, da der kleine Adel durch zunehmende Verarmung den stets reicher werdenden Gemeinen immer näher rückte, beyde zur Stütze der Krone, von ihnen getrennt, eine eigene Kammer bildeten. Und so war nun das dritte *democratische Element* gesetzlich in die Verfassung eingetreten, und in ihm hatte der altgermanische, durch die Eingewanderten unterjochte Stamm, sich von der Unterdrückung wieder losgewunden, und fing nun an, die alten ihm entrissenen Rechte wieder anzusprechen. Diese Ansprüche wurden in dem Verhältniß unabweislicher, je mehr hier, wie überall, im Verlauf der Zeiten die Macht des dritten Standes zuzunehmen begann, während die der Hierarchie und der Aristocratie gebrochen wurde, und je öfter die Krone in ihren auswärtigen Kriegen des guten Willens der Gemeinen bedürftig wurde. Als nun vollends im Gefolge der Ideen, die durch die Reformation in Umlauf gekommen, die untere Hierarchie zerstört, die höhere in ihrem Grunde erschüttert war, ihre Gewalt aber wieder größtentheils dem dritten Stande zugefallen, konnte nach dem Lauf der Dinge auch hier der Übermuth nicht ferne bleiben, und in der Revolution, die nun erfolgte, wurde das democratische Element nun auch seinerseits, wie die andern vor ihm, der Reihe nach, alleinherrschend, und nachdem es alle Stufen der wildesten und ausgelassensten Zügellosigkeit, alles in religiösen Formen, durchgelaufen; nachdem es alle wüthenden Leidenschaften losgelassen, allen Wahnsinn der Theorien durchgemacht, und den König auf das Blutgerüst geschleppt, zuletzt von einem fanatischen Despotism wieder seinerseits bezwungen. Und da nun die Feuersflammen in den Wassersfluthen erloschen waren, wurde endlich mit der neuen Dynastie jener billige Compromiß in der *Declaration der Rechte* abgeschlossen, der seither als die Verfassung des Landes gilt.

In dieser Verfassung erscheinen die drey allmählich entwickelten wesentlichen Elemente also abgewogen, daß die Monarchie, regiert durch Gesetze, die der Buchstabe befestigt hat, verbunden auf's unzertrennlichste mit der Kirche, im

Mittelpunkte steht; controlirt in erster Stufe durch die erbliche Masse aller Reichthümer und Würden in der Nation; beyde zusammen in zweyter Instanz wieder unterworfen der Gegenwirkung der durch die Gemeinen repräsentirten Nationalintelligenz; alle mit einander endlich wieder in dritter Stufe beherrscht durch eine geehrte, mächtige, in ihrer Freyheit gesetzlich gesicherte öffentliche Meinung, die durch die Gesammtheit gebildet, und durch die freye Presse ausgesprochen wird. Jedes dieser verschiedenen, also verknüpften Elemente erscheint gewährt durch selbstständige, unabhängige Institutionen, damit es auf eigenem Schwerpunkt sicher ruhend, in einen wirklichen, nicht blos scheinbaren Conflict eintreten möge. Die Religion, als Grundstein aller Gesetzgebung, Weihe aller weltlichen Bestrebungen, Quelle aller Güter angesehen; und die Kirche daher als der Verfassung wesentlich, keineswegs aber als eine zufällige und darum wieder zerstörbare Fiktion des Staats betrachtet; sie darum ständig und bleibend an den Boden gefestet; ihr Eigenthum nicht als schwebend in todter Hand, der Raubsucht der Finanzen hingegeben, sondern als unantastbar dem Schutze und der Gewähr der Gesammtheit anvertraut; und ihre Organe daher wie vom Fiscus, so von der Gunst des Volkes völlig unabhängig, und durch persönlichen Adel ausgezeichnet. Dann die Aristokratie, der Idee nach personificirend das Ansehen, befestigend die Achtung, Träger historischer Erinnerungen, Bewahrer der Ehre, des edeln Stolzes, anständiger Würde, unabhängiger Gesinnung in sicherem Selbstgefühle; gleichfalls auf ein großes Eigenthum gesetzt, das die Verfassung anerkennt und schützt; und sie nun mit den Würdeträgern der Kirche vereinigt in der ersten Kammer, die auf den Besitz gegründet und die Tradition, beyde handhabt in höchster Instanz, und das erste Drittheil der Gesetzgebung übt. Dann die Democratie, auf eine Menge von Municipalcorporationen basirt, durch die Selbstständigkeit der Gemeinde gesichert, durch die herrschende Öffentlichkeit in der Vertheidigung ihrer Interessen geübt, durch die Geschwornen in ihren bürgerlichen Rechten geschützt, durch den gemeinen Wohlstand dotirt, endlich durch ein, wenn auch in der Vertheilung fehlerhaftes Wahlsystem, in die Möglichkeit gesetzt, alles, was die Nation Ausgezeichnetes enthält, durch erblichen oder erworbenen Reichthum, Rang, Talente, Erfahrung und Tüchtigkeit, zum Vertreter ihrer Interessen zu erlesen, und es in eine zweyte, persönliche, nie geschlossene, sondern immer zugängliche Aristocratie gesammelt, ins Unterhaus zu senden, wo sie das zweyte Drittheil der Gesetzgebung übt. Oben über beyden dann die Monarchie; durch Erblichkeit gesichert, durch Unverantwortlichkeit über alle ihre Organe hinaus gehoben; durch Unverletzlichkeit geheiligt, durch eine reichliche Dotirung in Unabhängigkeit gesetzt; mit allen Prärogativen ausgestattet, die zur Handhabung der Macht nothwendig sind; und also durch ihr Gewicht das Ganze zusammen haltend, während von unten auf eine Alles durchdringende und Alles durchschauende Meinung als stets wirksames Ferment es treibt und spannt.

So ist es um diese Verfassung gethan, deren Ursprung mit dem Ursprung der Nation zusammen fällt; die in ihren Rechten und Pflichten aus der angelsächsischen Zeit in die dänische und normännische in allmählicher Entwicklung und stätiger Überlieferung fortgegangen; in der magna Charta nur zum geschriebenen Gesetz geworden, das dann mehr als dreymal bestätigt und beschworen mit der Nation stets sich erweiternd fortgeschritten; durch eine furchtbare, revolutionäre Auflösung durchgeschlagen; und so endlich auf das jetzige Geschlecht gekommen. Sie wird darum mit Recht als ein ewiger, einseitig nicht aufzulösender Vertrag, abgeschlossen zwischen den vergangenen Geschlechtern und den künftigen, als Vertrag der Verträge, und darum die Quelle aller besondern Übereinkömmnisse angesehen; eine Substitution, wie Leben und Eigenthum im Vermächtniß von den Vorfahren erlangt, und so wieder auf die Nachkommen zu überliefern. Und weil ein Volk, nicht wie die Eintagsfliege des individuellen Lebens nur im Sonnenstrahle eines Mittags spielt, sondern, wenn auch aus vergänglichen Theilen bestehend, doch ein unsterbliches, unvergängliches Ganze bilden soll, darum ist für den Bestand dieser Verfassung das Princip der organischen Assimilation angenommen; so daß, wie in der leiblichen Natur auf dem stätig fortdauernden Grund des Ganzen das Überflüssige, Erstorbene, nur nach und nach weggesogen, eben so allmählich durch neuen Ansatz sich erzeugt; so auch nie auf einmal und nie ganz das Alte weggenommen, und jede Verbesserung nur also gemacht werde, daß der haltbare Grund unangetastet bleibt, und also das Ganze, immer dasselbe und doch immer ein Anderes, mitten in allen Veränderungen stets in seinem ursprünglichen Charakter sich bewahre.

Auf solchen Grundsätzen hat sich nun jenes berufene Werk gestaltet, das seither den furchtbarsten Angriffen und den größten Fährlichkeiten Trotz geboten. Der Abfall einer wichtigen Kolonie; die Nähe jener furchtbaren Explosion in Frankreich; die Meuterey des Schiffsvolks, die eine schwimmende Republik neben die alte Monarchie gesetzt; der Aufstand in Irland und Feindes-Landung; ein bald dreyßigjähriger Continentalkrieg in die Runde herum beynahe mit allen Mächten; die Handelssperre, die in seinem Gefolge war; das Aufgebot zahlreicher stehenden Armeen; vielfältige Tumulte der Volkspartheyen; zuletzt noch das öffentliche Ärgerniß in der regierenden Familie; nichts hat den wohlgefügten Bau erschüttern mögen; für Alles hat ein Mittel sich gefunden, daß die Krise immer ohne sonderlichen Schaden vorbeygegangen.

In der Disciplin einer solchen Verfassung hat der Nationalcharakter die Festigkeit, Kühnheit, Sicherheit, und das stolze Selbstgefühl erlangt; das Gepräge unerschütterlichen, ruhigen, in sich gewährten Bestandes hat sich von ihr aus dem Volke mitgetheilt, daß es jene Stätigkeit gewonnen, die immer sich selbst gleich, sichern Verlaß fordert und gewährt, und die Beharrlichkeit, die lebendig, wie im Ganzen, so im Einzelnen, sich entwickelt. In ihr hat sich auch jenes feste, folgerechte System gebildet, das in allen öffentlichen und bedeutenden Vorkommnissen immer dasselbe Ziel im Auge hält, und in dem das Volk aus seiner Insel Wurzeln durch alle Meere durchgetrieben, die in alle Continente wieder sich eingeschlagen, und so die ganze Erde mit dem tausendfältigen Geäder seiner Industrie umstricken, das allen Nahrungssaft der Länder dem alten Wunderbaum zuführt, den alle andern Völker Europas kaum umspannen. Unter ihrem Schutze hat ein kunstreicher Geist jene wunderbare Maschinenwelt geschaffen, worin die Natur dem Menschen Helotendienste leistet; wo die Elementargeister der Luft und des Wassers im Rade gehen; wo die Dämpfe und die Schwaden, grollend ihrem Meister, und ergrimmt um ihre Dienstbarkeit, im engen Verschlusse sich bäumend, bald die Stärke von funfzig Rossen üben, bald wie Hercules unwillig an der Spindel Faden ziehen; lauernd immerdar, ob der Herr, der sie gebunden, im Banne nicht ein Wort versehen, daß sie, schmetternd die Geräthe, im Zorne von dannen fahren. Das Alles hat sie bewirkt, und sie selber ist wieder aus dem Allem hervorgegangen; Künstler zugleich und Kunstwerk, gebend und empfangend, zeugend immerfort und immerfort gezeugt.

Aber es darf nicht geläugnet werden, daß mitten in dieser Blüthe starke Keime des Verderbens sich entwickelt haben. Alles große Eigenthum ist, wie selbst träg, so, gleich der Fettablagerung im menschlichen Körper, zur Trägheit disponirend. Dasselbe ist der Charakter aller Überlieferung, die, so wie sie stehend geworden in traditioneller Formel, sogleich ihren lähmenden Einfluß bemerklich macht. Beyde daher, die natürliche Opposition gegen allen revolutionären Ungestüm, müssen, so wie der Kampf ermattet, sogleich zur Erstarrung und Verstockung führen. Die Aristocratie in ihrer Sattheit wird dann unthätig, stolz, wegwerfend und übermüthig; der Clerus der Idee entfremdet, vom Irdischen ganz befangen, ausschließlich zum Politischen hinabgezogen, wird träg, feist, gemächlich, mürrisch, prosaisch und profan. Die Wissenschaft selbst, im Banne der Universitäten, von wohlgenährten Fellows gehütet, wird nüchtern, beschränkt, stationär, todt, mechanisch, atomistisch, ganz ausschließend auf's Nützliche gerichtet, und mit kleinlicher Pedanterie allem Fortschritt sich verschließend; die Gesetzgebung aber häuft ihre rohen Massen, daß sie selbst zu einem liegenden Besitze werden, den keine menschliche Kraft zu beherrschen im Stande ist. Als man das große Eigenthum aus der Masse ausgeschieden, mogte zur damaligen Bevölkerung ein gewisses Verhältniß beobachtet seyn; so daß, was die Aristokratie nicht direkt oder indirekt erhalten und bemeistern konnte, im Privatbesitz und den Gewerben sein billiges Auskommen gefunden. Bald aber überwuchs die steigende Bevölkerung die Zahl, die der mehr vertheilte Kronbesitz, wüste, des Anbaus fähige Striche, die erweiterten Gewerbe und der umgreifende Handel aufnehmen und beschäftigen konnten, und so trat den Besitzenden bald ein Demos von Armen und Heimathlosen gegenüber, den das Fabrikwesen noch vermehrte, indem es den mehr getheilten Wohlstand des früheren Betriebs der Gewerbe in wenigen Händen vereinigte, und bald wieder durch die Maschinen die Menschen entbehrlich machen lernte. Indem die großen Capitalisten dem Staate für seine Bedürfnisse ihre Gelder anvertrauten, wurde allerdings in der Nationalschuld eine große Masse des beweglichen Eigenthumes consolidirt, und durch diese Consolidation die Zahl der festen Eigenthümer vermehrt; aber das Volk verarmte um das Capital des Theils der Zinsen, den es fortan aufbringen mußte. Zur Dienstbarkeit des Hintersassen auf Grund und Boden, war nun noch eine neue im Gefolge dieser consolidirten Geldaristocratie hinzugekommen, die, weil sie den Druck nur fühlt, ohne ihren Herren zu kennen, viel gehässiger ist, als jene andere, und in dem unbestimmten Mißmuthe, den sie erweckt, um so gefährlicher. So mußte nach und nach eine dritte, gleichsam nachgeborene Nation erwachsen, die, da sie sich in die Transaction, die früher die beyden andern unter sich und mit der Krone abgeschlossen, nicht aufgenommen fand, bald ihre Rechte geltend machte, und ihre Zulassung zu dem großen Vertrage in Anspruch nahm. Zu ihrer sehr achtbaren Opposition gesellte sich, wie natürlich, bald übertreibend, jener sogenannte Fabrikmobb und die furchtbare Masse des Pöbels in diesem Lande, der in der greuelvollsten moralischen Entartung erwachsen, alle thierischen Leidenschaften der Nation in sich zu vereinigen scheint, und indem nun der Contrast der drückendsten Armuth mit dem hochmüthigsten Reichthum die Gemüther mehr und mehr erbitterte, und täglich die überfliegenden Feuerfunken aus der Revolution in diesen gehäuften Brennstoff fielen, bildete sich jener Partheykampf der *Radikalen* und der *Stabilen* aus, der seit Jahren schon die Insel bewegt. Die Aristocratie, durch ihren Andrang eben so geängstigt, wie die Episcopalkirche durch die neuerungssüchtige Thätigkeit der Dissenters, centrirte sich nun in jener ministeriellen Oligarchie, die in der Schule Indiens und des Continentes in allen despotischen Künsten eingeübt, oft versucht durch die Gelegenheit, öfter durch die Noth gedrungen, sie bald mit allen ihren Bestechungskünsten, dem Spionenwesen, den stehenden Heeren, und allen sonstigen Attributen willkührlicher Gewalt herüberverpflanzte und gegen jene stürmende Masse der Reformers richtete. So geschah es, daß hier, wie überall, eine Parthey, die nichts gestatten will, einer andern entgegen tritt, die Alles verlangt und Alles in Anspruch nimmt. Über dem Principe der Erhaltung ist das Princip der Verbesserung aufgegeben oder ausgesetzt, und da nun die lebendige Erneuerung durch organische Assimilation stockt, muß der innere Organism mehr und mehr verknöchern und erstarren. In solcher Lage, wenn sie dauernd wäre, müßte hier wie überall sich eine Revolution bereiten. Denn was im Lauf der Zeiten nicht in allmählicher Metamorphose von innen heraus langsam sich erweitert, muß, wenn die Spannung zum höchsten Punkt gelangt, endlich mit einem plötzlichen Ruck auseinander reißen; solche Plötzlichkeit aber ist eben das, was eine Revolution bezeichnet. Die Stadien in der Annäherung zu dieser Krise scheinen mit denen, durch die die Nationalschuld allmählich wächst, parallel zu gehen; so daß entweder die Zinsen in ihrer Unerschwinglichkeit unmittelbar zu einem gewaltsamen Ausbruch führen, oder mittelbar, wenn bey drohender Zahlungsunfähigkeit die Geldbesitzer mit den Grundbesitzern sich entzweyen, und jene, um ihre Hypothek, das feste Eigenthum, angreifen zu können, sich auf die Seite der Reformers schlagen, und dieser Parthey die Häupter geben, die ihr zu fehlen scheinen. Die Sicherheit Englands ist daher auf jeden Fall an die Ruhe des Kontinents geknüpft. [...]

FRANZ VON BAADER

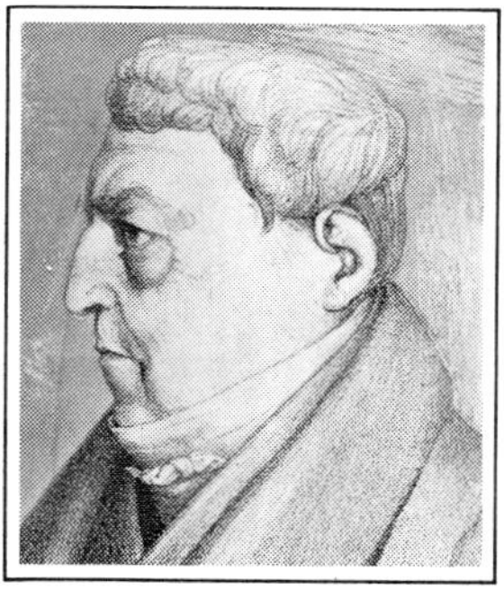

LITERARISCHE REISE NACH RUSSLAND

(1824)

[Auszug aus der zweiten Fassung]

DIE Überzeugung, daß der zerstörende Geist des Revolutionismus sich in Europa, namentlich in Deutschland, selbst der öffentlichen Doctrin bemeisterte, (welche Überzeugung sich auch durch mehrere alarmirende Ereignisse den Cabineten Europa's pressant gemacht hat) mußte und muß natürlich mehrere Wünsche und Vorschläge veranlassen, um diesem Übel gründlich zu steuern und den Revolutionismus auch in dieser seiner geistigen Wurzel zu tilgen. In der That ist nicht zu leugnen, daß, wenn schon die Deutschen in der Praxis der Revolution ganz hinter den Franzosen zurückblieben, mehrere Gelehrte und Schriftsteller dieses Landes doch die Theorie dieser schlimmen Praxis gründlicher und hiemit verbrecherischer als ihre Nachbarn ausbildeten. Man braucht z. B. nur jenen seit geraumer Zeit von deutschen Gelehrten geistreicher und tiefsinniger als von den Franzosen und Engländern ausgebildeten gänzlichen Zwiespalt der Wissenschaft und der positiven Religion (denn eine nicht positive wäre keine) zu erwägen, wie selber in mehreren hundert Schriften, Lehrbüchern und Compendien etc. aufgestellt und demonstrirt ist, um sich zu überzeugen, daß (Ausnahmen abgerechnet) die Haupttendenz des öffentlichen höheren wissenschaftlichen Unterrichts (nicht nur auf vielen protestantischen, sondern selbst auch auf mehreren von diesen dominirten katholischen Lycëen und Universitäten) dahin geht, schon hier das positive, gesetzliche und das freie Element gründlich zu entzweien, somit die jungen Leute glauben zu machen, daß die Religion ihrem Wesen nach unvernünftig, die Vernunft irreligiös sei, und daß sie zur Aufklärung nur durch Irreligion gelangen, der Religion nur durch Verzichtung auf Aufklärung anhangen können. Wer aber in der Region des Denkens Gottesscheue und *Andacht* von sich hält, und um frei denken zu können, aller Religion sich sogar vorerst entschlagen zu müssen wähnt, wird im Wollen und Thun sich um so leichter aller positiven Gesetze entschlagen. Verachtung und Haß der bestehenden socialen und religiösen Institute sind die Ausbeute, welche die jungen Leute von solchen Doctrinen in's öffentliche Leben bringen (in welchem ihnen eben die Erhaltung jener Institute übertragen wird), und es kann nicht fehlen, daß der refractäre Geist des Hochmuths, dem alle unsere irreligiösen und antireligiösen Moral-Lehren fröhnen, der dominirende Geist einer solchen Jugend wird, ja daß in der Brust manches Jünglings hiemit schon frühe der uns allen angeborne Keim des Zerstörungstriebes angefacht wird, welcher bekanntlich so sehr sich des Lebens bemeistern kann, daß er mit dem Gefühl des Daseins identisch wird, und ein solcher Mensch, in welchem dieses *wilde* Feuer einmal *ausgekommen* ist, endlich zerstören (alles Bestehende hassen und vernichten) muß, um sich nur im Gefühl seines Daseins zu erhalten.

Unter den Vorschlägen, von denen ich oben sprach, verdient ohne Zweifel jener die vorzüglichste Aufmerksamkeit, welcher dem Übel gründlich und standhaft damit abzuhelfen räth, »daß man die Doctrin oder den wissenschaftlichen Unterricht nicht bloß in seinen niedrigeren, sondern auch in seinen höheren Zweigen wieder dem Clerus übergebe«. –

Es versteht sich, daß dieses nur vom katholischen Clerus gemeint sein kann, sohin für Katholiken; denn was den protestantischen Clerus betrifft, so ist (wenige und um so schätzbarere Ausnahmen abgerechnet) bekanntlich unter seinen Händen die Theorie der Religion (die Theologie) so ganz un- und antichristlich geworden, daß zu hoffen steht, daß diese Theologen oder Gotteslehrer, indem sie offenherzig gestehen, von Gott und göttlichen oder übersinnlichen (übermateriellen) Dingen nichts mehr zu wissen, folglich nichts lehren zu können, nächstens ihre Katheder und Kanzeln freiwillig verlassen, ihre Besoldungen den Regierungen anheim stellen, und sich irgend einem nützlichen Staatsdienst oder Industriezweig widmen werden. Was den protestantischen Clerus (diese Prêtrise flétrie) allein noch gegen jene außer Nichtachtung schützen konnte, welche auf ihm lastet, nemlich die Pflege der Gottesweisheit, hat selber größerntheils aufgegeben, und sich durch die Pflege theils schaaler und gottesleerer, theils gotteswidriger Weltweisheit wahrhaft unnütz gemacht. In der That ist aber der moderne Protestantismus, welcher gegen alles Positive, selbst gegen den alten Protestantismus, protestirt, und unverholen erklärt, daß sein Wesen oder Unwesen eben in dem beständigen Unfertig- oder Flüssighalten des Dogma's bestehe, in seinem Princip revolutionär, wie ich mir die Freiheit nahm, S. M. dem Könige von Preußen in einem Höchstselben überreichten Memoire bei meinem letzten Aufenthalt in Berlin darzustellen. Denn ganz in demselben Sinne definiren die politischen Revolutionärs den Staat gleichfalls als etwas stets Unfertiges, erst noch zu Machendes oder zu Constituirendes. Ohne eine Revision und Rectification der öffentlichen Doctrin auf protestantischen Universitäten und Lycëen ist es darum unmöglich in Deutschland wieder zu dem zu gelangen, was die Franzosen: bonnes lêttres, nennen, und sowohl die Gebrechen als die Verbrechen dieser Doctrin fordern laut eine solche Reformation.

Aber auch der katholische Clerus ist weit davon entfernt,

das zu sein, was er sollte, und in älteren Zeiten war, in denen Priester und Gelehrter noch als synonym galten und da die Nationen weder irreligiös, noch unwissend sein, bleiben, oder werden sollen (denn Religionspflege mit Vernachlässigung der Wissenschaft führt nicht zur Religion, sondern zum Aberglauben, so wie die Pflege der Wissenschaft mit Beseitigung der Religion nicht zur gründlichen Wissenschaft, sondern zur flachen, schlechten und ungläubigen Aufklärerei führt), so ist obiger Vorschlag auch in katholischen Ländern nicht ausführbar.

Es konnte nemlich nicht fehlen, daß bei einer so lange bestandenen und so tief gewurzelten Trennung und Opposition der Wissenschaft und Religion beide (Gelehrte und Priester) bedeutend gelitten haben. Außerdem daß z. B. in Süddeutschland ein nicht kleiner Theil des katholischen Clerus im schlechten Sinn aufgeklärt oder im Puncte der Religion libertin worden ist, sieht man, daß der bei weitem größte Theil der Priester, zwar aus verschiedenen Motiven, doch mit den Gelehrten und Weltleuten in der Hauptsache, d. i. in dem Unglauben an die Möglichkeit eines freien Einverständnisses der Wissenschaft und Religion, übereinstimmt, in dem Unglauben an die Wahrheit der Religion und an die Erweisbarkeit dieser Wahrheit. Und dieser allgemeine Unglaube ist es, welcher die Gegner der Religion kühn, ihre Vertheidiger feig und lichtscheu macht, oder zu verzweifelten Absolutisten und Zwingherrn, so wie ein ähnlicher Unglaube die Angriffe auf die legitimen Souveränitäten keck, ihre Vertheidigung kraftlos machte; eine Kraftlosigkeit, welche, indem sie sich furchtbar bezeigen will, sich nur furchtsam zeigt.

Wenn nun aber schon eine *geschiedene* Administration der Religion und Wissenschaft zum Besten beider noch fortbestehen muß, so versteht es sich von selbst, daß hier eine solche organische Unterschiedenheit gemeint ist, welche die bisher bestandene Trennung aufheben und jeder neuen wehren soll. Betrachte man darum immer die höheren religiösen Institute als das geistige Oberhaus, die wissenschaftlichen als das Unterhaus, so folgt daraus doch eben nur, daß beide nicht widerstreitende Interessen zu vertheidigen haben, daß es vielmehr nie zu einem Widerstreit kommen, der Streit immer nur um die Mittel, nie um den Zweck statt finden kann und soll. Hat nun aber die Regierung beiden diesen geistlichen oder geistigen Instituten ihre politische oder bürgerliche *Standschaft* gesichert, so wird sie auch der bewährten Staatsmaxime treu bleiben können, überall das Eingehen in das Innere der Religion und Wissenschaft zu vermeiden, und sie wird sich die Plackerei und den Aufwand ersparen, welche ihr nothwendig zur Last fallen, falls sie beide diese Zweige menschlichen Sinnens und Thuns selbst administriren will. (Videantur die neueren *Gewerbspolizeien*). Ich sage will, weil es hier doch immer nur auch beim besten Wollen bleibt, und Religion wie Wissenschaft von außen herein nicht regiert werden können.

Wenn nemlich schon Religion und Wissenschaft (Priester und Gelehrte) jeder einzelnen Nation oder jedem Staat nicht nur dienlich, sondern zur Erreichung des Staatszwecks unentbehrlich sind, so sind doch beide schon aus dem einfachen Grunde nicht bloße oder Staatsdiener im engeren Sinne, weil seit Einführung des Christenthums es keine Staats- oder Nationalreligion mehr gibt, und der Begriff einer solchen eben so absurd ist, als jener einer Nationalwissenschaft, z. B. einer baierischen Wissenschaft im Gegensatze einer preußischen. Die Erfahrung hat auch sattsam gelehrt, wohin es mit Religion und Wissenschaft kommt, wenn selbe aufhören, ihrer Natur gemäß, d. i. als *Weltinstitute*, behandelt und respectirt zu werden, wenn man sie unter dem Vorwande, sie recht handgreiflich nützlich oder praktisch zu machen, zum Polizeidienst herabwürdigt, und ihre Weltstandschaft verleugnet; eine Weltstandschaft, welche bekanntlich nur die römisch-katholische Kirche conservirt hat, wie denn die Überzeugung, »daß die christliche Kirche kein Nationalinstitut, sondern ein Weltinstitut ist, somit nur als vollständig bestehen kann und soll«, den Katholicismus begründet. Aber dasselbe gilt, wie sich leicht einsehen läßt, für die Wissenschaft, und hierauf beruht die besondere Würde und der Amtsadel des Priesters und des Gelehrten, welche nur in dem Verhältnisse erlöschen, als beide sich voneinander trennen, und in ihrer Entzweiung herabwürdigen, oder als in einem Volke überhaupt der Sinn für alles Höhere, dem Bauchdienst oder wenigstens der zum Volksthum erweiterten und gesteigerten Selbstsucht nicht Fröhnende, erlischt.

Zu einer Zeit nun, in welcher das Problem der Restauration der öffentlichen Doctrin durch Reunion oder Wiedereinverständigung der Religion und Wissenschaft die Aufmerksamkeit der Cabinete sowohl als die so vieler Individuen beschäftigt, scheint jeder in dieser Absicht unternommene Versuch der Beachtung nicht unwerth, welche Beachtung ich darum auch für folgende kurze Nachricht über meine im Spätsommer des Jahres 1822 unternommene Reise nach Rußland in Anspruch nehmen darf, weil nemlich, wenn schon diese Nordexpedition, wie so manche frühere, nicht gelungen ist, selbe doch keinen anderen Zweck meinerseits hatte, als die Beförderung einer solchen Reunion, und meine seit einigen Jahren bestandene literarische Verbindung mit dem kais. russ. Ministerium des Cultus und öffentlichen Unterrichts in St. Petersburg zu solch' einem Unternehmen mir nicht nur günstige Gelegenheit, sondern selbst Beruf gab.

Ein sorgfältigeres Studium der Geschichte der sogenannten Kirchenreformation und der mit ihr eingetretenen neuen

Stellung der Wissenschaft zur Kirche (wie zum Staate) gab mir schon vor geraumer Zeit die Überzeugung, daß die französische Revolution mit all' ihren schlimmen und nichtschlimmen Folgen (denn jede Lüge und Bosheit muß am Ende Wahrheit und Güte fördern) nicht so fast eine Fortsetzung, als eine Erneuerung desselben Versuchs war, welcher in dem einen und im andern Falle mißlang. Der Begriff einer Gegenreformation bot sich mir darum nicht nur so natürlich dar als jener einer Contrerevolution (es versteht sich, daß beide hier nicht im Ultra-Sinne genommen werden), sondern beide diese Begriffe fielen mir zusammen.

Das Problem, welches im 16. Jahrhunderte bereits für die Kirche hätte gelöst werden sollen, war jenes der Fixirung einer neuen Stufe ihrer intellectuellen Fortbildung, vermöge welcher sie, Tradition und Erkenntniß inniger verbindend, unbeschadet ihrer Universalität oder Weltstandschaft, das reger gewordene treibende oder sogenannte freie Element organisch tiefer binden, und somit zu ihrem (der Kirche) kräftigeren Fortwuchs als Triebkraft sich sichern sollte. Denn die Kirche kann und soll (so wie der Staat) dieselbe bleiben, und doch sich frei fortbilden, so wie jedes organische Individuum fortwächst, und hiemit eben das *Dogma* seines Urbildes erhält, und nur wenn das treibende Element von dem erhaltenden sich selbstisch erhebend trennt, wirkt selbes zerstörend auf letzteres, welches sodann gleichfalls nicht mehr erhaltend, sondern aufhaltend wirkt, dem Verwesungstrieb den der Versteinerung entgegen setzend, nach welchen zwei Polen hin wir denn wirklich die christlichen Confessionen nicht minder als die Wissenschaft und die positive Religion überhaupt auseinander gehalten sehen.

Wenn aber schon dieses Problem für die Kirche im 16. Jahrhundert nicht gelöset ward, und bis jetzt ungelöset blieb, so darf man darum doch an seiner Lösbarkeit nicht verzweifeln, ja man muß sich von der in unseren Zeiten dringender gewordenen Nothwendigkeit der Lösung überzeugen, besonders auch davon, daß dieses Problem (der organischen Subjicirung, nicht der mechanischen Deprimirung des treibenden Elements unter das erhaltende) für den Staat nicht gründlich gelöset werden kann, falls es für die Kirche ungelöset bleibt, eine Überzeugung, welche zum Theil bereits der h. Allianz zum Grunde lag. – Wie es denn überhaupt nicht zu begreifen sein würde, daß der Lebensbaum der Kirche und des Staats nicht zugleich sollte fortbestehen und fortwachsen können, und man ihn umhauen müßte, um ihn frisch wachsen zu machen, oder ihm alle Knospen und frischen Triebe beschneiden, um ihn zu conserviren.

In der That entging den Führern der europäischen Völker die Beachtung der schlimmen Folgen der Kirchenspaltung nicht, so wie denn bei allen neueren Congressen dieser Zerfall, somit die Unkräftigkeit der Kirche zur Sprache kam (für deren politische Bedeutung schon die Feindschaft bewies, welche alle Revolutionairs gegen selbe kund gaben), und die Bekräftigung ihrer Weltstandschaft für nöthig erachtet ward, zum Theil auch, um die weltlichen Monarchien als christliche Institute wieder tiefer zu begründen, und dem demokratischen Elemente des Christenthums sein Correctiv zu sichern. So viel man weiß, sind besonders Frankreich, Österreich und Rußland hierin einig, sowie natürlich Preußen den Protestantismus in Schutz hält.

So gerechte Ursache man indessen hat, gegen die Ausschweifungen und selbst Verbrechen der Intelligenz in neueren Zeiten zu eifern und selbe zu reprimiren, so scheint doch auch so viel klar zu sein, daß man bei jedem zur Wiederherstellung des Ansehens der Religion nöthig erachteten Schritte auch den geringsten Verdacht und Zweifel vermeiden oder beseitigen muß, als ob man diesen Zweck auf dem Wege des

Absolutismus fördern, d. h. die Religion durch Obscurantismus erheben, die Keuschheit der Intelligenz durch ihre Combabisirung sichern wollte. Und diese Maaßregel scheint dermalen um so empfehlenswerther, je gewisser es ist, daß die entgegengesetzten Rathschläge der Absolutisten leichter Eingang finden müssen, weil einerseits das Scandal schreiend und intimidirend genug war, und ist, welches die Ausschweifung des entbundenen treibenden Elements in Kirche und Staat veranlaßte, und weil andernthеils dessen Erschöpfung nach seiner letzten Explosion leicht den Glauben an sein gänzliches Erstorbensein veranlassen kann; ein Glaube, den indeß die stets rege erhaltene Furcht vor dessen Revenant noch nicht aufkommen ließ. Der Jacobiner hat seinen Zweck erreicht, wenn er glauben gemacht hat, daß die bestehende legitime Souverainität die legitime Freiheit des Volks nicht begründe, sondern sie hemme, sowie der Feind der Kirche seinen Zweck erreicht hat, wenn er glauben macht, daß diese Kirche ein der Entwickelung der Intelligenz feindliches, nicht selbe begründendes Institut sei. Wogegen nichts gewisser ist, als daß Religion, Wissenschaft und Kunst ursprünglich (und sobald nemlich die Kirche ihre Weltstandschaft ausgebildet hatte, zu welcher sie freilich bei ihrem ersten Entstehen nur den Keim in sich schloß) Hand in Hand gingen, und daß nur unsere moderne falsche Aufklärung sie trennte, und in ihrer Trennung verderbte. Wie denn das Schlechte, welches sie in dieser Trennung produciren, das ist, was man das *Moderne* nennt. Ein Begriff der indeß von Vielen dahin mißdeutet wird, als ob das Schlechte dieses Modernen in der Neuheit seiner Production liege, und hiemit Kirche, Wissenschaft und Kunst seit einem beliebigen Datum aufgehört hätten, produciren zu können, die *Classicität* sohin nicht die Function hätte, die *Genialität* zu wecken und zu erziehen, sondern selbe in Fesseln zu halten. So z. B. antiquirte der Protestantismus die

Kirche, indem er ihr ihre fortwährende Productivität ableugnete.

Mir, dem die Überzeugung lebendig geworden war, »daß die Gegenreformation im 19. Jahrhundert mit der Purification der Wissenschaft, und ihrer hiedurch möglich gemachten Reunion mit der Religion beginnen müsse« (eine Überzeugung, welche auch Graf Maistre ausspricht), kam darum die vor wenigen Jahren von dem kais. russ. Hrn. Cultusminister Fürsten Galizin verschaffte literarische Correspondenzführung mit ihm allerdings erwünscht, weil ihr Zweck kein anderer war, als das Verhältniß der Wissenschaft zur Kirche und zum Staat, wie sich selbes besonders in Deutschland ausspricht, dem Ministerium darzustellen, und mir es sohin möglich gemacht ward, zum Besten jener Reunion in einem mächtigen Staate zu wirken, in welchem bei den höhern Classen manch' reger Sinn für Religion sich zeigte (wenn schon mit jener Gefühlseffervescènz verbunden, welche sich leicht von den Schranken der Kirchenordnung sowohl als jenen der Wissenschaft losreißt), bei den Niedrigern der alte religiöse Instinct noch wirksam war, und wo es mir also schien, daß ein von oben ausgehender Impuls zur Reunion der Religion und Wissenschaft das sicherste Verwahrungsmittel gegen die bereits tief eingedrungene Infection jener falschen Aufklärung gewähren konnte, welche im Abendlande von jener ihrer Entzweiung ausging und nur in solcher sich erhält, so wie mir endlich das Bedürfnis der Bildung des russischen Clerus, auf welchem im Durchschnitt ein noch bedeutenderes Minder von Achtung als auf dem protestantischen lastet, einen solchen Impuls zu fordern schien.

Ich konnte um so mehr auf guten Erfolg hoffen, da der Herr Minister mit religiösem Sinne Achtung für die Wissenschaft zeigte, und selbe mit mir trotz ihrer Verdorbenheit für graciable (erlösbar) hielt. Von seiner Neigung zum Pietismus, die man an ihm rügte, versprach ich mir die gute Folge, daß die bereits lange außer den Weltstrom gehaltene, und hiemit in ihren antiquen Formen auch mir den wehmüthigen Anblick »eines Grabmonuments eines Helden über welchem ein Genius weint« gebende russisch-griechische Kirche geweckt und reactionirt, hiemit aber vielleicht auch veranlaßt würde, nicht nur der abendländischen römischen Kirche sich wieder zu nahen, sondern bei dieser selbst die protestantischen Confessionen zu vermitteln. Eine Vermittelung, welche mir indeß ohne gründliche Bearbeitung der Vermittelung der Religion mit der Wissenschaft überhaupt keineswegs thunlich schien, und auf welch' letztere ich sohin die Aufmerksamkeit des Herrn Ministers vorzüglich zu lenken mir angelegen sein ließ.

Es war zu bedauern, konnte aber nicht fehlen, daß meine literarische Correspondenzführung mit dem Hrn. Minister (gleichsam die Function eines literarischen Consuls, deren Ausübung man wohl nicht den eigentlichen Gesandtschaften übertragen kann) bald, sowohl in als außer Baiern, von Nichtrussen und Russen mißdeutet, und mir, dessen rücksichtslose, nur den Interessen der Religion und Wissenschaft frei angelobte, Gesinnung man nicht kannte, allerlei politische oder persönliche pfiffige Neben- und Hauptabsichten dabei zugemuthet wurden. Einestheils hatte das Memoire von Aachen und Kotzebue eine fatale zum Theil lächerliche Aufmerksamkeit gegen Rußland erregt, anderntheils wird Menschen, welche ihr ganzes Leben mit diplomatischen krummen Linien zu thun haben, die Lehre der geraden Linie transcendental, und endlich sieht ein bloßer Naturalist (der sich schon für verständig hält, weil er von der Religion nichts hält und von ihr nichts versteht) in allen Bestrebungen zum Besten der Religion nur den Pfaffen oder heuchelnden Pfaffendiener. In welch letzterem Lichte, wie es mir scheint, selbst Russen in München meine Verbindung mit dem

H. Culte-Minister betrachteten, und weßwegen sie sich gegen sie und gegen mich abhold bezeigten.

Anonyme Warnungen, die ich erhielt, und die mir anlagen, meine Schreiben an den H. Minister Niemandem in München zu vertrauen, das lange Liegenbleiben mehrerer derselben unterwegs, und das Verlorengehen noch mehrerer, kurz die Überzeugung, daß irgend eine Aufpasserei meine literarischen Arbeiten umgarnt hielt, machten natürlich in mir den Wunsch entstehen »nach einer persönlichen Zusammenkunft mit dem Hrn. Minister«. Eine Zusammenkunft, welche auch sonst dem Ministerium nur dienlich sein konnte, weil eine persönliche literarische Importation die nichtpersönlichen Importationen doch weit an Gewinn aufwiegt, und von welcher ich zur Förderung und Bekräftigung der guten Sache Manches hoffen konnte.

Gerne nahm ich darum im Spätsommer des Jahres 1822 das Anerbieten eines jungen wissenschaftlich-gebildeten esthländischen Edelmanns, Baron Boris Yxkull an, welcher (mein Schwiegersohn werden wollend) mir anlag, ihn auf seiner Rückreise nach Rußland zu begleiten, und nachdem ich mir von Töplitz aus die Verlängerung meiner Reiselicenz für eine Reise, welche, einem großen wissenschaftlichen Zwecke gewidmet, meiner akademischen Function völlig entsprach, erbeten, überdies auch den Hrn. Minister Fürst Galizin von meinem Vorhaben avertirt hatte, trat ich diese Reise mit genanntem Edelmann über Berlin an.

Bei meinem persönlichen Aufenthalt in Petersburg hoffte ich übrigens der guten Sache (der Reunion der Religion und Wissenschaft) damit vorzüglich dienlich sein zu können, daß ich vielleicht zur Gründung einer religiösen Akademie die Veranlassung geben könnte, deren Zweck und Geschäfte eben so die Wiedervereinigung jener beiden sein sollte, als ihre Entzweiung der wohlüberlegte und consequent verfolgte

Zweck z. B. des französischen Encyclopädistenbundes in Frankreich, des Illuminatenbundes in Baiern etc. war. Ein solcher Focus des Lichts konnte sich zwar in jedem Lande so gut als in Rußland bilden (wie denn in Paris und Wien literarische Vereine in diesem Sinne sich mit Erfolg formirt haben), aber ich achtete ein solches Unternehmen nicht nur besonders für Rußland ehrenvoll (weil gewissermaßen hiemit die Letzten die Ersten geworden sein würden) und des Kaisers Großsinn entsprechend, sondern ich hielt mich auch überzeugt, daß Rußland auf solche Weise seine alte und neue literarische Schuld, besonders an Deutschland, auf die rühmlichste Art abzutragen beginnen konnte. Ein solcher literarisch-religiöser Verein sollte übrigens unter den Auspicien der Regierung als ein Institut de bonnes lêttres völlig selbstständig und offenkundig als ein Privatunternehmen bestehen, und ähnlichen Instituten in andern Ländern zum Behuf dieser wahren Weltangelegenheit die Hand bieten. Es versteht sich, daß ein solcher Verein, der sich nirgend unmittelbar an das gemeine Volk, sondern nur an dessen Lehrstand wendete, mit den Bibelgesellschaften nichts gemein haben konnte.

An Deutschlands Gränze, in Memel, fand ich ein ministerielles Schreiben (als Erwiderung meines frühern, das meine Reise angezeigt hatte) vor, und betrat somit optima fidê das russische Reich. Da aber der Kaiser erst drei Monate später von Verona in der Residenz erwartet wurde, deren kostspieligen Aufenthalt ich mir möglichst ersparen wollte, so beschloß ich den Winter größerntheils in den Ostseeprovinzen zuzubringen, und mich mehren dem Hrn. Minister vorzulegenden Arbeiten zu widmen, unter welchen der erste Theil meines seit mehren Jahren mich beschäftigenden Werkes *über Religion* welcher die *Theorie des Opfers* enthält, die vorzüglichste war, eine Schrift, die ich in Petersburg dem Druck übergeben und darum vorerst der Censur der h. Synode überreichen wollte.

Ich befand mich bereits tief im Winter eben auf dem Landgute des B. Yxkull, als dieser und ich durch einen Polizeicommissär vom Hrn. Generalgouverneur Marquis Paulucci Ordres erhielten, Er: »sich von seiner Provinz bis auf weiteres nicht zu entfernen«, ich: »mich nicht nach Petersburg, sondern zurück nach Riga zu begeben«. Und dem B. Yxkull ward hiebei sogar untersagt, mich selbst inner seiner Provinz auf meiner Rückreise zu begleiten, so sehr hielt man, wie es schien, unser ferneres Zusammensein für schädlich oder bedenklich.

Dieser junge Mann hatte bekanntlich das Unglück, einige Monate früher bei seinem Aufenthalt in Paris einem Polizeiverdacht (demokratischer Gesinnungen) zu unterliegen, und obschon dieser Verdacht sich grundlos bezeigte, so zog ihm selber doch diese neue Surveillance in Rußland nach sich, welches ich und meine Freunde zwar begreiflich fanden, nicht aber, wie es möglich war, daß derselbe Verdacht, wie es den Anschein hatte, auch auf mich gefallen sein konnte.

Es lohnt nun wohl der Mühe nicht, alle die abgeschmackten Gerüchte zu erwähnen, mit denen man auf meine Kosten, vorzüglich in Petersburg, über den Zweck meiner Reise sich unterhielt, von welcher man alles, nur nicht das Wahre wußte, und die Fama, welche sich überall bei solchen Gelegenheiten infam zu bezeigen pflegt, bezeigte sich auch hier als solche. Ob ich nun übrigens schon über das eigentliche Motiv meiner Zurückweisung von Petersburg noch nicht vollständig im Klaren bin (eine Zurückweisung, welche nur in der für gewiß angenommenen Schlechtigkeit und Gefährlichkeit meiner Gesinnung und meiner Absichten ihren Grund haben konnte), so glaube ich doch nicht zu irren, wenn ich folgenden Beweggrund als den wahren angebe.

Der Herr Minister befand sich nemlich durch die Vertreibung der Jesuiten genöthigt so viele katholische Priester als möglich nach Rußland zu engagiren, und da ihm durch den Secretär der englischen Bibelgesellschaft der katholische Pfarrer Lindl in Baiern als ein vorzüglicher Prediger empfohlen ward, so engagirte der Herr Minister diesen Priester für den Fall, daß selber von seiner Regierung die Auswanderungserlaubniß erhalten würde. Dieser Lindl stand als Chef einer zahlreichen pietistischen Partei in Baiern und Württemberg etc. in großem Ansehen, in so schlechterem hingegen bei seinem Consistorium, und da viele seiner Anhänger für den Fall einer Auswanderung ihm nachfolgen wollten, der Herr Minister aber hoffen konnte, durch ihn mehrere katholische Priester zu erhalten, so ward auf sein Engagement ein besonderer Werth gelegt, welches die an die k. russ. Gesandtschaft in München ergangenen Aufträge erwiesen, so wie jene, die gelegentlich und nebenbei auch an mich kamen. Dieser Lindl, so wie der ihm bald aus München nachgefolgte Pfarrer Gossner, entsprachen aber, wie es schien, den Erwartungen des Hrn. Ministers nicht, indem sie, obschon als katholische Priester engagirt, in Rußland dem Vernehmen nach bald förmlich apostasirten, und sich als Sectirer und Unruhestifter oder als religiöse Aventuriers in einem Lande bezeigt haben sollen, in welchem man bereits zum Überflusse mit derlei frommem Gährungsstoffe versehen war. Diesen Engagements folgten übrigens noch andere, die nicht minder mißlangen, und worunter ich nur die von den zwei Secretärs Heinlet in München, als Schulmännern, nach Riga erwähnen will, welche ohne Zweifel das Werk desselben Lindl waren, und welche den Hrn. Marquis Paulucci nicht mit Unrecht gegen denjenigen aufbrachte, welcher der Stifter all' dieser Mißgriffe war. Dieser aber war, nach des Hrn. Marquis Überzeugung, Niemand Anderer als ich, eine Überzeugung, die selber zum Theil gegen mich selbst aussprach, zu meinem Bedauern nicht minder als zu meinem Befremden, wie es nemlich möglich war, daß man einen Mann von seinem Wirkungskreise so falsch berichten konnte. –

Die später erfolgte Landesverweisung der beiden Priester Lindl und Gossner, die Verweisung der Frau von Krüdener nach der Krimm, endlich die Entlassung des Fürsten Galizin (als Culteministers) selbst, lassen nun keinen Zweifel über den Gesichtspunct übrig, aus welchem man diese Vorgänge (als Folgen der Fassung eines andern Systems) zu betrachten hat, und somit auch darüber nicht, daß, falls man, theils aus Irrthum, theils aus bösem Willen (denn beides wirkte hier), mich dem Kaiser als dieselben Unruhe stiftenden, und die äußeren Kirchenordnungen verletzenden Absichten mit jenen Sectirern Lindl etc. etc. habend vorstellte, meine Zurückweisung ganz natürlich erfolgen mußte, wenn schon diese Vorstellung, wie man in Baiern und ganz Deutschland weiß, völlig grundlos und falsch war, und schon meine dem Hrn. Minister gesendeten Memoires (in denen ich mich wiederholt nicht nur gegen allen separatistischen Unfug, sondern selbst gegen den Pietismus erklärte) hingereicht haben würden, mich von jedem solchen, auch meinem etablirten literarischen Charakter widersprechenden, Verdacht frei zu halten. Auch zweifle ich nicht, daß es mir bei meinem Aufenthalt in Petersburg gelungen sein würde, den Hrn. Minister selbst durch Ertheilung mehrerer Aufschlüsse über Manches in diesem Betreff auf andere Gedanken zu bringen, ja selbst über meine eigene Überzeugung, welche ich schriftlich nicht mit dieser Bestimmtheit aussprechen konnte.

Den Forderungen meiner Ehre und dem Rathe meiner Freunde zufolge zog ich mich von Riga sogleich an die Gränze (nach Memel) zurück, um dort die Aufhellung eines, wie ich mich überzeugt halten konnte, waltenden Mißverständnisses abzuwarten; denn ich erlaubte mir nicht, und erlaube mir noch jetzt nicht, im Geringsten daran zu zweifeln, daß die

Wahrheit (in Betreff meiner Person und meiner rechtlichen Absichten) ihren Weg über lang oder kurz bis zum Throne des Kaisers finden wird, wie denn ein solcher Glaube eigentlich uns an jeden weltlichen Thron wie an den himmlischen bindet, und das himmlische wie das irdische Regiment damit fest steht, daß jeder üblen Gesinnung sofort die niederschlagende Furcht, jeder guten Gesinnung die erhebende Hoffnung des Anerkanntwerdens oder Nichtverkanntwerdens, entgegen tritt.

Es gingen sieben Monate vorüber, bis ich aus St. Petersburg die wiederholt erbetene Auskunft über den dortigen Stand meiner Angelegenheit erhielt, nemlich ein Schreiben des Hrn. Ministers, worin mir Selber kurz die Bestätigung des Verona-Beschlusses mit der Anzeige der Cessirung meiner Correspondenzführung mit Ihm meldete.

Und so schlug denn ein nicht nur gutgemeintes, sondern, wie ich ohne Unbescheidenheit sagen kann, der guten Sache förderliches literarisch-religiöses Unternehmen bloß darum fehl, weil man dieses Unternehmen und den Unternehmer verkannte, oder nicht verstand, und letzterem ward für das Opfer, welches er mit seiner Zeit, seinem Talent und seinem Geld einem nach seiner Überzeugung auch für Rußland nützlichen Unternehmen brachte, außer dieser kränkenden Verkennung (für welche es bekanntlich bei honetten Gemüthern keine Vergeltung gibt) und einer öffentlichen Verunehrung noch zum Überflusse die empfindlichste Beschädigung zu Theil. Eine Verunehrung und Beschädigung, die man ohne Zweifel einem Feind der guten Sache zudachte, die aber einem außer Rußland überall seit lange anerkannten Freund derselben zu Theil ward; welche Anerkennung endlich jene, (wie ich hoffen darf temporäre) Verkennung in Rußland nicht im geringsten schwächte. [...]

AUGUST WILHELM SCHLEGEL

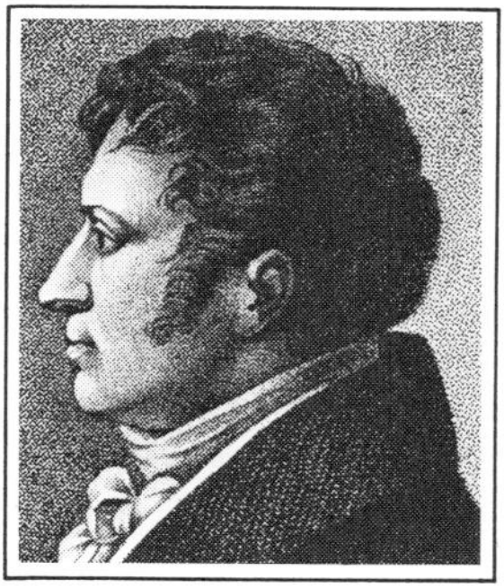

ABRISS VON DEN EUROPÄISCHEN VERHÄLTNISSEN DER DEUTSCHEN LITERATUR

(1825)

DIE Deutsche Litteratur ist eine der jüngsten unter den Europäischen. Zwar hat unsre Nation ältere Denkmale ihrer Sprache aufzuweisen als die meisten ihrer Nachbarn. Alle Jahrhunderte des Mittelalters hindurch, und ohne Zweifel schon lange vor dem Tacitus, welcher das Daseyn ausführlicher Heldenlieder bezeugt, (denn ausführlich mußten sie seyn, wenn sie die Stelle der Jahrbücher vertreten konnten) ist in Deutschen Weisen gedichtet worden: oft kunstlos, nicht selten auch mit ausgebildeter Kunst, und zuweilen mit eigenthümlichem Schwunge und kernhaftem Nachdruck. Aber diese dichterischen Alterthümer sind großentheils verloren gegangen; in den noch vorhandenen ist die Sprache dergestalt veraltet, daß sie selbst von Einheimischen beinahe als eine fremde erlernt werden muß. Die Epoche einer Litteratur rechnet man gewöhnlich mit Recht von dem Zeitpunkte an, wo die Sprache nach dem Maaße ihrer Entwickelungsfähigkeit zu einer solchen Reife gediehen ist, daß die wegen anderer Eigenschaften bewunderten Werke auch in den Formen des Stils als Muster gelten, und durch ihren mächtigen Einfluß auf die Feststellung des Sprachgebrauchs Jahrhunderte lang unveraltet ihren ersten frischen Glanz bewahren können. Dieser Zeitpunkt ist in Italien am frühesten, schon vor fünf Jahrhunderten, eingetreten; in Spanien unter Carl V und

Philipp II; in England unter der Regierung der Elisabeth; in Frankreich unter Richelieu und Ludwig XIV; bei uns erst seit der Mitte des vorigen Jahrhunderts. Daß wir uns daher in Absicht auf den Reichthum an ausgezeichneten Werken im Fache der eigentlich schönen Litteratur mit manchen andern Nationen noch nicht messen können, ist nicht zu verwundern, und darf uns billiger Weise nicht zum Vorwurfe gemacht werden. Die Natur ist zuweilen sparsamer, zuweilen freigebiger, niemals aber verschwenderisch mit den Gaben des Genius; und es bedarf eines beträchtlichen Zeitraumes, um mannigfaltige Schätze des Geistes anzuhäufen. Indessen hat sich in den seit der oben bemerkten Epoche verflossenen siebzig bis achtzig Jahren eine große Regsamkeit und fruchtbare Fülle offenbart; neue und auffallende Erscheinungen sind einander Schlag auf Schlag gefolgt; und wir dürfen nur die Namen Klopstock, Lessing, Winkelmann, Wieland, Bürger, Goethe, Johannes Müller, Herder, Schiller nennen, (der jüngern Zeitgenossen nicht zu erwähnen) um unsre Ansprüche auf Europäische Anerkennung geltend zu machen.

Wenn aber auch unsre Litteratur denen, welche bei Erlernung einer fremden Sprache wie bei einer Erholungs-Reise, nur Befriedigung der Einbildungskraft und des Geschmacks, und einen erweiterten Kreis belebter Unterhaltung beabsichten, weniger Anlockungen darböte, als manche andre; so dürften wir doch dem Denker, dem Gelehrten, dem wissenschaftlichen Forscher versprechen, jeder von ihnen werde sich für die nicht geringe Mühe, welche es erfodert, sich mit unsrer Sprache vertraut zu machen, reichlich belohnt finden. Wir besitzen nicht nur eine große Menge nützlicher und brauchbarer Werke, worin alles bisher in verschiedenen Ländern und Zeitaltern über irgend einen wissenschaftlichen Gegenstand geleistete fleißig gesammelt, geordnet und gründlich benutzt ist, sondern der Scharfsinn und der Tiefsinn

Deutscher Denker hat sich in allen Richtungen thätig bewährt; vieles, was nach altem Herkommen unbesehens für wahr galt, hat sich bei erneuerter Sichtung ganz anders gestaltet; und es herrscht bei uns eine Unbefangenheit und Vielseitigkeit der Prüfung, eine Eigenthümlichkeit der Ansichten, die bei andern sonst sehr geistreichen Nationen durch mancherlei Ursachen unmöglich gemacht wird. Es ließen sich wohl manche Beispiele anführen, daß ausländische Schriftsteller bei ihren Landsleuten bloß dadurch den Ruf überlegener Köpfe und originaler Denker erworben haben, daß sie das aus Deutschen Büchern oder aus Mittheilungen Deutscher Gelehrten geschöpfte sich geschickt anzueignen wußten. Denn bisher waren Plagiate gegen Deutsche bequem und mit ziemlicher Sicherheit auszuüben. Deutschland, wiewohl nicht bloß geographisch, sondern auch in intellectueller Hinsicht im Herzen Europa's gelegen, ist immer noch selbst für die nächsten Nachbarn eine terra incognita. Diese Art zu seyn hat gleichwohl ihre Vortheile: reisen doch auch die Souveräne incognito, weil sie es anziehend finden, die Menschen kennen zu lernen, während sie von ihnen unerkannt bleiben. Wir sind, darf ich wohl behaupten, die Kosmopoliten der Europäischen Cultur: wir fragen gar wenig darnach, in welchem Lande zuerst eine neue Wahrheit ans Licht gefördert worden ist; wir werden durch keine Parteilichkeit oder Beschränktheit gehindert, jeden irgendwo gemachten Fortschritt in der Wissenschaft sofort anzuerkennen und zu benutzen. Die Ausländer haben uns nicht durch übertriebene Bewunderung zur nationalen Eitelkeit verwöhnt, wie es unsern westlichen Nachbarn zu ihrem Nachtheile widerfuhr; hierüber können wir am wenigsten Klage führen. Auf der andern Seite sind wir auch unbekümmert um ihren Tadel: denn wir wissen schon im voraus, daß er meistens aus Unbekanntschaft, oder aus eingewurzelten Vorurtheilen und einseitigen Gewöhnungen herrührt. Stolz könnte man wohl einigen Deutschen Schriftstellern Schuld geben, indem sie, im Bewußtseyn ihrer Überlegenheit, allzusehr auf die Leistungen des Auslandes in manchen Fächern, als ganz unbedeutend, herabsehen. Es ist allerdings schwer, sich zuweilen kurz abweisender Erwiederungen zu enthalten; denn die Urtheile über uns, welche uns von auswärts zukommen, lauten oft so, als wenn ein Goldschmid, der aus dem schon geläuterten Metall allerlei artige Kleinigkeiten zu hämmern verstände, aber niemals einen Schacht gesehen hätte, die Arbeiten des kühnen Bergmannes, der in der Tiefe des Gebirgs nach edeln Erzen gräbt, meistern wollte. Wenn zum Beispiel, wie es vor einiger Zeit in Schottland geschehen ist, ein berühmter Lehrer dessen, was man in seinem Lande, nicht eben passend, Philosophie nennt, über die neueren Deutschen Philosophen von Kant bis auf unsere Zeit wegwerfend aburtheilt, ohne die Sprache zu kennen, ohne die Schriften gelesen zu haben, ohne auch nur das Bedürfniß ächter Speculation zu ahnden, welches jene große und merkwürdige Bewegung der Geister hervorgerufen, so haben wir nichts weiter darauf zu antworten, als daß er noch gar nicht weiß, wovon die Rede ist, und daß diese Dinge weit über seinen Horizont hinausliegen.

Die Mängel unserer wissenschaftlichen Litteratur bin ich nicht gesonnen abzuläugnen: es war immer mein Bestreben, mich zu einem Europäischen Gesichtspunkte für alle Erscheinungen des Jahrhunderts zu erheben. Die Gründlichkeit des gelehrten Sammelns wird oft nicht von einem gewandten Talent der Mittheilung begleitet; die Masse der Gelehrsamkeit hat zuweilen den Geist niedergedrückt, so daß er sie nicht zu einer edeln und zierlichen Form verarbeiten konnte; bei dem unverkennbaren Tiefsinn des Gedankens vermißt man nicht selten anschauliche Klarheit der Darstellung. Die Deutschen Schriftsteller, wie ihre Landsleute überhaupt, wenden meistens nicht genug Sorgfalt auf die äußere Erscheinung dem Publicum gegenüber, und deswegen gleicht ihr Vortrag der vernachläßigten typographischen Ausstattung ihrer Bücher. Das Bestreben neu zu seyn, was bei der allgemein verbreiteten Aufklärung, bei der regen wissenschaftlichen Thätigkeit nicht leicht ist, hat zuweilen zu absichtlicher Paradoxie verleitet; manchmal hat sich auch angebohrne Originalität, verstärkt durch eine eingezogne Lebensweise, mit fantastischer Seltsamkeit kund gegeben, und der Enthusiasmus für das Schöne und Erhabene, wozu unsre Nation einen vorwaltenden Hang hat, ist in Schwärmerei ausgeartet.

Überhaupt hat der Geist der Deutschen mehr eine speculative als praktische Richtung genommen. Dieß hat seinen Grund theils in ihren natürlichen Anlagen, theils in äußern Umständen, in gesellschaftlichen und nationalen Verhältnissen. Vielleicht könnte daher die Bekanntschaft mit unsrer Litteratur für eine Nation, bei welcher gerade das Gegentheil Statt findet, als ein heilsames Gegengewicht betrachtet werden. Denn die bei jeder Gelegenheit ungehörig wiederholte Frage: Wozu läßt sich dieß in der Staats- oder Hauswirthschaft, in den Gewerben und mechanischen Künsten oder im Handel gebrauchen? ist ertödtend für die Philosophie, für dieses uneigennützige und von keiner Rücksicht abhängige Streben des Geistes, überall die Principien in ihrer Einheit zu begreifen. Ich weiß jene Redensarten nicht besser als mit Falstaffs Rede über die Ehre zu vergleichen. Wenn man eine formlose Anhäufung wirklicher oder vermeynter Erfahrungen mit dem Namen der Wissenschaft adelt, so entflieht aus ihr unvermeidlich der philosophische Lebensfunke; sie sinkt zum rohen Empirismus herab, und die Verachtung der Speculation muß am Ende nachtheilig auf die praktischen Anwendungen zurückwirken.

Das heutige Europa ist mündig geworden durch die Besitznahme von der reichen geistigen Erbschaft, welche Griechenland und Rom uns hinterlassen hatten; durch die Reformation und den dadurch veranlaßten und Jahrhunderte lang fortgesetzten Kampf der Meynungen, auch solcher Meynungen, welche auf den ersten Blick nicht an die Religion und kirchliche Verfassung geknüpft zu seyn scheinen; durch die außerordentliche und in allen vorhergehenden Zeitaltern beispiellose Entfaltung der beobachtenden und berechnenden Naturwissenschaften; endlich durch die seit Vasco de Gama und Columbus begonnene und jetzt beinahe zur Vollendung gebrachte Entdeckung der Welttheile und Oceane, und die dadurch möglich gemachte Bekanntschaft, ja den thätigen Verkehr mit den gesamten menschlichen Bewohnern unsers Planeten.

Welche bedeutende Rolle Deutschland bei der Entwickelung der drei ersten charakteristischen Bestandtheile Europäischer Cultur gespielt hat, bedarf kaum einer Erinnerung. Zum Welthandel und folglich zur Weltumseglung waren die Deutschen durch ihre geographische Lage weniger berufen; jedoch haben sie keine Begünstigung der Umstände versäumt, um auch zur Erforschung der Länder und Meere ihren Beitrag zu liefern; und ein einziger Weltumsegler der Wissenschaft, wie Alexander von Humboldt, wiegt manche berühmte Namen auf.

So erfindsam die Deutschen bei den ersten Fortschritten der Physik auf dem Wege des Experiments sich gezeigt haben, so muß man es doch eingestehen, daß die neueste Zeit an wichtigen und folgereichen Erfindungen und Entdeckungen für manche Fächer, namentlich für die Chemie und ihre Anwendung auf Technik und Mechanik, in andern Ländern fruchtbarer war, als bei uns; und wo dieß der Fall ist, wird es sich auch jedesmal aus dem Mangel an Mitteln und Anregungen erklären lassen. Auf die Gestaltung andrer Theile der

Naturwissenschaft haben Deutsche Forscher sich einen überwiegenden Einfluß erworben, wie zum Beispiel sogar die Deutsche Kunstsprache der Mineralogie und Geologie als classisch überall eingeführt worden ist.

Zu den glänzendsten Seiten und Leistungen gehören die philologischen und historischen Untersuchungen aller Art: ein Gebiet von unermeßlichem Umfang. In der Kritik und Auslegung classischer Texte haben sich nach der Reihe Italiänische, Französische, Holländische und Englische Gelehrte hervorgethan: niemand wird jedoch in Abrede seyn, daß dieß gelehrte Geschäft gegenwärtig in Deutschland mit der regsten Thätigkeit und anerkannt glücklichem Erfolge betrieben wird. Noch mehr: aus der Verbindung gründlicher Kritik des Einzelnen mit einer philosophischen Betrachtungsart des Ganzen ist uns seit Winkelmann und Lessing ein tieferes Verständniß des classischen Alterthums aufgegangen, und der wieder erweckte Geist jener kräftig und harmonisch ausgebildeten Menschheit spricht vernehmlicher und eindringlicher zu dem unsrigen.

Vormals, da unser Horizont kaum über die Säulen des Hercules, und über die Küsten des Mittelländischen Meeres hinausreichte, genoß die alte Weltgeschichte das traurige Vorrecht, beschränkt und mager seyn zu dürfen: mit dem Anwachs unsrer Länder- und Völkerkunde sind die Anfoderungen an sie in demselben Maaße gesteigert. Denn die Aufgabe ist keine geringere, als die gegenwärtigen Zustände des Menschengeschlechts in allen Welttheilen aus der Vergangenheit, und zwar so viel möglich aus der entferntesten Vergangenheit zu erklären. Viele von den kümmerlich vollgeschriebenen, gehaltleeren, oft nur mit Namen und Jahreszahlen angefüllten Blättern der ehemals sogenannten Universal-Geschichte müssen überdieß noch als apokryphisch durchstrichen werden. Hierin übt die historische Kritik ihr Amt unerbittlich aus. Man kann wohl sagen, diese sey eine Kunst von ganz neuer Erfindung; wenigstens ist sie nie mit solcher Schärfe und Umsicht zugleich ausgeübt worden wie jetzt. Aber die historische Kritik ist keineswegs bloß negativ, sie ist auch auf die Entdeckung des bisher verborgenen oder für ganz verloren geachteten gerichtet: und eben in der Zusammenstellung vereinzelter Bruchstücke, und in der Restauration eines historischen Ganzen aus ihnen, legt sie die stärksten Proben ihrer Meisterschaft ab. Jener scheinbare Verlust an ehemals wahr geglaubten Thatsachen, die sich nun einmal nicht retten lassen, wird reichlich aufgewogen durch die Hoffnung, mit Hülfe sonst verwahrloster oder nicht gehörig benutzter Mittel, tiefer in die Geschichte der Urwelt einzudringen, und ihr geheimnißvolles Dunkel aufzuhellen. Solche Mittel sind: die Erforschung und Deutung der Denkmale; die Vergleichung der Sprachen, welche von der Herkunft und Verwandtschaft der Völker Zeugniß geben; endlich die Vergleichung der Sagen, um zu entscheiden ob und in wie fern ächte nur ins Wunderbare und Sinnbildliche umgekleidete Erinnerungen der Vorzeit in ihnen niedergelegt sind. Alles obige gilt nicht bloß von den äußerlichen Ereignissen und Umwälzungen, womit sich die politische Geschichte vorzugsweise beschäftigt: den Wanderungen der Völker, ihren Ansiedelungen, Kriegen und Eroberungen, der Entstehung, dem Wachsthum und dem Untergange der Staaten; sondern in noch weit höherem Grade von der Geschichte der Cultur überhaupt, von der Geschichte der Religionen und Gesetzgebungen, der Wissenschaften, der mechanischen und bildenden Künste, des Gewerbfleißes und des Handels. Für alle diese Gegenstände, durch deren Aufnahme in ihre Darstellungen die Weltgeschichte erst einen Gehalt bekömmt, ist in einem kurzen Zeitraum viel geleistet worden, vornämlich in Deutschland. Jedoch bleibt unübersehlich viel zu thun übrig, und mehrere Menschenalter werden nicht hinreichen, um die jetzt von allen Seiten herbeigeschafften Materialien zu sichten und zu ordnen. Die Aufgabe, das Menschengeschlecht über seine bisherige irdische Laufbahn aufzuklären, bleibt immer eine der edelsten und würdigsten für den denkenden Geist, sollte sie auch in aller Folgezeit nur approximativ gelöst werden können.

Die historische Kritik muß, wenn sie gedeihen soll, einer vollkommenen Autonomie genießen; das heißt: sie muß keiner fremden Autorität gehorchen, sondern über das Glaubwürdige nach den von ihr selbst ausgemittelten Beweisgründen entscheiden dürfen. Dieses gilt freilich von allen Wissenschaften, und man sollte denken, es verstände sich von selbst. Indessen haben sich hier und da auffallende, im neunzehnten Jahrhundert ganz unerwartete Erscheinungen hervorgethan, welche allerdings Versuche, das Zeitalter wieder zur Unmündigkeit zurückzuführen, und Hemmungen der intellectuellen Freiheit besorgen lassen. Wir hoffen zwar, kein Astronom werde künftig das Schicksal Galilei's erfahren, aber wir möchten den Geschicht- und Naturforschern in andern Fächern, dem Geologen zum Beispiel, nicht überall die gleiche Sicherheit zusagen. Die, welche von Seiten der Wissenschaft Gefahr für ihnen theure Überzeugungen befürchten, sind in einem Mißverständnisse befangen. Die Wahrheit ist nur Eine, und kann nie mit sich selbst in Widerspruch gerathen. Wer aber die freie Prüfung, es sey auf welchem Gebiete es wolle, untersagt, der muß eingestehn, er sey entschlossen, angeerbte Meynungen blindlings für Wahrheit anzunehmen.

Wir Deutsche haben Ursache, uns wegen des bei uns bestehenden Verhältnisses der Wissenschaft zum Staat und zur Kirche glücklich zu schätzen. Durch die schon im Westphälischen Frieden auf immer festgesetzte politische Gleichheit der verschiedenen Religionsparteien war die Toleranz längst gesichert. Die Preßfreiheit ist bis jetzt nur in wenigen Staaten des Deutschen Bundes als ein verfassungsmäßiges Recht anerkannt: aber der größte Theil Deutschlands ist, der That nach, im Besitz einer sehr ausgebreiteten Denk- und Lehrfreiheit. Ein unsterblicher Monarch, Friedrich der Große, hat hierin den Ton angegeben. Er behauptete für sich selbst das königliche Recht, seine Meynungen freimüthig zu äußern: aber er wollte es nicht allein besitzen, er gestand es jedem seiner Unterthanen zu. Er hat dadurch auch auf unsre Litteratur, die er nicht kannte, die er sogar zu kennen verschmähte, entschieden fördernd gewirkt. Glücklicher Staat, wo man es, wie ein Mährchen aus dunkler Ferne, erstaunt und zweifelnd vernimmt, daß die Schriften eines weisen und rastlos thätigen Fürsten, dem das Land die Gründung seines Ruhmes, und den größten Theil seines Flores verdankt, anderswo in dem Index verbotener Bücher aufgeführt werden! Nach solchen Beyspielen muß es in Deutschland altfränkisch und lächerlich erscheinen, die freieste Erörterung theoretischer Meynungen durch Machtsprüche hemmen zu wollen. Ein, wenn ich so sagen darf, friedlicher Conflict der abweichendsten Ansichten ist daher der auszeichnende Charakter unsrer Litteratur geworden. Dabei dürfen wir es aber mit Wahrheit rühmen, daß diese große wissenschaftliche Freiheit nur äußerst selten leichtsinnig, und mit einem gewissen, dem öffentlichen Anstande trotzenden Cynismus gemißbraucht worden ist.

Diese flüchtigen Umrisse, womit ich den heutigen Zustand des litterarischen und wissenschaftlichen Deutschlands und sein Verhältniß zu dem Geiste des Zeitalters zu schildern versucht habe, machen keinen Anspruch darauf, ihren Gegenstand zu erschöpfen. Sie sollen nur dazu dienen, ein bibliographisches Repertorium unsrer Litteratur bei dem englischen Publicum einzuführen. Ich versprach dieß dem achtungswürdigen Sammler, dem jüngst verstorbenen Buchhändler Bohte, dessen frühzeitiger Tod für den litterarischen Verkehr beider Länder ein wahrer Verlust ist. Die Auswahl der Bücher ist großentheils zweckmäßig, der Druck der Namen und Titel correct; wo es thunlich war, sind kurze Urtheile aus dem beredten und geistvollen Werke der Frau von Stael über Deutschland, aus geschätzten Englischen Zeitschriften, oder auch aus Deutschen Bibliographien beigefügt. Allen Freunden der Deutschen Litteratur in England darf ich dieses Repertorium als ein brauchbares Handbuch empfehlen.

Der gegenwärtige Zeitpunkt ist vielleicht günstig, um den Erzeugnissen des Deutschen Geistes einen allgemeinern Eingang in England zu verschaffen. Vor einer Anzahl Jahre hat man die Sache dort von der unrechten Seite angegriffen. Populare Romane und Schauspiele wurden durch Übersetzungen und Vorstellungen auf der Bühne nach England verpflanzt. Nun erhoben sich, nicht ganz mit Unrecht, Klagen über deren Unsittlichkeit; aber der Schluß davon auf die gesamte Deutsche Litteratur war sehr übereilt. Man wußte nicht, daß diese nun vergessenen Erscheinungen des Augenblicks in Deutschland zwar bei gewissen Lesern und Zuschauern beliebt, aber keineswegs von der Nation hochgeachtet seyen. Hierauf kam die Sperre des Continental-Systems, wodurch Napoleon das Wort des alten Dichters: toto divisos orbe Britannos, an seinen standhaftesten Gegnern zu verwirklichen suchte. Seit der Herstellung des Europäischen Friedens hat eine große Anzahl gebildeter Engländer Deutschland bereiset, und manche haben vielleicht eine gewisse Neigung dazu gefaßt. Der zu früh verewigte Lieblingsdichter Englands (der auch die herrlichen Rheingegenden, in welchen ich dieses schreibe, so malerisch gepriesen) und unser Goethe haben sich, wiewohl ohne persönliche Bekanntschaft, gegenseitig Zeichen der Anerkennung und

Bewunderung gegeben. Von verschiedenen unsrer dichterischen Original-Werke sind geistreiche und gelungene Übersetzungen erschienen, unter denen die des Faust von Lord F. Leweson Gower ein ausgezeichnetes Talent bei einem sehr schwierigen Unternehmen bewährt. Die Vertheuerung Deutscher Bücher durch den darauf gelegten Zoll scheint für eine begüterte Nation ein geringes Hinderniß zu seyn; sie erschwert aber dennoch den litterarischen Verkehr, weil der Buchhändler Bedenken tragen muß, ohne besondere Bestellung Bücher kommen zu lassen, deren Absatz ungewiß ist, und die er nicht ohne großen Verlust auf das feste Land zurücksenden kann. Es ist nicht zu läugnen, ein Zoll auf die Einfuhr fremder Gedanken, welche frei seyn sollte wie Licht und Luft, hat immer etwas barbarisches; und man darf wohl die Hoffnung hegen, diese so wie manche andre aus einem engen System hervorgegangenen Beschränkungen des Handelsverkehrs nächstens aufgehoben zu sehen.

GIUSEPPE
MAZZINI

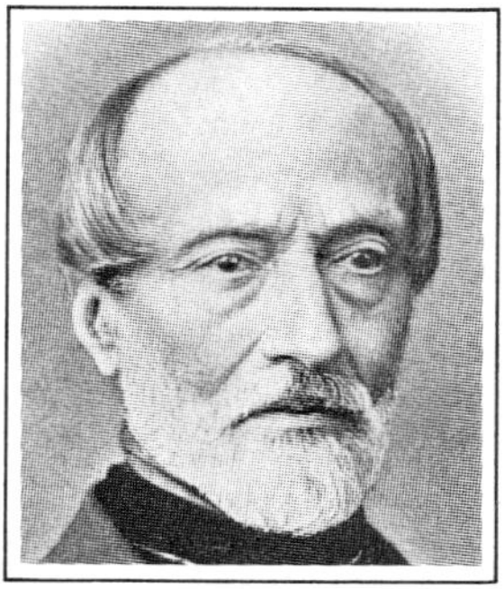

ÜBER EINE EUROPÄISCHE LITERATUR

(1829)

Ich erahne die Morgenröte einer europäischen Literatur: keines der Völker wird sie ihr eigen nennen können; alle werden dazu beigetragen haben sie zu gründen.

Goethe

JE unverständlicher die Worte der Großen scheinen, desto gewisser ist, daß sie in sich den Keim einer tiefen und nutzbringenden Wahrheit tragen. Schnell streift ihr Geist durch die Völker der Welt, vertieft sich in die Geheimnisse des Universums, und ihnen enthüllt ein einziger Blick große Dinge: die Gesetze, die das Leben der Nationen regeln, offenbaren sich dem Menschen, in dem dieser sublime Instinkt lebt: Vergangenheit und Gegenwart erhellen einander in seinem Blick, und oftmals zieht er daraus Schlüsse auf die Zukunft, denn das Genie ist Prophet. Aber da ein starkes Fühlen, eine große Vorliebe für die eigenen Konzepte und das zur Gewöhnung gewordene Sich-Konzentrieren ihm nicht gestatten, sein Geistiges dem Intellekt der Vielen anzupassen, drückt er sich mit kurzen, energischen Zeichen und in einer einzigartig kühnen Art und Weise aus. Daher hängt ihm der Ruf an, er spräche Seltsames und Unverständliches, selbst von dem, der nicht aus Bosheit oder Unvermögen urteilt. Und oft wurde die Idee eines Menschen, die dem Schicksal der Menschheit um einige Jahrhunderte voraus war, als Traum verhöhnt, bis die Zeit die blinde Verherrlichung und neidische Herabsetzung zerstört und der Wahrheit das Siegel der

Tatsachen aufgedrückt hat. Mehr als hundert Jahre lang verbannten gelehrter Spott und Seelenträgheit Vico in den Kerker des Vergessens, und heute kommentieren viele Werke die *Principii di scienza nuova*; viele Theorien entwickelten sich aus seinen Ideen, die er, meistens unverstanden, in seinen Schriften säte. Im 16. Jahrhundert verlachte man die Stimmen derer, die sich gegen die Sklaverei erhoben, als absurd, und im spanischen Reich befand Sepulveda, der sich auf die Autorität des Aristoteles stützte, daß die Versklavung einer Menschenrasse richtig und notwendig sei. Und heute ist dieser gottlose Markt abgeschafft, und der Abscheu der Völker verfolgt die Händler des Blutes.

Die Beziehungen zwischen den Menschen und den Dingen vervielfältigten sich unaufhörlich: wer könnte sie alle erraten. Die Zivilisation, wo es Macht und Spaltungen nicht verbieten, entwickelt sich mit der Gesetzmäßigkeit einer gleichmäßig beschleunigten Bewegung. Wer kann sagen: dort wird der Fortschritt enden, dort ist das Ende deines Weges?

II. – Die Notwendigkeit einer Veränderung in der Literatur der Völker ist nunmehr allzu evident, als daß Worte darüber zu verlieren wären. Die Ereignisse, die Institutionen, die neuen Überzeugungen, die veränderten Bräuche und der unterschiedliche Grad der Leidenschaften haben mit Notwendigkeit eine neue Literatur geschaffen, die die Situation und die Bedürfnisse des modernen Zivilisationsprozesses ausdrückt, da die Literatur, wenn sie sich nicht in das soziale und politische Leben der Nationen einfügt, ein Feld für Nichtigkeiten und seelische Entnervung ist. Aber dieses ist nicht allein eine zwingende Entwicklung des 19. Jahrhunderts, sondern man begann sie seit der Befreiung vom Dunkel des Mittelalters zu fühlen; da, wo sie in den zurückliegenden Jahrhunderten das Streben weniger war, unterdrückt durch

Ignoranz und Tyrannei, drückt sie sich jetzt mit der Fähigkeit zu Vernunftdenken und Sinneseintracht aus. In ganz Europa scheint ein Hauch von neuem Leben die Intellekte zu beleben und sie dazu anzuspornen, Wege zu gehen, die sie noch nie gegangen waren. In ganz Europa gärt ein Geist, ein Verlangen nach literarischen Innovationen, der die Sterilität der antiken Normen und die Mängel der antiken Denkmodelle vor sein Gericht zieht. Da also weder die Last der Umstände, noch die Intoleranz des Vorurteils erreichen können, daß die Wünsche der Völker für immer unerhört bleiben, ersteht die ersehnte Literatur: wann das sein wird und wie sie aussehen wird, wer kann das ohne Selbstüberschätzung sagen? – Wenn das universale Bedürfnis und der kühne Einsatz Einiger ausreichten, um eine Literatur zu begründen, dann schiene diese Epoche nicht weit. Aber viele und wichtige Bedingungen sind für ihre volle Entwicklung notwendig, und das Ereignis ihrer Entstehung, durch Wünsche Vieler beschleunigt, steht ungewiß in den Nebeln der Zukunft. Und ungewiß sind immer noch die Formen, in die sie ihre Konzepte kleiden wird, denn was bisher geschaffen wurde, ist eher ein Versuch als die Frucht eines festen und durchdachten Planens. Vielleicht werden sie auch nie bestimmt werden können, da die Quellgeister tatsächlich doch die Formen statt aus einem Kanon der Kunst, aus dem Kern ihres Gegenstandes entnehmen. Inzwischen sollten wir fragen, welche Beziehungen zwischen dieser neuen Literatur und dem Fortschritt sowie dem gegenwärtigen Stand der Zivilisation bestehen. Es hilft auch weiter, darüber nachzudenken, was alles in ein Bild, das die Bedürfnisse, Verhältnisse, Bestrebungen und Affekte der Volksmassen des 19. Jahrhunderts enthalten soll, hineingehört. Untersuchungen dieser Art werden nie nutzlos sein, mag auch der, der sie isoliert betrachtet, sie nicht schlüssig finden. Ein souveräner philosophischer Geist wird sie früher oder später alle auf einen Mittelpunkt beziehen und damit das Werk vollenden. Es werden so die Fundamente für eine Literatur geschaffen, die vielleicht der Ruhmesglanz des 20. Jahrhunderts sein wird.

III. – Einer der grundlegenden Züge dieser Literatur wird, wie ich glaube, in den Worten Goethes, die über diesem Kapitel stehen, aufgezeigt. Mir scheint, daß sie einen hohen Sinn beinhalten, ein Resultat tiefgehender Betrachtungen über das schweigsame und fortschreitende Werk der Jahrhunderte: mir scheint, daß sie eine wesentliche Unterscheidung zwischen der antiken und der modernen Literatur treffen. Und ich weiß, daß für viele die Formel »Europäische Literatur« nach der Zerstörung jedes Nationalgeistes klingt, der Zerstörung jedes Individual-Charakters der Völker; für andere wieder klingt sie nach Eigentümlichkeit und Traum. Die Ersteren verwechseln die Unabhängigkeit einer Nation mit ihrer intellektuellen Isolierung – und das ist ein logischer Irrtum; die zweiten verzweifeln an den Menschen und an den Dingen – und das ist ein Fehler des Herzens. In mir herrscht der Bürgerstolz nicht so sehr in der Seele, daß ich mich gegen die Idee einer Literatur stellte, die mit dem heiligen Band des Gedankens alle menschlichen Stämme vereint, noch ist mir die nackte Realität des Lebens so hold, daß ich auf all das, was als Lächeln der Einbildungskraft erscheint, wenn es auch vom kalten Intellekt stammt, verzichten könnte. Und das Herz, seinen Bewegungen ohne Verstandeshilfe überlassen, führt nicht immer zur Wahrheit, aber auch nicht das nackte Kalkül des Verstands, wo ihn das Herz nicht befruchtet. Die Weissagung Goethes ist keine Illusion: wäre sie eine, dann wäre sie eine erhabene, und die erhabenen Illusionen, alle moralischen Kräfte anspannend, haben sie vielleicht kein Recht, drei Viertel der großen Unternehmungen, die die Unsterblichkeit auf Erden verleihen, für sich zu beanspruchen? Aber einige Betrachtungen zu diesem Thema werden dem Leser der Anthologie, hoffe ich, in der gegenwärtigen Verfassung der Geister nicht unnütz sein – wo das doch der Fall sein sollte, verurteilen Sie nicht die Sache, sondern den Schriftsteller! Ich schreibe so, wie es mir das Herz diktiert, das Herz, das gut und warm ist, aber einen oft die eigenen Kräfte überschätzen läßt.

IV. – Wer mit schnellem Auge die historischen Schicksale der Literatur bei den verschiedenen Völkern, die zusammen die Menschheit ausmachen, betrachtet, dem begegnen so große Unterschiede der Methoden, Ideen und Stile, daß sie auf den ersten Blick jeweils ein eigenes Wesen darzustellen scheinen, eine eigene Tendenz, die sich vom Genie der Nationen unterscheidet, so als ob die Natur, die jedem einzelnen Landstrich Grenzen aus Bergen und Flüssen gesetzt hat, auch einer jeden geistige Grenzen auferlegt hätte. – Woher rührt diese Unterschiedlichkeit? Die Gründe, aus denen sie kommt, sind unveränderlich, werden also die Folgerungen daraus ewig bestehen? Oder können sie sich, rasch aufeinander folgenden Veränderungen unterworfen, verwickeln, ihre Eigenart verlieren und sich vermengen? Diese Untersuchung wird, wie man sieht, aufzeigen, ob oder ob nicht eine europäische Literatur je Leben haben wird.

Als die Literatur, durch akademische Ansprüche auf Irrwege geführt, verarmt in der Kälte Arkadiens, korrumpiert durch die Protektionen, nicht einmal die Erinnerung an die antike Würde und ihre wichtigste Pflicht bewahrte, da schauten die Literaten, daran gewöhnt, ihre Kunst mehr als Schmeichelkunst für die Ohren der wenigen Mächtigen denn als ein Amt zum Vorteil der Massen zu betrachten, nicht auf die Substanz der Dinge, sondern auf ihre Form, nicht auf die

Wichtigkeit der Ideen, sondern auf die Reize des Ausdrucks – ob es mehr ihre eigene Schuld oder die ihrer Zeit war, weiß ich nicht recht, vielleicht war es gleichermaßen die Schuld der einen wie der anderen. Und da es ihnen nicht gegeben war zu schaffen, warfen sie sich auf den Ruhm der vergangenen Jahrhunderte, und so entstanden Kommentare, Lebensbeschreibungen und Literaturgeschichten. Aber das geheime Band, das das Wesen und den Fortschritt der Literatur mit den Ereignissen des bürgerlichen und politischen Lebens verbindet, wurde von den Mönchen, von den Bibliothekaren und Hofgelehrten, die Hand an diese Bücher legten, nicht wahrgenommen. Deshalb erschienen mehr Memoiren von Individuen als Geschichten der intellektuellen Begebenheiten der Völker, Werke von wichtiger Gelehrsamkeit, doch beinahe nie von politischem Licht erhellt; Haufen von Namen und Tatsachen, jedoch kalt und steril wie die Gedenkplatten auf Friedhöfen. So stellten sich ihnen die Unterschiede, die man in der geistigen Entwicklung jeder Nation feststellen kann, und die Besonderheiten, die für jede Literatur bezeichnend sind, ihren Augen als Fakten dar, die einem wenig entwickelten Allgemeingeschmack unterworfen wären. Die Lösung des Problems konnte nicht anders gefunden werden als in Begleitung der Geschichte und der Philosophie: und da weder der Verstand noch die Zeit es ihnen gestatteten, in diese freien Wissenschaften einzudringen, gingen sie auf der Suche nach einem einzigartigen und unverwandelbaren Maßstab in die Irre, während die Umwälzungen in den Literaturen bei allen Völkern andeuteten, daß auch die Grundlagen für Veränderungen und Fortschritt empfänglich sein müßten. Hingerissen vom äußeren Schein, verführt von der Autorität der antiken Autoren, wie auch von den Systemen der politischen Schriftsteller, die den Völkern die Fähigkeit zu Unabhängigkeit oder die Notwendigkeit der Knechtschaft zuschrieben, je nach Maß der unterstellten Haltung, verkündeten sie: daß die Natur ihrem Geist gewisse Normen gegeben hätte, die ihrer topographischen Lage entsprächen, und daß das Klima den höchsten und hauptsächlichsten Regler des Kunstgeschmacks darstelle. Daher sei das Wesen der Literaturen grundsätzlich verschieden, und damit sei jede einzelne unveränderlich. Das sind Verderben bringende Ansichten, wie jene, die den Geist, in welchem die erhabene Schaffenskraft bebt, immer hindern und oft abstumpfen. – Doch der Geist, der die Wesen zu einem besseren Schicksal anregt, hat schließlich die Gemüter bewegt. Das Unabhängigkeitsgefühl folgte auf das Phantasma der Autorität, man gestand den Menschen aller Gegenden gleiche Rechte und Grundhaltungen und die freie Ausnutzung derselben zu – aber man will ihnen nicht die Verbrüderung in Aufruhr und Ideen zugestehen. Man berichtigte die Gesetze eines Staates, indem man Normen und Entscheidungen nach den Gesetzen eines anderen übernahm, man studierte die Gewohnheiten und die Bräuche aller Völker – viele Überzeugungen fielen in Vergessenheit, zahlreiche Vorurteile verflogen. Aber das vom absoluten Einfluß des Klimas auf die Literatur blieb bestehen und verewigte sich mit den Stimmen der Mittelmäßigkeit, die von Natur träge ist, im Delirieren einer blinden, nationalen Eitelkeit unter dem unsterblichen Pedantenpack. Und wir hören es bis heute von den Lippen vieler wie einen unwiderruflichen Bannfluch über jeden, der den Kreis des Geschmacks erweitern will; und jeder Versuch, dem Geist neue Wege zu ebnen, und jeder Aufforderung an die Italiener, die Hauptwerke fremder Länder zu studieren, stellen sich die feierlichen Worte vom »klassischen Boden und schönen Himmel Italiens« entgegen – Worte, die leicht den täuschen können, dem es auf die Vaterlandsliebe ankommt.

V. – Aber die Tatsachen bestehen; die Tatsachen, die allein im Kampfgetümmel der Meinungen eine stärkste Kraft, eine überragende Autorität darstellen, die weder rhetorische Kunststückchen noch die Starrheit eines Systems überwinden können. Und wenn ich die Literaturgeschichten aufschlage, stellen diese mir wechselnde Siege und Niedergänge, wechselseitige Einflüsse, Übertragungen aus der einen in die andere Literatur und fortwährende Instabilität des Geschmacks vor, der sich erst national, dann korrupt, und dann wieder knechtisch zeigt. Kein Volk hatte jemals eine Literatur, die so aus dem eigenen Herzen hervorgegangen ist, daß sich ihr nicht von Anfang an durch die Traditionen, später mit den Eroberungen, fremde Fragmente beimischten; kein Volk hatte einen so eingewurzelten und mächtigen Geschmack, als daß er sich nicht mit den Jahrhunderten änderte, denn der Geschmack, der von manchen zu einer unbeweglichen Abstraktion erhoben wird, ist das Ergebnis von Erziehung und stellt den Rang dar, den ein Volk in der Zivilisation erreicht hat. So besaß die italienische Literatur in ihren Anfängen das Gepräge des Geschmacks, den die Araber dem Süden Europas vermittelt hatten: in einem Jahrhundert war sie platonisch, mystisch und dem Idealismus zugewandt, verbeugte sich in einem anderen vor dem Materialismus. Zu einer Zeit, streng und nationalbewußt, tönte sie Worte der Unabhängigkeit und großartigen Stolzes; zu einer anderen, da sie servil kopierte, war sie unfähig und lasziv, ein Zeitvertreib für Schwächlinge, eine Verhimmelung der Mächtigen. Und der Himmel Italiens verbreitete den Zauber des ewigen Lächelns in der Seele der Troubadoure, so wie in der Guinicellis, zur Zeit Dantes wie in der der »Cicalate«. – So stand auch Spanien, das über fünfhundert Jahre mit orientalischen Bildern und Figuren prunkte, lange Zeit, beginnend mit Juan II., im Banne italienischer Imitation, vom Studium Dantes an, das von Villena, Santillana und Mena betrieben wurde, bis zum Petrarkismus, der später durch die Arbeiten des Garcilaso und des Boscan eingeführt wurde. – Und die Sonne, die Spanien unter Karl V. erhellte, war dieselbe, die auf den Türmen der Alhambra geschienen hatte, als die Herrschaft der Mauren ihren Sitz in Granada hatte! Das Klima in England ist finster, kalt und regnerisch: kein Lächeln des Frühlings, kein Farbenprunk im Herbst. Und dennoch entstammen dieser Erde, diesen schottischen Nebeln, die Gesänge, die vor allem von beschreibender Kraft erfüllt sind, und kein Land hat in den letzten dreißig Jahren Poeten hervorgebracht, die, wie Burns, Crabbe, Wordsworth und andere, die Sprache der Einsamkeit getroffen haben, in ihre Verse die Seele der Natur hineingegossen haben. – Dem hitzigen Klima der Orientalen schrieb man die überzogene Metaphorik zu, die ihre Hervorbringungen bestimmt, und dasselbe Gepräge tragen die kaledonischen Gedichte, die von Macpherson veröffentlicht wurden, und die skandinavischen, die Mallet gesammelt und ans Licht gebracht hat. Dem kalten Klima schrieb man die tief meditative Natur, die Tendenz zur Abstraktion der Nordeuropäer zu, und das Studium, das man heute den asiatischen Dingen widmet, enthüllt einen dem ähnlichen kontemplativen Geist, einen Idealismus im Glauben und in den Religionssystemen des Orients, im besonderen Indiens. Der Baum der Wissenschaften wurzelte im warmen Ägypten wie im vereisten Island mit derselben Unabhängigkeit vom Klima, mit dem er in Attika blühte, während er das nahe Bäotien mied. Und die Ähnlichkeiten, die so zahlreich zwischen den biblischen Büchern und Homer und Ossian, zwischen den schottischen und den korsischen Volksliedern zu finden sind? Und die Annäherungspunkte, die zwischen italienischen Liebesgedichten und denen Persiens und Arabiens vorkommen? Und der unterschiedliche

Geist, der in der antiken griechischen Literatur und den modernen Liedern der Kleften mit ihrem Rache- und Freiheitsethos auftaucht? – Wir haben die Beispiele zufällig gewählt. Aber die Eigenheiten, die die verschiedenen Literaturen darstellen, sind zu zahlreich, als daß das Klima je eine gültige Interpretationsbasis abgeben könnte.

VI. – Welches sind also die Ursachen, die den Fortgang der Wissenschaften bei einem jeden Volk bestimmen? Sollen wir etwa diese offensichtlichen Eigentümlichkeiten wiederholen? – Festes Prinzip: Wer eine Erklärung für die Elemente, den Charakter und den Fortschritt einer Literatur woanders als in der Geschichte ihres Volkes sucht, der jagt Phantasmen nach. Alles in ihr ist eng mit dem Leben der Völker verstrickt, wie auch mit dem Leben der Individuen. Die Literatur, wo sie frei und spontan dem allgemeinen Gedankengut entstammt, stellt dessen moralischen Rang dar; wo sie gekauft und gehemmt ist, den politischen Zustand. Sie ist, wie Shakespeare sagt, der Spiegel der Zeiten. Deshalb kann nur das Studium der Zeiten die Schatten vertreiben, die oft das Schicksal der schönen Wissenschaften umschweben. Das Studium der Institutionen allein kann die Wurzeln des jeweiligen Geschmacks enthüllen, der sich bei den verschiedenen Völkern zeigt.

Und die verschiedenen Institutionen, unter dem Einfluß desselben Himmels, schufen eine Literatur in Athen und ließen in Sparta keine zu, so wie sie jetzt, wenngleich aus anderem Grund, dem Geist in den Ländern des Deutschen Bundes Bewegung und Leben geben und ihn bei den angrenzenden Ländern einschlafen lassen. Die Institutionen riefen die Begabung der Orientalen zur allegorischen Darstellung hervor, denn die Wahrheit konnte sich bei ihnen nicht ungestraft zeigen, es sei denn in einen emblematischen Schleier verhüllt. Die einfachen und uniformen Institutionen kleideten die schweizerische Literatur immer in Ehrlichkeit, Unschuld und Nützlichkeit, wenn dort auch die Ungleichheit des Klimas den Reisenden im Verlaufe eines Tages plötzlich aus der Hitze Senegals zwischen die Eisblöcke Spitzbergens versetzt. – Die Liebe, die göttliche Eigenschaft, ist vielleicht die einzige, auf die die Institutionen wenig oder gar keinen Einfluß haben, da sie den, der liebt, über jedes menschliche Maß erhebt und ihn in eine Welt trägt, in der nur zwei Menschen leben. So ist der Ausdruck dieses Gefühls in gewisser Weise einzigartig und universal, weshalb die italienischen, persischen und arabischen Liebesgesänge von ein und demselben Geist erfunden und unter demselben Himmel erdacht zu sein scheinen. Und da die Fessel der Institutionen allmächtig ist, erleben wir, wie bei uns das reine, heilige und harmonische Gefühl des 13. und 14. Jahrhunderts später unter dem Anhauch der Tyrannei in die Künstelei der »Concettistas« oder in Satyrn-Lüsternheit verwandelt wird, denn Liebe gedeiht nicht in einer knechtischen Seele. – Die Unterschiede, die sich zwischen der Literatur des Nordens und der des Südens auftun, sind wohl fundamental und von der Natur vorgegeben. Die tiefgehende Intelligenz und die Analyse des Schönen scheinen den Männern des Nordens vorbehalten zu sein, wie das lebendige Gefühl des Schönen den Völkern des Südens offenbar angeboren ist. Ein festerer, originellerer Zug ist den Werken, die aus dem Norden kommen, aufgeprägt, und eine Tendenz zum Idealen und Abstrakten offenbart sich dort ständig. Aber davon abgesehen, daß die Zeit diese Verschiedenheiten immer mehr erodiert, scheint es mir auch, als hätten die Ereignisse und Institutionen sie zum großen Teil mitverursacht. Die Verbindungen zwischen dem Orient und dem Norden waren wenige und von kurzer Dauer, und die Umstände, die den orientalischen Völkern nie eine antike Literatur von perfekten Formen und Proportionen so nahe zugänglich machten, gestatteten ihnen, wenngleich viel später, eine eigene, aus den Elementen ihres Landes zu erschaffen. Die Reformation, die die Geister zu subtilen Untersuchungen anregte und die Notwendigkeit von bedeutenden und geduldigen Studien mit sich brachte und schließlich das Recht auf Gedankenfreiheit sanktionierte, ließ bei den Bewohnern des Nordens jene Neigung erwachsen, die vielfältigen Aspekte der Dinge in Betracht zu ziehen, jenen meditativen Geist, der sich für lange Zeit hindurch in religiösen Kontroversen erschöpfte, sich dann aber in der Literatur und in den Schönen Künsten ausbreitete. Und soviel geistige Potenz mußte hohe Wirkungen haben, aber da die politischen Institutionen ihre Anwendung auf die großen nationalen Interessen und auf die Realität verboten, entluden sich die Geister, auf sich selbst zurückgeworfen, in Gedankenspielen um Systeme und Abstraktionen. Da sie sich nicht nützlich in der Sphäre der positiven Objekte bewegen konnten, entflogen sie in eine andere Sphäre, erfanden ideale Objekte und Bezüge und vergötterten die eigenen Erfindungen. Daraus erwuchs eine Literatur von bizarren Formen, in ihrer Erscheinung unregelmäßig, aber weit und tief in ihrer eigensten Substanz. Es erwuchs daraus eine psychologische Poesie, ganz, wie sie sagen, »subjektiv«, der Zukunft mehr verschrieben als der Gegenwart, eine Irrende auf den Grenzen zu einer unbekannten Welt, melancholisch und bewegend wie eine unbestimmte Hoffnung. – England, im Gegensatz dazu, ist vielleicht das Land, wo man am meisten mit der Wirklichkeit Kult treibt, die Institutionen öffnen den Gedanken ein weites Wirkungsfeld, und keines der Elemente, die den Wohlstand des Landes ausmachen, liegt im Widerstreit mit dem geistigen Bemühen. Die Industrie, der Handel, die Landwirtschaft, die drei Basen, auf denen die englische Größe ruht, lenken das Gemüt auf die Betrachtung der Realität hin.

Und da der gegenwärtige Augenblick für sie mit Recht einen Wert darstellt, fühlen sie nicht so stark das Bedürfnis, sich in die Strudel der Zukunft zu stürzen. Deshalb ist die englische Literatur, allgemein gesprochen, ganz positiv, historisch und auf Fakten beschränkt. Die Poesie, deskriptiv und sensualistisch, gekräftigt durch antike Reminiszenzen, sich einer fast unbeschränkten Gedankenfreiheit erfreuend, schreitet häufig in die Vergangenheit zurück, um sich dann der Gegenwart wieder zuzuwenden. Die alles andere ausschließende Liebe zum eigenen Land, die heimischen Dingen einen übertriebenen Wert beimißt, und die allgemein verbreitete Leidenschaft für den Landbau lassen ihre deskriptive Kraft entstehen, und diese entreißt der Natur die Geheimnisse, die der Himmel anderen Völkern spontan offenbart. – So schaffen die Institutionen die Besonderheiten einer jeden Literatur, so sind die Unterschiede, die die eine von der anderen trennen, natürliche Resultate der sozialen und politischen Umstände, die die Intellekte aufrütteln, einschläfern, fördern oder beschränken. Und ich berühre hier nur flüchtig, wie der Raum und der Geist zusammenhängen, eine Sache, die ausführlicher entwickelt werden müßte, aber da, wo die literaturhistorischen Untersuchungen den eingeschlagenen Weg fortgehen, werden wir zunehmend die Wahrheit jenes Wortes erfahren: daß die Gesetze und die Literatur eines Volkes sich immer auf parallelen Pfaden bewegen. – Und uns Italienern verschaffen die Institutionen, die bald grausam, bald korrupt, oftmals ohnmächtig, noch häufiger tyrannisch, aber nie dem Gemeinsinn entsprechend waren, eine vage Poesie von harmonischen Formen, mit leuchtenden Farben und Bildern, aber fast immer verantwortungslos, sanft, und geistig nichtssagend. Und unsere Literatur, die bald gelehrt, bald akademisch, bald höfisch war, ist voller Gelehrsamkeit, elegant, genußvoll, aber nie nützlich und national, wenn man die Geschichtsschreiber, einige Philosophen und ein paar wenige poetische Genies, die die Jahrhunderte überfliegen, ausnimmt. – So klammern wir uns mit einer Hartnäckigkeit, die einer besseren Sache würdig wäre, an einen Palladio, der es nicht vermochte, uns vor dem Ruin zu retten, wir rufen ohnmächtig »Vaterlandsliebe!« dem zu, der versucht, uns die alte Geisteskraft wiederzugeben. O Italiener! Es steht uns wohl an, die nationale Ehre und die antike Glorie zu verteidigen, aber die nationale Ehre liegt mehr darin, daß man das Verhängnisvolle in der Tradition beseitigt, als daß man das Gute daran preist und so den antiken Glanz mit dem neuen erhöht! Unsere Väter haben viel geleistet, aber bis wir uns nicht davon überzeugt haben, daß die Zeit, indem sie neue Rechte schafft, immer neue Pflichten auf uns häuft, so lange werden wir zufrieden jene Gräber umarmen, wird Italien, einst die erste unter den Nationen, deutlich zurückbleiben, denn weder der Himmel noch die Sonne verleihen die Palme für geistiges Bemühen.

VII. – Es gibt also keine unveränderliche ewige Ursache, die die Gegensätze in der Natur, in den Leidenschaften und den Wünschen der Völker unüberwindbar macht. Es gibt kein von der Natur geschriebenes Gesetz, das übermächtig jeder der Familien, in die der menschliche Stamm unterteilt ist, einen eigenen Geschmack, einen eigenen Charakter zuschreibt. Die Gesetze, fast immer Töchter des Willens eines einzelnen und nicht der allgemeinen Wahl, geben den moralischen Kräften nur eine unterschiedliche Rüstung und entwikkeln unterschiedlich die Samen der Vervollkommnung, die im Geheimen in jeder Nation gären. Das eine Volk rückt schnell auf den Weg der fortschrittlichen Zivilisation vor, ein anderes bleibt zurück oder gerät auf Abwege. So sind die Sitten, meistens von den Gesetzen abgeleitet, verschieden; verschieden auch die Überzeugungen, denn durch die Notwendigkeit der Veränderung, die unaufhörlich die Menschen treibt, wird das Denken den nationalen Interessen da gewidmet, wo kritisches Denken darüber gestattet ist; man entweicht aber in Aberglauben, wo es bei anderen Völkern wieder verboten ist. So entstehen aus der Ungleichheit Stolz und Neid, und den einen treibt das Bewußtsein der eigenen Zivilisation ein höhnisches Lächeln auf die Lippen, den anderen drückt die Wildheit der Ignoranz das Eisen in die Faust. So entstehen Haß und Krieg, die Sieger lernen, die Wissenschaft der Besiegten zu verachten, und diese rächen sich dadurch, daß sie es unter ihrer Würde finden, mit den ersteren die Schätze des Geistes zu teilen. Und dennoch erweitert die Zivilisation ihr Reich, indem sie ihre Strahlen, welche die Tendenz haben, die einen den anderen näher zu bringen, auf Völker lenkt, die sie bisher entbehrten. Aber jeder Schritt, der von einer Seite getan wird, scheint dem Stolz dessen, der voranging, schon wie Usurpation, so wie jeder Rat des anderen in den Augen dessen, der die Kraft seiner Grundsätze fühlt, wie Intoleranz vorkommt, und viele Vorurteile, schon seit langem ausgehöhlt, werden wegen der übertriebenen Angst vor dem Nachgeben scharf verteidigt, und viele vorbildliche Leistungen aus Angst vor Beherrschung zurückgewiesen. So erhalten und vervielfältigen sich die Ansprüche eines literarischen Geschmacks, der seine Privilegien aus seinem Klima ableitet, so gewöhnen sich die Nationen, erzogen vom Unglück, daran, dem Fremden zu mißtrauen und werden dazu durch die angestachelt, welche die Gemeinschaft der Völker fürchten. In jedem Annäherungsversuch sehen sie eine Schmähung ihrer Rechte, und dem unter einem anderen Breitengrad geborenen Geist verweigern sie das Bürgerrecht. Die Institutionen und politischen Ereignisse, die in den verschiedenen Ländern unterschiedlich sind, haben mithin, ich wiederhole es, die Differenzen geschaffen, die eine Literatur von der anderen trennen. Und da die Institutionen der Völker auch heutzutage, was Verfassung und Grundlagen angeht, variieren, so scheinen die Unterschiede im literarischen Geschmack unvermeidbar zu bleiben. Aber eine auf Tatsachen begründete Betrachtung stellt sich diesen Bedenken entgegen. – Solange der Zivilisationsprozeß eines Volkes seine Grundsätze oder wenig mehr betrifft, sind seine Fortschritte wenigen Menschen anvertraut, in denen Verstand und Kraft vereint sind, und die ahnungslose, untätige Mehrheit ist zufrieden, schweigend ihre Wohltaten zu empfinden. Die auf Wenige beschränkte Literatur, nicht gefestigt durch den Gemeingeist, zeichnet den positiven und materiellen Zustand der Gesellschaft, statt sich in die Entwicklung der Sittlichkeit einzumischen; kopiert eher, als daß sie erschafft; folgt den Fortschritten des Zivilisationsprozesses und drückt seine Stufen aus, statt ihm voranzugehen und seinen Samen zu entwickeln. Auf dieser Ebene stellen die Institutionen die einzige beherrschende Kraft dar; sie geben den schönen Wissenschaften jene eigentümlichen Züge, jenes lokale Gepräge, von dem wir bisher sprachen. – Aber wenn die Zivilisation schon so weit fortgeschritten ist, daß sie das Zeitalter ihres Entstehens bereits als eine geschichtlich abgeschlossene Epoche empfindet, dann ist die Macht der Institutionen nicht mehr absolut und blind. Der Fortschritt der Erfahrung sowie die allgemeiner verbreitete Bildung verschleißen viele Vorurteile, viel unbedachte Verehrung und lassen die Zahl derer, die selbst sehen und urteilen wollen, anwachsen. Aus der Übereinstimmung der Beobachtungen und Urteile entsteht nach und nach auf den Ruinen der Autorität die Macht der öffentlichen Meinung. Durch sie erhält die Zivilisation eine raschere und freiere Bewegung, durch sie wird der Einfluß der Institutionen aufgewogen. Da sie sich langsam und weise bildet, über unendliche Kräfte verfügt, reine Absichten hat, sich auf den Ablauf der Zeit und auf die Gerechtigkeit zu verlassen vermag, kann sie gehemmt, verspottet, unterdrückt, aber nie zerstört werden. Und stets wird sie kraftvoller aus den Verfolgungen und Fesselungen hervorgehen, und früher oder später wird sie der Richter aller Dinge werden. In diesem Zustand der Gesellschaft ändert sich auch die Aufgabe der Literatur, und wo sie vorher Vorhandenes ausdrückte und den Ereignissen folgte, geht sie jetzt voran und zeigt den Weg. Die Schriftsteller erkunden die Bedürfnisse der Völker, steigen von ihrem Thron herab, um die Herzen ihrer Brüder zu befragen und deren geheime Stimme zum Erklingen zu bringen, geläutert von allem Niedrigen, das sie im menschlichen Umgang erfuhren. Diese, die zu Sprechern und Erklärern des Gemeingeistes bestimmt wurden, sehen die schwerwiegenden sozialen Veränderungen voraus und bringen sie auf den Weg. So kommt es, daß es manchmal so scheint, als schüfen sie das, was sich entwickelt, während sie es doch nur zur Reife bringen und nach und nach die Hindernisse, die sich ihm in den Weg stellen, beseitigen. Wenn deshalb jetzt die Geisteshaltung in allen Nationen Europas gleiche Züge trägt, wenn eine Tendenz der Zivilisation, die sie einander immer näher bringt, nicht mehr in Zweifel gezogen werden kann, wenn die Meinung der Mehrheit unaufhaltsam gegen die Nationalfeindschaften angeht, gegen die Unterschiede, die das eine Volk von dem anderen unterscheiden, wenn schließlich die Völker eine Verbindung aller herbeisehnen, eine große Bruderschaft, die daraus entstünde, dann macht es wenig aus, daß die Launen oder Interessen Weniger und verschiedene Gesetze hartnäckig versuchen, sie voneinander zu trennen. Das Ziel der Literatur bleibt bestimmt: Sie muß sich dieser Tendenz bemächtigen, sie leiten, vervollkommnen, denn das Werk der Jahrhunderte kann nicht zurückfallen. Die auf die soziale Oberfläche beschränkten Institutionen, die nicht mit den Wurzeln der menschlichen Glückseligkeit verwachsen sind, die der öffentlichen Meinung, der Königin der Welt, entgegengesetzt sind, werden als Anomalien im Fortschritt des Zivilisationsprozesses bleiben, bis die Zeit und die Kraft der Dinge ihnen die Reste ihres dahinsiechenden Lebens nehmen.

VIII. – Nun – sind wir heute im 19. Jahrhundert wirklich solchen Einflüssen ausgesetzt, die uns auf gleichen Wegen auf dasselbe Ziel hinführen? Befinden wir uns in einer derartigen Situation, die sittliche Lage betreffend, daß deren Ausdruck in ganz Europa gleich lauten und denselben Ausdruck haben und die Literatur der Völker überall gleiche Züge aufweisen müßte? – Ein kurz gefaßter Überblick der europäischen Zivilisation wird uns vielleicht zu dieser Folgerung zwingen.

Eine lange Periode am Anfang, die von uns mit dem Namen »heroische Zeit« gekennzeichnet wird, zeigt uns obskure Allegorien in undeutlichen Traditionen, die ersten Schritte, mit denen sich die menschlichen Wesen einem sozialen Zusammenleben annäherten. Hin- und herschwankend zwischen der Wildheit der Vereinzelung, aus der sie kamen, und den neuen Verbindungen, die sie eingingen, lebten die Menschen in Horden, hatten Anführer, hatten Rudimente von Religion, aber einen Zivilisationsprozeß gab es nicht. Die körperliche Stärke herrschte in jener Zeit; diese, oder der Zufall, bestimmte die Wahl der Führer, und das Glück erhielt sie oder vernichtete sie. Der große Kampf zwischen Gut und Böse, zwischen dem Samen der intellektuellen Entwicklung und einer körperlichen, blinden, ungezähmten Gewalt zeigte sich in den Gesetzen, die die Mehrzahl bejahte, die aber oftmals unvernünftig waren, in den ehrlichen, aber rohen Sitten, in den grausam beschlossenen und brutal geführten Kriegen. – Das Zeitalter wurde von den Späteren mythologisiert als das der Giganten und das des Ahuramazda und des Ahriman, des Zeus und der Titanen. Inzwischen deuteten sich erste Aufschwünge des Geistes nach einer schöneren Zukunft in einigen lyrischen Werken und in den Kampfliedern an. Aber eine Literatur im eigentlichen Sinne existierte nicht. Doch von den ersten Dichtern, die für uns diese Periode verkörpern, und aus den historischen Analogien kann man schließen, daß die Anfänge der Nationen immer die gleichen sind, und daß der menschliche Geist in den verschiedensten Zonen ein beinahe gleiches Schauspiel darbietet, da wo er mit der Barbarei der Ursprünge kämpft. Denn das völlige Fehlen und der höchste Grad des Zivilisationsprozesses treffen sich darin, daß sie den Völkern einen deutlichen individuellen Charakter nicht erlauben. Daher sehen wir, wie wenige und ähnliche Vorstellungen allen sehr alten Mythologien zugrunde liegen. Daher kommen die Ähnlichkeiten zwischen den frühen Verhaltensweisen verschiedener Völker und zwischen den Aphorismen und Distichen der Spruchdichter Griechenlands und den metrischen Sprüchen der Inder.

IX. – Der Kampf hörte auf. – Die Elemente der Welt der Gesellschaft vereinigten sich, die Völker gründeten Städte, erließen Gesetze, es entstanden Religionen, Bräuche und Gepflogenheiten, die einander jedoch unähnlich und ganz nach dem eigentümlichen Gepräge und den Leidenschaften der wenigen Sterblichen gebildet waren, die das Genie oder die Vorsehung zu Gesetzgebern erhob. So begann sich das einzige und ursprüngliche Gepräge, das die Natur dem Gesicht ihrer Söhne aufgedrückt hatte, zu verändern, und die menschlichen Stämme nahmen mit den verschiedenen Institutionen eine unterschiedliche Physiognomie an. Der Samen der intellektuellen Zivilisation kam von Asien nach Europa:

aber an einigen Orten machten ihn tyrannische Gesetze oder die Eifersucht eines Standes unfruchtbar, an anderen war er in ständige Kriege und Invasionen geraten, wo er kein Feld zu seiner Entwicklung fand. Doch Griechenland, durch viele Inseln mit der asiatischen Welt in Verbindung oder durch Bergketten abgeschnitten, daher gesichert vor feindlichen Einfällen, Ernährerin eines Geschlechts von freien und kraftvollen Männern, konnte diesen Samen aufnehmen, ihn fruchtbar machen, und auf seinem Fels erwuchs der majestätische Baum, dessen Zweige später ganz Europa überschatten sollten. – Griechenland stellt uns die erste Epoche des menschlichen Zivilisationsprozesses dar. Und die Literatur, die sein Interpret ist, entstand mit ihr, doch ganz griechisch und lokal begrenzt, wie es ihre Situation, ihr Klima und ihr Überlegenheitsbewußtsein von ihr erforderten. In der Tat erreichte Griechenland, unterstützt von weisen und tatkräftigen Institutionen, sehr bald ein Ziel, das wir zu großen Teilen ihm noch neiden müssen. Je höher es stieg, desto mehr entfernte es sich von den anderen Völkern. In seinem Fortschreiten isoliert wie eine Oase in der Wüste, schaute es mit verachtendem Auge auf die kauernden europäischen Nationen und verhöhnte sie durch die Bezeichnung Barbaren. Andererseits kann die erste Phase der Zivilisation nie eine Phase der Verbreitung sein, denn erst festigt und verfeinert sich das Gebäude, dann erweitert es sich. Und Griechenland, oft gezwungen, die eigene Unabhängigkeit mit Blut zu schützen, beschränkte sich darauf, die Früchte des gesellschaftlichen Fortschritts zu pflücken, es konnte seine Sphäre erweitern durch einige Kolonien, die die Samen der Zivilisation nach Sizilien oder auf die Strände unseres Italiens verpflanzten, in dessen Busen das Schicksal der Welt schlummerte. Die Vaterlandsliebe war charakteristisch für diese Zeit. Die ausschließliche Liebe zum Vaterland, auf den eigenen Mauerring begrenzt, wo der Grieche mit seinem ersten Kinderschrei das Licht gegrüßt hatte, dem Himmel, der Natur, der Erde, dem Wasser und den Steinen so sehr verbunden, daß der Mensch, der außerhalb des Kreises dieser Dinge geboren war, keines besseren Schicksals als dem des Sklavenlebens für würdig befunden wurde. Die Literatur mußte diese mächtige griechische Individualität widerspiegeln: Sprache, Formen, Ornamente, Substanz und Ziel, alles an ihr war griechisch, einzig und allein griechisch. Der Dichter, begnadet durch ein sonnenbeschienenes Vaterland, das von allen beneidet wurde und einzigartig durch seine Zivilisation war, hatte keine Motive, sich eine größere Sphäre zu schaffen. Er war nicht der von der Natur ausgesandte Bote, der den Sterblichen die universale Wahrheit zu enthüllen hatte, er war Grieche, der die vaterländischen Triumphe verewigen oder mit seinem Gesang die Jungen zur Verehrung der Gesetze oder der Religion der Alten erziehen wollte. Er besah die Erde, auf die er trat, und gewann ihre Substanz, betrachtete den Himmel, der um ihn herum lächelte, und leitete aus ihm die Farben und Formen ab. So sind in seinem Gesang allgemeinere Ideen rar, selten auch die sittlichen Konzepte und die Kunst der Beschreibung eines allgemein menschlichen Gefühls. Die Saite der Humanität klang nicht auf seiner Harfe.

X. – Die sittliche Welt tendiert dazu, so wie die physische Welt auch, ein Gleichgewicht ihrer Teile herzustellen. Eine Nation, deren Existenz von dem Schicksal anderer unabhängig ist, und deren Zivilisation sich nicht auf Fundamente stützt, die über die eigenen Grenzen hinausgehen, kann nicht ewig leben, da die Ungleichheit zwischen einem Volk und den anderen einen unausgesetzten Kriegszustand zwischen Recht und Kraft, zwischen moralischen Fortschritten des ersteren und der Wildheit der letzteren hervorruft, ein Kampf, der kein Ende hat; wenn das zivilisierte Volk nicht die Wohltaten seiner Institutionen verteilt – sonst fällt es. Und Griechenland fiel. – Ein Koloß ragte bereits riesenhaft im Okzident auf, als die inneren Zwistigkeiten, die korrupten Zivilgesetze und die philosophischen Geheimbünde die griechische Macht zu schwächen begannen. Rom, das für uns das Prinzip der »Kraft in ihrer Tätigkeit« zeigt, erwuchs: Auf einer unbegrenzten Vaterlandsliebe, einem ausgesprochen kriegerischen Geist und einer infamen Politik errichtete es einen Thron, dessen Gipfel das Kapitol war und dessen Grundfläche den gesamten Süden Europas umfaßte. Griechenland allein konnte sich neben der römischen Welt nicht halten. Es fiel, und mit dem Verlust der Unabhängigkeit welkte die Blüte des griechischen Geistes, doch seine Früchte blieben erhalten. Die Nationen leben und sterben wie die Individuen, aber die Zivilisation stirbt nie, und so erhielt es an Ausdehnung das zurück, was es an Höhe und Glanz verloren hatte. Gleich einem rissigen Krug, aus dem die Flüssigkeit sich in viele verschiedene Richtungen ergießt, verbreitete sich das griechische Wissen, aus dem Ursprung verdrängt, in die Umgebung. Die Wunderwerke der Kunst wurden von der Raublust der Sieger über ganz Italien verstreut, und die griechischen Doktrinen der Philosophie, der Wissenschaften und der Politik hatten überall Verbreiter in den vielen, die der Zwang der Knechtung, die Kraft oder die Feigheit aus dem Vaterlande vertrieben. Der Orient vermischte sich mit dem Okzident, und das eiserne Zepter Roms beherrschte unter demselben Joch verschiedene Völker, die, dem gleichen Einfluß und demselben Schicksal unterworfen, gleiche Wirkungen verspürten, sich einander annäherten und wenigstens im Unglück gleiche Lebensbedingungen erfuhren und gleiche Sehnsüchte fühlten. Auch die Unterschiede der Religionen nahmen zusehends ab, viele von ihnen wiesen schon in den

Grundsätzen wichtige Ähnlichkeiten miteinander auf, und es waren die Religionen, welche, auf das Gewissen beschränkt, der Politik zu Hilfe kamen, sie aber nicht beherrschten. Die anderen, die in Gallien und anderswo eine theokratische Macht schufen und in ihren Vollstreckern Priestertum und Prinzipat vereinten, wurden von den Römern verfolgt oder mit dem Schwert ausgelöscht. Während die Massen sich unbewußt auf einen einzigen Glauben vorbereiteten, brachte die Vielfalt der philosophischen Gedankenströme – alle in gewissen Punkten voneinander unterschieden, in anderen einander ähnlich – den Samen des Eklektizismus, der bestimmt war, zu einem der Hauptmerkmale der europäischen Welt zu werden, unter jene Menschen, die durch intellektuellen Scharfsinn von der Masse unterschieden waren. – Und der Ausdruck dieser allgemeinen Tendenz, dieses Fortschritts der südlichen Völker, wäre in der Literatur jener Epoche erschienen, wenn nicht die Bürgerzwiste ein unbegrenzter Eroberungsdrang, eine unausgesetzte Kriegsgefahr und eine argwöhnische Tyrannei, ein militärisches Joch, dem römischen Intellektuellen eine freie und nationale Literatur verboten hätten. Die Würde der Ausdrucksweisen, die fast perfekte Sprache, der unternehmungslustige und aktive Geist schienen sie zu fordern, aber die Zeit fehlte ihnen, um sie sozusagen aus den Elementen ihrer Epoche zu schaffen. Und als die Ruhe es zu erlauben schien, verboten es die Unterdrükker den geistigen Menschen, sich mit den Bedürfnissen und Bestrebungen der Völker, die das riesige Reich bildeten, zu beschäftigen. Und die Literatur, der es nicht gelang, volksnah zu sein, begann knechtisch nachzuahmen: Formen, Mythologie, Regeln, Themen, alles, außer der Sprache, übernahm sie von den Griechen. Sie erzielte eine größere Einfachheit statt dramatischer Vielfalt, Schönheit im Ausdruck statt Tiefe der Gefühle. Fremd, isoliert, leuchtete sie mit geborgtem Licht, wie eine in ein fremdes Klima versetzte Pflanze, die nach der ersten Blütenpracht verwelkt und keine Früchte trägt. Sie wurde bewundert, sie war nicht nützlich und verfiel rasch. Die Protektion einiger Fürsten schien sie wieder aufzurichten, aber es war wie die Umarmung des Herkules, der Anteus von der Erde hob, um ihn zu ersticken. Der Augenblick war erhaben, doch von kurzer Dauer. Vereinzelte Genies berührten den Himmel, aber der Atem, der sie trug, erlosch mit der großen Seele des Tacitus. – Und dennoch, wenn man die römische mit der griechischen Literatur vergleicht, erkennt man, daß die Sphäre der Poesie, wenngleich geringfügig, größer geworden ist. Die religiösen Systeme tendieren darin zu größerer Einheit, einige Leidenschaften sind dort bisweilen mehr unter einem moralischen denn physischen Aspekt dargestellt. Die Liebe, die Vergil zeichnet, tritt einem dort mehr wie ein übermächtiges Wollen der Seele entgegen denn als Empfindung; und jener Ton von Melancholie, in den die Verse gekleidet sind, scheint die Tochter einer Meditation über das menschliche Schicksal zu sein. Die Saite des Herzens wird hier also öfter angeschlagen, und man spürt, daß ein Schritt in die Richtung der Erkundung des menschlichen Inneren getan wird. Und der erste Schritt dieser erhabenen Enthüllung verdankt sich dem Christentum.

Die Herrschaft Roms hatte sich unter den Imperatoren unermeßlich ausgedehnt, aber die politische Engstirnigkeit, die Rom nur im Bezirk der sieben Hügel wahrnahm, tolerierte keine Gleichheit des Rechts bei den dem Imperium angegliederten Völkern, woraus die Schäden der Volkserhebungen entstanden, denen zu spät und ungenügend begegnet wurde. Die Völker begannen, ihre eigene Würde zu fühlen. – Die Menge der Ideen wuchs, aus den wenigen und einfachen entstanden komplexere, universale und abstrakte. Die Beziehungen vervielfältigten sich, und die Menschen lernten einander kennen und lieben. Der Zivilisationsprozeß ließ den moralischen Aspekt des Lebens immer mehr zu Tage treten, und man ahnte, daß alle Lebenden von der Natur einige heilige und unverletztliche Rechte, unabhängig von der Geburt und den örtlichen Umständen erhalten hätten. Der Auftrag des Menschen wurde erkennbar. – Inzwischen genügten die bisherigen Religionen, die in der Morgendämmerung der Zivilisation entstanden waren, der fortschreitenden Entwicklung nicht mehr. Sie waren meistens Töchter des Schreckens oder einer listigen Politik, deren Symbole von handgreiflichen Mirakeln abgeleitet waren; bizarr und dunkel in ihren Riten, sprachen sie zu den Sinnen mit einer Sprache, die ihre Form den verschiedenen Zonen entlieh, so wie jene, die grundsätzlich nur die physischen Bedürfnisse berücksichtigen. Eine Religion mußte kommen, die, indem sie zu den Menschen von einer höheren Sphäre aus sprach, das Leere ausfüllte und der neuen Tendenz der moralischen Kräfte entsprach. Während also der Skeptizismus, die Ungläubigkeit, die Verachtung, die aus den Schriften jener Epoche sprechen, den alten Glauben zerstörten, erahnten die Geister, die darüber meditierten, eine beherrschende Idee, ein in allen Formen einheitliches Konzept. So bereiteten sie die Seelen auf eine große Umwälzung vor. – Und das Christentum kam. Das Christentum war der Sprecher der geheimen Wünsche der Völker, Ausdruck und Perfektion intellektuellen Fortschritts und der Geheimnisse der Seele, es schloß die zweite zivilisatorische Entwicklungsphase damit ab, daß es deren gewaltige Ergebnisse in wenige erhabene Sätze faßte. Es betrachtete die Menschen von oben, nicht so wie sie durch die Institutionen und die Umstände entstellt waren, sondern allein gemäß ihrer einfachen Natur: so schienen ihm alle Brüder, und an alle richtete es die Worte, die Friede und Liebe bedeuten, und allen sandte es den Ruf nach Gleichheit aller vor dem Sittengesetz zu. Brüderlichkeit und Liebe steht auf der Standarte, die das Christentum mitten zwischen die Stämme der Menschheit gepflanzt hat. Die Abschaffung der Sklaverei signalisierte sein erstes Auftreten und den Beginn einer Ära, in der alle Nationen sich aneinanderklammern mußten, um sich in Eintracht auf den Weg der unbestimmten Vervollkommnung zu begeben. Die leidenschaftliche Liebe zum Vaterland zähmend, schuf es die Basis für eine universale Gerechtigkeit und jene Leidenschaft der Lehre, jene Predigt des Wahren und einen Geist der Anhängerschaft, den später viele Verteidiger der heiligen Sache der Menschheit und der Gerechtigkeit aufnahmen.

XI. – Aber eine Hälfte Europas blieb der Bewegung der südlichen Völker fern. Die Völker des Nordens, die in ihren Wäldern umherzogen, ohne feste Gesetze die Kraft verherrlichend, waren von jedem Fortschritt ausgeschlossen. Die Stimme der Zivilisation hatte sich im Süden erhoben, aber die Kräfte, im religiösen Kampf verschlissen, fehlten nun zu ihrer Durchsetzung. Denn wenn das Gefühl der eigenen Rechte und die Kraft, diese zu schützen, gleich stark waren, so bestand doch eine ewige Barriere zwischen dem einen Teil Europas und dem anderen, denn die Entfernung erschien so groß, daß sie unüberwindbar war. Aber die Neugier und die Unruhe, unzertrennliche Begleiter des Menschen, führten dann doch zu ihrer Überschreitung. Die Stämme des Nordens, angezogen von den neuen Dingen und von dem Verlangen nach fruchtbarerem Land, verließen scharenweise ihre Grenzen und eilten in südlichere Gegenden. Der Kampf, der früher Orient und Okzident zusammenführte, erneuerte sich zwischen Nord und Süd: doch brachte er größeres Verderben, denn die Ungleichheit der Völker war größer. Und der Süden mußte unterliegen. Das Christentum hatte den Samen des Guten unter die Menschen gestreut, aber da der heidnische Glaube selbst in die Gewohnheiten, in die Ansichten und Bräuche der Menschen eingedrungen war, konnte eine vollständige Veränderung der Religion nicht ohne die Begleitung einer Verwirrung im sozialen Gefüge, einem Ungleichgewicht in den Kräften der Nationen vonstatten gehen. Deshalb erschienen die ersten materiellen Folgen für den Staat verhängnisvoll: es war der Strom, der ferne Länder fruchtbar macht, aber den Ort des Entstehens überschwemmt. Rom fand sich von den antiken Überzeugungen, die seine Vorkämpfer zum Ziel geführt hatten, abgesetzt, und es war unfähig, sich der neuen zu bedienen, da die antiken Glaubensüberzeugungen Zweige eines verfaulten Stammes waren, und die neuen in den Herzen noch nicht Wurzeln gefaßt hatten. Die Seelen waren durch die Knechtschaft entzweit, durch den Luxus bestochen, verarmt durch die unendlich vielen Sekten, die aus den erloschenen Religionen hervorgegangen waren. Die kindischen Wortstreitereien, die Haarspaltereien, der theologische Scharfsinn waren ihre Nahrung, und sie machten sich über die Eindringlinge als Barbaren lustig. Aber die Barbaren waren zumindest harte Kämpfer, während sie weder die Energie einer Zivilisation noch die Kraft einer Barbarei besaßen. Doch das bis ins Innere verschlissene Imperium konnte den Einfällen nicht widerstehen, die wie Meereswogen aufeinander folgten. Der Koloß stürzte in Trümmer. Die gotischen Horden, die Hunnen, die Westgoten, die Vandalen überfielen nacheinander Italien, Gallien und Spanien. Sprache, Institutionen, Bräuche, alles wurde unter dem zerstörerischen Strom zunichte. Hundert verschiedene Rassen vermengten sich und wurden zu einer. Hunderte verschiedene Elemente der Zivilisation und der Barbarei bewegten sich gleichzeitig, vermischten sich: alles war Unordnung. Die sittliche Welt war ein Bild des Chaos, die Sonne der Zivilisation schien erloschen und die europäische Welt für immer ins Dunkel zurückgefallen.

Aber so blieb es nicht für immer. – Die Elemente des Lebens und des Fortgangs gärten schweigend, und die scheinbar zerstörte Zivilisation arbeitete daran, ihr Gleichgewicht wiederzufinden. Geschlagen und geschmäht im Süden, bereitete sie sich unmerklich im Norden vor und rächte sich an den Rohlingen, die sie gestürzt hatten, indem sie ihr wildes Gepräge und ihre rohen Bräuche mäßigte. Während die Menschen des Nordens über die Besiegten den Aberglauben und die Ignoranz häuften, den Geist in den engen Naturbereich zurücktrieben, von dem er einst ausgegangen war, säten bei ihnen selbst sehr viele Rückkehrer ins Heimatland und viele Provinzrömer, die sie als Sklaven mit sich schleppten, die Überzeugungen des Südlands. Und das Christentum, zu dem sich schon die Eindringlinge in den eroberten Ländern bekannt hatten, bestrahlte bald die britannischen Strände und vereinigte in einem einzigen religiösen Bund die Völker der Elbe, des Baltikums und der Weichsel. Während die Gebäude der Literatur und der Wissenschaften im Reich zusammenstürzten oder sich in Klöster einschlossen, aus denen sie dann durch die aufdringliche Betulichkeit der Mönche verstümmelt oder zerstört herauskamen, erreichte ein Funke der südlichen Kultur das Eis des Nordens. Und nach der gotischen Übersetzung des Evangeliums durch Ulfilas tauchten überall, von den Alpen bis zum Eismeer, Gedichte, Chroniken und Hymnen auf. So begann eine Periode, die nicht allein Barbarei und auch nicht allein Zivilisation war, sondern in der die Elemente des einen und des anderen in einem gewissen Gleichgewicht standen. Eine Epoche, die uns Nachfolgenden dunkel und schmachvoll erscheint, da der zu Trägheit verurteilte Intellekt keine Früchte trug, während aus der Barbarei solche hervorgingen, deren Reifezeit noch nicht abgeschlossen war. – Das

Feudalsystem erschien, es stammte aus germanischen Bräuchen und aus der Notwendigkeit, die Eroberungen zu behaupten, und zu Beginn war es eine militärische Institution. Dann entartete es zur Herrschaft einer unverschämten Aristokratie, indem es auch das bürgerliche Recht in ganz Europa an sich riß. Die Anarchie wurde zum System erhoben, die Überheblichkeit zur Regierung. Die Knechtschaft der Leibeigenen stellte Mensch und Lasttier auf eine Stufe. Von den tausenden Schlössern, die die Angst des Verbrechens vor Strafe errichtet hatte, fiel über die gedemütigten Massen die Tyrannei der Herren her, um das Werk der Schöpfung zu entstellen und zu verletzen. – Italien, wenngleich zerrissen, hatte nichtsdestoweniger im allgemeinen Schaden ein weniger böses Geschick: es lag in Ruinen, aber über diesen Ruinen streifte der Schatten einer gigantischen Macht, und die Majestät der antiken Erinnerungen machte es erhaben. Ein Strahl der Zeit, die nicht mehr war, durchbrach das Dunkel. Der Geist, der den Sterblichen große Dinge eingibt, konnte sich nicht aus einem Gebiet zurückziehen, wo noch das Echo der römischen Siege und der griechischen Philosophen zu hören war. Die Schönheit der Natur und des Landes, immer neue Eroberer auf den Spuren der ersten anlockend, ließen unter dem Ansturm jenen Funken des Geistes leben, den eine einförmige Unterdrückung wahrscheinlich ausgelöscht hätte. Andererseits hatten die Langobarden in Italien ein Reich gegründet, das in seiner Zeit einzigartig war und das in sich den Keim einer demokratischen Regierung enthielt. Sie hatten ein System von Gesetzen geschaffen, das eine Lobrede Montesquieus verdiente. Auch die Langobarden fielen unter der Macht Karls des Großen und der List der Päpste, aber die Folgen ihrer Herrschaft dauerten an, und all' diese Gründe gaben den Italienern eine charakterliche Energie und zahlreiche andere Elemente der Wiederentstehung, die später die italienische Überlegenheit bilden sollten. Doch daß wir in der folgenden Phase Italien am Kopfe der großen europäischen Bewegung sehen, schreiben wir den genannten Gründen eher als dem Klima zu, wie wir den einzigartigen Charakter und die eminenten Schönheiten der spanischen und portugiesischen Gedichte dem Aufenthalt der Araber auf dieser Halbinsel zuschreiben, jenes großzügigen Volkes von lebendigstem Geist und höchst poetischer Einbildungskraft. – Im übrigen zwangen überall zu viele Ketten den menschlichen Geist, als daß er sich zu erhabenen Konzepten hätte erheben können. Abgesehen von einigen balladenartigen Liedern und wenigen Imitationen lateinischer Vorgaben, gab es keine Literatur in Europa. Karl der Große und Alfred der Große stritten für ein besseres Geschick: aber ihre Anstrengungen konnten nicht gegen das absurde Feudalsystem ankommen, und die wenigen erreichten Vorteile erloschen mit ihrem Tod. Das einzige Indiz eines zur Zivilisation neigenden Intellekts zeigte sich im Ritterstand. Ein Strahl edelmütiger Tapferkeit leuchtet in seinen Ursprüngen auf. Das Gefühl der persönlichen Unabhängigkeit – die Freiheit aller war ja nicht einmal mehr erahnbar – war die Seele des Rittertums. Und der Liebeskult, den es der Schönheit zollte – bis dahin vom unreinen Atem der abstoßenden herrischen Dreistigkeit befleckt –, war der erste Pakt, den die Tapferkeit mit dem Mitleid schloß, der erste Altar, der von der Kraft der bisher gering geschätzten Unschuld errichtet wurde. Aber dieses Rittertum war eine in einem Feld der Trübsal gepflanzte Blume, die schnell entartete. Der Klerus, der die Auswirkungen dieser Idee fürchtete, setzte das Äußerste daran, es zu korrumpieren und zu lenken – und hatte Erfolg damit. Nachdem es aus einer bürgerlichen Einrichtung zu einer religiösen Kraft geworden war, drangen Fanatismus, Intoleranz und Wildheit in es herein, die damals kennzeichnend waren für das, was sich Religion nannte, und was nur ein Trittbrett für die Schändlichkeiten der Machthaber war. – Dieses war die dritte Phase der Zivilisation. Sie schließt im 11. Jahrhundert mit dem ersten Kreuzzug ab, einem Unternehmen, das alle die Elemente in voller Entwicklung und höchster Erschließung zeigt, in denen der abergläubische, aristokratische und ritterliche Geist in Europa den Vorrang hatte. Auf den Ruf eines Einsiedlers hin erhob sich der gesamte Okzident in Waffen und stürzte sich auf den Orient.

XII. – Aber aus den gleichen Ereignissen, die die Kraft der Institution zu erweisen scheinen, filtert das geheime Gesetz, das die menschlichen Dinge miteinander verbindet, oft ihren Untergang heraus. Die dem Fortschritt des Zivilisationsprozesses feindlichen Kräfte hatten ihren Höhepunkt überschritten und konnten von da an nur noch zurück. Zwei Jahrhunderte dauerten die Kreuzzüge, und zwei Jahrhunderte der Bewegung und des Tumults störten den Schlaf Europas. Die Macht der Herrschenden, die durch die Schwierigkeiten der Züge gezwungen wurden, Land zu verkaufen, und die Kriegsführer in fernen Ländern waren, wurde geschwächt. Das Verständnis zwischen den Völkern wuchs, und die Vorurteile, die Feindschaft und die Zweifel verschwanden, denn der Geist der Eintracht kommt auf die Völker herab, die zu Kontakten bereit sind. Die verschiedenen Völker, die in das Heilige Land zogen, versammelten sich in Italien, dort wo die Flamme der Zivilisation nie erloschen war, wo Creszentius schon die Vereinigung gewagt hatte, wo der Handel und die Unabhängigkeit von Venedig, Genua und Pisa über das Adriatische Meer bis hin zum Mittelmeer reichten. Von Italien zogen sie nach Konstantinopel, wo noch, wenngleich sehr matt, ein Licht der Wissenschaften und der Literatur brannte. Sie blieben lange Zeit im Orient und schlossen neue

Beziehungen mit den Arabern, denen sie Kunstformen, Bücher und Entdeckungen verdankten, bis sie, in die Heimat zurückgekehrt, dort Tendenzen und Bräuche einbrachten, die ziemlich einheitlich waren. Diese Früchte hatte Europa von dem Wahnsinnsunternehmen. Doch sicher ahnte Peter der Einsiedler, als er die Losung »Krieg den Ungläubigen« ausgab, nicht, daß seine Worte Samen und Beginn einer universalen Erneuerung sein sollten. Aber der Augenblick war gekommen. – Der Intellekt raffte sich auf und spürte die Ketten, in die er gelegt war. Ein elektrischer Schlag schien die ganze bewohnte Welt zwischen dem Pol und dem Mittelmeer zu durchlaufen, und das große Werk begann. So manifestierte sich in Europa der Geist der Freiheit, Seele und Leben der modernen Zivilisation, weiter und erhabener als das Gefühl der Unabhängigkeit, das der Charakter der Antike ist, da es auf der menschlichen Natur basiert, während letzteres auf dem Geist der Stadtbürgerschaft gründete. So entzündete sich zwischen den Gesetzen der Bewegung und der Trägheit, des Intellekts und der Kraft, zwischen der Hinwendung zum Besseren und den Hindernissen, die zu überwinden sind, ein Krieg, den eine Zeit von acht Jahrhunderten bis jetzt nicht hat beenden können. Alle Völker hatten dasselbe Geschick der Knechtschaft und Demütigung durchlaufen und lehnten sich auf, um die eigenen Rechte zu erkämpfen. Italien gab das Signal mit dem ewig denkwürdigen lombardischen Bund, und alle Städte Italiens standen im Wettstreit darin, neue Privilegien, Rechte und bessere Institutionen zu erobern. Die Städte Frankreichs und Spaniens folgten diesem Beispiel. In Deutschland verpflichteten sich die Bürger, ihre Freiheit gegen den Mißbrauch der Kaiser und der Mächtigen mit Waffen zu schützen. Am Rhein entstand eine Konföderation, in der sich sechzig Städte zusammenbanden. Entlang des Nord-Meeres und an den Ufern der Ostsee entstand die

Hansa, die ihre Tore dem Handel mit Italien öffnete. Kurz vorher hatte die Magna Charta die Grundlagen zu einer regulären Regierung in England geschaffen, kurz darauf gab der Bogen Wilhelm Tells in der Schweiz das Signal zur Unabhängigkeit, und auf den Gipfeln von Uri, Schwyz und Underwalden wehte das Banner der Freiheit. Überall brach der Feudalismus zusammen, überall erhielt das Volk Einfluß auf Verwaltung und Gesetzgebung. – Während nun die Nationen politisch wiedererwachten, begann die unterbrochene intellektuelle Entwicklung von neuem. Und die ersten poetischen Versuche trugen überall beinahe denselben Charakter. Die Araber hatten Europa ihren Kunstgeschmack mitgeteilt, ihre Fülle in der beschreibenden Darstellung, ihre Neigung zum Mystischen, zum Erhabenen; und diese Neigung wurde durch die platonischen Ideen, die im Christentum verbreitet waren, gefördert.

Die Invasionen der Normannen, eines auf Abenteuer überaus begierigen Volkes, hatten die ritterlichen Elemente neu belebt. Die »Gaia scienza«, eine Frucht aus diesen Umständen, verbreitete sich überallhin, lebhaft, verliebt, so als ob ein universaler Freudengesang der Morgenröte eines neuen Lebens entgegentönte. Von den Normannen nach Sizilien und England verpflanzt, begann sie ein allgemeines Gut zu werden, und die Ritter- und Liebeslieder, die daraus entstanden, schienen aus derselben Quelle geflossen zu sein. Im Norden wie im Süden, auf den Leiern der Troubadoure wie auf den Harfen der Minstrels und Minnesänger strahlte sie in gleicher Farbenpracht, trug beinahe die gleichen Gewänder und besaß fast die gleichen Vorzüge und Mängel. Ein ritterlicher Geist, eine Verbeugung vor dem Bewundernswerten, eine Tönung von Idealismus, ein einbildungskräftiger Stil, schöpferisch in Vergleichen und in Konzeptionen, das waren die Merkmale jener Literatur, die, aus Umständen, Wünschen, allgemeinen

Erinnerungen geboren, wie von einem einzigen Gepräge schien, das sich in den verschiedensten Zonen entfaltete. So zeigte sich die italienische Poesie auf eine Weise geistig und meditativ, wie sie es später nicht mehr war, während die deutsche ohne Abstraktionen und unbestimmte Phantasien auskam. Letztere ahmte die südlichen schönen Künste nach und hatte noch nicht den gewaltigen Stoß der Reformation erlitten. – Aber die italienischen Denker, von den obenerwähnten Gründen bewegt, trieben ihren Flug, in dem sie Europa weit hinter sich ließen, bald in höchste Höhen. Die Allmacht der Natur und des Genies wurden eins in einem Manne, und dieser Mann war Dante. – Die Liebe, dieses Gefühl, das zwischen Himmel und Erde schwebt, enthüllte Petrarca ihre Geheimnisse. – Boccaccio förderte die italienische Prosa durch sein Vorbild; die anderen Nationen folgten weit hinterdrein und imitierten. Doch nichts, was der Intellekt entdeckte oder der Zufall Italien zuwies, ging ihm verloren. Die Erfindung des Papiers hatte die Manuskripte vervielfacht, und der Handel eröffnete immer neue Beziehungen. Die Pandekten wurden 1137 in Amalfi aufgefunden. Zehn Jahre später war das römische Recht Gegenstand intensiver Studien in fast ganz Europa, und Lehrstühle für Jurisprudenz wurden in Oxford und in Paris eingerichtet. – Während man solcherart an einer Veränderung der Gesetze arbeitete, an der Verwirklichung von Gerechtigkeit und an der politischen Verfassung der Nationen, führten viele Intellektuelle, die das Joch nicht erdulden mochten, einen erbarmungslosen Krieg gegen einen anderen Feind der Zivilisation, der noch stärker war, da in ihm Kraft und List sich vereinten. Pierre de Bruys in Frankreich und Arnaldo da Brescia in Italien erhoben die Stimme gegen den Mißbrauch und die törichten Ansprüche eines von der ursprünglichen Bestimmung abgekommenen Klerus und riefen die Völker zur

Reinigung der Religion auf. Pietro Valdes wetterte im Piemont und in der Lombardei gegen die zerstörerischen Bräuche und den Ehrgeiz Roms, und Boccaccio und viele andere schossen Pfeile der Satire und der Ironie gegen Anmaßung und Korruptheit eines Glaubens ab, dessen verderbter Kult zu einem Krämerladen geworden war. Die Ideen dieser ersten Reformatoren verbreiteten sich schnell in der Schweiz und in Frankreich, in Spanien und in Deutschland. Die menschliche Inbrunst war so stark, daß sie selbst im letzten Eis von Rußland, wo Novgorod und Pleskof Unabhängigkeit für das Regiment und für die Religion erstritten, die Herzen erbeben ließ. – Doch alles das geschah nicht ohne Gegenwirkungen, da, von der üblen Nachrede bis zum Machtgebrauch, vom Kirchenbann und vom Interdikt bis zu Faustschlägen und zur Marter, alles unternommen wurde, um den Aufschwung zu unterdrücken. Als nach den Kreuzzügen Orden wie der der Templer und der Hospitalritter gegründet wurden, drang das Rittertum immer mehr in die Religion ein, und das Resultat dieser Verschmelzung zeigte sich furchtbar in den Kriegen gegen die Valdenser, in der Niedermetzelung der Albigenser und in vielen anderen Schandtaten, von denen es besser ist zu schweigen, um unsere Seiten nicht zu beschmutzen, und weil die Worte zu diesem Zweck nicht ausreichen. Aber die Wahrheit tötet man nicht durch Unterdrückung und Feuer. Das Martyrium heiligte die Sache, und der menschliche Geist erwuchs erneut aus diesen Martern, aus den Flammen und den Fesseln, unbezwungen und noch stärker, wie aus einem Gottesgericht. So verging die vierte Phase der Zivilisation in einem an Gefahr und Ruhm reichen Kampf gegen die vielfältigen Dinge, die den Völkern das Glück streitig machen wollen; ein Kampf, in dem Sieg und Niederlage einander abwechselten, ohne daß der Ausgang gewiß gewesen wäre. Auf der einen Seite standen Macht, Einheit, Kampfmittel und Wut, auf der anderen Mut, Ausdauer und Tugend. Es fehlte ein schnelles Kommunikationsmittel, universal und unbesiegbar, das von einem Volk zum anderen die Botschaft des Geistes, das Wort der Wahrheit trug, das den Völkern ihre Macht bewußt werden ließ, das die schändlichen Künste und Betrügereien, die bisher im Verborgenen getrieben wurden, an das offene Licht stellte, das, indem es das Gemeinwohl und die gemeinsamen natürlichen Rechte predigte, Vorurteile zerstörte und auch die Zwistigkeiten und Spaltungen, deren sich tyrannische Regierende mit abwechselndem Erfolg bedient hatten, um die Völker untereinander zu Gegnern und Feinden zu machen. Und man fand es. – Glück, Genie und Geduld vereinten sich. Die Druckkunst wurde erfunden, und die Trennungen wurden besiegt, die Unterschiede beseitigt, und die Millionen vereinten sich durch ein untrennbares, heiliges Band. Die vereinzelten Anstrengungen verknüpften, vereinten und vervielfältigten sich. Die Wissenschaften und die Künste erhoben sich in einem freieren Flug. Keine nützliche Erfindung wurde von einem Mann gemacht, ohne daß sie nicht in kürzester Zeit in ganz Europa angewandt worden wäre, kein Weg wurde in einem Land dem Geist geebnet, ohne daß er nicht auch in einem anderen Land begehbar wurde.

Nun mußte sich die Erneuerung der sittlichen Kräfte, die von der Entdeckung der Druckkunst ausging, zunächst den religiösen Dingen zuwenden, wie auch denen, die die Basis des bürgerlichen und politischen Lebens waren. Die Reformation, in vielen Teilen Europas versucht, faßte tiefe Wurzeln im Norden, in anderen Teilen schlug sie fehl. Deutschland gab das Beispiel, gefolgt von Schweden, Dänemark, von einer Hälfte der Schweiz, von den Niederlanden und von England. Erstes wichtiges Resultat des Fleißes von vier Jahrhunderten, Abschluß der vierten europäischen Entwicklungsphase, schien die Reformation eine unüberwindbare Trennung zwischen Nord und Süd zu schaffen; aber wir, die wir die Dinge von einem literarischen Standpunkt aus sehen, stellen fest, daß die Zivilisation deshalb nicht in ihren unwiderstehlichen Fortschritten aufgehalten worden ist.

XIII. – Die intellektuelle Entwicklung im Süden war schon zu einem hohen Punkt gelangt, der Norden war notwendigerweise zurückgeblieben, aber die Reformation gab dem Geist eine schnellere Bewegung. Ein allgemeines Studium der antiken Sprachen und der antiken Philosophie, eine größere Unabhängigkeit der Meinungen, Eifer bei den Versuchen, Unermüdlichkeit in der Forschung, ein meditativer und prüfender Geist, eine Neigung zum Ernsten, Tiefen – das waren die Resultate der Reformation bezüglich des Intellekts, je nachdem, ob sie deutlicher oder schwächer zum Tragen kamen, wurden sie entsprechend stärker oder weniger heftig bekämpft. Im Norden, wo die Reformation ihren Sitz hatte, ließen sich ihre Auswirkungen stärker fühlen, und sie drückten, gemeinsam mit anderen Faktoren, den deutschen, schwedischen und dänischen Literaturen, die zu jener Zeit einen kräftigen Aufschwung zeigten, jene besonderen Züge auf, die oben erwähnt wurden. Im Süden erstickten oder korrumpierten die Verfolgungen oder Protektionen der Fürsten den Geist, und die Schriftsteller, dazu verurteilt, zwischen Kleinigkeiten zu verarmen, setzten alle ihre Seelenkraft daran, jene Exzellenz der Formen und Anmut der Sprache zu erzielen, woraus die vielleicht etwas zu verehrten Jahrhunderte Karls V., Leos X. und Ludwigs XIV. hervorgingen. Oder sie warfen sich in seltsame Konzepte und in schwelgende Ausdrücke, wie die Gongoristen in Spanien, Dubartas in Frankreich und Marini in Italien. Die wenigen, die sich Hoffnungen oder Ängsten nicht unterwarfen, waren gezwungen, ihre Gedanken in den Schleier einer Allegorie oder in den einer Philosophie zu verhüllen, der sie den meisten Lesern als unklar und bizarr erscheinen ließ. So erwies sich die Bedeutung und die Erhabenheit der Literatur im Süden als verfallen, während sie im Norden zunahm. So entstanden Unterschiede – mehr an der Oberfläche als im Innern – zwischen dem südlichen und dem nördlichen Kunstverstand, die die Zeit und die Umstände zu zerstören bestimmt waren. Aber die Annäherung im Wesentlichen, die die alten nationalen Antipathien zerrüttete, vollzog sich immer mehr. Die religiöse und politische Intoleranz verjagte viele aus den südlichen Ländern, die in ihren Überzeugungen der Reformation nahestanden und im Norden Asyl fanden. Dort – da die Vaterlandsliebe die Verbannten nie verläßt – führten sie die alten Bräuche und angeborenen Gewohnheiten ein; hier versüßten sie den Kummer eines umherziehenden Lebens mit Lobreden auf die verlorene Heimat und schlossen mit den Fremden ein vom Unglück geheiligtes Liebesband. Gezwungen von der Notwendigkeit und angeregt durch das Dankbarkeitsgefühl, versuchten sie alles, sich den neuen Mitbürgern nützlich zu machen; und tausenderlei handwerkliche Techniken, zahllose Verbesserungen in den Künsten erhöhten deren Fruchtbarkeit und die Möglichkeit zu Verbindungen zwischen den Völkern. Der Handel verbreitete sich auf weiteren Fundamenten oder verteilte sich gerechter unter den Nationen. Die Druckkunst multiplizierte ihre Mittel und brachte von einem Ende Europas zum anderen die Entdeckungen Galileos, die Ideen Thomas Morus' und die ungeheuer wichtigen Schriften Machiavellis. Hugo Grotius lehrte die Notwendigkeit eines überall gültigen öffentlichen Rechts. Descartes schaffte die Autorität ab. Eine große Anzahl von Schriftstellern trat in ihre Spuren, und alle sprachen zum gesamten Europa, alle schienen sie jene beherzigenswerten Worte Bacons zu ihrem

Wahlspruch gemacht zu haben, mit denen jener prophezeite: »Das Wissen aller guten Dinge kann niemals das Werk eines einzelnen Menschen, noch das einer einzigen Nation oder eines einzigen Zeitalters sein. Der Schatz der universalen Wissenschaft kann nur durch das einträchtige Bemühen aller menschlichen Fähigkeiten erreicht werden.« So ging der Streit zwischen Wahrheit und Irrtum, den der Geist der Freiheit in der vorhergehenden Epoche entfacht hatte, in tausenderlei Formen in dieser fünften Periode weiter und hatte in den verschiedenen Teilen Europas unterschiedlichen Erfolg. Während das schöpferische Genie Peters des Großen Rußland an die zivilisierten Völker anschloß, während die Niederlande die eigene Unabhängigkeit mit dem Blut besiegelten, während England sich auf der dreifachen Basis der religiösen, bürgerlichen und politischen Freiheit erhob, verlor Spanien Glanz, Reichtum und Energie unter der Rute einer, ich weiß nicht ob eher töricht oder bösartig zu nennenden Unterdrückung. Das geteilte Polen verschwand aus der Zahl der europäischen Nationen, und Italien, welches einer von Barbarei heimgesuchten Welt Zivilisation, Wissen und Beispiel gegeben hatte, Italien, wo jede Provinz von der Sonne und der Natur begnadet wird, jede Stadt alle Arbeiten des Geistes fördert, jeder Zoll die Gebeine eines Tapferen birgt, Italien, von Bürgerkriegen zerrissen, von den Fremden prostituiert, weggerissen im Schlamm der eigenen Söhne, verlor die Einheit, die politische Existenz, Mut und Tugend: alles, außer die großartigen Erinnerungen und die Hoffnung. Aber ist die Hoffnung nicht vielleicht das Pfand der Auferstehung, das Gott den Darniederliegenden gegeben hat?

Ich gehe schnell über kurz zurückliegende Zeitläufte hinweg wegen der Grenzen, die ich mir gesetzt habe. Aber wer immer noch nicht sieht, wieviel Weg hinter uns liegt und wie stark die Basis einer Verständigung unter den Völkern geworden ist, dessen Geist liegt im Dunkeln, oder aber der Zorn, der blind macht, nistet in seinem Herzen. Die vergangenen vierzig Jahre haben die Menschen durch das Erlebnis von gleichen Gefahren, von Niederlagen und Umstürzen so weit gebracht, daß sie nunmehr nicht anders als geeint fortschreiten können. Die französische Revolution hat sie durch Enthusiasmus und Eintracht der Prinzipien zusammengeführt. Die Erscheinung eines Riesen, der einen Arm nach Norden ausstreckte, während er mit dem anderen auf dem Süden lastete, drohte die europäische Bewegung zu ersticken. Aber die Zivilisation bewegt sich in einer Spirale vorwärts, und ihre Rückläufe sind nur scheinbar. Durch die Einheit der Fürsten und mehr noch durch die der Völker besiegt, stürzte der Koloß: aber inzwischen waren zwei Drittel Europas zehn Jahre unter dem Kaiserreich gleichen Umständen, Gesetzen und Regierungen ausgesetzt gewesen. Die Unterschiede, die die Nationen trennten, waren mittlerweile unter der allgemeinen Spannung, den verschiedenen Kriegen und den häufigen Invasionen geschwunden. Inzwischen hatten die Menschen des Nordens, erneut aus ihren Schluchten aufgetaucht, die Lippen an den Kelch der südlichen Zivilisation geheftet, und während die Fürsten Pakte und Verträge abschlossen, schworen sich die Völker auf dem Altar der Freiheit eine andere, unangreifbare, ewige Allianz. – Sie warfen einen Blick auf die zurückliegenden Jahrhunderte: die Nationen hatten sich gegenseitig verschlungen, Flüsse von Blut hatten die Erde, die Mutter aller, überschwemmt, warum? – Sie untersuchten die Gründe; ein Vorurteil, eine Laune, ein einziges Wort schien immer der Grund dieser so beklagenswerten Kämpfe gewesen zu sein, und der Nutzen? Sie brauchten die eigenen Kräfte auf, sie hatten, ohne es zu wissen, den ehrgeizigen Träumen oder dem Komplott dessen gedient, der sie in Sicherheit beherrschen wollte. Sie sahen in die Zukunft und riefen aus:

Warum hassen wir uns? Was hat es uns bisher eingebracht, daß wir uns gehaßt haben? Sind wir nicht eines gemeinsamen Ursprungs, haben wir nicht die gleichen Bedürfnisse und die gleichen Fähigkeiten? Strahlt auf unser aller Stirn nicht ein Zeichen, das uns Brüder nennt? Hat die Natur nicht uns allen eine Bestimmung in die Seele gelegt, die uns zu hohen Zielen bestimmt? Lieben wir uns! Die Lebenden sind für die Liebe geboren. Vereinigen wir uns, wir werden stärker sein! – Und ein einhelliger Ruf wies auf die Infamie des Sklavenhandels hin – und sobald die Stimme der Unabhängigkeit in Griechenland ertönte, kamen ihre Verteidiger zu Tausenden wie zu einem heiligen Kreuzzug zusammen, und eine Leidenschaft, eine bewundernswerte Einheit offenbarte sich in den Studien und den intellektuellen Fortschritten in ganz Europa. Noch gibt es Unterschiede zwischen den Völkern, aber geringere als manche meinen. Es gibt Nationen, denen erst später das Licht der Zivilisation leuchtete; aber sich der Schätze, die die Zeit woanders angehäuft hatte, bedienend, stiegen sie schnell mit der Energie der Jugend in den von anderen besetzten Rang auf. – Es gibt Gebiete, wo schlechte Institutionen die von der Zeit erstrittenen Wohltaten verbieten; aber die Hindernisse werden verschwinden, denn das Gericht der öffentlichen Meinung hat sein Urteil gesprochen, und das Bewußtsein des menschlichen Geschlechts wird die Waage ausschlagen lassen.

XIV. – Es existiert also in Europa eine Eintracht, bezüglich der Bedürfnisse und der Wünsche, ein allgemeiner Geist, eine universale Seele, die die Nationen auf den Weg zu einem nämlichen Ziele führen: Es gibt eine europäische Bewegung.

Die Literatur muß also, wenn sie sich nicht den Nichtigkeiten verschreibt, sich in diese Bewegung eingliedern, sie ausdrücken, ihr helfen und sie leiten, sie muß europäisch werden.

XV. – Und der Impuls ist gegeben. – Die literarischen Produktionen der verschiedenen Völker tragen schon nicht mehr jenen parteiischen Charakter, jenen ausschließenden Geschmack, der verhinderte, daß sie bei den fremden Nationen heimisch wurden, es sei denn entstellt, oder, wie man sagt, zurechtgeschustert. – Die Leidenschaften sind geistigerer Natur, die Ideen einer universalen Ordnung kehren immer häufiger wieder, eine um vieles breitere Ebene hat sich der Intelligenz geöffnet. Wenige Große haben dieses bewirkt. – Byron hätten die Unabhängigkeit der Überzeugungen, die Tiefe des Geistes, das empfindsame Herz und die riesenhafte, von langen Irrfahrten erzogene, vom Leid geheiligte Seele gestattet, das Modell eines europäischen Dichters abzugeben, wenn nicht die Verleumdung, der Neid und das unter den Menschen nie angetroffene Echo auf seine Wünsche, ihn in die Einsamkeit und Verzweiflung gestürzt hätten, wo er dann häufiger sein Selbst darstellt, als daß er Interpret der Menschheit gewesen wäre. Und doch, da sich in den Seelen der Großen immer ein Bild der großen Natur malt, pflückte er nicht nur einmal den Lorbeer der Jahrhunderte und der Völker, und seine Eingebungen haben ganz Europa aufs höchste bewegt. – Die Kraft philosophischer Meditationen und eine unvorstellbare Beweglichkeit der Phantasie sowie die Breite der Entwürfe machen aus Goethe den Souverän des Intellekts dieser Epoche, wenngleich der Kampf zwischen dem Guten und dem Bösen, der in seinen Schöpfungen symbolisiert wird, ideologisch bestimmt ist und, unrealistisch, der Vergangenheit so sehr angehört, daß er kaum auf die Gegenwart übertragen werden kann. – Und unser Monti hätte der Dritte im Bunde sein können, wenn die Tiefe seiner

Ideen und seine Seelenkraft ebenso stark gewesen wären wie seine Ausdruckskraft und die Lebhaftigkeit seiner Bilder. Aber alle diese drei großen Geister orientierten sich an den Hauptwerken der Nationen, alle begriffen die Schönheit dort, wo sie strahlte, und alle übertrugen in ihren Versen die universale Harmonie. Und die Folgen waren immens. Das Studium der fremden Sprachen und Literaturen ist mit unsagbarem Eifer angegangen worden. Die Zeitungen helfen dabei, und zahlreiche Zeitschriften, einzig und allein dem Studium der ausländischen Dinge gewidmet, erscheinen in Frankreich und in England. Die Reisen und die Übersetzungen nehmen zu, und inzwischen kann keine großmütige Stimme in einem noch so entlegenen Teil Europas sich erheben, ohne daß dadurch nicht das Herz in der Brust von Millionen erbebt. Das Gebäude, das die Pedanterie über den Überzeugungen und über den Mythologien der Alten errichtet hatte, ist für immer eingestürzt. Aber eine von Hoffnung und Leben inbrünstig erfüllte Jugend macht sich zwischen den Ruinen auf die Suche nach einem erhabeneren und wichtigeren Ziel. Und der Ausdruck dieses Bestrebens erscheint von der Neva bis zum Ebro, in den Schriften der vielen, denen die Sprache der Seele versagt wird, während er mit vollem Glanz in den Gedichten von Delavigne, in den Melodien von Thomas Moore, in einigen dramatischen Werken des Martinez de la Rosa und in den Schriften Niccolinis leuchtet. Wie das Bedürfnis nach einem reineren Kult und nach Liebe kündigt es sich in den Versen Lamartines, Hugos, Manzonis, Wordsworths, Oehlenschlägers und anderer an. – Selbst in Spanien, der in den Hintergrund gedrängten Nation, wird sich der eigentümliche Stil dieses Volkes gegenüber dem allgemeinen Kunstgeschmack verlieren, und die dichterischen Kompositionen des Melendez, des Arriaza und des Quintana beweisen es.

Auch in Rußland, dieser neuerdings aus der Barbarei befreiten Nation, taucht in den Poemen des Kozlov, des Pozharsky und Puschkins die Hinwendung zu Europa auf.

XVI. – Weshalb widersetzen sich in Italien eine intolerante Boshaftigkeit und eine untätige Mittelmäßigkeit den Geistern, die versuchen, Sprecher der europäischen Bewegung zu sein? Und warum klingt uns ein tödlicher Vorwurf in den Ohren, der uns beschuldigt, das Vaterland zu verkaufen? – Das Vaterland! Ach, wenn all jenen, die diese abgeschmackte Anschuldigung im Munde führen, in der Brust die unauslöschliche, immense italische Flamme brennen würde, die uns verzehrt, dann wären wir nicht dazu bestimmt, so wie wir es jetzt sind, müßige Lobredner antiker Glorie zu sein, der wir nicht nacheifern können. Vielleicht wäre unser Name nicht dem Hohn und dem sterilen Mitgefühl auf der Harfe der Fremden preisgegeben. Nein, wir wollen Italien nicht zurückdrängen, wir wollen den Geist, der Canova zu den Grazien inspirierte und Rossini zu seinen unsterblichen Harmonien, nicht zum Knechte machen. Wir wollen ihm einen freieren und ehrlicheren Flug ermöglichen, ihn entzünden am Feuer der Fortschritte anderer und an unserem Unglück, ihn auf unbegangene Wege führen, hin zu einem edlen und nützlichen Ziel. Seit langer Zeit hat Italien sein antikes Wesen verloren, seit langem entbehrt es eines nationalen Kunstgeschmacks und einer wahren Literatur, und wir seufzen, indem wir dieses schreiben. Aber wenn eine Sache nicht existiert, warum dann so leben und arbeiten, als gäbe es sie? Ach! Schmeicheleien werden das Vaterland nie gesunden lassen, und wir werden nicht weniger verworfen sein, weil wir die Sprache des Stolzes auf den Lippen tragen. Also: Vorsicht! Ihr verlaßt die Realität, um einem Schatten nachzulaufen, der nicht mehr ist. Eure Seele mag aufrichtig sein, aber die Erfahrung von Jahrhunderten steht gegen euch, die Eigengeschichte der Nationen geht zu Ende, die europäische Geschichte beginnt. Und Italien wird es nicht gewährt, isoliert in der allgemeinen Bewegung zu verharren. Italien wird gezwungen sein, den eigenen Geschmack neu zu kräftigen, und wird es nicht tun können, indem es über das Wesen des Schönen meditiert, und sein Wesen auch nicht erkunden, wenn es nicht die zahlreichen Formen, die es angenommen, und die verschiedenen Auswirkungen, die es auf den Geist gehabt hat, vergleicht. Die Aufgabe Italiens ist es, sich eine neue Literatur zu schaffen, die in all ihren Erscheinungsformen das einzige, universale und harmonische Prinzip darstellt, das es der Familie der Menschen erlaubt, sich ständig dem Gleichgewicht der Rechte und Pflichten, der Fähigkeiten und Bedürfnisse zu nähern. Und um diese Literatur zu erschaffen, ist es unvermeidlich, alle ausländischen Literaturen zu studieren, nicht um die eine oder andere nachzuahmen, sondern um ihnen allen nachzueifern, um in ihnen die verschiedenen Arten, in denen sich die Natur ihren Kindern zeigt, zu erkennen, um in ihnen die Vielzahl der Wege des Herzens zu erforschen, die Vielzahl der Quellen der Leidenschaften und der Harmonien der Seelen – so wie die Hand des Musikers auf den Saiten seiner Harfe in seinen Vorspielen verschiedene Töne anschlägt und verschiedene Modulationen durchläuft, um endlich die mächtigste zu finden, um mit ihr die geheime Leidenschaft, die in ihm ist, auszudrücken. Jedoch auch für uns klingt der Name des Vaterlandes magisch und verehrenswürdig, und das Lächeln des italienischen Himmels verbreitet in unserer Brust ein geheimnisvolles Lustgefühl, und heilig sind uns die Erinnerungen der Ahnen – verdammt sei der, der sie verleugnet! – Aber müssen wir deshalb das, was an Schönem und Erhabenem außerhalb unserer Grenzen entsteht, verachten? Soll das Wort der

Wahrheit vor uns nicht bestehen, nur weil es unter einem anderen Himmel gefunden wurde? Nein! Wir entsagen jedem nationalen Vorurteil und rufen den großen Schriftstellern aller Völker und Zeitalter zu: Kommt! Wir werden euch als Brüder willkommen heißen, wir werden euch Dank und Liebe erweisen, denn ihr habt dem Universum gedient! Euer Genie überschritt die Hindernisse, die die Natur dem Menschen auferlegt hat. Eure Menschenliebe füllte den Graben, den die Eifersucht, die Kränkung und der aus ihr folgende Haß zwischen den Söhnen der gleichen Erde gezogen hat. Ihr habt für alle gefühlt. Euer Herz hat wegen des Unheils im Süden geschlagen so wie für das des Nordens, kein Klima konnte so kalt sein, als daß es euch nicht das Feuer der Menschlichkeit in der Brust entfacht hätte; keines konnte so glühend sein, als daß es euch die Trägheit des Genusses in die Adern hätte einflößen können. Die Dauerhaftigkeit der Tugend und die Energie der Freiheit waren die euren, deshalb war eure Seele erhaben über den Egoismus, die kleinen Streitigkeiten, die kleinlichen Leidenschaften: Ihr wurdet Bürger des Weltballs. Deshalb begrüßen wir euch als Brüder: Kommt! Auch wir haben Große unter uns, auch uns flößte der Geist der Freiheit und der Liebe große Dinge ein, wir werden eure Bildnisse neben denen der Ahnen anbringen, wir werden euch neben ihnen verehren, denn ihr habt mit ihnen den Strahl der göttlichen Kraft gemeinsam. – Das sind und werden immer unsere Worte sein: Wir wollen politische Unabhängigkeit und sittliche Einheit, die wir als die höchste Stufe der Zivilisation, die die Nationen erreichen können, ansehen. Und ob dieser Wunsch für Italien vorteilhaft oder verderblich sein wird, das wird die Zeit zeigen. Die Zeit, die nach drei Jahrhunderten einem Ausländer die Rechtfertigung unseres Machiavelli über die Lippen kommen ließ, die Zeit, die in den Auswirkungen den Wert der Ursachen enthüllt.

XVII. – Nun, welche werden die Formen dieser europäischen Literatur sein? Welche sind die Ratschläge, die Normen, die Prinzipien, die die Geister, die bestrebt sind, dieses Ziel zu erreichen, leiten sollen? – Ich weiß es nicht. Wo das Maß des Verdienstes in der erzielten Wirkung liegt, darf sich der Ratschlag nie von der Ausführung trennen. Die Vorschriften ersticken das Genie, und wenn sich durch diese Kunst etwas Nützliches erreichen läßt, dann wird das immer darin liegen, daß die Seele durch sie kräftig entflammt, gereinigt und beschwingt wird, und sich dann in freiem Flug erhebt. Jedoch weiß ich nicht, auf welchen und auf wie zahlreichen Wegen diese geistige Erneuerung gelingen kann, aber ich weiß, daß die Phänomene der sittlichen Natur und des inneren Menschen von jetzt an das Feld sein müssen, auf dem sich die Literatur bewegt – ein Feld, auf dem die äußerliche Natur und der äußere Mensch als Symbol und Bild der ersteren ihren Ort haben. Ich weiß, daß der gesellige Mensch in seinem Handeln, anders gesagt, die Entwicklung aller seiner Vermögen auf ein Ziel zugeordnet, ihr Gegenstand sein müssen, daß diese Entwicklung von der Anregung und der Ausrichtung weniger allgemein empfundener, aber verschieden erfahrener Leidenschaften abhängt, daß deshalb das Amt der Literatur das sein wird, daß der Intellekt und der Enthusiasmus von jetzt an nicht mehr getrennte Wege einschlagen können, daß das Geheimnis der Welt von dem, der diese beiden Fähigkeiten nicht im höchsten Grade besitzt, nicht erahnt werden kann, und daß der wahre europäische Schriftsteller ein Philosoph sein wird, der jedoch die Leier des Poeten in den Händen trägt. Ich weiß, daß die Ordnung des Kosmos und seine innere Kraft – da, wo es überhaupt Leben und Bewegung gibt – sich in jedem Ding offenbaren, so wie die Sonne sich ganz in jedem Tautropfen spiegelt; ich weiß, daß das Urbild des Schönen überall dasselbe ist und auch überall die Menschen bewegt, aber daß seine Elemente in der ganzen Natur und im Herzen aller Menschen vorhanden sind, wenn sie dort auch halb erstickt oder in bizarrer Verkleidung, durch Interessen, Laster und materielle Gewohnheiten verändert, ruhen. Und ich weiß, daß das mächtigste Mittel, das Schöne herauszustellen, eine beständige und kluge Beobachtung der unverdorbenen Natur ist, daß der kürzeste Weg, um es wirkungsvoll darzustellen, ein tiefgehendes psychologisch-historisches Beobachten aller Menschen ist. Der Tempel, in dem die Enthüllung der Wahrheit am ehesten erfolgen kann, ist eine reine, unschuldige, glühende und unermüdliche Seele. – Diese wenigen Grundsätze muß ich, wie mir scheint, den Schriftstellern ans Herz legen, ihr Genie wird alles übrige in ihrem eigenen Busen hinzufügen.

XVIII. – Jünglinge, die ihr den Fortschritt für eure Brüder sehnlich herbeiwünscht, ein wichtiges Amt ist euch von der Menschheit anvertraut. Ehemals drückte das Vaterland dem Dichter den Kodex der Gesetze und das Buch der Religion der Väter in die Hand und sagte ihm: Du wirst darüber wachen, daß dieses anvertraute Gut im Herzen der Bürger erhalten bleibt, deine Gelübde sind nur im Mauergürtel, in den ich dich gestellt habe, heilig. – Aber ihr jetzt habt eine Welt als den Schauplatz eures Ruhms, ihr müßt zu einer Welt sprechen, jeder Laut eurer Leier ist ein Schatz der Menschheit. Jede Saite, die ihr anschlagt, wird ihr Echo bis an die äußersten Grenzen des Ozeans senden. Ihr habt den Geist der Liebe in euch, der zu allen Bewohnern dieses Europa spricht – aber verwirrt und ungleich an Kraft. Die Irrtümer vieler Jahrhunderte haben die gemeinsame Prägung abgegriffen, aber die Poesie wurde als Stimme vom Himmel geschickt, die die zerstreuten Brüder wieder vereinen kann. Ihr müßt überall diesen Geist der Liebe anregen und verbreiten. Ihr müßt die Schranken, die sich immer noch der Eintracht entgegenstellen, niederbrechen. Ihr müßt die allen gemeinsamen Leidenschaften, die ewigen Wahrheiten singen! Durchforscht deshalb die Bibliotheken aller Nationen; wer nur eine Literatur kennengelernt hat, kennt nur eine Seite des Buches, in dem die Geheimnisse des Genies enthalten sind. Verbindet euch in stillem Einswerden mit allen Menschen, die seufzen, weil sie von dem gleichen Unglück bedrückt werden, die mit der gleichen Freude lächeln, die dasselbe Ziel anstreben. Was macht es aus, ob die Sonne ihre Strahlen durch einen Nebelschleier sendet oder ob sie durch azurne Lüfte brennt? Alle Menschen haben ein Herz, das in der Gegenwart der Schönheit schneller schlägt, alle Menschen haben eine Träne und einen Trost für den Schrei des Unglücklichen; und wo wäre ein Mensch, der bei dem Wort Freiheit nicht fühlte, daß sich die Seele in seiner Brust verjüngt? – Schöpft aus diesen Quellen – eure Dichtung wird die Stimme des Universums sein.

Eine Palme der Unsterblichkeit wird am Ziel der Lebensbahn, die sich vor euch öffnet, euer sein; ganze Völker werden sie ehrerbietig auf dem Grabe des Mannes niederlegen, der sie zuerst durchlief. Und die Ewigkeit wird auf seinen Marmor schreiben: Hier ruht der Dichter der Natur, der Wohltäter der Menschheit.

VICTOR HUGO

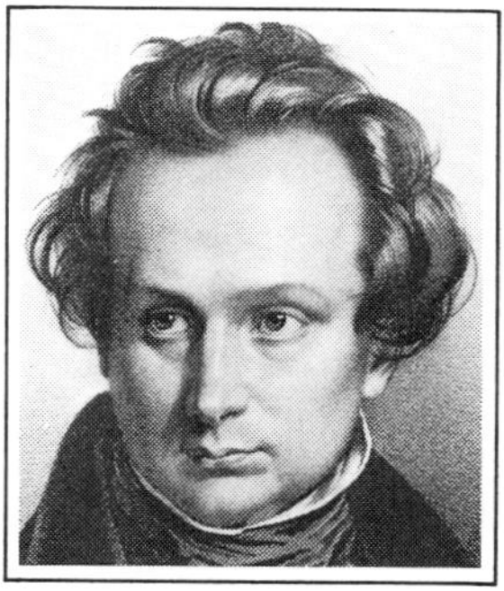

BETRACHTUNGEN ZUR GESCHICHTE

(1827)

EIN Panorama, in welchem versucht würde, unter unseren Augen die gesamte Geschichte der Zivilisation ablaufen zu lassen, wäre unserer Ansicht nach von nicht geringer Bedeutung und von großer Neuartigkeit. Man könnte diese Geschichte als sich stufenweise von Jahrhundert zu Jahrhundert über den Globus ausbreitend und nach und nach auf alle Teile der Erde verteilend darstellen. Man sähe sie in Asien keimen, in jenem mysteriösen Indien, das einen geheimnisvollen Mittelpunkt bildet, wo die Tradition der Völker das irdische Paradies erschaffen hat. Wie der Tag, so hat auch die Zivilisation ihre Morgenröte im Osten. Langsam erwacht sie und dehnt und streckt sich in ihrer alten asiatischen Wiege. Mit dem einen Arm legt sie in eine Ecke der Welt China, mit seinen Schriftzeichen, seinen Geschützen und seiner Buchdruckerkunst als einen ersten Entwurf ihrer künftigen Werke, als ein unwandelbares Muster dessen, was sie eines Tages verwirklichen wird. Mit dem anderen Arm wirft sie nach Westen die großen Reiche der Assyrer, der Perser und Chaldäer, jene wunderbaren Städte Babylon, Susa und Persepolis, Metropolen der Welt, die nicht einmal ihre Spuren bewahrt hat. Während der gesamte Rest des Globus noch unter tiefen Nebeln versenkt liegt, erstrahlt diese hohe, theokratische Zivilisation in ihrer ganzen Pracht, von der man nur undeutlich – nach so vielen Jahrhunderten – einige blendende Strahlen, einige gigantische Spuren sieht. Sie erscheint uns märchenhaft, so entfernt, undeutlich und dunkel liegt sie da. Währenddessen geht die Entwicklung der Zivilisation weiter. Das Innere der Kontinente genügt ihren Bedürfnissen nicht mehr, sie kolonisiert die Ufer der Meere. Auf die Völker der Bauern und Schäfer folgen die Stämme der Fischer und Händler, die Phönizier, die Phrygier, Sidon, Troja, Sarepta und Tyrus, das, wie die Schrift sagt, mit den Flügeln von tausend Schiffen die Meere schlug. Und nachdem ganz Asien ihr keinen Raum mehr bietet, gründet sie an der Grenze mit Afrika jenes enigmatische Ägypten, jenes Volk aus Priestern und Händlern, Bauern und Seefahrern, das in gewisser Weise den Übergang von der asiatischen zur afrikanischen Zivilisation verkörpert, von den theokratischen Reichen zu den handeltreibenden Republiken, von Babylonien zu Karthago.

In der Tat stützen sich die drei folgenden Zivilisationen Asiens, Afrikas und Europas auf Ägypten. Ägypten ist der Schlußstein im Gewölbe des alten Kontinents.

Hier teilt sich die Zivilisation gleichsam in zwei Teile. Sie nimmt zwei Wege, einen nach Norden und einen in den Westen, und während Ägypten in Europa Griechenland erschafft, bringt Sidon Karthago nach Afrika. Die Szenerie verändert sich nun. Asien erlischt. Es ist das Zeitalter Afrikas. Die Karthager vollenden das Werk der Phönizier, ihrer Väter. Während sich hinter ihnen, gleichsam als die Stützpfeiler ihres Reiches, die Königreiche Nubiens, Abessiniens, Nigritiens, Äthiopiens und Numidiens erheben und dieses Land aus Feuer, das die Juba und Jugurtha beheimaten soll, bevölkern und fruchtbar machen, bemächtigt sich Karthago der Meere und treibt sich in der Welt herum. Es geht in Sizilien, in Korsika und in Sardinien an Land. Schließlich reicht ihm das Mittelmeer nicht mehr aus. Seine unzähligen Schiffe segeln hinaus über die Säulen des Herkules, wo später die schüchternen Navigatoren der Griechen und Römer die

Grenzen des Globus zu erkennen glaubten. Sehr bald schon überschreiten die in die Weite des Ozeans geschleuderten karthagischen Kolonien die iberische Halbinsel und ziehen kühn nordwärts. Sie ziehen am westlichen Ufer Europas entlang und bringen den phönizischen Dialekt zunächst in die Biskaya, wo man ihn, der alten iberischen Sprache durch fremde Worte mehr Farbe gebend, wiederfindet. Dann ziehen sie nach Irland, nach Wales und Armorika, wo ihre Sprache noch heute, mit dem ursprünglichen Keltisch vermengt, weiterlebt. Sie lehrten diese wilden Völker etwas von ihren Künsten, ihrem Handel und ihrer Religion; den scheußlichen Kult des karthagischen Saturn, der zum keltischen Teutates wird, die Menschenopfer, ja sogar die Opferungsart: das Opfer wird lebendig in menschenförmig geflochtene Käfige eingesperrt und verbrannt. So gibt Karthago den Kelten weiter, was es von der asiatischen Theokratie übernommen hat, entstellt durch seine wilde Zivilisation. Die Druiden sind Magier, doch sie sind durch das afrikanische Wesen hindurchgegangen. Alles bei diesen Völkern ist auf ihren Kontakt mit dem Orient zurückzuführen. Ihre unverputzten massigen Quaderbauten haben etwas Ägyptisches. Grobe Hieroglyphen, die Runenzeichen, erscheinen auf ihrer Fassade, denn bis dorthin war das Eisen nicht vorgedrungen; und es ist nicht widerlegt, daß es jene gewaltige Flotte Karthagos war, die an den armorikanischen Strand jene Steinsetzung gewordene Hieroglyphe Karnak gebracht hat, jenes kolossale und ewige Buch, dessen Sinn die Jahrhunderte verloren haben, und dessen Schriftzeichen Obelisken aus Granit sind. Wie Theben, so hat auch die Bretagne ihren Palast von Karnak.

Die punische Kühnheit hielt aber vielleicht noch nicht einmal an diesem Punkt inne. Wer weiß, bis wohin es Karthago trieb? Ist es nicht seltsam, daß nach so vielen

Jahrhunderten in Amerika der Sonnenkult, der assyrische Belus, der persische Mithra zu finden sind? Ist es nicht darüber hinaus erstaunlich, daß man dort Vestalinnen (die Töchter der Sonne) angetroffen hat, Überbleibsel der asiatischen und afrikanischen Priesterschaft, die auch Rom bei Karthago entlieh? Ist es schließlich nicht wundersam, daß die Ruinen Perus und Mexikos, prachtvolle Zeugen einer erloschenen alten Zivilisation, in ihrem Charakter und in ihrer Ornamentierung den syrischen Monumenten gleichen, und durch ihre Form, durch ihre Schriftzeichen an die ägyptische Architektur gemahnen?...

Was immer daran sein mag, der karthagische Koloß, Herr der Meere, Erbe der asiatischen Zivilisation, mit dem einen Arm sich auf Ägypten stützend, mit dem anderen bereits Europa umgreifend, ist für einen Moment das Zentrum der Nationen, Angelpunkt des Globus. Afrika beherrscht die Welt.

Währenddessen ist die Zivilisation in Griechenland gekeimt*). Ihr Samen hat Wurzel gefaßt und sich entwickelt. Das erste, was sie erschuf, war ein Volk, das sie gegen die Einfälle Asiens, gegen die hochmütige Rache dieser alten

*) Dies hier ist nur ein erstes Kapitel. Der Verfasser hat hier lediglich die allgemeinsten und auffälligsten Fakten andeuten und miteinander in Verbindung bringen können. Er hat in keinem Moment die anderen Fakten vernachlässigt, die, nur weil sie zweitrangig, nicht weniger bedeutsam und wertvoll sind. Man wird im Fortgang des Buches, wovon der vorliegende Text ein Fragment bildet, wenn es je fertig wird, sehen, wie er sie der Grundidee zuordnen und anfügen wird. Es werden auch Beweise folgen. In mancherlei Höhle muß man in der Geschichte suchen, vieles ist in diesem Meer verloren, selbst an Stellen, wo es am häufigsten untersucht und sondiert wurde. Und zum Beispiel ist die große europäische Zivilisation, die zuerst vor Augen tritt, nämlich die griechisch-römische, nichts weiter als ein großer Palimpsest, unter dem, wenn man die erste Schicht beseitigt, die Etrusker, die Iberer und die Kelten zu finden sind. Allein das würde die Seiten eines ganzen Buches füllen.

Mutter aller Nationen zu schützen in der Lage war. Aber wenngleich auch dieses Volk das heilige Feuer bewahren konnte, so wußte es doch nicht, es zu verbreiten. Einer Metropole und der Einheit entbehrend, unterteilt in kleine, gegeneinander kämpfende Republiken, in welchen bereits alle Regierungsformen (Demokratie, Oligarchie, Aristokratie, Königtum) aufeinanderstoßen, auf der einen Seite die frühreifen Künste, die nach Freiheit rufen, auf der anderen Seite die Fesseln enger Gesetze: das alles bewirkt, daß die griechische Gesellschaft mehr Schönheit als Macht, mehr Eleganz als Größe besitzt, und so verfeinert sich hier die Zivilisation eher, als daß sie sich stärkt. Auch Rom beeilt sich, Griechenland die Fackel Europas zu entreißen, sie schwenkt sie von der Höhe des Kapitols herunter und läßt sie plötzlich hell aufleuchten. Rom, dem Adler gleich, der zu seinem furchtbaren Symbol wurde, breitet seine Flügel weit aus, spreizt seine Krallen gewaltig, packt den Blitz und fliegt davon. Karthago ist die Sonne der Welt, und auf Karthago richten sich Roms Blicke. Karthago ist Herrin der Ozeane, Herrin vieler Königreiche, Herrin der Nationen. Eine wunderbare Stadt, voller Glanz und Überfluß, von den seltsamen Künsten des Orients erstrahlend. Eine vollendete und vollkommene Gesellschaft, der es nicht an Arbeitskraft, Zeit und Menschen mangelt. Die Metropole Afrikas ist an ihrem Höhepunkt angelangt, sie kann nicht höher steigen, und jeder Fortschritt wäre nunmehr ein Rückschritt. Im Gegensatz zu ihr hat Rom nichts. Wohl hat es bereits alles genommen, was vor seinen Toren lag, aber es hat eher genommen um des Nehmens Willen als um sich zu bereichern. Es ist halb wild und halb barbarisch. Es hat seine Erziehung und sein Glück noch vor sich – alles liegt vor ihm, nichts in seinem Rücken.

Einige Zeit existieren beide Völker Seite an Seite. Das eine ruht sich in seinem Glanze aus, das andere wächst in dessen

Schatten heran. Aber nach und nach fehlt es beiden an Luft und Platz, um sich weiterzuentwickeln. Rom beginnt Karthago zu behindern. Schon lange behindert Karthago Rom. An den einander gegenüberliegenden Ufern des Mittelmeeres gelegen, blicken die beiden Städte einander ins Antlitz. Dieses Meer reicht nicht mehr aus, um sie zu trennen. Europa und Afrika belasten einander. Zwei mit Elektrizität überladenen Wolken gleich, streifen sie zu nah aneinander vorbei. Sie werden sich im Blitz vermengen.

Hier ist die Schicksalswendung dieses großen Dramas. Welche Akteure sind anwesend! Zwei Rassen, die der Händler und Seefahrer und die der Bauern und Soldaten, zwei Völker, das eine, das durch Gold, das andere, das durch Eisen regiert. Zwei Republiken, die eine theokratisch, die andere aristokratisch, Rom und Karthago. Rom mit seiner Armee, Karthago mit seiner Flotte. Karthago alt, reich und listig, Rom jung, arm und stark, die Vergangenheit und das Kommende, der Geist der Entdeckung und der Geist der Eroberung, das Genie der Reisen und des Handels, der Dämon des Krieges und des Ehrgeizes, der Orient und der Süden auf der einen Seite, Westen und Norden auf der anderen, zwei Welten schließlich, die Zivilisation Afrikas gegen die Zivilisation Europas.

Sie nehmen mit den Augen Maß aneinander. Vor dem Kampf befinden sich beide in vorzüglicher Kondition. Rom, schon beengt durch die ihm bekannte Welt, sammelt alle seine Kräfte und Völker. Karthago, das Spanien, Armorika und die Bretagne, die die Römer am Ende des Erdballs glaubten, an der Leine hält, hat seinen Enterhaken bereits auf Europa geworfen.

Die Schlacht bricht aus. Rom ahmt plump die Marine seines Rivalen nach. Der Krieg entbrennt zunächst auf der Halbinsel und auf den Inseln. Rom trifft in Sizilien auf

Karthago, dort wo auch schon die Griechen mit den Ägyptern zusammenprallten, und in Spanien, wo später Europa und Afrika kämpfen werden, Orient gegen Okzident, der Süden gegen den Norden.

Nach und nach entspinnt sich der Kampf, die Welt gerät in Flammen. Die Kolosse greifen einander an, umklammern sich, reißen sich los und fangen sich wieder. Sie suchen einander und stoßen sich zurück. Karthago überschreitet die Alpen, Rom kreuzt auf den Meeren. Die beiden Völker, personifiziert in zwei Männern, Hannibal und Skipio, ringen miteinander, stürzen aufeinander zu um zu sterben. Es ist ein Duell bis zum Äußersten, ein Kampf auf Leben und Tod. Rom wankt und stößt einen Angstschrei aus: *Hannibal ante portas!* Aber es steht wieder auf, schöpft seine Kräfte aus, um einen letzten Schlag auszuführen, wirft sich auf Karthago und löscht es aus.

Dies wird das größte Schauspiel der Geschichte sein. Es ist nicht nur ein Thron, der stürzt, eine Stadt, die zusammenbricht, ein Volk, das stirbt. Es ist eine Sache, die man nur einmal gesehen hat, es ist ein Gestirn, das erlischt, eine ganze Welt ist es, die verschwindet, es ist eine Gesellschaft, die eine andere erstickt.

Sie erstickt sie ohne Mitleid. Nichts soll von Karthago übrigbleiben. Die zukünftigen Jahrhunderte werden von Karthago nicht mehr als das wissen, was sein unerbittlicher Rivale überliefert. Nur durch dicke Nebel werden sie die afrikanische Hauptstadt erkennen, ihre barbarische Zivilisation, ihre schlechte Regierung, ihre blutige Religion, ihr Volk, ihre Künste, ihre gigantischen Monumente, ihre Flotten, die das griechische Feuer erbrachen, und jenes andere Universum, das seine Steuerleute kannten, Atlantis, das das römische Altertum verächtlich die »verlorene Welt« nennen wird.

Nichts davon wird übrigbleiben. Nur sehr viel später wird Rom, keuchend und durch seine Siege des Atems beraubt, sich sammeln und in einer Art von tiefem Traum sagen: *Africa portentosa!*

Holen wir Luft mit Rom, das große Werk ist vollbracht. Der Streit der zwei Erdhälften ist entschieden. Diese Reaktion des Okzidents auf den Orient hatte Griechenland schon zweimal gewagt. Argos hatte Troja zerstört. Alexander suchte Indien und Persien heim. Aber die griechischen Könige hatten nur eine Stadt, nur ein Reich zerstört. Der mazedonische Abenteurer hatte nur eine Lücke in das alte Asien geschlagen, die sich sofort hinter ihm wieder schloß. Um die Rolle Europas in diesem Drama zu spielen, um die orientalische Zivilisation zu töten, bedurfte es mehr als eines Achills oder Alexanders, es bedurfte Roms.

Diejenigen, die gerne die Abgründe erforschen, werden sich nicht enthalten können zu fragen, was geschehen wäre, wenn Karthago in diesem Kampf gewonnen hätte? Das Theater der zwanzig Jahrhunderte wäre versetzt worden. Die Händler hätten regiert und nicht die Soldaten, Europa wäre den Nebeln und den Wäldern überlassen geblieben. Auf der Erde hätte sich etwas Unbekanntes eingerichtet.

So aber kam es nicht. Der Sand und die Wüste eroberten Afrika; die Handlungsszene verlagerte sich nach Europa.

Vom Fall Karthagos an setzt sich in der Tat die europäische Zivilisation durch. Rom vergrößert sich gewaltig, es entwikkelt sich in dem Maße, in dem es beginnt sich zu teilen. Schon Eroberer des bekannten Erdkreises, beginnt es, als es nicht mehr Krieg mit fremden Völkern führen kann, den Bürgerkrieg. Wie eine alte Eiche wächst es in die Breite und wird dabei hohl.

Währenddessen setzt sich die Zivilisation in ihm fest. Sie war seine Wurzel, sie wird sein Stamm und Kopf. Die

Cäsaren versuchen im Rausch ihrer Macht vergeblich, die ewige Stadt zu zerstören und die Metropole der Welt in den Orient zurückzuverlegen. Sie sind es, die gehen; die Zivilisation folgt ihnen nicht, und sie ziehen in die Barbarei. Byzanz wird Istanbul. Rom wird Rom bleiben.

Der Vatikan ersetzt das Kapitol – das ist alles. Um es herum ist das meiste durch Baufälligkeit eingestürzt, die heilige Stadt erneuert sich. Sie herrschte durch die Kraft, jetzt herrscht sie durch den Glauben und ist mächtiger als vorher. Petrus ist der Erbe der Cäsaren. Rom handelt nicht mehr, es spricht, und seine Worte sind wie Donner. Seine Blitze treffen nun die Seelen. Dem Geist des Eroberers folgt nun der Geist des Proselytenmachens. Als Brennpunkt der Welt findet er Echos in allen Nationen und das, was ein Mensch vom päpstlichen Balkon herunter der heiligen Stadt sagt, ist auch dem Erdkreis gesagt. *Urbi et Orbi.* So ist es eine Theokratie, die Europa hält, so wie es eine Theokratie war, die Asien und Afrika stützte. Alles läßt sich in drei Städten zusammenfassen: Babylon, Karthago und Rom.

Ein Gelehrter auf dem Kirchenstuhl thront über den Königen. Hauptstadt der Christenheit ist Rom, die notwendige Hauptstadt der Gesellschaft. Wie eine umsichtige Mutter bewacht sie die große europäische Familie und rettet sie zweimal vor Eindringlingen aus dem Norden und vor Invasionen aus dem Süden. Seine Mauern lassen Attila und die Vandalen umkehren. Rom ist es, das den Hammer schmiedet, mit dem Karl Abd Ar Rahman und die Araber vernichtet.

Man würde fast sagen, daß das christliche Rom vom heidnischen den Haß auf den Orient geerbt hat. Wenn es Europa stark genug sieht um zu kämpfen, predigt es ihm Kreuzzüge, jenen glänzenden und einzigartigen Krieg, jenen Krieg der Ritterwürde und der Religion, für den die Theokratie den Feudalismus bewaffnet.

Zweitausend Jahre gehen die Dinge so. Zwanzig Jahrhunderte sind es nun, während der die europäische Zivilisation herrscht, die dritte große Zivilisation, die die Erde überzieht.

Vielleicht erleben wir noch ihr Ende. Unser Gebäude ist recht alt. Es ist an vielen Stellen rissig. Rom ist nicht mehr sein Zentrum.

Jedes Volk zieht in die eigene Richtung. Es gibt keine Einheit mehr, weder in der Religion noch in der Politik. Der Glaube ist der Meinung gewichen. Das Dogma besitzt nicht mehr den Gehorsam des Gewissens. Die Französische Revolution hat das Werk der Reformation vollendet, sie hat den Katholizismus und die Monarchie enthauptet, sie hat Rom das Leben genommen. Napoleon, der die Papstwürde so grob behandelte, hat der leeren Hülse ihr Prestige genommen. Was wird die Zukunft mit dieser europäischen Gesellschaft anfangen, die jeden Tag mehr und mehr ihre päpstliche und monarchische Form verliert? Ist nicht der Moment gekommen, in dem die Zivilisation, die wir nach und nach Asien um Afrikas willen, Afrika um Europas willen verlassen sehen, sich wieder auf den Weg macht und ihre majestätische Reise um die Welt fortsetzt? Scheint es nicht so, als ob sie nach Amerika strebt? Hat sie nicht Mittel erfunden, mit denen sie den Ozean schneller überqueren kann als einst das Mittelmeer? Übrigens, bleibt ihr in Europa noch viel zu tun? Ist es denn so vermessen anzunehmen, daß sie, auf dem alten Kontinent verbraucht und entartet, fortgeht, um eine neue und jungfräuliche Erde zu suchen, die sie befruchten und wo sie sich verjüngen kann? Und hält sie für diese neue Erde nicht ein neues Prinzip bereit – neu, wenngleich dieses Evangelium zweitausend Jahre alt ist, wenn ein Evangelium überhaupt ein Alter hat. Wir wollen hier von dem Prinzip der Emanzipation sprechen, dem Prinzip des Fortschritts und der Freiheit, das nunmehr das Gesetz der Menschheit zu sein scheint. Es ist

Amerika, das dieses Prinzip am weitestgehenden angewendet hat. Dort ist die Reihe der Versuche immens groß, dort sind die Neuheiten gut aufgehoben. Nichts behindert sie. Sie stolpern nicht bei jedem Schritt über Bruchstücke alter Institutionsruinen. Und wenn dieses Prinzip berufen ist, wie wir es mit Freude glauben, die Gesellschaft der Menschen zu erneuern, dann wird Amerika ihr Zentrum werden. Von diesem Heim aus wird sich über die Welt das neue Licht ergießen, das weit davon entfernt ist, die alten Kontinente austrocknen zu wollen, ihnen vielleicht sogar Wärme, Leben und Jugend wiedergibt. Die vier Welten werden Brüder in unausgesetzter Umarmung. Den drei aufeinanderfolgenden Theokratien Asiens, Afrikas und Europas wird die universale Familie folgen. Das Prinzip der Autorität wird dem der Freiheit Platz machen, das, wenngleich menschlicher, nicht weniger göttlich ist.

Wir wissen es nicht, aber wenn es so sein sollte, wenn Amerika den vierten Akt dieses Schauspiels der Jahrhunderte geben soll, wird es sicherlich bedeutsam sein, daß in derselben Epoche, in welcher der Mann geboren wurde, der (die politische durch die religiöse Anarchie vorbereitend) den Todeskeim in die alte königliche und päpstliche Gesellschaft einführte, daß damals ein anderer Mann die neue Welt, ein zukünftiges Asyl der fliehenden Zivilisation, entdeckte: Christoph Columbus fand eine Welt in dem Moment, in welchem Luther eine andere zu zerstören im Begriff war.

Aliquis providet.

HEINRICH HEINE

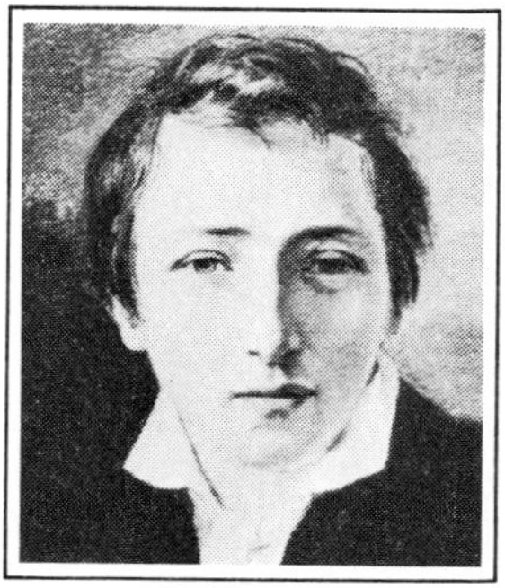

ENGLISCHE FRAGMENTE

(1828)

XI. Die Befreyung

WENN mir mahl die Zeit der müßigen Untersuchungen wiederkehrt, so werde ich langweiligst gründlich beweisen: daß nicht Indien, sondern Egypten jenes Kastenthum hervorgebracht hat, das, seit zwey Jahrtausenden, in jede Landestracht sich zu vermummen, und jede Zeit in ihrer eigenen Sprache zu täuschen wußte, das vielleicht jetzt todt ist, aber den Schein des Lebens erheuchelnd, noch immer bösäugig und unheilstiftend unter uns wandelt, mit seinem Leichendufte unser blühendes Leben vergiftet, ja, als ein Vampyr des Mittelalters, den Völkern das Blut und das Licht aus den Herzen saugt. Dem Schlamme des Nil-Thals entstiegen nicht bloß die Krokodille, die so gut weinen können, sondern auch jene Priester, die es noch besser verstehen, und jener privilegirt erbliche Kriegerstand, der in Mordgier und Gefräßigkeit die Krokodille noch übertrifft.

Zwey tiefsinnige Männer, deutscher Nazion, entdeckten den heilsamsten Gegenzauber wider die schlimmste aller egyptischen Plagen, und durch schwarze Kunst – durch die Buchdruckerey und das Pulver – brachen sie die Gewalt jener geistlichen und weltlichen Hierarchie, die sich aus einer Verbündung des Priesterthums und der Kriegerkaste, nämlich der sogenannten katholischen Kirche und des Feudaladels, gebildet hatte, und die ganz Europa weltlich und geistlich knechtete. Die Druckerpresse zersprengte das Dogmengebäude, worin der Großpfaffe von Rom die Geister gekerkert, und Nordeuropa athmete wieder frey, entlastet von dem nächtlichen Alp jener Klerisey, die zwar in der Form von der egyptischen Standeserblichkeit abgewichen war, im Geiste aber dem egyptischen Priestersysteme um so getreuer bleiben konnte, da sie sich nicht durch natürliche Fortpflanzung, sondern unnatürlich, durch mamelukenhafte Rekrutirung, als eine Corporazion von Hagestolzen, noch schroffer darstellte. Eben so sehen wir, wie die Kriegerkaste ihre Macht verliert, seit die alte Handwerksroutine nicht mehr von Nutzen ist bey der neuen Kriegsweise; denn von dem Posaunentone der Kanonen werden jetzt die stärksten Burgthürme niedergeblasen, wie weiland die Mauern von Jericho, der eiserne Harnisch des Ritters schützt gegen den bleyernen Regen eben so wenig wie der leinene Kittel des Bauers; das Pulver macht die Menschen gleich, eine bürgerliche Flinte geht eben so gut los wie eine adliche Flinte – das Volk erhebt sich.

Die früheren Bestrebungen, die wir in der Geschichte der lombardischen und toskanischen Republiken, der spanischen Communen, und der freyen Städte in Deutschland und andren Ländern erkennen, verdienen nicht die Ehre, eine Volkserhebung genannt zu werden; es war kein Streben nach Freyheit, sondern nach Freyheiten, kein Kampf für Rechte, sondern für Gerechtsame; Corporazionen stritten um Privilegien, und es blieb alles in den festen Schranken des Gilden-Zunftwesens. Erst zur Zeit der Reformazion wurde der Kampf von allgemeiner und geistiger Art, und die Freyheit wurde verlangt, nicht als ein hergebrachtes sondern als ein ursprüngliches, nicht als ein erworbenes sondern als ein angeborenes Recht. Da wurden nicht mehr alte Pergamente, sondern Prinzipien vorgebracht; und der Bauer in Deutschland und der Puritaner in England beriefen sich auf das Evangelium, dessen Aussprüche damals an Vernunft Statt galten, ja noch höher galten, nämlich als eine geoffenbarte

Vernunft Gottes. Da stand deutlich ausgesprochen: daß die Menschen von gleich edler Geburt sind, daß hochmüthiges Besserdünken verdammt werden muß, daß der Reichthum eine Sünde ist, und daß auch die Armen berufen sind zum Genusse, in dem schönen Garten Gottes, des gemeinsamen Vaters.

Mit der Bibel in der einen Hand und mit dem Schwerte in der anderen, zogen die Bauern durch das südliche Deutschland, und der üppigen Bürgerschaft im hochgethürmten Nüremberg ließen sie sagen: es solle künftig kein Haus im Reiche stehen bleiben, das anders aussähe als ein Bauernhaus. So wahr und tief hatten sie die Gleichheit begriffen. Noch heutigen Tags, in Franken und Schwaben, schauen wir die Spuren dieser Gleichheitslehre, und eine grauenhafte Ehrfurcht, vor dem heiligen Geiste überschleicht den Wanderer, wenn er im Mondschein die dunkeln Burgtrümmer sieht aus der Zeit des Bauernkriegs. Wohl dem, der, nüchternen Sinns, nichts anderes sieht, ist man aber ein Sonntagskind – und das ist jeder Geschichtskundige – so sieht man auch die hohe Jagd, die der deutsche Adel, der roheste der Welt, gegen die Besiegten geübt, man sieht wie tausendweis die Wehrlosen todtgeschlagen, gefoltert, gespießt und gemartert wurden, und aus den wogenden Kornfeldern sieht man sie geheimnißvoll nicken die blutigen Bauernköpfe, und drüber hin hört man pfeifen eine entsetzliche Lerche, rachegellend, wie der Pfeifer vom Helfenstein.

Etwas besser erging es den Brüdern in England und Schottland; ihr Untergang war nicht so schmählig und erfolglos, und noch jetzt sehen wir dort die Früchte ihres Regiments. Aber es gelang ihnen keine feste Begründung desselben, die sauberen Cavaliere herrschen wieder nach wie vor, und ergötzen sich an den Spaßgeschichten von den alten starren Stutzköpfen, die der befreundete Barde, zu ihrer müßigen Unterhaltung so hübsch beschrieben. Keine gesellschaftliche Umwälzung hat in Großbritannien stattgefunden, das Gerüste der bürgerlichen und politischen Instituzionen blieb unzerstört, die Kastenherrschaft und das Zunftwesen hat sich dort bis auf den heutigen Tag erhalten, und obgleich getränkt von dem Lichte und der Wärme der neuern Civilisazion, verharrt England in einem mittelalterlichen Zustande, oder vielmehr im Zustande eines fashionablen Mittelalters. Die Conzessionen, die dort den liberalen Ideen gemacht worden, sind dieser mittelalterlichen Starrheit nur mühsam abgekämpft worden; und nie aus einem Prinzip, sondern aus der faktischen Nothwendigkeit, sind alle modernen Verbesserungen hervorgegangen, und sie tragen alle den Fluch der Halbheit, die immer neue Drangsal und neuen Todeskampf und dessen Gefahren nöthig macht. Die religiöse Reformazion ist in England nur halb vollbracht, und zwischen den kahlen vier Gefängnißwänden der bischöflich anglikanischen Kirche, befindet man sich noch viel schlechter, als in dem weiten, hübsch bemalten und weichgepolsterten Geisteskerker des Katholizismus. Mit der politischen Reformazion ist es nicht viel besser gegangen, die Volksvertretung ist so mangelhaft als möglich: wenn die Stände sich auch nicht mehr durch den Rock trennen, so trennen sie sich doch noch immer durch verschiedenen Gerichtsstand, Patronage, Hoffähigkeit, Prärogative, Gewohnheitsvorrechte, und sonstige Fatalien; und wenn Eigenthum und Person des Volks nicht mehr von aristokratischer Willkühr, sondern vom Gesetze abhängen, so sind doch diese Gesetze nichts anderes als eine andere Art von Zähnen, womit die aristokratische Brut ihre Beute erhascht, und eine andere Art von Dolchen, womit sie das Volk meuchelt. Denn wahrlich, kein Tyrann vom Continente würde aus Willkührlust so viel Taxen erpressen, als das englische Volk von Gesetzwegen bezahlen muß, und kein

Tyrann war jemals so grausam wie Englands Criminalgesetze, die täglich morden, für den Betrag eines Schillings, und mit Buchstabenkälte. Wird auch, seit kurzem manche Verbesserung dieses trüben Zustandes in England vorbereitet, werden auch der weltlichen und geistlichen Habsucht hie und da Schranken gesetzt, wird auch jetzt die große Lüge einer Volksvertretung einigermaßen begütigt, indem man hie und da einem großen Fabrikorte die verwirkte Wahlstimme von einem rotten borrough überträgt, wird gleichfalls hie und da die harsche Intoleranz gemildert, indem man auch einige andere Sekten bevorrechtet – so ist dieses alles doch nur leidige Altflickerey, die nicht lange vorhält, und der dümmste Schneider in England kann voraussehen, daß über kurz oder lang das alte Staatskleid in trübseligen Fetzen aus einander reißt.

»Niemand flickt einen Lappen von neuem Tuche an ein altes Kleid; denn der neue Lappen reißt doch vom alten, und der Riß wird ärger. Und niemand fasset Most in alte Schläuche; anders zerreißt der Most die Schläuche, und der Wein wird verschüttet, und die Schläuche kommen um. Sondern man soll Most in neue Schläuche fassen.«

Die tiefste Wahrheit erblüht nur der tiefsten Liebe, und daher die Übereinstimmung in den Ansichten des älteren Bergpredigers, der gegen die Aristokratie von Jerusalem gesprochen, und jener späteren Bergprediger, die von der Höhe des Convents zu Paris ein dreyfarbiges Evangelium herabpredigten, wonach nicht bloß die Form des Staates, sondern das ganze gesellschaftliche Leben, nicht geflickt, sondern neu umgestaltet, neu begründet, ja neu geboren werden sollte.

Ich spreche von der französischen Revoluzion, jener Weltepoche, wo die Lehre der Freyheit und Gleichheit so siegreich emporstieg aus jener allgemeinen Erkenntnißquelle, die wir Vernunft nennen, und die, als eine unaufhörliche Offenbarung, welche sich in jedem Menschenhaupte wiederholt und ein Wissen begründet, noch weit vorzüglicher seyn muß, als jene überlieferte Offenbarung, die sich nur in wenigen Auserlesenen bekundet, und von der großen Menge nur geglaubt werden kann. Diese letztgenannte Offenbarungsart, die selbst aristokratischer Natur ist, vermochte nie die Privilegienherrschaft, das bevorrechtete Kastenwesen, so sicher zu bekämpfen, wie es die Vernunft, die demokratischer Natur ist, jetzt bekämpft. Die Revoluzionsgeschichte ist die Kriegsgeschichte dieses Kampfes, woran wir alle mehr oder minder Theil genommen; es ist der Todeskampf mit dem Egyptenthum.

Obgleich die Schwerter der Feinde täglich stumpfer werden, obgleich wir schon die besten Posizionen besetzt, so können wir doch nicht eher das Triumphlied anstimmen, als bis das Werk vollendet ist. Wir können nur in den Zwischennächten, wenn Waffenstillstand, mit der Lanterne aufs Schlachtfeld hinausgehn, um die Todten zu beerdigen. – Wenig fruchtet die kurze Leichenrede! Die Verläumdung, das freche Gespenst, setzt sich auf die edelsten Gräber –

Ach! gilt doch der Kampf auch jenen Erbfeinden der Wahrheit, die so schlau den guten Leumund ihrer Gegner zu vergiften wissen, und die sogar jenen ersten Bergprediger, den reinsten Freyheitshelden, herabzuwürdigen wußten; denn als sie nicht läugnen konnten, daß er der größte Mensch sey, machten sie ihn zum kleinsten Gotte. Wer mit Pfaffen kämpft, der mache sich darauf gefaßt, daß der beste Lug und die triftigsten Verläumdungen seinen armen guten Namen zerfetzen und schwärzen werden. Aber gleich wie man jene Fahnen, die in der Schlacht am meisten von den Kugeln zerfetzt und von Pulverdampf geschwärzt worden, höher ehrt als die blanksten und gesündesten Rekrutenfahnen, und wie man sie endlich als Nazionalreliquien in den Domen aufstellt: so werden einst die Namen unserer Helden, jemehr sie zerfetzt und angeschwärzt worden, um so enthusiastischer verehrt werden, in der heiligen Genofevakirche der Freyheit.

Wie die Helden der Revoluzion, so hat man die Revoluzion selbst verläumdet, und sie als ein Fürstenschrecknіß und eine Volkscheuche dargestellt in Libellen aller Art. Man hat in den Schulen all die sogenannten Greuel der Revoluzion von den Kindern auswendig lernen lassen, und auf den Jahrmärkten sah man, einige Zeit, nichts anderes als grellkolorirte Bilder der Guillotine. Es ist freylich nicht zu läugnen, diese Maschine, die ein französischer Arzt, ein großer Welt-Orthopäde, Monsieur Guillotin, erfunden hat, und womit man die dummen Köpfe von den bösen Herzen sehr leicht trennen kann, diese heilsame Maschine hat man etwas oft angewandt, aber doch nur bey unheilbaren Krankheiten, z.B. bei Verrath, Lüge und Schwäche, und man hat die Patienten nicht lang gequält, nicht gefoltert, und nicht gerädert, wie einst tausende und aber tausende Rotüriers und Vilains, Bürger und Bauern, gequält, gefoltert und gerädert wurden, in der guten alten Zeit. Daß die Franzosen mit jener Maschine sogar das Oberhaupt ihres Staates amputirt, ist freylich entsetzlich, und man weiß nicht, ob man sie deshalb des Vatermords oder des Selbstmords beschuldigen soll; aber bey milderungsgründlicher Betrachtung finden wir, daß Ludwig von Frankreich minder ein Opfer der Leidenschaften als vielmehr der Begebenheiten geworden, und daß diejenigen Leute die das Volk zu solchem Opfer drängten und die selbst, zu allen Zeiten, in weit reichlicherem Maaße, Fürstenblut vergossen haben, nicht als laute Kläger auftreten sollten. Nur zwey Könige, beide vielmehr Könige des Adels als des Volkes, hat das Volk geopfert, nicht in Friedenszeit, nicht niedriger Interessen wegen, sondern in äußerster Kriegsbedrängniß, als es sich von ihnen verrathen sah, und während es seines eignen Blutes am wenigsten schonte; aber gewiß mehr als tausend Fürsten fielen meuchlings, und der Habsucht oder frivoler Interessen wegen, durch den Dolch, durch das Schwert und durch das Gift des Adels und der Pfaffen. Es ist als ob diese Kasten den Fürstenmord ebenfalls zu ihren Privilegien rechneten, und deßhalb den Tod Ludwig XVI. und Carl I. um so eigennütziger beklagten. O, daß die Könige endlich einsähen, daß sie, als Könige des Volkes, im Schutze der Gesetze, viel sicherer leben können, als unter der Guarde ihrer adligen Leibmörder!

Aber nicht bloß die Helden der Revoluzion und die Revoluzion selbst, sondern sogar unser ganzes Zeitalter hat man verläumdet, die ganze Liturgie unserer heiligsten Ideen hat man parodirt, mit unerhörtem Frevel, und wenn man sie hört oder lies't, unsere schnöden Verächter, so heißt das Volk die Canaille, die Freyheit heißt Frechheit, und mit himmelnden Augen und frommen Seufzern, wird geklagt und bedauert, wir wären frivol und hätten leider keine Religion. Heuchlerische Duckmäuser, die unter der Last ihrer geheimen Sünden niedergebeugt einher schleichen, wagen es, ein Zeitalter zu lästern, das vielleicht das heiligste ist von allen seinen Vorgängern und Nachfolgern, ein Zeitalter, das sich opfert für die Sünden der Vergangenheit und für das Glück der Zukunft, ein Messias unter den Jahrhunderten, der die blutige Dornenkrone und die schwere Kreuzlast kaum ertrüge, wenn er nicht dann und wann ein heiteres Vaudeville trällerte und Späße risse über die neueren Pharisäer und Saduzäer. Die kolossalen Schmerzen wären nicht zu ertragen ohne solche Witzreißerey und Persiflage! Der Ernst tritt um so gewaltiger hervor, wenn der Spaß ihn angekündigt. Die Zeit gleicht hierin ganz ihren Kindern unter den Franzosen, die sehr scherzliche, leichtfertige Bücher geschrieben, und doch sehr streng und ernsthaft seyn konnten, wo Strenge und Ernst nothwendig wurden; z. B. Dü Clos und gar Louvet de Couvrai, die beide, wo es galt, mit Märtyrerkühnheit und Aufopferung für die Freyheit stritten, übrigens aber sehr frivol und schlüpfrig schrieben, und leider keine Religion hatten.

Als ob die Freyheit nicht eben so gut eine Religion wäre, als jede andere! Da es die unsrige ist, so könnten wir, mit demselben Maaße messend, ihre Verächter für frivol und irreligios erklären.

Ja, ich wiederhole die Worte, womit ich diese Blätter eröffnet: die Freyheit ist eine neue Religion, die Religion unserer Zeit. Wenn Christus auch nicht der Gott dieser Religion ist, so ist er doch ein hoher Priester derselben, und sein Name strahlt beseligend in die Herzen der Jünger. Die Franzosen sind aber das auserlesene Volk der neuen Religion, in ihrer Sprache sind die ersten Evangelien und Dogmen verzeichnet, Paris ist das neue Jerusalem, und der Rhein ist der Jordan, der das geweihte Land der Freyheit trennt von dem Lande der Philister.

TEXTNACHWEIS

1. Novalis, »Die Christenheit oder Europa. Ein Fragment«, in: Novalis, *Schriften*, Dritter Band. Das philosophische Werk II, hrsg. v. Richard Samuel in Zusammenarbeit mit Hans-Joachim Mähl und Gerhard Schulz (Stuttgart: Kohlhammer, 1968), S. 507–524.

2. Franz August Chateaubriand, *Genius des Christenthums oder Schönheiten der christlichen Religion* (daraus: »Sechstes Capitel: Die Päbste, der römische Hof, neuere Entdeckungen u.s.f.«.) Aus dem Französischen übersetzt und mit berichtigenden Anmerkungen begleitet von Dr. Carl Venturini. Vierter Theil (Münster: Peter Waldeck, 1803), S. 341–350.

3. Friedrich Schlegel, »Reise nach Frankreich« (daraus: letzter Abschnitt »Betrachtungen«), in: *Europa*, Bd. 1, 1. St. (1803), S. 28–40.

4. Samuel Taylor Coleridge, »Comparison of the Present State of France with that of Rome under Julius and Augustus Caesar«, in: *The Collected Works of Samuel Taylor Coleridge.* Essays on His Times in »The Morning Post« und »The Courier«, I, hrsg. v. David V. Erdman (London: Routledge Kegan Paul, 1978), S. 311–339. Für diese Ausgabe ins Deutsche übersetzt von Ursula Fischer.

5. Ernst Moritz Arndt, *Germanien und Europa* (Auszug aus dem Schlußkapitel), (Altona: J. F. Hammerich, 1803), S. 366–409.

6. Friedrich von Gentz, *Fragmente aus der neusten Geschichte des Politischen Gleichgewichts in Europa* (Auszüge aus der »Einleitung«), (St. Petersburg: Johann Friedrich Hartknoch, 1806), 2. Auflage, S. XV–XL.

7. William Wordsworth, »Concerning the Relations of

Great Britain, Spain, and Portugal, to Each Other, and to the Common Enemy, at this Crisis; and Specifically as Affected by the Convention of Cintra« (Auszug), in: *The Prose Works of William Wordsworth*, vol. I, hrsg. v. W. J. B. Owen and Jane Worthington Smyser (Oxford: Oxford University Press, Clarendon Press, 1974), S. 224–249. Für diese Ausgabe ins Deutsche übersetzt von Ursula Fischer.

8. Jean Paul, »Germanismen und Gallizismen«, in: *Jean Pauls Sämtliche Werke.* Historisch-kritische Ausgabe, 14. Band: Politische Schriften (Weimar: Böhlau Nachf. 1939), S. 59–77.

9. Anne Germaine Baronin von Staël-Holstein, *Deutschland* (daraus: »Zweites Capitel. Sitten und Character der Deutschen«). Aus dem Französischen übersetzt von Buchholz, Catel, Hitzig. Erster Band (Berlin: Julius Eduard Hitzig, 1814), S. 12–26.

10. Percy Bysshe Shelley, »An Address to the Irish People« (Auszüge), in: *The Works of Percy Bysshe Shelley in Verse and Prose.* Fifth volume: Prose I, hrsg. v. Harry Buxton Forman (London: Reeves and Turner, 1880), S. 315–323 und 346–349. Für diese Ausgabe ins Deutsche übersetzt von Ursula Fischer.

11. Claude Henry de Saint-Simon und Augustin Thierry, *Von dem Wiederaufbau der europäischen Staaten-Gesellschaft* (Auszüge). Aus dem Französischen von F. Bernhard (Tübingen: Cotta, 1815): *Europäische Annalen*, Jahrgang 1815, Band 1, S. 377–380, 387–392, und Band 2, S. 58–68, 88–96.

12. William Hazlitt, »Whether the Friends of Freedom can Entertain any Sanguine Hopes of the Favourable Results of the Ensuing Congress?«, in: *The Collected Works of William Hazlitt*, vol. 3: Political Essays (London: Dent, 1902), S. 103–109. Für diese Ausgabe ins Deutsche übersetzt von Ursula Fischer.

13. Joseph von Görres, *Europa und die Revolution* (aus

dem Kapitel III »Gegenwart«), (Stuttgart: Metzler, 1821), S. 206–243.

14. Franz Xaver von Baader, »Kurzer Bericht an das deutsche Publicum über meine im Herbste des Jahres 1822 unternommene literarische Reise nach Rußland und deren Erfolg (2. Fassung)« (Auszug), in: Franz Xaver von Baader, *Biographie und Briefwechsel*, Sämtliche Werke Band 15 (Leipzig 1857), S. 85–101.

15. August Wilhelm Schlegel, »Abriß von den Europäischen Verhältnissen der Deutschen Litteratur«, in: August Wilhelm Schlegel, *Kritische Schriften* (Berlin: G. Reimer, 1828), S. 1–14.

16. Giuseppe Mazzini, »D'una letteratura Europea«, in: Giuseppe Mazzini, *E i democratii Scrittori Politico dell' Ottocento.* Tomo I, hrsg. v. Franco della Peruta (Napoli: Riccardo Ricciardi, o. J.), S. 271–305. Für diese Ausgabe ins Deutsche übersetzt von Andreas Beyer. Mazzinis Goethe-Zitat, das er seinem Essay als Motto voranschickt, wurde aus dem Italienischen rückübersetzt. Es lautet dort: »Io intravvedo l'aurora d'una letteratura europea: nessuno fra i popoli potrà dirla propria; tutti avranno contribuito a fondarla.« Nach Auskunft der Forschungsstelle »Goethe-Wörterbuch« in Tübingen ist dieses Goethe-Zitat nicht nachweisbar.

17. Victor Hugo, »Fragment d'Histoire«, in: *Œuvres Complètes de Victor Hugo*, vol. 39: Philosophie I (1819–1834). Littérature et Philosophie Mêlées (Paris: Hébert, o. J.), S. 293–304. Für diese Ausgabe ins Deutsche übersetzt von Andreas Beyer.

18. Heinrich Heine, »Englische Fragmente« (daraus: Kapitel XI »Die Befreyung«), in: Heinrich Heine, *Reisebilder I 1824–1828*, Band 5 der Säkularausgabe, bearbeitet von Wolfgang Becker (Berlin: Akademie-Verlag; Paris: Editions du CNRS, 1970), S. 188–194.

EDITORISCHE NOTIZ

Diese Sammlung von Essays und Pamphleten versteht sich als eine Art kosmopolitisches Lesebuch. Lesebücher wollen zur weiteren Lektüre anregen; sie sind keine kompletten Dokumenten- und Quellensammlungen. So konnten auch hier nur in einigen Fällen vollständige Studien abgedruckt werden (Novalis, Coleridge, Jean Paul, Hazlitt, A. W. Schlegel, Mazzini, Hugo); bei den übrigen Beiträgen handelt es sich um Auszüge aus umfangreicheren Abhandlungen, welche zum Teil in Buchform erschienen. In der Einleitung werden die kulturhistorischen und politischen Zusammenhänge beleuchtet, aus denen heraus die Texte zu verstehen sind. Auf einen Kommentar im Sinne von Namens- und Ortserklärungen wurde verzichtet, da solche Datenangaben entweder durch die Einleitung überflüssig geworden sind oder in einem Konversationslexikon leicht nachgeschaut werden können. Zudem sind solche und weitere Erläuterungen in den kritischen Ausgaben der hier vertretenen Autoren bereits vorhanden, so daß man diesbezüglich nur wenig Neues hätte bringen können. Bei den fremdsprachigen Texten habe ich auf die zeitgenössischen deutschen Übersetzungen zurückgegriffen, soweit sie vorhanden waren. Noch nicht übertragene ausländische Arbeiten wurden für diese Edition erstmals übersetzt (siehe »Textnachweis«). Eine stark gekürzte Fassung der Einleitung erschien erstmals unter dem Titel »›Kosmopoliten der europäischen Kultur‹. Romantiker über Europa« in: *Romantik. Ein literaturwissenschaftliches Studienbuch*, hrsg. v. Ernst Ribbat (Königstein: Athenäum, 1979), S. 213–236.

P. M. L.

BILDNACHWEIS

Die Portraits von Novalis, Chateaubriand, Arndt, Gentz, Jean Paul, Madame de Stael, Shelley, Saint-Simon, Görres, Hugo und Heine stellte das Archiv für Kunst und Geschichte in Berlin zur Verfügung.

Die Originale der Portraits von Friedrich von Schlegel und August Wilhelm Schlegel befinden sich im Freien Deutschen Hochstift, Frankfurter Goethemuseum, das auch die Vorlagen zur Verfügung stellte.

Abdruck der Portraits von Wordsworth und Baader mit Genehmigung des Bildarchivs Preußischer Kulturbesitz, Berlin.

Die Portraits von Coleridge und Mazzini sind der Sammlung ›Das neunzehnte Jahrhundert in Bildnissen‹, herausgegeben von Karl Werckmeister, Berlin 1901, entnommen.

Umschlagabbildung: Gotischer Dom am Wasser. Ölgemälde von Karl-Friedrich Schinkel, 1813/14. Nationalgalerie Staatl. Museen Preußischer Kulturbesitz. Foto: Jörg P. Anders

Klassische deutsche Literatur im insel taschenbuch

Johann Friedrich Abegg: Reisetagebuch von 1798. it 1013
Achim von Arnim: Erzählungen. it 1018
Achim und Bettina in ihren Briefen. 2 Bde. in Kassette. it 1095
Bettina von Arnim: Aus meinem Leben. it 642
– Bettina von Arnims Armenbuch. it 541
– Goethes Briefwechsel mit einem Kinde. it 767
– Die Günderode. Mit einem Essay von Christa Wolf. it 702
Bettina von Arnim / Clemens Brentano: Clemens Brentanos Frühlingskranz aus Jugendbriefen ihm geflochten, wie er selbst schriftlich verlangte. it 812
Friedmund von Arnim: Märchen. Hundert neue Märchen, im Gebirge gesammelt. it 1309
Johann Beer: Die teutschen Winter-Nächte & Die kurzweiligen Sommer-Täge. Zwei Romane. it 872
Ludwig Börne: Briefe aus Paris. it 924
Hermann Bote: Till Eulenspiegel. Ein kurzweiliges Buch aus dem Lande Braunschweig. Wie er sein Leben vollbracht hat. Sechsundneunzig seiner Geschichten. it 336
Clemens Brentano: Gedichte. Erzählungen. Briefe. it 557
– Gockel Hinkel Gackeleia. Märchen. it 47
– Italienische Märchen. it 695
– Rheinmärchen. In der von Guido Görres herausgegebenen Ausgabe von 1846. it 804
Briefe von Dunkelmännern. Epistolae obscurorum virorum an Magister Ortuin Gratius aus Deventer, Professor der schönen Wissenschaften zu Köln. it 1297
Georg Büchner: Lenz. Erzählung. it 429
– Leonce und Lena. Ein Lustspiel. it 594
– Woyzeck. it 846
Gottfried August Bürger: Wunderbare Reisen zu Wasser und zu Lande. it 207
Bürgers Liebe. Die Ehestandsgeschichte von Elise Hahn und Gottfried August Bürger. it 564
Wilhelm Busch: Kritisch- Allzukritisches. Gedichte. it 52
– Sämtliche Bilderbogen. it 620
Adelbert von Chamisso: Peter Schlemihls wundersame Geschichte. it 27
Matthias Claudius: Der Wandsbecker Bote. it 130
Annette von Droste-Hülshoff: Bei uns zulande auf dem Lande. Prosaskizzen. it 697

161/1/8.91

Klassische deutsche Literatur im insel taschenbuch

Annette von Droste-Hülshoff: Die Judenbuche. Ein Sittengemälde aus dem gebirgichten Westfalen. it 399
– Sämtliche Gedichte. it 1092
Marie von Ebner- Eschenbach: Dorf- und Schloßgeschichten. it 1272
Johann Peter Eckermann: Gespräche mit Goethe in den letzten Jahren seines Lebens. 2 Bde. it 500
Joseph von Eichendorff: Aus dem Leben eines Taugenichts. it 202
– Gedichte. it 255
– Gedichte. it 1060
– Novellen und Gedichte. it 360
Theodor Fontane: Allerlei Glück. Plaudereien, Skizzen und Unvollendetes. it 641
– Cécile. it 689
– Effi Briest. it 138
– Frau Jenny Treibel oder ›Wo sich Herz zum Herzen findt‹. Roman. it 746
– Grete Minde. it 1157
– Irrungen, Wirrungen. it 771
– Jenseit des Tweed. Bilder und Briefe aus Schottland. it 1066
– Mathilde Möhring. it 1107
– Meine Kinderjahre. Autobiographischer Roman. it 705
– Die Poggenpuhls. Roman. it 1271
– Schach von Wuthenow. Erzählung aus der Zeit des Regiments Gendarmes. it 816
– Der Stechlin. it 152
– Stine. Roman. it 899
– Unwiederbringlich. Roman. it 286
– Von Zwanzig bis Dreißig. it 985
– Vor dem Sturm. Roman, aus dem Winter 1812 auf 13. it 583
– Wanderungen durch die Mark Brandenburg. 5 Bde. in Kassette. it 1181-1185
Theodor Fontane. Ein Leben in Briefen. it 540
Georg Forster: Ansichten vom Niederrhein, von Brabant, Flandern, Holland, England und Frankreich im April, Mai und Junius 1790. it 1136
– Reise um die Welt. it 757
Johann Conrad Friederich: Vierzig Jahre aus dem Leben eines Toten. it 1292
Christian Fürchtegott Gellert: Fabeln und Lieder. it 895

161/2/8.91

Klassische deutsche Literatur
im insel taschenbuch

Friedrich Gerstäcker: Die Flußpiraten des Mississippi. Roman. it 435
Das Gespensterbuch. it 1388
Johann Wolfgang Goethe: Dichtung und Wahrheit. 3 Bde. in Kassette. it 149-151
– Elegie von Marienbad. September 1823. Faksimile einer Urhandschrift. it 1250
– Erotische Gedichte. Gedichte, Skizzen und Fragmente. it 1225
– Faust. Erster Teil. it 50
– Faust. Zweiter Teil. it 100
– Urfaust. Faust. Ein Fragment. Faust. Eine Tragödie. Paralleldruck der drei Fassungen. 2 Bde. it 625
– Frühes Theater. Mit einer Auswahl aus den dramaturgischen Schriften 1771-1828. it 675
– Goethe – warum? Eine repräsentative Auslese aus Werken, Briefen und Dokumenten. it 759
– Goethe über das Mittelalter. it 1200
– Goethe über die Deutschen. it 325
– Goethes Feste. Festliche Texte. it 1325
– Goethes Gedanken über Musik. Eine Sammlung aus seinen Werken, Briefen, Gesprächen und Tagebüchern. it 800
– Goethes Liebesgedichte. it 275
– Die guten Frauen als Gegenbild der bösen Weiber. it 925
– Hermann und Dorothea. it 225
– Historische Schriften. Eine Auswahl in biographischer Folge. it 650
– Italienische Reise. it 175
– Tagebuch der Italienischen Reise 1786. Notizen und Briefe aus Italien. it 176
– Klassisches Theater. it 700
– Die Leiden des jungen Werther. it 25
– Märchen. Der neue Paris. Die neue Melusine. Das Märchen. it 825
– Der Mann von funfzig Jahren. it 850
– Maximen und Reflexionen. it 200
– Die natürliche Tochter. it 1175
– Novelle. it 2301
– Novellen. it 425
– Pandora. it 1075
– Reineke Fuchs. it 125
– Das Römische Carneval. Mit den farbigen Figurinen von 1789 und den Fragmenten »Über Italien«. it 750

161/3/8.91

Klassische deutsche Literatur im insel taschenbuch

Johann Wolfgang Goethe: Römische Elegien und Venezianische Epigramme. it 1150
– Schriften zur Naturwissenschaft. it 550
– Schriften zur Weltliteratur. Mit Buchillustrationen aus der Goethezeit. it 1025
– Tagebuch der ersten Schweizer Reise 1775. it 300
– Unterhaltungen deutscher Ausgewanderten. it 1050
– Die Wahlverwandtschaften. Ein Roman. it 1
– West- östlicher Divan. it 75
– Wilhelm Meisters Lehrjahre. it 475
– Wilhelm Meisters theatralische Sendung. it 725
– Wilhelm Meisters Wanderjahre oder die Entsagenden. it 575
– Xenien. it 875
Briefe an Charlotte von Stein. 3 Bde. in Kassette. it 1125
Briefwechsel zwischen Goethe und Zelter 1796-1832. 3 Bde. it 950
Der Briefwechsel zwischen Schiller und Goethe. 2 Bde. it 250
Goethes Briefwechsel mit Marianne und Jakob Willemer. it 900
Goethes Briefwechsel mit seiner Frau. 2 Bde. in Kassette. it 1100
Johann Wolfgang Goethe / Friedrich von Schiller: Sämtliche Balladen und Romanzen. it 1275
Manfred Wenzel: Goethe und die Medizin. it 1350
Jeremias Gotthelf: Die schwarze Spinne. it 991
Christian Dietrich Grabbe: Scherz, Satire, Ironie und tiefere Bedeutung. Ein Lustspiel in drei Aufzügen. it 534
Franz Grillparzer: Der arme Spielmann. it 690
Jacob Grimm: Über den Ursprung der Sprache. Gelesen in der Preußischen Akademie der Wissenschaften am 9. Januar 1851. it 877
Hans Jakob Christoffel von Grimmelshausen: Der abenteuerliche Simplicissimus. it 739
– Trutz-Simplex oder Ausführliche und wunderseltzame Lebensbeschreibung der Ertzbetrügerin und Landstörtzerin Courasche. it 211
Karoline von Günderode: Gedichte. it 809
Johann Christian Günther: Gedichte. it 1028
Wilhelm Hauff: Märchen. Erster Band. it 216
– Mitteilungen aus den Memoiren des Satan. it 782
– Zwerg Nase. it 1191
Friedrich Hebbel: Erzählungen und Tagebuchblätter. it 1029
Johann Peter Hebel: Kalendergeschichten. it 17
– Schatzkästlein des rheinischen Hausfreundes. it 719
Heinrich Heine: Atta Troll. Ein Sommernachtstraum. it 748

161/4/8.91

Klassische deutsche Literatur
im insel taschenbuch

Heinrich Heine: Briefe aus Berlin. it 1322
– Buch der Lieder. it 33
– Deutschland. Ein Wintermärchen. it 723
– Florentinische Nächte. it 923
– Italien. it 1072
– Neue Gedichte. it 1055
– Der Rabbi von Bacherach. Ein Fragment. it 811
– Reisebilder. it 444
– Die romantische Schule. it 910
– Romanzero. it 538
Julius Eduard Hitzig: E.T.A. Hoffmanns Leben und Nachlaß. it 755
Friedrich Hölderlin: Gedichte. it 781
– Hyperion oder Der Eremit in Griechenland. it 365
Hölderlins Diotima Susette Gontard. Gedichte–Briefe–Zeugnisse. it 447
Hölderlin. Chronik seines Lebens mit ausgewählten Bildnissen. it 83
E. T. A. Hoffmann: Die Abenteuer der Silvester- Nacht. it 798
– Die Brautwahl. it 1124
– Die Elixiere des Teufels. it 304
– Fantasiestücke in Callots Manier. it 1283
– Das Fräulein von Scuderi. Erzählung aus dem Zeitalter Ludwig des Vierzehnten. it 410
– Der goldne Topf. Ein Märchen aus der neuen Zeit. it 570
– Klein Zaches genannt Zinnober. Ein Märchen. it 777
– Lebensansichten des Katers Murr nebst fragmentarischer Biographie des Kapellmeisters Johannes Kreisler in zufälligen Makulaturblättern. it 168
– Das Majorat. it 1085
– Nachtstücke. it 589
– Nußknacker und Mausekönig. it 879
– Prinzessin Brambilla. Ein Capriccio. it 418
– Der Sandmann. it 934
– Die Serapions-Brüder. Gesammelte Erzählungen und Märchen in vier Bänden. it 631
– Spielerglück. it 1221
– Der unheimliche Gast. Und andere phantastische Erzählungen. it 245
– Der unheimliche Gast. Großdruck.it 2302
Karl Leberecht Immermann: Münchhausen. Eine Geschichte in Arabesken. it 747

161/5/8.91

Klassische deutsche Literatur im insel taschenbuch

Jean Paul: Dr. Katzenbergers Badereise. it 1261
– Flegeljahre. Eine Biographie. it 873
– Leben des vergnügten Schulmeisterlein Maria Wutz in Auenthal. Eine Art Idylle. it 778
– Leben Fibels des Verfassers der bienrodischen Fibel. it 1170
– Des Luftschiffers Giannozzo Seebuch und über die natürliche Magie der Einbildungskraft. it 144
– Siebenkäs. Blumen-, Frucht- und Dornenstücke oder Ehestand, Tod und Hochzeit des Armenadvokaten F. St. Siebenkäs im Reichsmarktflecken Kuhschnappel. it 980
– Titan. it 671
Johann Heinrich Jung-Stilling: Lebensgeschichte. it 709
Das Kalte Herz. Und andere Texte der Romantik. it 330
Gottfried Keller: Der grüne Heinrich. Erste Fassung. 2 Bde. it 335
– Der grüne Heinrich. Die Leute von Seldwyla. Züricher Novellen. Drei Bände in Kassette. it 1255
– Die Leute von Seldwyla. Vollständige Ausgabe der Novellensammlung. it 958
– Romeo und Julia auf dem Dorfe. it 756
– Züricher Novellen. it 201
Heinrich von Kleist: Werke in vier Bänden. 4 Bände in Kassette. it 981-984
– Die Marquise von O … Mit Materialien und Bildern zu dem Film von Eric Rohmer und einem Aufsatz von Heinz Politzer. Herausgegeben von Werner Berthel. Übersetzungen aus dem Französischen von Werner Berthel. it 299
– Die Marquise von O … Großdruck. it 2307
– Michael Kohlhaas. Aus einer alten Chronik. it 1352
– Der zerbrochne Krug. Ein Lustspiel. it 171
August Klingemann: Nachtwachen von Bonaventura. it 89
Friedrich Gottlieb Klopstock: Gedanken über die Natur der Poesie. it 1038
Johann C. Lavater: Physiognomische Fragmente. it 1366
Gotthold Ephraim Lessing: Dramen. it 714
– Hamburgische Dramaturgie. it 869
– Laokoon. it 1048
Georg Christoph Lichtenberg: Schriften und Briefe. 4 Bände in Kassette. it 1360
– Aphorismen. In einer Auswahl. it 165

161/6/8.91

Klassische deutsche Literatur im insel taschenbuch

Georg Christoph Lichtenberg: Erklärung der Hogarthschen Kupferstiche. it 1296
– Der Fortgang der Tugend und des Lasters. Erklärungen zu Daniel Chodowieckis Monatskupfer zum Göttinger Taschenkalender 1778. it 936
– Sudelbücher. it 792
– Über die Macht der Liebe und andere Schriften. it 1164
Liselotte von der Pfalz: Briefe. it 428
Martin Luther: Luthers Fabeln und Spruchweisheiten. it 1094
Märchen der Romantik. it 285
Meister Eckhart: Das Buch der göttlichen Tröstung. it 1005
Conrad Ferdinand Meyer: Jürg Jenatsch. Eine Bündnergeschichte. it 862
Eduard Mörike: Alte unnennbare Tage ... Ausgewählte Gedichte. it 246
– Die Historie von der schönen Lau. it 72
– Maler Nolten. Novelle in zwei Teilen. Erste Fassung. it 404
– Mozart auf der Reise nach Prag. Eine Novelle. it 376
– Mozart auf der Reise nach Prag. Novelle. Großdruck. it 2320
– Die schönsten Erzählungen. it 1290
Karl Philipp Moritz: Anton Reiser. Ein psychologischer Roman. it 433
Friedrich de la Motte-Fouqué: Undine. it 1353
Wilhelm Müller: Die Winterreise und andere Gedichte. it 901
Johann Karl August Musäus: Rübezahl. Für die Jugend von Christian Morgenstern. it 73
– Volksmärchen der Deutschen. it 1034
Johann Nestroy: Komödien. 3 Bde. it 526
– Nestroy für Minuten. »Das ist klassisch«. it 818
Novalis: Gedichte. Die Lehrlinge zu Sais – Dialogen und Monolog. it 1010
– Heinrich von Ofterdingen. it 596
Pückler-Muskau: Andeutungen über Landschaftsgärtnerei. it 1024
Hermann von Pückler-Muskau: Briefe eines Verstorbenen. Ein fragmentarisches Tagebuch. 2 Bände in Kassette. it 1219
Wilhelm Raabe: Werke in 10 Bänden. it 881-890
– Die Akten des Vogelsangs. it 888
– Altershausen. it 890
– Die Chronik der Sperlingsgasse. it 370
– Hastenbeck. it 889
– Horacker. it 883
– Im alten Eisen. it 885

161/7/8.91

Klassische deutsche Literatur
im insel taschenbuch

Wilhelm Raabe: Krähenfelder Geschichten. it 882
– Das Odfeld. it 886
– Stopfkuchen. it 887
– Stuttgarter Erzählungen. it 881
Leopold von Ranke: Die römischen Päpste in den letzten vier Jahrhunderten. it 960
Friedrich Rückert: Ausgewählte Werke. 2 Bände in Kassette. it 1022
Arnold Ruge: Patriotismus. it 1160
Ferdinand von Saar: Novellen aus Österreich. it 906
Friedrich von Schiller: Der Geisterseher. Und andere Erzählungen. it 212
– Wallenstein. Ein dramatisches Gedicht. Wallensteins Lager – Die Piccolomini – Wallensteins Tod. it 752
Friedrich von Schiller / Ludwig Ferdinand Huber: Avanturen des neuen Telemachs. Eine Geschichte in Bildern. Texte von Ludwig Ferdinand Huber. it 941
Friedrich Schlegel: Lucinde. Ein Roman. it 817
– Romantische Sagen des Mittelalters. it 930
– Theorie der Weiblichkeit. it 679
Johann Gottfried Schnabel: Die Insel Felsenburg. Roman. it 953
Arthur Schopenhauer: Aphorismen zur Lebensweisheit. Vollständige Ausgabe mit Erläuterungen und Übersetzung der fremdsprachigen Zitate. it 223
– Kopfverderber. Über die Universitäts-Philosophie und ihre Professoren. it 661
Heinrich Seidel: Leberecht Hühnchen. Prosa-Idyllen. it 786
Charlotte Stieglitz: Gedichte und Tagebücher. it 986
Adalbert Stifter: Aus dem alten Wien. Zwölf Erzählungen. it 959
– Bergkristall. Und andere Erzählungen. it 438
– Erzählungen. it 1314
– Der heilige Abend. it 699
– Der Hochwald. it 1197
– Die Mappe meines Urgroßvaters. it 1108
– Der Nachsommer. it 653
– Studien. 2 Bde. it 915
Theodor Storm: Gesammelte Werke. 6 Bde. it 731-736
– Der Schimmelreiter. Großdruck. it 2318
– Unter dem Tannenbaum. Mit Illustrationen der Erstausgabe von Otto Speckter und Ludwig Pietsch. it 1042

161/8/8.91

Klassische deutsche Literatur
im insel taschenbuch

Ludwig Tieck: Der gestiefelte Kater. Ein Kindermärchen in drei Akten, mit Zwischenspielen, einem Prologe und Epiloge. it 940
– Der Hexen- Sabbat. it 1084
– Märchen und Novellen. it 1061
Ludwig Uhland: Gedichte. it 928
Friedrich Theodor Vischer: Auch einer. Eine Reisebekanntschaft. it 1063
Johann Carl Wezel: Belphegor oder Die wahrscheinlichste Geschichte unter der Sonne. it 776
Christoph Martin Wieland: Aristipp und einige seiner Zeitgenossen. it 718
– Mit fliegender Feder. Ausgewählte Briefe. it 1227
Wieland-Lesebuch. it 729

161/9/8.91

Städte und Landschaften
Reiselesebücher im insel taschenbuch

Bonn. Ein Städte-Lesebuch. Herausgegeben von Doris Maurer und Arnold E. Maurer. Mit zahlreichen Abbildungen. it 1224

Capri. Ein Lesebuch. Herausgegeben von Hans Bender und Hans Georg Schwark. it 1077

Chicago. Die Stadt der Superlative. Herausgegeben von Esther Gallwitz. Mit zahlreichen Abbildungen. it 769

Dresden. Ein Reiselesebuch. Herausgegeben von Katrin Nitzschke. Unter Mitarbeit von Reinhard Eigenwill. Mit zahlreichen Abbildungen. it 1365

Flandern. Ein literarisches Landschaftsbild. Herausgegeben von Werner Jost und Joost de Geest. it 1254

Florenz. Lesarten einer Stadt. Herausgegeben von Andreas Beyer. Mit zahlreichen Illustrationen. it 633

Hamburg. Ein Städte-Lesebuch. Herausgegeben von Eckart Kleßmann. it 1312

Heidelberg-Lesebuch. Stadt-Bilder von 1800 bis heute. Herausgegeben von Michael Buselmeier. it 913

Istanbul. Herausgegeben von Esther Gallwitz. it 530

Kairo. Die Mutter aller Städte. Herausgegeben von Ursula Beyer. Mit zahlreichen Abbildungen. it 696

Kunstführer durch Sachsen und Thüringen. Herausgegeben von Katharina Flügel. Mit farbigen Abbildungen. it 1327

Leipzig. Ein Städte-Lesebuch. Herausgegeben von Esther Gallwitz. it 1083

Lissabon. Ein Städte-Lesebuch. Herausgegeben von Ellen Heinemann. Mit zahlreichen Abbildungen. it 1195

Literarischer Führer durch den Schwarzwald. Ein Insel-Reisebuch. Herausgegeben von Hans Bender und Fred Oberhauser. Mit zahlreichen Abbildungen. it 1330

Literarischer Führer durch Deutschland. Ein Insel-Reiselexikon für die Bundesrepublik Deutschland und Berlin. Von Fred Oberhauser und Gabriele Oberhauser. Mit Abbildungen, Karten und Registern. it 527

Literarischer Führer durch Italien. Ein Insel-Reiselexikon. Von Doris Maurer und Arnold E. Maurer. Mit zahlreichen Abbildungen, Karten und Registern. it 1071

Literarischer Führer durch Moskau. Von Sigrun Bielfeldt. Mit zahlreichen Abbildungen. it 1382

London. Eine europäische Metropole in Texten und Bildern. Herausgegeben von Norbert Kohl. it 322

169/1/8.91

Städte und Landschaften
Reiselesebücher im insel taschenbuch

Die Loreley. Gedichte, Prosa, Bilder. Ein Lesebuch von Wolfgang Minaty. Mit zahlreichen Abbildungen. it 1065

München. Ein Lesebuch. Herausgegeben von Reinhard Bauer und Ernst Piper. Mit zahlreichen Abbildungen. it 827

Paris. Ein Städte-Lesebuch. Herausgegeben von Karsten Witte. it 389

Paris im Gedicht. Herausgegeben von Mona Wodsak. it 1253

Prag. Ein Lesebuch. Herausgegeben von Jana Halamičková. Mit zahlreichen Abbildungen. it 994

Heddy Pross-Weerth: Moskau. Von der Siedlung im Wald zur Kapitale einer Weltmacht. it 467

Der Rhein. Seine poetische Geschichte in Texten und Bildern. Herausgegeben von Helmut J. Schneider. it 624

Rom. Ein Städte-Lesebuch. Herausgegeben von Michael Worbs. it 921

Rom im Gedicht. Herausgegeben von Pascal Morché. it 1176

Salzburg. Ein Städte-Lesebuch. Herausgegeben von Adolf Haslinger. Mit zahlreichen Abbildungen. it 1326

Südtirol. Ein literarisches Landschaftsbild. Herausgegeben von Dominik Jost. it 1317

Toskana. Ein literarisches Landschaftsbild. Herausgegeben von Andreas Beyer. Mit Fotografien von Loretto Buti. it 926

Tübingen. Ein Städte-Lesebuch. Herausgegeben von Gert Ueding. Mit zahlreichen Abbildungen. it 1246

Venedig. Herausgegeben von Doris Maurer und Arnold E. Maurer. Mit zahlreichen Abbildungen. it 626

Venedig im Gedicht. Herausgegeben von Pascal Morché. it 920

169/2/8.91